CODE GÉNÉRAL DES COLLECTIVITÉS TERRITORIALES

ANNOTÉ

Biram SENE
Léopold WADE

CODE GÉNÉRAL DES COLLECTIVITÉS TERRITORIALES

ANNOTÉ

Sénégal
L'Harmattan

10 VDN, Sicap Amitié 3, Lotissement Cité Police, DAKAR

Direction@senharmattan.com
librairie@senlibrairie.com

ISBN : 978-2-336-42220-6
EAN : 9782336422206

SOMMAIRE

LISTE DES PRINCIPAUX SIGLES ET ABRÉVIATIONS

AJDA	Actualité juridique, Droit administratif
Al.	Alinéa
Arr.	Arrêté
Art.	Article
c/	Contre
CE	Conseil d'État
CGCL	Code général des Collectivités locales Sénégal
CGCT	Code général des Collectivités territoriales
Cf.	Confère
D.	Recueil Dalloz
Décr.	Décret
Doctr.	Doctrine
Dr. adm.	Droit administratif
JCP	Juris-Classeur périodique (Semaine juridique), édition générale
JO	Journal officiel
JORS	Journal officiel de la République du Sénégal
Jurisp.sn	Jurisprudence sénégalaise
Jurisp. fr.	Jurisprudence française
L.	Loi
Lebon	Recueil des arrêts du Conseil d'État (Dalloz)
n°	Numéro
obs.	Observations
p.	Page
rapp.	Rapport
Rép. Adm.	Répertoire de droit public et administratif Dalloz
Rec.	Recueil
RFDA	Revue française de droit administratif
RGCT	Revue générale des collectivités territoriales
S.	Recueil Sirey
s.	Et suivants
Somm.	Sommaires
t.	Tome

TA	Tribunal administratif
TGIHCD	Tribunal de grande instance Hors Classe de Dakar
TRHCD	Tribunal régional Hors Classe de Dakar
Tit.	Tite
V.	Voir

AVANT-PROPOS

La tradition de notre pays en matière de décentralisation s'est enrichie avec l'entrée en vigueur de la loi n° 2013-10 du 28 décembre 2013 portant Code général des Collectivités territoriales. La politique de décentralisation du Sénégal a connu, en 2013, une évolution significative à travers la mise en œuvre de l'acte III de la décentralisation.

Cette réforme, dont la vision est d'« *organiser le Sénégal en territoires viables, compétitifs et porteurs de développement durable* », constitue assurément une avancée majeure dans la consolidation de notre politique de décentralisation.

Les dispositions de cette loi font l'objet d'un niveau de maîtrise variable et parfois même d'interprétations divergentes.

Sa réussite dépend, pour une part importante, du niveau de maîtrise et d'appropriation des dispositions du Code général des Collectivités territoriales par tous les acteurs de la décentralisation.

Cette situation, compréhensible, compte tenu des différences de niveau de culture juridique et d'initiation en droit de la décentralisation des acteurs concernés, n'est cependant pas de nature à favoriser une mise en œuvre harmonieuse de la réforme.

Le présent ouvrage a pour modeste ambition d'aider les divers acteurs de la décentralisation, en dépit de leurs profils différents, à disposer d'un outil permettant une bonne maîtrise et une compréhension partagée des dispositions du Code général des Collectivités territoriales.

À cet effet, il reprend les 332 articles du Code général des Collectivités territoriales en insérant, à chaque fois que de besoin, des commentaires pour faciliter la compréhension de certaines dispositions du Code mais également des extraits des textes législatifs ou réglementaires (Constitution, Code pénal, Code de procédures pénales, Code électoral, autres textes législatifs et les décrets d'application).

Le document contient également plus de soixante-quinze cinquante (75) décisions rendues par les juridictions sénégalaises et françaises (Conseil constitutionnel, Conseil d'État, la Cour suprême, Cour de Cassation, Cour des comptes, les cours d'appel et les tribunaux de grande instance) en matière de contentieux de contrôle de légalité et des actes des collectivités territoriales.

Ce travail d'inventaire des textes législatifs et réglementaires mais aussi des décisions les plus importantes en matière de décentralisation permettra à coup sûr de rendre lisible le contenu de cette législation volumineuse, quelquefois complexe et pas toujours facile à maitriser par beaucoup de citoyens.

Ce Code annoté est destiné à tous les acteurs de la décentralisation, notamment, aux hauts conseillers des collectivités territoriales, aux députés, aux élus locaux, aux représentants de l'État, aux magistrats, aux députés, aux avocats, aux élus locaux, aux hauts conseillers des collectivités territoriales, aux agents de l'État, aux enseignants et chercheurs, aux étudiants, en un mot, pour tous ceux qui s'intéressent au droit des collectivités territoriales.

Puisse cet ouvrage constituer, pour tous les acteurs de la décentralisation, un livre de chevet, afin d'améliorer et de légitimer toujours leurs interventions dans la mise en œuvre de l'acte 3 de la décentralisation.

Il convient de signaler que le contenu de cet ouvrage n'est pas définitif. Il sera mis à jour à chaque fois que le Code général des Collectivités territoriales fera l'objet de modifications.

Les auteurs

LIVRE I

CADRE ORGANISATIONNEL ET FINANCIER DES COLLECTIVITES LOCALES

TITRE I

DE LA LIBRE ADMINISTRATION DES COLLECTIVITES LOCALES ET DE LA PARTICIPATION CITOYENNE

Chapitre I : Dispositions générales

Section 1. *Libre administration des* collectivités territoriales

Article premier

Dans le respect de l'unité nationale et de l'intégrité du territoire, les collectivités territoriales de la République sont le département et la commune.

Les collectivités territoriales sont dotées de la personnalité morale et de l'autonomie financière. Elles s'administrent librement par des conseils élus au suffrage universel.

Note : La dernière modification du Code général des Collectivités locales (*Loi n°2018-15 du 8 juin 2018 prescrivant le remplacement dans tous les actes législatifs et réglementaires de la dénomination « Collectivité locale » par « Collectivité territoriale » J.O. n°7107 du 6 juillet 2018, p. 980.)* a opéré une modification sémantique assez importante. En effet, pour se conformer à la Constitution sénégalaise, révisée à travers la loi constitutionnelle n°2016-10 du 05 avril 2016, il est apparu nécessaire de changer la dénomination « collectivité locale » par celle de « collectivité territoriale ». C'est essentiellement l'objet de la loi susvisée qui, en son article unique, dispose : « *La dénomination collectivité locale est remplacée, dans tous les actes législatifs et réglementaires, par celle de collectivité territoriale* ».

L'article 1er du Code général des collectivités territoriales est la mise en œuvre législative des articles 67 et 102 de la Constitution sénégalaise du 22 janvier 2001.

Il met en relief le principe de la libre administration des collectivités territoriales, contenu déjà dans la loi n° 96-06 du 22 mars 1996 portant Code des collectivités locales (cf. article premier de la dite loi).

Pour les deux ordres de collectivités territoriales (département et commune), les principes généraux de la décentralisation signifient que leurs compétences, définies par la loi, se limitent à la sphère de l'Administration, qu'elle exerce dans un climat *d'autonomie*, et que leur principal organe est un *conseil élu.*

Ce principe a une dimension constitutionnelle et administrative.

Du point de vue constitutionnel, la libre administration est une liberté attachée aux collectivités territoriales. Sa fonction est de transposer au niveau administratif l'idéologie politique de la démocratie représentative. Ainsi, après avoir été énoncée par les articles 67 et 102 de la Constitution sénégalaise du 22 janvier 2001.

Du point de vue administratif, le principe de la libre administration part du postulat d'une autonomie de gestion des collectivités territoriales et envisage non seulement leur relation avec l'État mais encore des rapports qui se nouent entre elles.

Cela veut dire que l'autonomie de gestion existe par rapport à l'État mais aussi par rapport aux autres collectivités territoriales.

Ainsi, on peut dire que le principe est une garantie essentielle pour l'autonomie des collectivités territoriales. *« Les* collectivités territoriales *sont dotées de la personnalité morale et de l'autonomie financière. Elles s'administrent librement par des conseils élus au suffrage universel.»*

En droit administratif, le principe comporte des aspects institutionnels et fonctionnels.

Les aspects institutionnels

Le premier point de l'aspect institutionnel est relatif au principe de l'élection des membres de l'assemblée délibérante.

L'article 102 de la Constitution vise les assemblées élues au suffrage universel direct alors que l'article premier du CGCT vise les conseils élus au suffrage universel. La représentativité de ces conseils est fondée sur un critère démographique.

Le second point concerne le statut des conseillers et plus spécifiquement le mandat.

La question qui se pose est celle de savoir si ce mandat peut être raccourci ou prorogé.

En droit français, le juge constitutionnel a reconnu que pour des raisons particulières des élections peuvent être regroupées et cela peut entrainer sa prorogation ou son raccourci.

Au Sénégal, le Conseil constitutionnel s'est prononcé sur cette question.

Il s'agit du recours de 17 députés du Groupe parlementaire du PDS qui sollicitait au Conseil constitutionnel de déclarer inconstitutionnelle la loi n°95-21 du 23 août 1995 prorogeant le mandant des conseillers municipaux et des conseillers ruraux ***(Conseil constitutionnel, Décision n°4/C/1995 du 28 septembre 1995).***

Le juge dans sa décision a décidé que le législateur étant compétent pour fixer le mandat des conseillers est également compétent pour en modifier la durée.

Les aspects fonctionnels

La libre administration des collectivités territoriales suppose l'existence de compétences propres et de moyens propres. Les compétences sont déterminées par le législateur (art. 67 de la Constitution), le domaine de compétence est protégé par rapport à l'État et particulièrement au pouvoir exécutif (contrôle de constitutionnalité, contrôle de légalité). Ce domaine est également protégé par rapport aux autres collectivités territoriales et cela se traduit par l'interdiction de la tutelle d'une Collectivité territoriale sur une autre.

Quant aux moyens, ils peuvent être juridiques, matériels, humains et financiers.

Cependant, il existe deux limites au principe de la libre administration des collectivités territoriales. Il s'agit des limites liées à la forme de l'État et celles liées aux prérogatives constitutionnelles et organes de l'État.

Limites liées à la forme de l'État

D'abord, les collectivités territoriales n'ont qu'une tache administrative et non politique et ce principe ne peut conduire à la mise en place d'une organisation politique.

Ensuite, il y a le refus de ce que la doctrine appelle communément l'État régional, c'est-à-dire un État dans lequel les régions disposent d'une autonomie politiques et de prérogatives législatives (Italie, Espagne, Corse, Guadeloupe…).

Enfin, au Sénégal les collectivités territoriales doivent respecter l'unité nationale et l'intégrité du territoire. Le principe de libre administration ne peut être appliqué que dans le cadre de cette limite. Pour s'en assurer, le législateur a institué un contrôle administratif des actes des collectivités territoriales exercé par le représentant de l'État et un contrôle juridictionnel relevant du juge administratif.

Limites liées aux prérogatives constitutionnelles et organes de l'État

Il s'agit du respect des prérogatives législatives, des prérogatives du pouvoir exécutif, le respect des compétences internationales de l'État et des attributs du représentant de l'État. Ces derniers sont la sauvegarde des intérêts nationaux, le respect des lois et règlements et le contrôle administratif des collectivités territoriales.

Par ailleurs, la jurisprudence du Conseil constitutionnel français est riche quant à l'interprétation donnée au principe de « libre administration ».

Concernant sa valeur juridique, le Conseil constitutionnel a décidé que la libre administration est un principe constitutionnel et le législateur doit le « *mettre en œuvre* » avec une réelle liberté de choix, mais qu'il ne saurait le « *mettre en cause* » en adoptant des textes qui y porteraient atteintes. (Cons. const, 23 mai 1979, déc. n°104-DC : *RD publ.*. 1979, p.1695, obs. L. Favoreu. ; Cons. const, 25 février 1982, déc. n°137-DC : *AJDA* 1982, p.303, note J. Boulouis ; *RD publ.*1982.p1259, obs. L. Favoreu.)

Le juge administratif a fait application du principe de la libre administration dans plusieurs arrêts importants (CE, ass. 13 déc.1968, Féd. nationale des élus républicains : Re.CE.p.644 ; *AJDA* 1969, p.20.)

Plus récemment, le juge administratif a admis que la procédure du « *référé-liberté* » peut s'appliquer lors d'une atteinte grave à la libre administration ; c'est donc une liberté fondamentale. Exemple le refus du maire de convoquer le conseil municipal (CE. sect., 18 janvier 2001, Cne Venelles : Rec. CE, p.4 Dr.adm.2001, n°75 et 155, comm. L.T. *AJDA* 2001, p.378)

Extrait de la Constitution du Sénégal

Article 102

Article premier de la loi constitutionnelle n°2016-10 du 05 avril 2016 portant révision de la Constitution (JORS, numéro spécial 6926 du 07 avril 2016, p.505), article donnant une nouvelle rédaction à l'article 102.

« *Les collectivités territoriales constituent le cadre institutionnel de la participation des citoyens à la gestion des affaires publiques. Elles s'administrent librement par des assemblées élues au suffrage universel direct. Elles participent, à la territorialisation des politiques publiques, à la mise en œuvre de la politique générale de l'État ainsi qu'à l'élaboration et au suivi des programmes de développement spécifiques à leurs territoires.*

Leur organisation, leur composition et leur fonctionnement sont déterminés par la loi.

La mise en œuvre de la décentralisation est accompagnée par la déconcentration qui est la règle générale de répartition des compétences et des moyens entre les administrations civiles de l'État ».

Article 67

« *La loi est votée par l'Assemblée nationale.*

....La loi détermine les principes fondamentaux :

- de la libre administration des collectivités territoriales, de leurs compétences et de leurs ressources… »

Jurisp. : Conseil constitutionnel, Décision n°4/C/1995 du 28 septembre 1995.

Considérant que par requête en date du 25 août 1995 enregistrée au greffe du Conseil le 30 août 1995 sous le numéro 4/C/95, un groupe de 17 députés du Parti démocratique sénégalais (P.D.S.) a saisi le Conseil constitutionnel aux fins de déclaration d'inconstitutionnalité de la loi n° 95-21 votée le 23 août 1995 prorogeant d'une année le mandat de cinq ans des conseillers municipaux et des conseillers ruraux ;

Considérant que le présent recours est recevable comme ayant été introduit dans les délais et forme prescrits par l'article 63 de la Constitution et les articles 14 et 15 de la loi organique n° 92-23 du 30 mai 1992 sur le Conseil constitutionnel ;

AU FOND

Considérant qu'à l'appui de leur recours les requérants, d'une part, contestent à l'Assemblée nationale le pouvoir de se substituer au suffrage universel en prorogeant le mandat des conseillers et d'autre part, dénoncent le détournement de pouvoir par le Gouvernement en ce qu'il fait valoir, pour saisir l'Assemblée nationale de la prorogation de ces mandats, des motifs « *inopérants* » ;

Considérant qu'en matière d'élections au suffrage universel, seule la durée des mandats du Président de la République et des députés à l'Assemblée nationale est fixée par la Constitution (articles 22 et 49) ;

Que l'article 56 qui consacre le pouvoir législatif de l'Assemblée nationale énumère en même temps les domaines de sa compétence ; qu'il dispose notamment que : « *la loi fixe les règles concernant : ... le régime électoral de l'Assemblée nationale et des Assemblées locales...* »;

Considérant que c'est en application de cette disposition constitutionnelle que l'Assemblée nationale a voté la loi n° 92-16 du 7 février 1992 portant Code électoral et ses modifications et notamment les articles L.170 et L.187 fixant le mandat des conseillers municipaux et des conseillers ruraux à cinq ans ;

Que statuant dans le domaine de la compétence qui lui est réservée par la Constitution, l'Assemblée nationale peut toujours modifier, compléter ou abroger des dispositions législatives antérieures.

Jurisp. : Conseil constitutionnel décision n° 3/C/2001 et 4/C/2001 du 11 décembre 2001

Ne viole pas les dispositions constitutionnelles des articles 67 et 102 la loi sur la libre administration des collectivités locales, l'arrêté du ministre chargé des collectivités locales qui institue, à titre transitoire et pour une durée déterminée, des délégations spéciales pour pallier les assemblées élues en assurant la continuité de l'activité de ces collectivités.

Considérant que si l'article 67 de la Constitution qui délimite le domaine législatif dispose que *« la loi détermine les principes fondamentaux de la libre administration des collectivités locales, de leurs compétences et de leurs ressources* », l'article 102 précise que « *les collectivités locales constituent le cadre institutionnel de la participation des citoyens à la gestion des affaires publiques. Elles s'administrent librement par des Assemblées élues. Leur organisation, leur composition et leur fonctionnement sont déterminés par la loi* » ;

Considérant que c'est en application des dispositions constitutionnelles sus-rappelées que la loi n° 96-06 du 5 février 1996 portant Code des collectivités locale est intervenue pour fixer dans son article premier, alinéa 2 le cadre, la composition, et le fonctionnement de celles-ci ;

Considérant qu'il est reproché à la loi n° 09 du 21 novembre 2001 d'avoir porté atteinte au principe de la libre administration des collectivités locales par des Assemblées élues, en instituant aux lieu et place de ces dernières, et à titre transitoire, pour une période de six mois, des délégations spéciales constituées par arrêté du Ministre chargé des collectivités locales ;

Considérant que la délégation spéciale est une commission administrative temporaire composée de membres nommés dans une collectivité locale et chargée de prendre des mesures urgentes et conservatoires, lorsque la collectivité ne peut être constituée, a été dissoute, ne peut se réunir du fait de la démission de ses membres ou à la suite de l'annulation de l'élection de tous ses membres ; que ces délégations ont pour objet d'assurer la continuité de l'activité de ces collectivités ; qu'en conséquence, la loi attaquée qui ne fait que compléter certaines dispositions de la loi n° 96-06 du 5 février 1996 ne viole pas les dispositions constitutionnelles des articles 67 et 102.

(Voir l'article du professeur Moussa ZAKI, « Droit d'amendement des députés et principe de la libre administration des collectivités locales : observation sous décision 4/C/2001 du Conseil constitutionnel sénégalais, en date du 11 décembre 2001 », Revue électronique Afrilex n°3/2003).

<u>Jurisp</u>. : Cour suprême, Chambre administrative, arrêt n °03 du 12 janvier 2017, Malick FAYE c/ Maire de Bamba Thialène.

Vu la requête reçue le 2 septembre 2015 au greffe central par laquelle Malick Faye, élisant domicile en l'étude de Maître Sidy Kanouté, avocat à la Cour, sollicite l'annulation de l'arrêté n°08/2015/C/BA.T du 30 juin 2015 du maire de la commune de Bamba Thialéne portant suspension de terres de culture à Fass Ndiayéne ;

Considérant que dans le cadre du litige opposant Malick Faye à Sakho Cissé, le maire de la commune de Bamba Thialéne a pris l'arrêté n°08/2015/C/BA.T du 30 juin 2015 portant suspension des terres de culture à Fass Ndiayéne pour des raisons de sécurité et de maintien de l'ordre public ;

Que Malick Faye a formé le présent recours contre cet arrêté ;

Considérant que l'Agent judiciaire a sollicité la mise hors de cause de l'État ;

Considérant qu'aux termes des dispositions combinées des articles 1er et 106 alinéa 9 de la loi n°2013-10 du 28 décembre 2013 portant Code général des Collectivités locales, les communes sont dotées de la personnalité morale et sont représentées en justice par le maire ;

Qu'il y a lieu dès lors, le recours étant dirigé contre un acte du maire, de mettre hors de cause l'État du Sénégal ».

Jurisp. : Tribunal de grande instance hors classe de Dakar, jugement n° 106 /2018 du 30 mars 2018, l'État du Sénégal et la Ville de Dakar c/ Khalifa Ababacar SALL et autres, *inédit*.

II-Sur l'action civile

Attendu que l'État du Sénégal et la ville de Dakar se sont constitués parties civiles respectivement à l'instruction et à l'audience conformément aux dispositions des articles 76, 405 et 408 du CPP ;

1- Sur la recevabilité des constitutions de partie civile de la Ville de Dakar et de l'État du Sénégal

a- Sur la recevabilité de la constitution de partie civile de la Ville de Dakar

Attendu que l'Agent judiciaire de l'État soulève, in limine litis, l'irrecevabilité de la constitution de partie civile de la Ville de Dakar :

1-Pour défaut de qualité à agir de Moussa SOW, président de la commission des affaires juridiques et administratives du conseil municipal, qui se fonde sur la délibération dudit conseil n°001 du 15 janvier 2018 autorisant la constitution de partie civile de la Ville de Dakar dans la présente affaire et le désignant pour représenter celle-ci devant le tribunal ;

Qu'il fait remarquer qu'en application des dispositions de l'article 243 du Code général des collectivités locales, le préfet a demandé une seconde lecture ; que cette demande, faite dans le délai légal de quinze jours, revêt un caractère suspensif de sorte que le sieur SOW ne peut se prévaloir de cette délibération dont la prise d'effet est suspendue pour faire noter la constitution de la Ville de Dakar ;

Que la formalité exigée par la loi d'une délibération en seconde lecture doit être respectée par le conseil municipal pour pouvoir valablement donner mandat à la Ville de Dakar aux fins de constitution de partie civile ;

Que la Ville de Dakar n'a pas respecté cette procédure dès lors que la lettre de refus a été signée par le 1er adjoint au maire ;

Que le mandat de Moussa SOW n'étant pas valable, il n'a donc pas qualité à agir ;

2-Pour défaut d'intérêt à agir de la Ville de Dakar qui, en violation des dispositions de l'article 2 du CPP qui exige pour la recevabilité de la constitution de partie civile un préjudice personnel résultant directement de l'infraction, a constamment déclaré n'avoir subi aucun préjudice ;

Que cette déclaration ressort clairement de la résolution du conseil municipal du 31 mars 2017, produite devant la Chambre d'accusation, dans laquelle elle déclare avoir autorisé, en connaissance de cause, en toute responsabilité et sans contrainte les dépenses figurant au service 313, compte 6490 et affirme solennellement que le conseil municipal ne se constitue pas partie civile dans la présente affaire ;

Attendu que le ministère public soulève également l'irrecevabilité de la constitution de partie civile de la Ville de Dakar, sur le fondement de l'article 2 du CPP, pour défaut d'intérêt à agir motif pris de ce qu'elle n'a subi aucun préjudice ;

Qu'il fait valoir, qu'en application de l'article 171 du Code général des collectivités locales, le maire est seul habilité à représenter la Ville de Dakar, sous le contrôle du conseil municipal ;

Que l'article 172 du même code lui confère la possibilité de déléguer par arrêté une partie de ses attributions à un des membres du conseil ;

Attendu qu'en réponse, la Ville de Dakar, par l'organe d'un de ses conseils, soutient, s'agissant du caractère suspensif de la demande de seconde lecture, que le conseil municipal a refusé d'y donner suite et a notifié cette réponse au préfet par lettre du 22 janvier 2018, signée par la dame Soham WARDINI, 1ère adjointe au maire ; que dès lors, le caractère suspensif invoqué ne peut pas tenir lieu ;

Qu'en ce qui concerne le défaut d'intérêt allégué, elle fait valoir que sa constitution de partie civile est bien recevable, au regard des articles 2 et 3 du CPP ; qu'elle est fondée sur le fait que les fonds incriminés sont des deniers publics qui lui appartiennent exclusivement en tant que collectivité locale dotée de la personnalité morale et de l'autonomie financière ; qu'à ce titre, c'est elle qui a subi un préjudice en l'espèce ;

Que d'ailleurs les dispositions des articles 152 et 153 du code pénal distinguent clairement le détournement au préjudice de l'État du détournement au préjudice d'une collectivité publique ou d'un établissement public ;

Qu'en outre, le maire étant mis en cause, le conseil municipal est fondé à désigner un représentant pour agir à son nom ;

Attendu que les conseils de Khalifa Ababacar SALL et des autres prévenus, agents de la Ville de Dakar, font valoir que cette dernière a une personnalité juridique différente de celle de l'État ; que chaque entité a son patrimoine propre de sorte que les deniers publics de l'État sont distincts de ceux de la collectivité publique ;

Qu'ils estiment que la question de la régularité de la délibération du conseil municipal est une question qui relève du droit administratif ;

Que le juge correctionnel ne peut apprécier la légalité de la délibération que lorsque de cet examen dépend la solution du litige, ce qui n'est pas le cas pour la constitution de partie civile de la Ville de Dakar qui est bien recevable parce que faite avant les réquisitions du ministère public ;

Que dans tous les cas, la Ville de Dakar, qui a constitué avocat, ne peut se voir opposer la suspension de la délibération dès lors que le mandat ad litem permet à l'avocat de le représenter valablement en justice ;

Sur ce

Attendu qu'aux termes des dispositions de l'article 2 du CPP, « *l'action civile en réparation du dommage causé par toute infraction appartient à tous ceux qui ont personnellement souffert du dommage directement causé par l'infraction* » ;

Qu'il ressort de ces dispositions que l'exercice de l'action civile devant la juridiction répressive suppose l'existence de la capacité à agir du titulaire du droit et du pouvoir de représentation de la personne qui entend agir à son nom ;

Attendu qu'en l'espèce, par délibération n°001 du 15 janvier 2018, la Ville de Dakar a été autorisée par son conseil municipal à se constituer partie civile dans la présente cause ; que le sieur Moussa SOW, président de la commission des affaires juridiques et administratives du conseil municipal a été désigné à cet effet pour représenter la Ville ;

Attendu que, par lettre du 22 janvier 2018, le préfet de Dakar a demandé au conseil municipal de procéder à une seconde lecture de la délibération ;

Attendu qu'aux termes de l'article 243 du code général des

collectivités locales, la demande de seconde lecture suspend le caractère exécutoire de la délibération ;

Qu'il en résulte que la demande de seconde lecture faite par le préfet a effectivement suspendu le caractère exécutoire de cette délibération ;

Attendu que la Ville de Dakar, qui fonde le pouvoir de représentation de Moussa SOW sur cette délibération, ne prouve pas que la suspension du caractère exécutoire de cet acte a pris fin ; que la lettre du 22 janvier 2018 de la 1ère adjointe au maire, ne peut avoir pour conséquence de mettre fin au caractère suspensif de la demande du préfet dès lors que les dispositions de l'article 243 précité ne lui reconnaissent pas cette prérogative ;

Attendu qu'il résulte de ce qui précède que la délibération du conseil municipal, qui donne mandat à Moussa SOW de se constituer partie civile au nom de la Ville de Dakar, n'est pas exécutoire ;

Que si le droit pour la Ville de Dakar de se constituer partie civile ne peut être remise en cause par cette suspension, il reste que le sieur SOW, désigné pour la représenter, ne peut agir à son nom sur la base de la délibération dont les effets sont ainsi neutralisés ;

Que la constitution d'avocats, faite dans les conditions de la loi 84-09 du 04 janvier 1984 modifié sur le barreau, ne peut également avoir pour effet de régulariser ce défaut de pouvoir de représentation de la collectivité publique qui doit agir par l'organe du maire ou d'un représentant désigné par le conseil municipal conformément aux articles 175 du code général des collectivités locales et 1-3 du code de procédure civile ;

Qu'il échet, dès lors, en application des dispositions combinées des articles 2, 10 du CPP et 1-3 du code de procédure civile de déclarer l'action exercée par Moussa SOW, au nom et pour le compte de la ville de Dakar, irrecevable pour défaut de pouvoir de représentation ;

b- Sur la recevabilité de la constitution de partie civile de l'État du Sénégal

Attendu que les conseils de Khalifa Ababacar SALL, Mbaye TOURE, Yaya BODIAN, Ibrahima Yatma DIAO, Amadou Moctar DIOP et Fatou TRAORE et ceux de la Ville de Dakar soulèvent l'irrecevabilité de la constitution de partie civile de l'État, sur le fondement des dispositions des articles 16, 2 alinéas 1 et 2, 3, 76 et 405 du CPP, pour défaut d'intérêt et de qualité à agir au motif :

1- que les articles 152 et 153 du code pénal distinguent le détournement de deniers publics et l'escroquerie portant sur des deniers publics commis au préjudice de l'État et ceux commis au préjudice d'une collectivité locale ;

2- que les deniers en question sont des ressources de la mairie de Dakar ;

3- que les sommes en cause ne proviennent ni de dons ou legs, ni de subventions, d'impôts et de taxes directs ou indirects de l'État ;

4- que l'État ne peut invoquer les fonds de dotation, qui sont des fonds dédiés, les avances, qui sont des prêts à échéance annuelle, les ristournes qui appartiennent à la Ville de Dakar encore moins les paiements de factures d'électricité, pour justifier un préjudice ;

5- qu'il n'existe aucun lien de rattachement entre les ressources en cause et les deniers de l'État ; que la Ville de Dakar a une personnalité juridique propre et jouit de l'autonomie financière ; que l'article 2 du décret portant Règlement général de la comptabilité publique distingue les deniers de l'État des deniers des collectivités territoriales ;

6- que l'agent judiciaire de l'État ne peut agir en justice que conformément à l'article 2 in fine du décret 70-1216 du 7 novembre 1970 portant création de l'Agence judiciaire de l'État qui fixe ses attributions ; qu'ainsi, il n'est pas habilité à intervenir dans une procédure où une collectivité publique est partie ;

7- que l'État du Sénégal ne rapporte pas la preuve qu'il a injecté des fonds dans le budget de la Ville de Dakar ;

Attendu qu'en réponse, le ministère public fait valoir que les fonds en cause sont gérés par le receveur-percepteur municipal, fonctionnaire de l'État à partir de la caisse unique de l'État qui est ainsi bien fondé à se constituer partie civile en cas de détournement de deniers publics et d'escroquerie portant sur des deniers publics ; que l'agent judiciaire a bien qualité à représenter l'État qui a subi un préjudice en l'espèce ;

Attendu qu'en réplique, l'agent judiciaire soutient qu'il a bien qualité à agir en justice, en application de l'article 2 in fine du décret 70-1216 du 7 novembre 1970 portant création de l'Agence judiciaire de l'État pour toute action tendant à faire déclarer l'État créancier ou débiteur sauf en matière domaniale et fiscale à moins qu'un texte spécial n'en dispose autrement ;

Qu'il fait remarquer que ce sont les avocats de la défense qui l'ont installé dans cette procédure en lui signifiant le 23 mars 2017 une demande de mise en liberté provisoire ce, avant même la constitution de partie civile de l'État devant le juge d'instruction, le 30 mars 2017 ;

Que s'agissant de la constitution de partie civile de l'État, ses conseils estiment, qu'en vertu de l'article 2 du CPP, le droit d'agir appartient à tous ceux qui ont personnellement souffert d'un préjudice résultant directement de la commission d'une infraction ;

Sur ce

Attendu que concernant la constitution de partie civile de l'État du Sénégal, les moyens développés par la défense et la Ville de Dakar pour s'opposer à cette constitution de partie civile sont des moyens de fond dès lors qu'ils tendent à contester la réalité du dommage allégué par celui-ci ;

Que l'État du Sénégal, qui invoque un préjudice personnel né directement de l'infraction en essayant de le caractériser, est fondé à se constituer partie civile en application de l'article 2 du CPP ;

Qu'il échet, dès lors, rejeter l'exception soulevée et recevoir la constitution de partie civile de l'État ;

Voir sur la question :
Ouvrages et thèses.

1. J.-B. Auby et B. Faure (dir.), Les collectivités locales et le droit : les mutations actuelles,Dalloz, 2001.
2. Bacoyannis, Le principe constitutionnel de libre administration des collectivités locales, Economica- PUAM, 1993.
3. J. Bénoit, Théorie juridique de la décentralisation administrative en France, Thèse Paris II, 1990.

4. Les collectivités locales, Mélanges Moreau, Economica, 2003.
5. M. Doat, Recherche sur la notion de collectivité locale en droit administratif français.
6. L. Favoreu, Les bases constitutionnelles du droit des collectivités locales in Moderne (dir.), La nouvelle décentralisation, Sirey, 1983.
7. Y. Gaudemet et O. Gohin (dir.), La République décentralisée, éd. Panthéon-Assas, 2004.
8. M. Joyau, De l'autonomie des collectivités territoriales françaises, LGDJ, 1998.
9. A.-M. Le Pourhiet (dir.), Droit constitutionnel local, égalité et liberté locale dans la Constitution, Economica, 1999.
10. J. Moreau et G. Darcy (dir.), La libre administration des collectivités territoriales, Economica- PUAM, 1984.
11. A. Roux, Droit constitutionnel local, Economica, 1995.

Articles.

12- J. Bénoit, « La liberté d'administration locale », RFDA 2002, p. 1065.
13- O. Gohin, « Quel nouveau droit constitutionnel des collectivités territoriales ? », RDP 2002, p. 441.
14- F. Luchaire, « Les fondements constitutionnels de la décentralisation », RDP 1982, p. 1543 ; « L'émergence d'un droit constitutionnel de la décentralisation », AJDA 1992, p. 25.
15- H. Rihal, « Le statut constitutionnel des collectivités territoriales issu de la loi constitutionnelle du 28 mars 2003 : entre innovation et complexité », RFAP, 2003, p. 219.
16- A. Roux, « Le principe constitutionnel de libre administration des collectivités territoriales », RFDA 1992, p. 435.
17- G. Vedel, « Le « droit au logement » et le principe de libre administration des collectivités locales », Pouvoirs locaux, 1990-85 et 1991-16.
18- M. Verpeaux, « La constitution et les collectivités territoriale » s, RDP 1998, p. 1379.

Article 2

Les collectivités territoriales sont créées, supprimées, scindées ou fusionnées dans les conditions prévues par le présent code.

Article 3

Les collectivités territoriales ont pour mission la conception, la programmation et la mise en œuvre des actions de développement économique, social et environnemental d'intérêt local.

Les collectivités territoriales sont seules responsables, dans le respect des lois et règlements, de l'opportunité de leurs décisions.

Elles associent en partenariat, le cas échéant, à la réalisation des projets de développement économique, social et environnemental, les mouvements associatifs et les groupements à caractère communautaire dans le respect de l'équité de genre.

Article 4

La loi détermine les compétences des collectivités territoriales.

Tout transfert de compétence à une collectivité doit être accompagné du transfert concomitant par l'État à celle-ci, des ressources et moyens nécessaires à l'exercice normal de cette compétence.

> ***Note*** : Cf. L. JANICOT, « Réflexions sur la notion de compétences propres appliquées aux collectivités territoriales en droit français », *AJDA* 2004, p. 1574).

Article 5

Aucune Collectivité territoriale ne peut délibérer en dehors de ses réunions légales, ni sur un objet étranger à ses compétences, sous peine de se voir appliquer les sanctions administratives et pénales prévues aux articles 30 et 88 du présent code.

> ***Note*** : La régularité de la réunion s'apprécie relativement au lieu (siège de la collectivité territoriale) où elle se tient et aux affaires inscrites à l'ordre du jour.
>
> Le non-respect des conditions de régularité de la réunion est sanctionné administrativement et pénalement.
>
> Pour la sanction administrative, les articles 30 et 88 du présent code prévoient l'inexistence de l'acte.
>
> Pour les sanctions pénales, généralement, ce sont les articles 74 et 226 du Code pénal qui trouvent application
>
> **Code pénal (extraits)**
>
> **Article 74** : *Quiconque, hors les cas prévus aux articles 72 et 73, aura entrepris, par quelque moyen que ce soit, de porter atteinte à l'intégrité du territoire national ou de soustraire à*

l'autorité du Sénégal une partie des territoires sur lesquels cette autorité s'exerce sera puni d'un emprisonnement d'un à dix ans et d'une amende de 100.000 à 2.000.000 de FCFA.

Article 226 : *Quiconque, sans titre, se sera immiscé dans des fonctions publiques, civiles ou militaires, ou aura fait acte d'une de ces fonctions, sera puni d'un emprisonnement de deux à cinq ans, sans préjudice de la peine de faux si l'acte porte le caractère de cette infraction.*

Voir sur la question : Ouvrages et thèses.

1- B. Faure, *Le pouvoir réglementaire des collectivités locales,* Préface J.-C. Douence, LGDJ, 1998.

2- F. Sauvageot, *Les catégories de collectivités territoriales de la République,* Préface M. Verpeaux, PUAM, 2004.

3- L. Tesoka, *Les rapports entre les catégories de collectivités territoriales,* Préface J.-Y. Faberon, PUAM, 2004.

Articles.

4- B. Faure, « Existe-t-il un pouvoir local en droit constitutionnel français ? » *RDP* 1996, p. 1539 ;

5- « Libertés locales et libertés universitaires », Chronique, *RDP* 1984, p. 687.

6- A. Haquet, « Quelle est l'étendue du pouvoir réglementaire des collectivités territoriales ? » *BJCL*, 2003, p. 549.

Section 2. - *Participation citoyenne*

Article 6

Toute personne physique ou morale peut faire, au président du conseil départemental et au maire, toutes propositions relatives à l'impulsion du développement économique et social de la Collectivité territoriale concernée et à l'amélioration du fonctionnement des institutions.

Tout habitant ou contribuable a le droit de demander, à ses frais, communication, de prendre copie totale ou partielle des procès-verbaux du conseil départemental ou du conseil municipal, des budgets et des comptes, ainsi que des arrêtés pris par l'autorité locale.

Article 7

En vue de garantir une bonne participation des populations dans la gestion des affaires publiques, l'organe exécutif local peut instituer, au sein de la Collectivité territoriale, un cadre de concertation consulté sur :

- les plans et les projets de développement local ;
- les conventions de coopération et les contrats plans.

Le cadre de concertation peut, en outre, être consulté sur toute autre matière d'intérêt local.

Un décret détermine la composition, les modalités d'organisation et de fonctionnement du cadre de concertation.

Chapitre II : Organisation, fonctionnement *et contrôle des* collectivités territoriales

Article 8

Le conseil de chaque Collectivité territoriale élit en son sein un organe exécutif dont la composition est fixée par le présent code.

Article 9

Les collectivités territoriales disposent de budgets et de ressources propres.

Article 10

La préparation, l'adoption, l'exécution et le contrôle de l'exécution du budget des collectivités territoriales s'effectuent dans les conditions prévues par le présent code et dans le respect des règles de la comptabilité publique.

Article 11

Pour accomplir leurs missions, les collectivités territoriales disposent de services propres et peuvent s'appuyer sur les services déconcentrés de l'État.

Article 12

Les élus des collectivités territoriales ont droit à une formation adaptée à leur fonction.

Les collectivités territoriales disposent de personnels dont le statut est déterminé par la loi.

Tout recrutement de personnel par une collectivité territoriale doit être prévu et inscrit à son budget.

Arrêté ministériel n° 1729 en date du 11 février 2016 portant création d'un Comité national de Formation des élus locaux et autres acteurs de développement territorial *(JORS n° 6927 du 09 avril 2016)*

Article premier. - Il est créé, au sein du ministère de la Gouvernance locale, du Développement et de l'Aménagement du Territoire (MGLDAT), un Comité national de Formation des élus locaux et autres acteurs de développement territorial.

Art. 2. - Le Comité national de Formation des élus locaux et autres acteurs de développement territorial est un organe d'orientation, de pilotage et de supervision de la formation des élus locaux et autres acteurs de développement territorial, en vue d'assurer l'effectivité du droit à la formation des élus locaux.

À ce titre, il a pour missions de :

- définir les orientations et les objectifs stratégiques de formation des élus locaux et autres acteurs de développement territorial ;
- proposer la politique de formation des élus locaux et autres acteurs de développement territorial ;
- coordonner et harmoniser les actions de formation-pour une meilleure répartition des interventions à l'échelle du territoire national ;
- valider les programmes de formation des élus locaux et autres acteurs de développement territorial ;
- définir le cadre et les critères de contrôle de qualité des formations ;
- favoriser le financement de la formation.

Art. 3. - Le Comité national de la Formation des élus locaux et autres acteurs de développement territorial est présidé par le Ministre de la Gouvernance locale, du Développement et de l'Aménagement du Territoire ou son représentant. Il comprend en outre :

- deux Conseillers techniques du MGLDAT ;
- le Chef du Service de la formation du MGLDAT ;
- le Chef du Service de la Communication, de la Documentation et des Relations publiques du MGLDAT ;
- un représentant de l'Association des Départements du Sénégal ;

- un représentant de l'Association des Maires du Sénégal ;
- le Directeur de la Cellule d'Appui aux Élus locaux ;
- deux représentants du Sous-comité des Bailleurs de fonds en décentralisation ;
- un représentant du ministère chargé de la Santé ;
- un représentant du ministère chargé de l'Intérieur ;
- un représentant du ministère chargé des Finances ;
- un représentant du ministère chargé de la Femme et de l'Enfance ;
- un représentant du ministère chargé de l'Environnement ;
- un représentant du ministère chargé de l'Éducation nationale ;
- un représentant du ministère chargé de la Formation professionnelle ;
- un représentant du Ministère chargé de la Promotion de la Bonne gouvernance ;
- un représentant de la Société civile ;
- un représentant du Secteur privé ;
- un représentant de l'Université Cheikh Anta DIOP de Dakar ;
- un représentant de l'Université Gaston Berger de Saint-Louis ;
- un représentant de l'Université Alioune DIOP de Bambey ;
- un représentant de l'Université Assane SECK de Ziguinchor ;
- le Directeur général de l'École nationale d'Administration ;
- le Directeur général de l'École supérieure d'Économie appliquée ;
- le Directeur général de l'Agence nationale de l'Aménagement du Territoire ;
- le Directeur général de l'Agence de Développement municipal ;
- le Directeur général de l'Agence de Développement local ;
- le Directeur des Collectivités locales ;
- le Directeur de l'Appui au Développement local ;
- le Directeur des Stratégies de Développement territorial ;
- le Directeur du Centre national d'État civil ;
- le Directeur de l'Office national de la Formation professionnelle ;
- le Secrétaire exécutif du Programme national de Développement local ;
- le Coordonnateur de l'Unité de Coordination de la Gestion des déchets solides ;
- le Coordonnateur de la Cellule de Planification et d'Évaluation

technique des programmes et projets du MGLDAT.

En cas de besoin, le Comité peut s'adjoindre toute personne pouvant éclairer ses travaux.

Art. 4. - Le secrétariat du Comité national est assuré par le Chef du Service de la Formation du Ministère de la Gouvernance locale, du Développement et de l'Aménagement du Territoire.

Art. 5. - Le Comité se réunit tous les six mois et chaque fois que de besoin sur convocation de son président.

Art. 6. - Un Comité technique de Formation, chargé du suivi et de la mise en œuvre des orientations du Comité national de Formation, sera mis en place.

Art. 7. - Des comités régionaux de formation seront mis en place par arrêté du Gouverneur de région.

Art. 8. - Le présent arrêté sera enregistré, publié au Journal officiel de la République du Sénégal et communiqué partout où besoin sera.

Note : L'État met à la disposition des collectivités territoriales les fonctionnaires et agents dont elles ont besoin dans l'accomplissement de leur mission. C'est le Ministre chargé des Collectivités territoriales qui les affectent.

Par le biais de conventions signées entre le représentant de l'État et le président du conseil départemental ou le maire, les collectivités territoriales peuvent disposer des services déconcentrés de l'État.

Des réformes sont entreprises pour mettre en place un système cohérent de fonction publique locale.

Le personnel est régi soit par le statut de la fonction publique locale (loi n°2011-08 du 30 mars 2011) soit par celui de la fonction publique de l'État (loi n°61-33 du 15 juin 1961) soit par des textes législatifs ou réglementaires spécifiques.

Pour rappel, le statut général de la fonction publique communale qui était institué par la loi n°69-54 du 16 juillet 1969, s'était largement inspirée du statut des fonctionnaires de l'État dans un contexte marqué par l'existence d'un seul ordre de collectivités locales : la commune.

Aux termes de l'article 12 alinéa 2 du Code général des Collectivités territoriales qui reprend l'article 10 alinéa 1er de la loi de 1996 *« Les collectivités locales disposent de personnels dont le statut est déterminé par la loi »*. C'est à l'effet de répondre à une telle préoccupation que le statut général des fonctionnaires des collectivités territoriales a été adopté.

Cette loi n°2011-08 du 30 mars 2011portant statut de la fonction publique locale qui a complétée par plusieurs décrets s'articulent autour de trois principes : unité, parité et mobilité.

Le principe de l'unité ouvre aux agents concernés la possibilité de poursuivre une carrière successivement dans plusieurs collectivités territoriales quel que soit le niveau tout en conservant son grade.

La parité avec la fonction publique de l'État assure aux agents des collectivités territoriales des garanties te des droits identiques à ceux de l'État.

Concernant le principe de mobilité, il permet aux agents locaux de pouvoir évoluer dans les deux fonctions publiques.

Toutefois, il importe de préciser que malgré ces réformes, le problème fondamental demeure celui du recrutement clientéliste et cette situation est favorisée par l'absence d'organigramme standard dans les collectivités territoriales.

En effet, la volonté de rétribuer les soutiens électoraux et de fidélisation de la clientèle politique poussent la plupart des élus à procéder à des recrutements répondant plus à une logique clientéliste que managériale. Ainsi, la plupart des communes possède un personnel pléthorique non qualifié.

Article 13

Le domaine public et privé d'une Collectivité territoriale se compose de biens meubles et immeubles acquis à titre onéreux ou gratuit.

L'État peut transférer à une Collectivité territoriale la gestion d'une partie de son domaine public. Il peut également cogérer avec une Collectivité territoriale ou lui affecter ou céder, à titre onéreux ou gratuit, des biens de son domaine privé se trouvant dans le ressort territorial de celle-ci.

Pour des motifs d'intérêt général, l'État se réserve le droit de reprendre tout ou partie de ces biens à charge d'en rembourser les impenses conformément aux lois et règlements.

Les règles relatives au classement, au déclassement, au transfert, à l'affectation, à la désaffectation et à l'aliénation du domaine d'une Collectivité territoriale sont fixées par la loi.

Note : Cf. :

- Loi n°64-46 du 17 juin 1964 relative au Domaine national *(J.O. n°3692 du 11 juillet 1964 p. 905 et s.) ;*
- Décret n°64-573 du 30 juillet 1964 fixant les conditions d'application de la loi n°64-46 du 11 Juin 1964 relative au Domaine national *(J.O. du 29 août 1964, pp. 1123 à 1126)* ;
- Décret n°64-574 du 30 juillet 1964 portant application de l'article 3 de la loi n°64-46 du 17 Juin 1964, relative au domaine national autorisant, à titre transitoire, l'immatriculation au nom des occupants ayant réalisé une mise en valeur à caractère permanent *(J.O. du 5 septembre 1964, pp. 1167 à 1169) ;*
- Décret n°66-858 du 07 novembre 1966 portant application de l'article 5 de la loi n°64-46 du 17 juin 1964 relative au domaine national et fixant les conditions de l'administration des terres du domaine national à vocation agricole dans les zones urbaines *(J.O. du 19 novembre 1966, p.1518)* ;
- Décret n°72-1288 du 27 octobre 1972 relatif aux conditions d'affectation et de désaffectation des terres du domaine national comprises dans les communautés rurales *(J.O. du 18 novembre 1972, p. 1894 ; J. O. du 11 janvier 1980, p. 1298 ; J.O. du 10 mai 1986, p. 198),* modifié par les décrets n° 80-1051 du 14 octobre 1980, n°86-445 du 10 avril 1986, n°2020-1773 du 16 septembre 2020 et n° 2022-2307 du 30 décembre 2022 *;*

- Loi n°76-66 du 2 juillet 1976 portant Code du Domaine de l'État *(J.O. du 28 juillet 1976, pp. 1110 à 1117),* modifiée par la loi n°85-15 du 25 février 1985 *(J. O. du 09 mars 1985, p. 139);*
- Décret n°81-557 du 21 mai 1981 portant application du Code du Domaine de l'État en ce qui concerne le Domaine Privé modifié *(J.O. du 5 septembre 1981, pp. 818 à 831)* ;

Voir aussi Biram SENE et Adama TRAORE, *Recueil de textes fonciers et domaniaux*, 1ère éd., Dakar, CREDILA, 2014, 535 p. ; Biram SENE et Adama TRAORE, *Recueil de textes fonciers et domaniaux*, 2ème éd., Dakar, Abis éd., 2019.

Article 14

Les actes des collectivités territoriales font l'objet d'un contrôle de légalité exercé par les représentants de l'État.

Les délégations de services publics, les marchés publics et les conventions de partenariat public - privé des collectivités territoriales sont passés conformément aux dispositions législatives et règlementaires en vigueur.

Les contrats souscrits par l'organe exécutif local sont autorisés par le conseil de la Collectivité territoriale qui peut en fixer les conditions, selon les modalités et limites prévues au Titre IV du Livre premier du présent code.

La Cour suprême est juge du contentieux né de l'exercice du contrôle de légalité.

La Cour des comptes est juge des comptes des collectivités territoriales.

Chapitre III : Coopération et solidarité

Article 15

Les collectivités territoriales sont d'égale dignité. Aucune Collectivité territoriale ne peut établir ou exercer de tutelle sur une autre.

> ***Note :*** Les transferts de compétences prévus par la présente loi ne peuvent autoriser une Collectivité territoriale à établir ou à exercer une tutelle sur une autre. Il s'agit pour le législateur d'éviter qu'une collectivité territoriale puissante et riche n'exerce un contrôle sur une autre collectivité territoriale pauvre et faible.
>
> Toutefois, il faut signaler que les collectivités territoriales peuvent librement entretenir entre elles des relations fonctionnelles et de coopération en vue de l'exercice de leurs compétences et ceci, dans la stricte conformité avec les textes législatifs et réglementaires en vigueur (Article 279 CGCT). C'est ainsi, par exemple, que des collectivités territoriales peuvent se regrouper pour exercer en commun certaines compétences.

Article 16

Les collectivités territoriales peuvent entreprendre, suivant des modalités fixées par décret, des actions de coopération entre elles, avec l'État ou toute autre structure appropriée en vue de la promotion et de la coordination des actions de développement dans des domaines spécifiques. **Voir Annexe 2**

Article 17

Les collectivités territoriales peuvent, individuellement ou collectivement, entreprendre avec l'État la réalisation de programmes d'intérêt commun.

Article 18

Dans le respect du principe de libre administration, l'État garantit et organise le principe de solidarité entre les collectivités territoriales. À cet effet, il peut mettre en place des mécanismes d'incitation.

Article 19

Dans les conditions prévues par le présent code, les collectivités territoriales peuvent, dans le cadre de leurs compétences propres, entreprendre des actions de coopération qui donnent lieu à des conventions avec des collectivités territoriales de pays étrangers ou des organismes internationaux publics ou privés de développement.

TITRE II.
DU DEPARTEMENT

Article 20

Le département est une Collectivité territoriale, personne morale de droit public. Il est administré par un conseil départemental élu au suffrage universel direct.

Le conseil départemental par ses délibérations, le président du conseil départemental par l'instruction des affaires et l'exécution des délibérations concourent à l'administration du département.

NOTE : L'élection du président de Conseil départemental, du maire de commune et de ville au suffrage universel direct constitue une avancée majeure voire révolutionnaire dans notre système électoral à travers un respect scrupuleux de la volonté populaire dans le choix des élus territoriaux.

Dans la législation antérieure, les présidents de Conseil départemental et les maires de commune étaient, à l'issue du vote, respectivement élus par leurs pairs au sein du Conseil département et du Conseil municipal. Avec cette innovation, ils sont élus au suffrage universel direct et c'est le candidat tête de liste au scrutin majoritaire qui est élu président du Conseil départemental ou maire.

Voir l'article L.230 de la loi n°2021-35 du 23 juillet 2021 portant Code électoral, modifiée.

« Article L.230.-

Les conseillers départementaux sont élus au suffrage universel direct pour un mandat de cinq (05) ans.

Le candidat tête de liste au scrutin majoritaire est élu président du Conseil départemental si sa liste obtient le plus grand nombre de suffrages à l'issue du vote. »

Article 21

La création et l'organisation du département ne peuvent porter atteinte ni à l'unité nationale ni à l'intégrité du territoire.

Chapitre I : Dénomination et limites du département

Article 22

Le département est créé par décret.

Le décret détermine le nom du département, en situe le chef-lieu et en fixe le périmètre.

Article 23

Pour transférer le chef-lieu d'un département ou modifier les limites territoriales de plusieurs départements, le Ministre chargé des collectivités territoriales prescrit une enquête.

Pour rattacher à un département, une Collectivité territoriale ou une portion de Collectivité territoriale, l'avis du conseil de la Collectivité territoriale intéressée est requis.

Article 24

Les modifications des limites territoriales des départements, les fusions de deux ou plusieurs départements, la désignation des nouveaux chefs-lieux, sont décidées par décret.

Ces modifications entraînent rectification semblable des circonscriptions administratives concernées.

Article 25

Les fusions et modifications de départements prennent effet à compter de la date d'ouverture de la première session du nouveau conseil départemental de l'entité nouvellement créée, à moins que le décret constitutif en dispose autrement.

Dans ce dernier cas, ledit décret prévoit la dissolution du ou des conseils départementaux concernés.

Article 26

Les biens appartenant à un département rattaché à un autre deviennent la propriété du département de rattachement.

Les biens appartenant à un département rattaché à une portion de département érigé en département distinct deviennent la propriété de ce nouveau département.

Les habitants du département ou de la portion territoriale du département rattaché à un autre conservent la jouissance des biens dont les fruits sont perçus en nature.

Le décret portant fusion ou modification des limites territoriales d'un département en détermine expressément toutes les autres conditions y compris la dévolution des biens.

Un décret détermine notamment les conditions d'attribution soit au département ou aux départements de rattachement soit à l'État :

- des terrains ou édifices faisant partie du domaine public.
- de son domaine privé.
- des libéralités avec charges faites en faveur du département supprimé.

Chapitre II : Compétences du département.

Article 27

Le conseil départemental règle par ses délibérations les affaires du département.

Le département a compétence pour promouvoir le développement économique, éducatif, social, sanitaire, culturel et scientifique, pour réaliser les plans départementaux de développement et organiser l'aménagement du territoire dans le respect de l'intégrité, de l'autonomie et des attributions des autres collectivités territoriales.

Il peut engager des actions complémentaires de celles de l'État et des autres collectivités territoriales situées dans la région circonscription administrative, dans les domaines et les conditions fixés par la loi.

Le département peut passer des conventions avec l'État ou avec d'autres collectivités territoriales ou leurs groupements, pour mener avec eux des actions relevant de leur compétence, dans le strict respect de leurs attributions.

Il peut proposer aux communes du ressort du département toutes mesures tendant à favoriser la coordination des investissements locaux et des actions de développement, sous réserve des dispositions de l'article 15 du présent code.

Article 28

À titre dérogatoire, les attributions dévolues au conseil départemental par le présent code sont exercées, le cas échéant, par la ville si son périmètre correspond au territoire du département.

Article 29

Dans le respect de la Constitution et dans les conditions fixées par le Titre V du présent code, le département peut passer des conventions de coopération décentralisée avec des collectivités territoriales, des organismes publics ou privés étrangers ou internationaux.

Article 30

Lorsque le conseil départemental délibère en dehors de ses réunions légales, le représentant de l'État prend toutes les mesures nécessaires pour que l'assemblée se sépare immédiatement.

Dans le cas où le Conseil départemental délibère sur un objet étranger à ses compétences, publie des proclamations et adresses, émet des vœux politiques menaçant l'intégrité territoriale et l'unité nationale ou se met en communication avec un ou plusieurs conseils locaux hors des cas prévus par la loi, les actes pris sont considérés comme inexistants.

Dans les cas prévus à l'alinéa 2 ci-dessus, le représentant de l'État prend un arrêté motivé qu'il transmet au Procureur de la République du ressort pour l'application de la loi pénale.

En cas de condamnation, les membres de la réunion sont déclarés, par la décision, exclus du conseil départemental et sont inéligibles pendant les trois années suivant le prononcé.

Extraits du Code pénal sénégalais

Article 74 : *Quiconque, hors les cas prévus aux articles 72 et 73, aura entrepris, par quelque moyen que ce soit, de porter atteinte à l'intégrité du territoire national ou de soustraire à l'autorité du Sénégal une partie des territoires sur lesquels cette autorité s'exerce sera puni d'un emprisonnement d'un à dix ans et d'une amende de 100.000 à 2.000.000 de FCFA.*

Article 226 : *Quiconque, sans titre, se sera immiscé dans des fonctions publiques, civiles ou militaires, ou aura fait acte d'une de ces fonctions, sera puni d'un emprisonnement de deux à cinq ans, sans préjudice de la peine de faux si l'acte porte le caractère de cette infraction.*

Chapitre III : Organes du département

Section 1. Formation des organes du département

Article 31

(Modifié par la loi n°2014-19 du 24 avril 2014 et la loi n°2021-38 du 03 décembre 2021) ***Voir annexe 4***

Le président du conseil départemental est élu au suffrage universel direct. Il est la tête de liste de liste ayant obtenu le plus grand nombre de suffrage au scrutin majoritaire départemental. En cas d'égalité des suffrages, le plus âgé est élu président.

Si le président du conseil départemental est définitivement empêché, les dispositions de l'article 64 du présent code sont applicables.

Au sein du conseil départemental, est mis en place un bureau composé du président déjà élu, de vice-présidents et de secrétaires, dont le nombre est fixé par décret, élus dans les formes et conditions prévue à l'article 42 du présent code.

Les membres du bureau, en raison des responsabilités qui leur sont dévolues, doivent savoir lire et écrire.

Après le président et les membres du bureau dans l'ordre de leur élection, les conseillers départementaux prennent rang dans l'ordre du tableau.

L'ordre du tableau est déterminé :

1. par la date la plus ancienne des élections intervenues depuis le dernier renouvellement intégral des conseils locaux.

2. par la priorité d'âge, entre conseillers élus le même jour. La priorité d'âge étant accordée à l'élu le plus âgé.

Note : Si les modalités de mise en œuvre de la parité dans l'organe délibérant sont bien indiquées par l'article L.232 et L.266 et du Code électoral, il n'en est pas de même pour le bureau à propos duquel le CGCT ne fait qu'indiquer les postes à pouvoir.

Cette situation a été à l'origine des errements notés à l'occasion de la mise en place des bureaux des conseils en 2014.

La Cour suprême, par son arrêt n° 02 du 08 janvier 2015, a confirmé l'obligation du respect de la parité dans les bureaux des conseils des collectivités territoriales.

La haute juridiction a estimé que la notion de listes de candidatures, qui figure malencontreusement dans le décret d'application de la loi n° 2010-11 du 28 mai 2010 instituant la parité, ne peut permettre d'écarter l'application effective de cette loi dans les élections à candidatures individuelles, telles que celles du maire et de ses adjoints.

Encourt ainsi l'infirmation, l'arrêt qui pour rejeter le recours fondé sur le non-respect de la parité, a retenu que le texte n'a pas prévu les modalités pratiques du respect de la parité dans les élections à candidatures individuelles et qu'il n'existe pas de législation spéciale sur la parité applicable à ce scrutin.

Cette position de la cour a été réaffirmée en 2022 lors de l'installation des bureaux des conseils des collectivités territoriales. *(**Cour suprême**, arrêt n° 02 du 08 janvier 2015, MBENDA NDIAYE et SOKHNA SEYNABOU MBACKé c/ Ministre chargé des élections, **Cour suprême**, arrêt n° 17 du 26 février 2015, Ousmane THIOUF, Maixant Polidor Aurélien KABOU, Mamadou DIOUF, Karfa DIOUF, Omar SYLLA, Marie Louise SY et Ousmane CISSE c/ Ministre chargé des élections, **Cour suprême**, arrêt n°47 du 27 octobre 2022, Cheikh BITEYE, Alioune SARR et El Hadji DIOUF c/ Matar BA et Conseil municipal de Fatick*

Jurisp **: Cour suprême, arrêt n° 02 du 08 janvier 2015, MBENDA NDIAYE et SOKHNA SEYNABOU MBACKé c/ Ministre chargé des élections**

La Cour suprême,

Après en avoir délibéré conformément à la loi ;

Considérant qu'à la suite des élections municipales du 29 juin 2014, le bureau du Conseil municipal de Kaolack a été installé le 18 juillet 2014 par le représentant de l'état ;

Que les conseillères municipales Mbenda Ndiaye, Sokhna Seynabou Mbacké et Ndèye Lobé Lam ont alors formé un recours en annulation de l'élection du bureau constitué pour non-respect de la parité devant la cour d'Appel de Kaolack ;

Considérant que par l'arrêt n° 14 rendu le 25 juillet 2014, la cour d'Appel de Kaolack réunie en assemblée générale, a rejeté leur requête ;

Que c'est contre cette décision que Mbenda Ndiaye et deux autres ont formé appel en développant un moyen unique ;

Sur la recevabilité du mémoire en défense du ministre de l'Intérieur :

Considérant que les requérantes soulèvent l'irrecevabilité du mémoire en défense du ministre de l'Intérieur au motif qu'il n'est pas partie dans la procédure puisque seul le Conseil municipal de Kaolack est intimé dans la cause ;

Considérant qu'il résulte des dispositions combinées des articles 76 de la loi organique sur la Cour suprême et L 255 du code électoral que le ministre de l'Intérieur est une des parties défenderesses dans le contentieux des élections municipales porté en appel devant la Cour suprême ;

Qu'il y a lieu en conséquence de déclarer recevable le mémoire en défense que le ministre de l'Intérieur a versé dans la procédure ;

Sur le moyen unique tiré de la violation de la loi n° 2010-11 du 28 mai 2010 instituant la parité absolue homme-femme et de son décret d'application n° 2011-819 du 16 juin 2011, en ce que, l'arrêt attaqué a retenu que la loi n'a pas prévu les modalités pratiques du respect de la parité dans les élections à candidatures individuelles comme celles du maire et d'adjoints au maire et qu'en l'absence d'une législation spéciale applicable à ces élections, les principes constitutionnels de la liberté de candidature et du libre accès des citoyens à la gestion du service public doivent primer sur les dispositions générales sur la parité, alors que l'article 1er de cette loi dispose que *« la parité homme-femme est instituée au Sénégal dans toutes les institutions totalement ou partiellement électives »* et que l'article 2 du décret d'application énumère les institutions totalement ou partiellement électives parmi lesquelles figurent le conseil municipal, son bureau et ses commissions ;

Considérant qu'aux termes des articles 1er et 2 de la loi n° 2010-11 du 28 mai 2010 instituant la parité : *« La parité absolue homme-femme est instituée au Sénégal dans toutes les institutions totalement ou partiellement électives. Les listes de candidatures sont alternativement composées de personnes des deux sexes »* ;

Considérant que l'article 2 du décret d'application de la loi sus-référencée indique que le conseil municipal, son bureau et ses commissions figurent parmi les institutions totalement ou partiellement électives ;

Considérant que la loi sus-citée favorise l'égal accès des hommes et des femmes aux mandats électoraux et fonctions électives afin de corriger la sous-représentation des femmes au sein des responsabilités de la vie politique ;

Considérant que la notion des listes de candidatures figure malencontreusement dans le décret d'application pour l'élection des bureaux et commissions et, dès lors, s'en servir pour écarter l'application effective de la parité dans les élections à candidatures individuelles, telles que celles du maire et de ses adjoints, c'est méconnaître l'esprit des textes susvisés ;

Qu'ainsi encourt l'infirmation, l'arrêt entrepris qui pour écarter l'application de la loi et rejeter le recours de Mbenda NDIAYE et autres, a retenu que le texte n'a pas prévu les modalités pratiques du respect de la parité dans les élections à candidatures individuelles et qu'il n'existe pas de législation spéciale sur la parité applicable à ce scrutin ;

Considérant qu'il résulte des pièces du dossier que le bureau du conseil municipal de Kaolack, installé le 18 juillet 2014, est composé ainsi qu'il suit :

- Mariama Sarr, maire de la commune de Kaolack (femme) ;
- Thierno Dièye, 1er adjoint (homme) ;
- Mamadou Saliou Diallo, 2e adjoint (homme) ;
- Diokel Gadiaga, 3e adjoint (homme) ;
- El Hadji Cheikh Ndao, 4e adjoint (homme) ;
- Elimane Madiaye Cissé, 5e adjoint (homme) ;
- Djiby Sy, 6e adjoint (homme) ;
- Aïssatou Dramé, 7e adjointe (femme) ;
- Mamadou Mouhamed Ndiaye, 8e adjoint (homme) ;

Considérant que ce bureau, n'ayant pas respecté la parité à partir de l'élection du 2e adjoint, il y a lieu, statuant à nouveau, d'ordonner la reprise de l'élection de ses membres, le maire et le

1er adjoint n'étant pas concernés par cette mesure ;

PAR CES MOTIFS :

Infirme l'arrêt n°14 du 25 juillet 2014 de l'assemblée générale de la cour d'Appel de Kaolack ;

Statuant à nouveau, ordonne la reprise de l'élection des membres du bureau du conseil municipal de Kaolack ;

Dit que le maire et le 1er adjoint ne sont pas concernés par cette élection.

Jurisp : Cour suprême, arrêt n° 17 du 26 février 2015, Ousmane THIOUF, Maixant Polidor Aurélien KABOU, Mamadou DIOUF, Karfa DIOUF, Omar SYLLA, Marie Louise SY et Ousmane CISSE c/ Ministre chargé des élections

Vu la requête reçue au greffe central de la Cour suprême le 19 novembre 2014, par laquelle Ousmane Thiouf, Maixant Polidor Aurélien Kabou, Mamadou Diouf, Karfa Diouf, Omar Sylla, Marie Louise Sy et Ousmane Cissé, Conseillers municipaux de la commune de Keur Massar, ayant tous domicile élu en l'étude de Maîtres Thioub et Ndour, avocats à la cour, sollicitent l'infirmation de l'arrêt n°77 rendu le 21 août 2014 par l'Assemblée générale de la Cour d'appel de Dakar dans la cause les opposant à Amadou Barry et au Ministre de l'Intérieur ;

Vu la seconde requête reçue au greffe central de la Cour suprême le 26 novembre 2014, par laquelle Ousmane Thioup ou Thiouf et les six autres Conseillers municipaux de la commune de Keur Massar, tous élisant domicile en l'Etude de Maître Bassirou Ngom, Avocat à la Cour, sollicitent la cassation de l'arrêt n°77 rendu le 21 août 2014 par l'Assemblée générale de la Cour d'appel de Dakar dans la cause les opposant à Amadou Barry et au Ministre de l'Intérieur ;

Après en avoir délibéré conformément à la loi ;

Considérant qu'à la suite des élections municipales du 29 juin 2014, la commune de Keur Massar a élu son Conseil municipal et mis en place le bureau ; qu'un des Conseillers municipaux, Amadou Barry, a alors introduit un recours auprès de la Cour d'appel de Dakar, pour demander l'annulation de l'élection du bureau, pour non-respect de la parité ;

Considérant que par l'arrêt n°77 rendu le 21 août 2014, la Cour d'appel réunie en assemblée générale a validé l'élection du Maire et annulé celle des autres membres du bureau pour non-respect de la parité ;

Que c'est contre cette décision que les Conseillers municipaux Ousmane Thiouf et six autres ont interjeté appel ;

Sur la jonction

Considérant que les deux requêtes inscrites, sous les n°J/474/RG14 et J/483/RG/14 présentent un lien de connexité évident,

puisqu'introduites par les mêmes parties avec des conseils différents, dans la même cause et avec le même objet ; qu'il y a lieu pour une bonne administration de la justice d'en ordonner la jonction pour qu'il soit statué sur le tout par un seul et même arrêt ;

Sur la recevabilité de la requête d'Amadou Barry :

Considérant que les appelants concluent à l'irrecevabilité de la requête d'Amadou Barry devant la Cour d'appel pour violation des dispositions de l'article 1-2 al 1 du Code de Procédure civile et L.253 du code électoral en ce qu'il n'était candidat à aucun des postes du bureau municipal et ne peut exciper d'un intérêt à agir, n'étant pas une femme ;

Considérant que l'article L.253 du Code électoral relatif au contentieux des élections municipales, permet à tout électeur, ou à tout candidat à une élection municipale, de pouvoir réclamer l'annulation des opérations électorales ;

Considérant que la qualité d'électeur et de candidat à une élection municipale de Amadou Barry ne pouvant être contestée puisqu'il a été élu Conseiller municipal de la commune de Keur Massar, son intérêt à agir était certain et c'est à bon droit que son recours a été déclaré recevable ;

Sur le fond :

Considérant que les appelants sollicitent l'infirmation de l'arrêt pour :

- violation de l'article L254 du code électoral et des droits de la défense, en ce que, le Greffier en chef de la Cour d'appel n'a pas communiqué la requête aux Conseillers dont l'élection est contestée ;
- violation de la loi n°2010-11 du 28 mai 2010 instituant la parité aux motifs que :
    - l'article 2 de ladite loi qui institue la parité dans toutes les institutions totalement ou partiellement électives, vise l'institution que constitue le Conseil municipal dont les listes doivent être paritaires et non le bureau, qui n'est pas une institution en tant que tel et dont les membres, comme le Maire, sont élus individuellement et de manière totalement libre ;
    - l'article 2 de la loi vise des listes de candidatures, alors que l'élection du Maire et de ses Adjoints est une élection nominale pour un poste donné et pour lequel tout Conseiller peut présenter sa candidature, l'application de la parité pour cette élection débouchant nécessairement sur une situation rocambolesque où il ne pourrait y avoir d'élection ;
- défaut de motifs, en ce que la Cour d'appel en validant l'élection du Maire et en déclarant irrégulière celle de ses Adjoints n'a pas suffisamment motivé sa décision, puisque si la parité était appliquée, le deuxième et le quatrième adjoints seraient des hommes, ce qui est le cas en l'espèce ;

Considérant que le Ministre chargé des élections conclut à ce qu'il soit statué ce que de droit sur la recevabilité de la requête et sur son bien-fondé ;

Considérant qu'aux termes des articles 1er et 2 de la loi n°2010-11 du 28 mai 2010 instituant la parité : « *La parité absolue* *homme-femme est instituée au Sénégal dans toutes les institutions totalement ou partiellement électives. Les listes de candidatures sont alternativement composées de personnes des deux sexes.* » ;

Considérant que l'article 2 du décret d'application de ladite loi, indique que le Conseil municipal, son bureau et ses commissions figurent parmi les institutions totalement ou partiellement électives;

Considérant que la loi susvisée favorise l'égal accès des hommes et des femmes aux mandats électoraux et fonctions électives afin de corriger la sous-représentation des femmes au sein des responsabilités de la vie politique ;

Considérant que la notion de listes de candidatures figure malencontreusement dans le décret d'application pour l'élection des bureaux et commissions et, dès lors, s'en prévaloir pour demander que la parité ne soit pas appliquée dans les élections à candidatures individuelles, telles que celles du Maire et de ses Adjoints, c'est méconnaître l'esprit des textes susvisés ;

Qu'ainsi, c'est à bon droit que la Cour d'appel ayant retenu, que ces textes font obligation d'élire au sein du Conseil municipal un bureau alternativement composé de personnes des deux sexes, a annulé l'élection des membres du bureau du Conseil municipal de Keur Massar, à l'exception de celle du Maire Moustapha Mbengue, une seule femme figurant parmi les huit Adjoints du Maire du bureau élu;

Qu'il y'a lieu de confirmer l'arrêt ;

PAR CES MOTIFS :

Ordonne la jonction des procédures inscrites sous les n°J/474/RG/14 et J/483/RG/14 ;

Confirme en toutes ses dispositions l'arrêt n°77 rendu le 21 août 2014 par l'assemblée générale de la Cour d'appel de Dakar.

Article 32

Le président du conseil départemental et les membres du bureau sont élus pour la même durée que le conseil départemental.

À l'occasion des cérémonies officielles et des circonstances solennelles, le président et les membres du bureau portent en ceinture une écharpe aux couleurs nationales, avec franges dorées pour le président et franges argentées pour les membres du bureau.

Article 33

Le conseil départemental peut déléguer l'exercice d'une partie de ses attributions au bureau, à l'exception de celles visées aux articles 43 et 46 du présent code. Cette décision doit faire l'objet d'une délibération déterminant l'étendue et la durée de la délégation. À l'expiration de la durée de la délégation, compte en est rendu au conseil départemental.

Le conseil départemental désigne parmi ses membres des délégués appelés à siéger au sein d'organismes extérieurs dans les cas et conditions prévus par les textes régissant ces organismes. La fixation par les textes précités de la durée des fonctions assignées à ces membres ou délégués ne fait pas obstacle à ce qu'il puisse être procédé, à tout moment et pour le reste de cette durée, à leur remplacement.

Article 34

Le président du conseil départemental est l'organe exécutif du département. Il prépare et exécute les délibérations du conseil départemental.

Il est l'ordonnateur des dépenses du département et prescrit l'exécution des recettes, sous réserve des dispositions particulières du Code général des Impôts relatives au recouvrement des recettes fiscales des collectivités territoriales.

Il est le chef des services décentralisés du département. Il peut, sous sa surveillance et sous sa responsabilité, donner délégation de signature aux membres du bureau.

Dans les mêmes conditions, il peut aussi déléguer sa signature au secrétaire général du département, ainsi qu'aux responsables desdits services.

Le président du conseil départemental gère le domaine du département. À ce titre, il exerce les pouvoirs de police afférents à cette gestion, notamment en ce qui concerne la circulation sur ce domaine, sous réserve des attributions dévolues aux représentants de l'État et aux maires.

Article 35

Pour la préparation et l'exécution des délibérations du conseil départemental, son président peut disposer, le cas échéant, des services déconcentrés de l'État dans le cadre d'une convention signée avec le représentant de l'État, précisant les conditions de prise en charge par le département de ces missions.

Il peut, sous sa surveillance et sa responsabilité, donner délégation de signature aux chefs desdits services pour l'exécution des missions qu'il leur confie, en application de l'alinéa précédent.

Les conditions et les modalités de l'utilisation par le département de ces services, sous forme de conventions types, sont fixées par décret.

Article 36

Pour l'application du présent code, les agents de l'État chargés de l'exécution de tâches départementales, sont affectés auprès du président du conseil départemental et sont placés, pour l'exercice de leurs fonctions, sous l'autorité de celui-ci.

Ces personnels restent régis par les statuts qui leur sont applicables lors de l'entrée en vigueur de la présente loi.

En outre, tout engagement d'un agent par le département s'effectue selon les modalités de recrutement, de rémunération et de déroulement de carrière applicables aux emplois de l'État équivalents.

Article 37

Le secrétaire général du département est nommé par le président du conseil départemental, après avis consultatif du représentant de l'État, parmi les agents et fonctionnaires de la hiérarchie A de la fonction publique, ou de niveau équivalent dans les conditions précisées par décret.

Il assiste aux réunions de bureau avec voix consultative.

Le président du conseil départemental met fin à ses fonctions dans les mêmes formes.

Décret n° 2014-1224 du 24 septembre 2014 fixant le statut du secrétaire général de département ou de ville

(JORS 6830 du 17 janvier 2015)

Le Président de la République

Article premier. – Le secrétaire général du département ou de ville est nommé par arrêté, selon le cas, soit par le président du conseil départemental ou le maire de ville, après avis consultatif du représentant de l'État.

Il est mis fin à ses fonctions dans les mêmes formes.

Article 2. – Pour être nommé secrétaire général de département ou de ville, le candidat doit être de la hiérarchie A de la fonction publique, ou de niveau équivalent.

Article 3. – Le secrétaire général assiste aux réunions du bureau du conseil départemental ou de la ville avec voix consultative.

Il assiste également à toutes les réunions du conseil départemental ou de la ville.

Article 4. – Sous l'autorité du président du conseil départemental ou du maire, le secrétaire général est le supérieur hiérarchique du personnel administratif et technique du département ou de la ville.

À ce titre, il assure une mission générale d'organisation, d'impulsion et de coordination des services départementaux ou de la ville.

En outre, le secrétaire général assiste le président du conseil départemental ou le maire dans l'élaboration des documents de planification ainsi que dans la préparation et la présentation au conseil, du budget, du compte administratif et de tous les autres actes de gestion courante.

Article 5. – Le secrétaire général peut recevoir délégation de signature du président du conseil départemental ou du maire.

Article 6. – Le secrétaire général bénéficie :

- d'une indemnité mensuelle de fonction de 200.000 francs ;
- d'un logement ou, à défaut, d'une indemnité

compensatrice, conformément à la réglementation en vigueur ;

– d'une indemnité kilométrique conformément à la réglementation en vigueur.

Article 7. – Le Ministre de l'Économie, des Finances et du Plan et le Ministre de la Gouvernance locale, du Développement et de l'Aménagement du Territoire sont chargés, chacun en ce qui le concerne, de l'exécution du présent décret qui sera publié au journal officiel de la République du Sénégal.

Fait à Dakar, le 24 septembre 2014

Par le Président de la République
Macky SALL

Le Premier Ministre
Mahammed Boun Abdallah DIONNE

Article 38

La coordination entre l'action des services du département et celle des services de l'État dans le département est assurée par le représentant de l'État en rapport avec le président du conseil départemental.

Le représentant de l'État réunit une conférence d'harmonisation au moins deux fois par an sur les programmes d'investissement de l'État et du département.

La réunion est co-présidée par le Préfet du département et le président du conseil départemental.

Article 39

Les départements d'une même région circonscription administrative constituent en commun, avec les communes, une Agence régionale de Développement (ARD).

Cette agence a pour mission d'apporter aux collectivités territoriales une assistance gratuite dans tous les domaines d'activités liés au développement. Les modalités de création, d'organisation et de fonctionnement de cette agence sont précisées par décret.

Le représentant de l'État assiste de droit aux réunions du conseil d'administration de cette agence ou s'y fait représenter.

INDEMNITES

Article 40

Les fonctions de président, de membre du bureau, de conseiller départemental, de président et de membre de délégations spéciales, donnent lieu sur le budget du département au paiement d'indemnités ou remboursement de frais que nécessite l'exécution des mandats qui leur sont confiés.

Les conseillers départementaux ont droit, pendant les sessions ou lors de missions fixées par le président, à une indemnité journalière et à des frais de déplacement pour participation aux travaux du conseil départemental. Les montants de cette indemnité et de ces frais sont fixés par décret.

Le conseil départemental peut voter, sur les ressources ordinaires du département, des indemnités au président, pour frais de représentation. En cas de dissolution, ces indemnités sont attribuées au président de la délégation spéciale suivant les modalités fixées par décret.

Ce décret fixe les modalités d'attribution ainsi que les taux maxima des indemnités et frais visés au présent article.

Décret n° 2014 -1223 fixant les taux maxima des indemnités et frais alloués aux membres du bureau du conseil départemental, aux conseillers et aux membres de la délégation spéciale du département.

LE PRESIDENT DE LA REPUBLIQUE

Article premier – Le président du conseil départemental perçoit une indemnité mensuelle fixée à 1.250.000 francs CFA nets par mois.

Le maire de la ville perçoit la même indemnité mensuelle allouée au président du conseil départemental si le périmètre de la ville correspond au territoire du département.

La moitié de cette de cette indemnité constitue des frais de représentation.

En cas de dissolution du conseil départemental, le président de la délégation spéciale perçoit des frais de présentation équivalents à la moitié de l'indemnité globale versée au président du conseil départemental.

Article 2 – L'agent de l'État, président de délégation spéciale, perçoit une indemnité égale à la moitié de l'indemnité fixée à l'article premier.

Article 3 – Il est appliqué au président du conseil départemental un régime des prestations familiales équivalent à celui de la Fonction publique de l'État.

Article 4 – Les autres membres du bureau du conseil départemental perçoivent une indemnité mensuelle forfaitaire de 150.000 francs CFA.

Les autres membres du bureau de la délégation spéciale perçoivent une indemnité égale à la moitié de celle fixée à l'alinéa premier du présent article.

Ces indemnités constituent des frais de représentation.

Article 5 – Les membres du conseil départemental ou de la délégation spéciale perçoivent une indemnité journalière de session de 5.000 francs.

Article 6 – Les taux maxima de remboursement des frais de déplacement sont fixés à 45.000 francs pour chaque conseiller départemental ou membre de la délégation spéciale et par session.

Article 7 – Les membres, autres que le maire, du bureau de la ville perçoivent la même indemnité mensuelle allouée aux membres du bureau du conseil départemental si le périmètre de la ville correspond au territoire du département.

En cas de dissolution du conseil de la ville, le président de la délégation spéciale perçoit la moitié de l'indemnité versée au maire et les autres membres de la délégation spéciale perçoivent la moitié de l'indemnité allouée aux membres du bureau du conseil départemental si le périmètre de la ville correspond au territoire du département.

Article 8 – Le Ministre de l'Économie, des Finances et du Plan et le Ministre de la Gouvernance locale, du Développement et de l'Aménagement du Territoire sont chargés, chacun en ce qui concerne, de l'exécution du présent décret qui sera publié au journal officiel.

Fait à Dakar, le 24 Septembre 2014

Par le Président de la République
Macky SALL
Le Premier Ministre
Mouhammed Boun Abdallah DIONNE

Article 41

La charge de la réparation du préjudice résultant d'un accident survenu dans l'exercice des fonctions de président, vice-présidents, et membres de bureaux, de président et vice-présidents de délégation spéciale, incombe au département.

Dans l'exercice de leurs fonctions, ils bénéficient de protection conformément aux dispositions du code pénal et des lois spéciales.

Les conseillers départementaux et les membres de la délégation spéciale bénéficient de la même protection lorsqu'ils sont chargés de l'exécution d'un mandat spécial. Dans ce cas, ils bénéficient également de la garantie prévue à l'alinéa premier ci-dessus.

Extraits du Code pénal

Menaces

Article 290

Quiconque aura menacé, par écrit anonyme ou signé, image, symbole ou emblème, d'assassinat, d'empoisonnement ou de tout autre attentat contre les personnes, qui serait punissable d'une peine criminelle, sera dans le cas où la menace aurait été faite avec ordre de déposer une somme d'argent dans un lieu indiqué ou de remplir tout autre condition, puni d'un emprisonnement de deux ans à cinq ans et d'une amende de 25.000 à 200.000 FCFA.

Le coupable pourra, en outre, être privé des droits mentionnés en l'article 34 du présent Code pénal pendant cinq ans au moins et dix ans au plus à compter du jour où il aura subi sa peine.

Article 291

Si cette menace n'a été accompagnée d'aucun ordre ou condition, la peine sera d'un emprisonnement d'une année au moins et de trois ans au plus et d'une amende de 20.000 à 100. 000 FCFA.

Article 292

Si la menace faite avec ordre ou sous condition a été verbale, le coupable sera puni d'un emprisonnement de six mois à deux ans et d'une amende de 20.000 à 75.000 FCFA.

Dans ce cas, comme dans celui des précédents articles, la peine de l'interdiction de séjour pourra être prononcée contre le coupable.

Article 293

Quiconque aura, par l'un des moyens prévus aux articles précédents, menacé de voies de fait ou de violences non prévues par l'article 290, sera puni d'un emprisonnement de six jours a trois mois et d'une amende de 20.000 à 50.000 FCFA ou de l'une de ces deux peines seulement.

Outrage

Article 196

L'outrage fait par paroles, gestes, menaces, écrits ou dessins non rendus publics ou encore par envoi d'objets quelconques dans la même intention, et visant tout officier ministériel ou agent dépositaire de la force publique ou tout citoyen chargé d'un ministère de service public, dans l'exercice ou à l'occasion de l'exercice de ses fonctions, sera puni d'un emprisonnement d'un mois à trois mois et d'une amende de 20.000 à 50.000 FCFA ou de l'une de ces deux peines seulement.

Violences et voies de fait

Article 201

Les violences ou voies de fait de l'espèce exprimée en l'article 200, dirigées contre un officier ministériel, un agent de la force publique ou un citoyen chargé d'un ministère de service public, si elles ont eu lieu pendant qu'ils exerçaient leur ministère ou à cette occasion, seront punies d'un emprisonnement d'un mois au moins et de trois ans au plus et d'une amende de 20.000 à 50.000 FCFA.

Diffamation et injures

Article 258

Toute allégation ou imputation d'un fait qui porte atteinte à l'honneur ou à la considération de la personne ou du corps auquel le fait est imputé est une diffamation. Lorsqu'elle a été faite par l'un des moyens visés en l'article 248, elle est punissable même si elle s'exprime sous une forme dubitative ou si elle vise une personne ou un corps non expressément nommé, mais dont l'identification est rendue possible par les termes des discours, cris, menaces, écrits ou imprimés, placard ou affiches incriminés.

Toute expression outrageante, tout terme de mépris relatif ou non à l'origine d'une personne, toute invective qui ne renferme l'imputation d'aucun fait est une injure.

Section 2. Fonctionnement des organes du département

Article 42

(L'article unique de la loi n°2021-38 du 03 décembre 2021 modifiant la loi n° 2013-10 du 28 décembre 2013 portant Code général des Collectivités territoriales)

Le conseil départemental a son siège au chef-lieu du département.

La première réunion du conseil départemental nouvellement élu se tient de plein droit dans les quinze jours qui suivent la proclamation officielle des résultats. Elle est convoquée par le représentant de l'État.

Lors de cette réunion, le représentant de l'État installe le président du conseil départemental déjà élu.

Après son installation, le président du conseil départemental préside la réunion pour compléter le bureau du conseil départemental en élisant ses vices présidents et secrétaires. Le plus jeune membre faisant office de secrétaire

L'élection a lieu au scrutin secret et à la majorité absolue des membres du conseil départemental.

Si, après deux tours de scrutin, aucun candidat n'a obtenu la majorité absolue, il est procédé à un troisième tour de scrutin et l'élection a alors lieu à la majorité relative. En cas d'égalité de suffrages, le plus âgé est déclaré élu.

Le conseil départemental ne peut, dans ce cas, délibérer que si les deux tiers de ses membres sont présents. Si cette condition n'est pas remplie, la réunion est convoquée de plein droit huit jours plus tard. La réunion peut alors avoir lieu sans condition de quorum.

Les pouvoirs du conseil sortant expirent à l'ouverture de cette première réunion.

Pour toute autre élection des vice-présidents et secrétaires, les membres du conseil départemental sont convoqués par le président. La convocation contient la mention spéciale de l'élection à laquelle il doit être procédé.

Article 43

Après l'élection de son bureau, le Conseil départemental forme ses commissions, procède à la désignation de ses membres ou de ses délégués pour le représenter au sein d'organismes extérieurs.

Article 44

Le conseil départemental se réunit, une fois par trimestre, en session ordinaire. La durée de chaque session ne peut excéder quinze jours, sauf la session budgétaire qui peut durer un mois.

Article 45

Le conseil départemental est également réuni en session extraordinaire, pour une durée qui ne peut excéder trois jours, sur un ordre du jour déterminé à la demande :

- du président ;
- du tiers des membres du conseil départemental, un même conseiller départemental ne pouvant être signataire de plus d'une demande de réunion par année ;
- du représentant de l'État.

Article 46

Le conseil départemental forme de droit 4 commissions :

1. Commission des affaires administratives, juridiques et du règlement intérieur ;
2. Commission de l'éducation, de la santé et de la population, des affaires sociales et culturelles, de la jeunesse et des sports ;
3. Commission des finances, du plan et du développement économique ;
4. Commission de l'environnement, de l'aménagement du territoire, des domaines, de l'urbanisme et de l'habitat.

Toute autre commission peut être créée ou dissoute par délibération du conseil départemental, sur demande de son président ou sur proposition d'au moins 1/3 des membres du conseil départemental.

Article 47

Les séances du conseil départemental sont publiques sauf si le conseil en décide autrement à la majorité absolue des membres présents ou représentés.

Le vote a lieu au scrutin public. Les délibérations du conseil départemental sont prises à la majorité simple. En cas d'égalité de voix, celle du président est prépondérante. Les prénoms et noms des votants, avec l'indication de leur vote, sont insérés au procès-verbal.

Toutefois, à la demande du quart des membres présents, le scrutin est secret.

Article 48

Le conseil départemental ne peut délibérer que si la majorité absolue de ses membres en exercice est présente à l'ouverture de la session.

Si ce quorum n'est pas atteint, la réunion est convoquée de plein droit, huit jours plus tard. Dans ce cas, les délibérations ne sont valables que si, au moins, le quart des membres du Conseil sont présents.

> **Note :** Ici, il est important de préciser que le CGCT n'indique pas ce qu'il convient de faire si à la deuxième réunion le quart des conseillers n'est pas présent.
>
> La question qui mérite d'être posée est celle de savoir si en pareil cas ce sont les dispositions de l'article 52 ci-dessous qui vont s'appliquer ou non.

Article 49

Quinze jours au moins avant la réunion du conseil départemental, le président adresse aux conseillers départementaux un rapport sur chacune des affaires qui doivent leur être soumises.

Chaque année, au mois de janvier de l'année suivant la fin de la gestion, le président présente au conseil départemental un rapport spécial sur la situation du département notamment sur les matières transférées, l'activité et le fonctionnement des différents services du département et des organismes qui relèvent de celui-ci, ainsi que les crédits qui leur sont alloués.

Le rapport précise également l'état d'exécution des délibérations du conseil départemental et la situation financière du département. Ce rapport donne lieu à un débat. Il est transmis pour information au représentant de l'État. Il est rendu public.

Article 50

La présence du représentant de l'État ou de son délégué dûment mandaté aux séances du conseil départemental est de droit. Chaque fois qu'il le demande, le représentant de l'État ou son délégué est entendu, mais ne peut ni présider les séances ni participer au vote. Ses déclarations sont portées au procès-verbal des délibérations.

Une fois par an, le représentant de l'État expose, devant le conseil départemental, par un rapport spécial, présenté au mois de janvier de l'année suivant la fin de la gestion, l'activité des services de l'État dans le département. Ce rapport donne lieu à un débat en sa présence.

Article 51

Un conseiller départemental, empêché, peut donner procuration écrite de vote avec signature certifiée conforme à un autre conseiller départemental, pour la réunion à laquelle il ne peut assister.

Un même conseiller départemental ne peut recevoir plus d'une seule procuration.

Chapitre IV : Dissolution du conseil, substitution, suppléance, cessation de fonctions

Article 52

Lorsque le fonctionnement d'un conseil départemental se révèle durablement impossible, sa dissolution peut être prononcée par décret, après avis de la Cour suprême.

La dissolution ne peut être prononcée par voie de mesure générale.

Article 53

En cas de dissolution du conseil départemental, de démission de tous ses membres ou d'annulation devenue définitive de l'élection de tous ses membres, une délégation spéciale de sept membres est nommée par arrêté du Ministre chargé des collectivités territoriales.

Le bureau de la délégation spéciale est composé d'un président et de deux vice-présidents.

La délégation spéciale a les mêmes attributions que le conseil départemental.

Toutefois, elle ne peut :

1. aliéner ou échanger des propriétés du département ;
2. augmenter l'effectif budgétaire ;
3. créer des services publics ;
4. voter des emprunts.

Une nouvelle élection du conseil départemental est organisée dans un délai maximum de six mois.

Le délai visé à l'alinéa précédent peut être prorogé pour une, deux, ou au plus, trois périodes de six mois par décret motivé.

Le représentant de l'État convoque le conseil élu pour la première réunion, dont il fixe la date, l'heure et le lieu.

Article 54

Dans le cas où le président du conseil départemental refuse ou néglige d'accomplir un des actes qui lui sont prescrits par la loi ou les règlements ou qui s'imposent absolument dans l'intérêt du département, le Ministre chargé des Collectivités territoriales, après mise en demeure, peut y faire procéder d'office.

Cette mise en demeure doit être faite par écrit et indiquer le délai imparti au président pour répondre au Ministre chargé des Collectivités territoriales.

Si la mise en demeure est restée vaine dans le délai imparti, ce silence équivaut à un refus.

Lorsqu'il s'agit d'une mesure présentant un intérêt commun à deux ou plusieurs départements, le Ministre chargé des Collectivités territoriales peut se substituer, dans les mêmes conditions, aux présidents des conseils départementaux intéressés.

Article 55

Le président du conseil départemental qui, pour une cause postérieure à son élection, ne remplit plus les conditions requises pour être président ou qui se trouve dans un des cas d'inéligibilité prévus par la loi, doit cesser immédiatement ses fonctions. Le ministre chargé des Collectivités territoriales l'enjoint de se démettre aussitôt de ses fonctions sans attendre l'installation de son successeur. Si le président refuse de démissionner, le Ministre chargé des Collectivités territoriales décide par arrêté sa suspension pour un mois. Il est ensuite mis fin à ses fonctions par décret.

Article 56

Le président du conseil départemental nommé à une fonction incompatible avec son mandat est tenu de faire une déclaration d'option dans un délai de trente jours. Passé ce délai, il peut être invité par le Ministre chargé des Collectivités territoriales à abandonner l'une de ses fonctions. En cas de refus ou quinze jours après cette mise en demeure, le président est déclaré démissionnaire par décret.

Loi n°96-11 du 22 mars 1996 relative à la limitation du cumul des mandats électifs et de certaines fonctions

(JORS, n°5689, p. 243)

Art. premier. - Nul ne peut cumuler plus de deux mandats électifs.

Est considéré comme un seul mandat celui du maire ou du membre du conseil de la commune d'arrondissement représentant cette commune au conseil municipal de la ville.

Art. 2. - La fonction de Président de Conseil Régional est incompatible avec les fonctions de :

- Président de l'Assemblée nationale ;
- Président du Conseil économique et social ;
- Ministre ;
- Président de comité de communauté urbaine ;
- Président de conseil d'administration d'une société nationale ou société anonyme à participation publique majoritaire ;
- Directeur de société nationale ou société anonyme à participation publique majoritaire ;
- Directeur d'un établissement public ;
- Directeur d'administration centrale ;
- Maire ou président de conseil rural ;
- Ambassadeur.

Art. 3. - Tout citoyen investi d'un mandat électif ou nommé à une fonction le plaçant dans un des cas d'incompatibilité visés par les articles premier et 2 de la présente loi, dispose d'un délai de trente jours à compter de la date de l'élection ou de la nomination pour démissionner du mandat ou de la fonction de son choix.

En cas de contestation, le délai visé à l'alinéa 1 du présent article court à compter de la date de décision de justice validant cette élection.

À défaut d'option dans le délai imparti, le mandat acquis ou la fonction exercée à la date la plus récente prend fin de plein droit.

Art. 4. - La présente loi entrera en vigueur à la date du prochain renouvellement général des conseils régionaux, municipaux et ruraux.

La présente loi sera exécutée comme loi de l'État.

Fait à Dakar, le 22 mars 1996

Abdou DIOUF
Par le Président de la République

Le Premier Ministre
Habib THIAM

<u>Jurisp</u> : Cour suprême, Chambre administrative, arrêt n°10 du 09 février 2017, Aïssatou MBODJI c/ État du Sénégal et le Préfet de Bambèye

Vu la requête reçue le 27 avril 2016 au greffe central par laquelle Aïssatou MBODJI, Présidente du Conseil départemental de Bambey, élisant domicile aux études de Maîtres Alassane CISSE, Madické NIANG, El Hadji Amadou SALL, Mbaye Jacques NDIAYE, avocats à la cour, sollicite l'annulation des décisions n°010/PDB du 21 avril 2016 du Préfet du Département de Bambey et n°000074 /MGLDAT/CAB/DC /SP du 13 avril 2016 du Ministre de la Gouvernance locale, du Développement et de l'Aménagement du Territoire demandant la notification de la fin de son mandat par le préfet du Département ;

Considérant que par lettre numéro 000074/MGL DAT/CAB/DC/SP du 13 avril 2016, le Ministre de la Gouvernance locale, du Développement et de l'Aménagement du Territoire a demandé au préfet du Département de Bambey de notifier à Aïssatou Mbodji la fin de son mandat et de prendre les dispositions appropriées en vue de faire respecter la loi tout en veillant à la continuité du fonctionnement du conseil départemental ; que par correspondance n°010/PDB du 21 avril 2016, le préfet du département a notifié à Aïssatou MBODJI la fin de son mandat de conseillère départementale de Bambey ;

Qu'Aïssatou MBODJI a formé un recours contre ces deux décisions en articulant trois moyens ;

Considérant que l'Agent judiciaire de l'État soulève l'irrecevabilité du recours aux motifs que, d'une part, la lettre du ministre ainsi que celle du préfet n'ont aucun caractère décisoire et, d'autre part, la requête n'a pas été accompagnée de la correspondance du ministre ;

Considérant que la lettre du ministre a un caractère décisoire en ce qu'elle a pour objet de constater la fin de droit du mandat de Aïssatou MBODJ, en donnant instruction au préfet de la lui notifier et de prendre les décisions appropriées en vue de faire respecter la loi tout en veillant à la continuité du fonctionnement du conseil départemental ;

Considérant qu'il ressort des pièces du dossier que la requête, accompagnée des lettres attaquées, a été déposée le 27 avril 2016 au greffe ;

Que dès lors l'irrecevabilité n'est pas encourue ;

Considérant qu'en revanche, la correspondance du préfet qui se borne à transmettre la lettre du ministre ne constitue pas un acte administratif susceptible de recours ;

Qu'ainsi, le recours formé contre cet acte est irrecevable ;

Sur le premier moyen tiré de la violation des dispositions des articles 1er, 2 et 3 de la loi n°96-11 du 22 mars 1996 relative à la limitation du cumul des mandats électifs et de certaines fonctions en ce que la loi pose le principe de la limitation et de l'interdiction du cumul et la fonction de président du conseil départemental n'étant pas indiquée à l'article 2 ni celle de député à l'Assemblée nationale, les conditions d'application de l'article 3 ne sont pas réunies car elle n'est pas présidente de conseil régional ni présidente de l'Assemblée nationale ou investie de toute autre fonction prévue par le texte visé ;

Considérant qu'aux termes de l'article 1er de la loi visée au moyen « *nul ne peut cumuler plus de deux mandats électifs* » ;

Considérant qu'il n'est pas contesté qu'Aïssatou MBODJI, députée à l'Assemblée nationale, conseillère municipale à Bambey, Conseillère départementale de Bambey, élue présidente du conseil départemental, exerce trois mandats électifs ; qu'elle se trouve, par conséquent, dans le cas de l'interdiction prévue par l'article 1er de loi de 1996 ;

Qu'il n'est pas également discuté qu'elle est restée plus de trente jours sans lever l'option prévue à l'article 3 in fine de la même loi ;

Qu'ainsi, même si l'article 2 de la loi n°96-11 du 22 mars 1996 relative à la limitation du cumul des mandats électifs et de certaines fonctions ne prévoit, dans les cas d'incompatibilités, aucun des mandats exercés par Aïssatou Mbodji, elle tombe sous le coup de l'interdiction de cumul de mandats ; qu'il s'ensuit que le moyen n'est pas fondé ;

Sur le deuxième moyen tiré de la violation de l'article 56 de la loi n°2013-10 du 28 décembre 2013 portant Code général des Collectivités locales (CGCL) en ce que :

- elle n'est pas dans la situation des articles 1ers, 2, et 3 de la loi n°96-11 du 22 mars 1996,

- l'autorité administrative n'a pas prouvé qu'elle n'a pas levé l'option,

- l'autorité administrative ne lui a pas servi une mise en demeure,

- l'autorité administrative n'a pas prouvé l'absence de réponse à la mise en demeure dans le délai imparti par l'article 56 du CGCL ;

Que la requérante a fait valoir que, plus décisivement, la nature de l'acte devant constater sa situation de démissionnaire n'est point une correspondance du Ministre de la Gouvernance locale, du Développement et de l'Aménagement du Territoire mais plutôt un décret ;

Considérant que l'article 56 du CGCL dispose que « *Le président du conseil départemental nommé à une fonction incompatible avec son mandat est tenu de faire une déclaration d'option dans un délai de trente jours. Passé ce délai, il peut être invité par le Ministre chargé des Collectivités locales à abandonner l'une de ses fonctions. En cas de refus ou quinze jours après cette mise en demeure, le président est déclaré démissionnaire par décret* » ;

Considérant que ce texte qui réglemente la situation dans laquelle le président du conseil départemental est nommé à une fonction incompatible avec son mandat, n'est pas applicable en l'espèce puisque la requérante, présidente du conseil départemental, n'est pas dans cette situation d'incompatibilité, mais cumule trois mandats électifs ;

Considérant par ailleurs que la loi n°2013-10 du 28 décembre 2013 portant Code général des Collectivités locales n'abroge pas expressément la loi n°96-11 du 22 mars 1996 ; qu'ainsi les dispositions qui ne lui sont pas contraires restent en vigueur ; que l'article 3 de ladite loi prévoit la fin de mandat de plein droit, à défaut d'option dans le délai de trente (30) jours, du mandat acquis à la date la plus récente ;

Qu'ainsi, le ministre qui tire les conséquences d'une situation de fait découlant de la perte de plein droit du dernier mandat acquis par la requérante, n'a commis aucune violation de la loi ;

Sur le troisième moyen

Considérant que la requérante soutient avoir démissionné de sa fonction élective de conseillère municipale au lendemain des élections de 2014, par lettre reçue et enregistrée sous le n°121 du 2 mars 2016, par les services compétents de la Commune de Bambey et avoir rappelé les conditions de sa démission ainsi que les fonctions qu'elle exerce dans sa lettre notifiée au ministre, par acte d'huissier du 25 avril 2016 ;

Considérant que l'article 3 de loi n°96-11 du 22 mars 1996 relative à la limitation du cumul des mandats électifs et de certaines fonctions lui impartissait un délai de trente (30) jours à partir de son élection pour lever l'option ;

Qu'ayant été élue conseillère départementale en juin 2014, elle est restée deux ans à cumuler les trois mandats électifs ; qu'ainsi elle est malvenue à exciper de sa démission intervenue tardivement ;

Qu'il s'ensuit que ce moyen doit être rejeté ;

PAR CES MOTIFS,

Ordonne la jonction des procédures J/205/RG/16 et J/178/RG/16 ;

Dit que le sursis n'a plus d'objet ;

Déclare irrecevable le recours formé contre la lettre n°010/PDB du 21 avril 2016 du Préfet du Département de Bambey ;

Déclare recevable le recours formé contre la lettre n°000074 /MGLDAT/CAB/DC /SP du 13 avril 2016 du Ministre de la Gouvernance locale, du Développement et de l'Aménagement du Territoire ;

Le rejette.

Article 57

La démission du président du conseil départemental est adressée au Ministre chargé des Collectivités territoriales par lettre recommandée avec accusé de réception. Elle est définitive à partir de son acceptation par le Ministre chargé des Collectivités territoriales ou un mois après envoi d'une nouvelle lettre recommandée.

Article 58

Les dispositions du Code pénal sont applicables à tout président de conseil départemental qui aura délibérément donné sa démission dont l'objet serait d'empêcher ou de suspendre soit l'administration de la justice, soit l'accomplissement d'un service quelconque.

Extrait du Code pénal

Article 117. - Seront coupable de forfaiture et punis de la peine de la dégradation civique les fonctionnaires publics qui auront, par délibération, arrêté de donner des ordres dont l'objet ou l'effet serait d'empêcher ou de suspendre soit l'administration de la justice, soit l'accomplissement d'un service quelconque.

Article 59

Lorsque le président du conseil départemental ou tout autre conseiller départemental est condamné pour crime, sa révocation est de droit.

Les présidents, vice-présidents et tout autre conseiller départemental, après avoir été entendus ou invités à fournir des explications écrites sur les faits qui leur sont reprochés, peuvent être suspendus par un arrêté du Ministre chargé des Collectivités territoriales pour un temps qui n'excède pas un mois et qui ne peut être porté à trois mois que par décret.

Ils ne peuvent être révoqués que par décret.

L'arrêté de suspension et le décret de révocation doivent être motivés.

La durée de la suspension ne peut excéder un mois.

Article 60

La révocation emporte de plein droit l'inéligibilité aux fonctions de président et de conseiller pour une durée de dix ans.

Article 61

Sans que la liste soit limitative, les faits énumérés ci-dessous peuvent entraîner l'application des dispositions de l'article 59 du présent code :

1. faits prévus et punis par la loi instituant la Cour des comptes ;
2. utilisation des deniers publics du département à des fins personnelles ou privées ;
3. prêts d'argent effectués sur les recettes du département ;
4. faux en écriture publique authentique visés au Code pénal ;

5. faux commis dans certains documents administratifs, dans les feuilles de route et certificats visés au Code pénal ;

6. concussion ou corruption ;

7. spéculation sur l'affectation ou l'usage des terrains publics et autres biens meubles et immeubles.

8. refus de signer et de transmettre au représentant de l'État une délibération du conseil départemental.

Dans les sept premiers cas, la sanction administrative ne fait pas obstacle aux poursuites judiciaires.

Extraits du Code pénal

Art. 130 et 133 (faux en écriture publique authentique)

Art. 130.- Tout fonctionnaire ou officier public qui, dans l'exercice de ses fonctions, aura commis ou tenté de commettre un faux :

- soit par fausse signature ;
- soit par altération des actes, écritures ou signatures ;
- soit par supposition de personnes ;
- soit par les écritures faites ou intercalées sur des registres ou d'autres actes publics, depuis leur confection ou clôture ;

Sera puni du maximum de l'emprisonnement.

Art. 133.- Dans tous les cas exprimés aux articles 130 et 132, celui qui aura fait usage ou tenté de faire usage des actes faux sera puni d'un emprisonnement de deux ans au moins à dix ans au plus.

Art. 137, 138, 140, 142 et 145 du Code pénal (faux commis dans certains documents administratifs, dans les feuilles de route et certificats)

Art. 137.- Quiconque aura contrefait, falsifié ou altéré les permis, certificats, livrets, cartes, bulletins, récépissés, passeports, laissez-passer ou autres documents délivrés par les administrations publiques en vue de constater un droit, une indemnité ou une qualité, ou d'accorder une autorisation, sera puni d'un emprisonnement de six mois à trois ans et d'une amende de 20.000 à 500.000 francs.

Le coupable pourra, en outre, être privé des droits mentionnés en l'article 34 du présent code pendant cinq ans au moins et dix ans au plus à compter du jour où il aura subi sa peine.

La tentative sera punie comme le délit consommé.

Les mêmes peines seront appliquées :

1) à celui qui aura fait usage d'un des documents contrefaits, falsifiés ou altérés ;

2) à celui qui aura fait usage d'un de ces documents visés à l'alinéa premier, lorsque les mentions invoquées par l'intéressé sont devenues incomplètes ou inexactes.

Art. 138.- Quiconque se sera fait délivrer indûment ou aura tenté de se faire délivrer indûment un de ces documents prévus à l'article précédent, soit en faisant de fausses déclarations, soit en prenant un faux nom ou une fausse qualité, soit en fournissant de faux renseignements, certificats ou attestations sera puni d'un emprisonnement de trois mois à deux ans et d'une amende de 20.000 à 50.000 francs.

Les mêmes peines seront appliquées à celui qui aura fait usage d'un tel document, soit obtenu dans les conditions susdites, soit établi sous un autre non que le sien.

Le fonctionnaire qui délivrera ou fera délivrer un des documents prévus à l'article précédent à une personne qu'il sait n'y avoir pas droit, sera puni d'un emprisonnement de un à quatre ans et d'une amende de 20.000 à 500.000 francs, sans préjudice des peines plus graves qu'il pourrait encourir par application des articles 159 et suivants. Le coupable pourra, en outre, être privé des droits mentionnés en l'article 34 du présent code pendant cinq ans au moins et dix ans au plus à compter du jour où il aura subi sa peine.

Art. 140.- Quiconque fabriquera une fausse feuille de route, ou falsifiera une feuille de route originairement véritable, ou fera usage d'une feuille de route fabriquée ou falsifiée, sera puni, à savoir :

- d'un emprisonnement de six mois au moins et trois ans au plus, si la fausse feuille de route n'a eu pour objet que de tromper la surveillance de l'autorité publique ;

- d'un emprisonnement d'une année au moins et de quatre ans au plus, si le Trésor public a payé au porteur de la fausse feuille des frais de route qui ne lui étaient pas dus ou qui excédaient ceux auxquels il pouvait avoir droit, le tout néanmoins au-dessus de

5.000 francs ;

- et d'un emprisonnement de deux ans au moins et cinq ans au plus, si les sommes indûment perçues par le porteur de la feuille s'élèvent à 5.000 francs ou au-delà.

Dans ces deux derniers cas, les coupables pourront, en outre, être privés des droits mentionnés en l'article 34 du présent code pendant cinq ans au moins et dix ans au plus, à compter du jour où ils auront subi leur peine.

Art. 142.- Si l'officier public était instruit de la supposition de nom lorsqu'il a délivré la feuille de route, il sera puni savoir :

- Dans le premier cas posé par l'article 140, d'un emprisonnement d'une année au moins et quatre ans au plus ;
- Dans le second cas du même article, d'un emprisonnement de deux ans au moins et de cinq ans au plus ;
- Dans le troisième cas, d'un emprisonnement de cinq à dix ans ;
- Dans les deux premiers cas, il devra, en outre, être privé des droits mentionnés en l'article 34 du présent Code pendant cinq ans au moins et dix ans au plus à compter du jour où il aura subi sa peine.

Art. 145.- Quiconque fabriquera, sous le nom d'un fonctionnaire ou officier public, un certificat de bonne conduite, indigence ou autre circonstances propres à appeler la bienveillance du Gouvernement ou des particuliers sur la personne y désignée, et à lui procurer places, crédits ou secours, sera puni d'un emprisonnement de six mois à deux ans.

La même peine sera appliquée :

1) à celui qui falsifiera un certificat de cette espèce, originairement véritable, pour l'approprier à une personne autre que celle à laquelle il a été primitivement délivré ;

2) a tout individu qui se sera servi du certificat ainsi fabriqué ou falsifié.

Si ce certificat est fabriqué sous le nom d'un simple particulier, la fabrication et l'usage seront punis d'un mois à un an d'emprisonnement.

Sera puni d'un emprisonnement de six mois à deux ans et d'une amende de 20.000 à 200.000 francs, ou de l'une de ces deux peines seulement, sans préjudice de l'application, le cas échéant, des peines plus fortes prévues par le présent Code et les lois spéciales, quiconque :

1) aura établi sciemment une attestation ou un certificat faisant état de faits matériellement inexacts ;

2) aura falsifié ou modifié d'une façon quelconque une attestation ou un certificat originairement sincère ;

3) Aura fait sciemment usage d'une attestation ou d'un certificat inexact ou falsifié.

Articles 156, 159, 160, 161, 162 et 163 du Code pénal (concussion ou corruption)

Article 156.-

Tous fonctionnaires ou officiers publics, tous percepteurs des droits, contributions ou deniers publics, leurs commis ou préposés, qui auront reçu, exigé ou ordonné de percevoir pour droits, taxes, contributions ou deniers, ou pour salaires ou traitements, ce qu'ils savaient n'être pas du ou excéder ce qui était dû, seront punis :

- les fonctionnaires, officiers publics ou percepteurs, d'un emprisonnement de deux à dix ans ;
- et leurs commis ou préposés d'un emprisonnement d'un à cinq ans ; une amende de 250.000 à 500.000 FCFA sera toujours prononcée.

Les condamnés, commis ou proposés pourront être interdits pendant dix ans au plus, à partir de l'expiration de la peine, des droits énumérés en l'article 34 du présent Code. En outre, ils pourront être déclarés incapables d'exercer aucun emploi public pendant vingt ans au plus.

Les dispositions qui précèdent sont applicables aux greffiers et officiers ministériels lorsque le fait a été commis à l'occasion des recettes dont ils sont chargés par la loi.

Seront punis des mêmes peines tous détenteurs de l'autorité publique qui ordonneront des contributions directes ou indirectes autres que celles autorisées par la loi, tous fonctionnaires, agents ou employés qui en établiront les rôles ou en feront le recouvrement.

Les mêmes peines seront applicables aux détenteurs de l'autorité publique, qui, sous une forme quelconque et pour quelque motif que ce soit, auront, sans autorisation de la loi, accordé des exonérations ou franchises de droit, impôts ou taxes publics, ou auront effectué gratuitement la délivrance de produits des établissements de l'État.

Les bénéficiaires seront punis comme complices.

Dans tous les cas prévus au présent article, la tentative du délit sera punie comme le délit lui-même.

Jurisp. fr. : **Cass. crim. 16 mai 2001, Bull. crim. n°124** : A été reconnu comme la perception illégitime de taxes, le fait pour un maire d'imposer à chaque constructeur le paiement d'une taxe de 400 FCFA par logement construit alors qu'en tant que juriste il connaît l'illicéité de cette pratique.

Article 159.-

Sera puni d'un emprisonnement de deux à dix ans et d'une amende double de la valeur des promesses agréées ou des choses reçus ou demandées, sans que ladite amende puisse être inférieure à 150.000 FCFA, quiconque aura sollicité ou agrée des offres ou promesses, sollicité ou reçu des dons ou présents pour :

1) Étant investi d'un mandat électif, fonctionnaire public de l'ordre administratif ou judiciaire, militaire ou assimilé, agent ou préposé d'une administration publique, citoyen chargé d'un ministère de service public, dirigeant ou agent de toute nature d'un établissement public, d'un ordre professionnel, d'une coopérative bénéficiant du soutien de l'État ou d'une collectivité publique, d'un organisme privé chargé d'une mission de service public, d'une association ou fondation reconnue d'utilité publique ou d'une société dont une collectivité publique détient la moitié au moins du capital, faire ou s'abstenir de faire un acte de ses fonctions ou de son emploi, juste ou non, mais non sujet à salaire ;

2) Étant arbitre, ou expert nommé soit par le tribunal, soit par les parties, rendre une décision ou donner une opinion favorable ou défavorable à une partie ;

3) Étant médecin, chirurgien, dentiste, sage-femme, certifier faussement ou dissimuler l'existence de maladies ou d'infirmités un état de grossesse ou fournir des indications mensongères sur l'origine d'une maladie ou infirmité ou la cause d'un décès.

Sera puni d'un emprisonnement d'une à trois années et d'une amende de 25.000 à 100.000 FCFA ou de l'une de ces deux peines seulement tout commis, employé ou préposé, salarié ou rémunéré sous une forme quelconque, qui, soit directement, soit par personne interposée, aura, à l'insu et sans le consentement de son patron, soit sollicité ou agréé des offres ou promesses, soit sollicité ou reçu des dons, présents, commissions, escomptes ou prises pour faire ou s'abstenir de faire un acte de son emploi.

Si les offres, promesses, dons ou sollicitations tendaient à l'accomplissement ou à l'abstention d'un acte qui, bien qu'en dehors des attributions personnelles de la personne corrompue était ou aurait été facilité par sa fonction ou par le service qu'elle assurait, la peine sera, dans le cas du paragraphe 1er du premier alinéa, d'un emprisonnement d'un à trois ans et d'une amende de 50,000 à 500.000 FCFA et, dans le cas du second alinéa, d'un emprisonnement de six mois à deux ans et d'une amende de 25.000 à 75.000 FCFA ou de l'une de ces deux peines seulement.

NOTE : Il faut relever qu'il est de jurisprudence constante que ces dons, offres, promesses ou présents peuvent porter sur des biens en nature (Cass. crim. 7 Janv. 1808, Bull. crim. n°3) ; sur une rémunération ou une somme d'argent (Cass. crim. 14 mai 1986, Bull. crim. n°163) ; consister dans des facilités d'approvisionnement à des prix inférieurs aux cours normaux (Cass. crim. 6 Fév. 1968, Bull. crim. n°37) ; prendre la forme de commissions ou de ristournes (Grenoble, 17 nov. 1972, Gaz. Pal. 1973. 1, Somm. 155) ; d'un travail gratuit (Cass. crim. 4 Juill. 1974, Bull. crim. n°249) ; d'une promesse de relations sexuelles (Trib. enfants Sarreguemines, 11 mai 1967, JCP 1968. II. 15359, note SIGALAS ; RSC 1968. 329, obs. VITU), etc.

Article 160.-

Sera punie d'un emprisonnement d'un an au moins et de cinq ans au plus et de l'amende prévue par le premier alinéa de l'article 159, toute personne qui aura sollicité ou agréé des offres ou promesses, sollicité ou reçu des dons ou présents pour faire obtenir ou tenter de faire obtenir des décorations, médailles, distinctions ou récompenses, des places, fonctions ou emplois ou des faveurs quelconques accordées par l'autorité publique, des marchés, entreprises ou autres bénéfices résultant de traites conclus avec l'autorité publique ou avec une administration placée sous le contrôle de la puissance publique, ou, de façon générale, une décision favorable d'une telle autorité ou administration et aura ainsi abusé d'une influence réelle ou supposée.

Toutefois, lorsque le coupable est une des personnes visées au paragraphe 1er du premier alinéa de l'article 159 et qu'il a abusé de l'influence réelle ou supposée que lui donne son mandat ou sa qualité, la peine d'emprisonnement sera de deux années au moins et de dix ans au plus.

Toutefois ne seront pas poursuivies, les personnes qui auront, avant toute poursuite judiciaire en vertu des articles 1 59 et 160, révélé aux autorités compétentes les faits commis par la personne corrompue.

Article 161.-

Quiconque, pour obtenir, soit l'accomplissement ou l'abstention d'un acte, soit une des faveurs ou avantages prévus aux articles 159 et 160, aura usé des voies de fait ou menaces, des promesses, offres, dons ou présents, ou cédé à des sollicitations tendant à la corruption, même s'il n'en a pas pris l'initiative, sera, que la contrainte ou la corruption ait ou non produit son effet, puni des mêmes peines que celles prévues aux dits articles contre la personne corrompue.

Article 162.-

Dans le cas où la corruption ou le trafic d'influence aurait pour objet un fait comportant une peine plus forte, cette peine plus forte sera appliquée aux coupables.

Dans les cas prévus aux alinéas 1er et 3 de l'article 159 et à l'alinéa 2 de l'article 160, le coupable, s'il est officier, sera, en outre, puni de la destitution. Si le coupable est un militaire ou assimilé, il sera fait application, en ce qui concerne la peine d'amende, des dispositions du Code de justice militaire.

Dans les cas prévus aux trois articles qui précèdent, les coupables pourront, en outre, être interdits des droits mentionnés dans l'article 34 pendant cinq ans au moins et dix ans au plus, à compter du jour où ils auront subi leur peine.

Le tribunal pourra ordonner la restitution à la personne exemptée de poursuites, des choses par elle livrée ou de leur valeur.

Dans le cas contraire, elles seront confisquées au profit du Trésor.

Articles 152 à 155 sur les détournements, soustractions et escroqueries portant sur des deniers publics

Article 152.-

Toute personne qui aura détourné ou soustrait ou tenté de détourner ou de soustraire, des deniers ou effets en tenant lieu, des pièces, titres de paiement, valeurs mobilières, actes contenant ou opérant obligation ou décharge, effets mobiliers, denrées, œuvres d'art ou objets quelconques au préjudice de l'État, d'une collectivité publique, d'un établissement public, d'une société nationale, d'une société d'économie mixte soumise de plein droit au contrôle de l'État, d'une personne morale de droit privé bénéficiant du concours financier de la puissance publique, d'un ordre professionnel, d'un organisme privé chargé de l'exécution d'un service public, d'une association ou fondation reconnues d'utilité publique, sera punie :

- s'il s'agit d'un simple particulier, d'un emprisonnement d'un à cinq ans ;
- s'il s'agit d'un agent civil ou militaire de l'État ou d'une collectivité publique, qu'il soit ou non comptable public, d'une personne revêtue d'un mandat public, d'un dépositaire public ou d'un officier public ou ministériel, d'un dirigeant ou d'un agent de toute nature des établissements publics, des sociétés nationales, des sociétés d'économie mixte soumises de plein droit au contrôle de l'État, des personnes morales de droit privé bénéficiant du concours financier de la puissance publique, des ordres professionnels, des organismes privés chargés de l'exécution d'un service public, des associations ou fondations reconnues d'utilité publique, d'un emprisonnement de cinq à dix ans.

Sera également puni de cinq à dix ans d'emprisonnement tout agent civil ou militaire de l'État ou d'une collectivité publique, qu'il soit ou non comptable public, toute personne revêtue d'un mandat public, tout dépositaire public et tout officier public ou ministériel qui aura détourné ou soustrait ou tenté de détourner ou de soustraire des deniers ou pièces au préjudice de personnes privées, à l'occasion de l'exercice de ses fonctions.

Article 153.-

Toute personne désignée au premier alinéa de l'article précédent qui aura obtenu ou tenté d'obtenir frauduleusement de l'État, d'une collectivité publique, d'une société nationale ou d'une société d'économie mixte soumise de plein droit au contrôle de l'État, au moyen de pièces fausses ou de manœuvres quelconques, des sommes d'argent ou des avantages matériels indus, sera punie des mêmes peines suivant les mêmes distinctions qu'à l'article précédent.

Sera également puni de cinq à dix ans d'emprisonnement, tout agent civil ou militaire de l'État ou d'une collectivité publique, toute personne revêtue d'un mandat public, tout dépositaire public ou officier public ou ministériel qui aura obtenu ou tenté d'obtenir frauduleusement d'une personne privée au moyen de pièces fausses ou de manœuvres quelconques, des sommes d'argent ou des avantages matériels indus à l'occasion de l'exercice de ses fonctions.

Article 154.-

Dans les cas exprimés aux deux articles précédents, il sera toujours prononcé contre le condamné une amende de 20.000 à 5.000.000 de FCFA.

La confiscation de tous les biens du condamné sera obligatoirement prononcée dans les conditions prévues aux articles 30 à 32 lorsque les sommes ou objets détournés ou soustraits n'auront pas été remboursés ou restitués en totalité au moment du jugement.

Article 155.-

À l'égard des prévenus reconnus coupables des faits punis par les articles 152 à 154, l'application des circonstances atténuantes sera subordonnée à la restitution ou au remboursement, avant jugement, du tiers au moins de la valeur détournée ou soustraite.

Le bénéfice du sursis ne pourra être accordé qu'en cas de restitution ou de remboursement avant jugement des trois quarts au moins de ladite valeur.

La demande ou proposition de libération conditionnelle ne sera recevable qu'après restitution ou remboursement de l'intégralité de ladite valeur.

Les derniers, effets et objets quelconques qui ne sont pas restitués spontanément par l'auteur du délit ou sur ses indications précises, n'entrent pas dans le calcul des fractions de remboursement permettant Inapplication des circonstances atténuantes ou du sursis.

Le juge d'instruction et le président du tribunal porteront les dispositions du présent article à la connaissance de l'inculpé ou du prévenu.

L'acte administratif constatant le montant de la somme due à l'État par le prévenu n'est pas préjudiciel au jugement des délits réprimés par les articles 152 à 154.

Article 62

Dans le cas où le président du conseil départemental, les membres du bureau, le président ou les membres de la délégation spéciale ont commis l'une des irrégularités prévues par la loi instituant la Cour des comptes, ils sont passibles de poursuites devant cette Cour.

Article 63

Le président du conseil départemental, les membres du bureau, le président et les vice-présidents de la délégation spéciale qui se sont irrégulièrement immiscés dans le maniement des fonds du département sont assimilés à des comptables de fait et peuvent, à ce titre, être déférés devant les juridictions compétentes.

NOTE : Comptable de fait / Comptable de droit

La gestion de fait est définie comme le maniement non autorisé de deniers publics ou assimilés. Il s'agit d'une situation de méconnaissance de la séparation des acteurs de la comptabilité publique, puisqu'une personne, qui n'a pas la qualité de comptable, se trouve en situation, volontaire ou non, frauduleuse ou non, de manipuler des deniers publics ou assimilés.

La gestion de fait est apparue avec l'arrêt de la Cour des comptes dite Ville de Roubaix du 23 août 1834. Cet arrêt est considéré comme le plus vieil arrêt rendu en la matière.

Le principe de séparation des ordonnateurs et des comptables réserve le monopole à ces derniers le maniement des deniers publics. En effet, l'autorité qui ordonne la dépense n'est pas habilitée, sauf disposition expresse de la loi, d'en assurer le paiement. Cependant, notons que si des ordonnateurs ou des fonctionnaires ou même de simples particuliers s'immiscent dans le maniement de ces derniers, ils deviennent comptables de fait, en ce qu'ils se comportent comme de véritables comptables sans pour autant en avoir la qualité. Par voie de conséquence, leur gestion irrégulière est dite de gestion de fait.

En France, la Cour des comptes distingue les comptables de brève main des comptables de longue main.

Le comptable de brève main est celui qui a manié les fonds irrégulièrement extraits de la caisse publique ; par contre, le comptable de longue main est celui qui a ordonné ou organisé le maniement irrégulier sans avoir effectivement manié les fonds.

Il a été jugé :

– Qualité de comptable de fait :

Possibilité de déclarer un comptable public comptable de fait :

Un comptable public peut être déclaré comptable de fait dans le cas où il aurait manié, dans des conditions irrégulières, les fonds relevant d'un poste comptable autre que le sien *(C.E. 4 octobre 2000, ministre de l'économie, des finances et de l'industrie c/ Pair, req. 196290, Rec. Leb. p. 385).*

- Comptable de brève main :

Un conseiller municipal, directeur général d'une association paramunicipale ayant personnellement signé les chèques et ordres de virement pour l'emploi de fonds extraits de la caisse municipale *(C.E. Section, 6 janvier 1995, Oltra, req. 140674, Rec. Leb. p. 11).*

- Comptable de longue main :

Le fait que l'agent ou la personne déclarée comptable de fait n'aurait pas matériellement disposé des sommes dont il a été déclaré comptable ne fait pas obstacle à ce qu'il soit recherché comme comptable de fait *(C.E. Section, 6 janvier 1995, Nucci, req. 145898, Rec. Leb. p. 7).*

Pour déclarer une personne comptable de fait, le juge des comptes a retenu :

– qu'elle a manqué à son obligation de surveillance de personnes placées sous son autorité et dont elle avait été avertie de leurs agissements *(C.E. Section, 6 janvier 1995, Nucci, précité).*

– qu'en sa qualité de secrétaire général de la commune elle n'a rien entrepris pour faire cesser dans les services de la mairie une situation manifestement irrégulière relative au fonctionnement des services municipaux placés sous la responsabilité nominale d'une association *(C.E. Section, 6 janvier 1995, Gouaze, req. 139728, Rec. Leb. p. 12).*

Article 64

En cas de décès, de démission acceptée, de révocation, de suspension, d'absence ou de tout autre empêchement dûment constaté par le bureau et sous réserve des dispositions de l'article 65 alinéa 2 du présent code, le président est provisoirement remplacé par un membre du bureau dans l'ordre d'élection et, à défaut, par un conseiller départemental pris dans l'ordre du tableau.

A la session ordinaire suivante, il est procédé au remplacement du président définitivement empêché. Le bureau est complété en conséquence s'il y a lieu.

Article 65

Lorsque le président décède, démissionne, est suspendu ou révoqué, son remplaçant exerce la plénitude de ses fonctions.

En cas d'absence ou d'empêchement, le suppléant du président est uniquement chargé de l'expédition des affaires courantes. Il ne peut ni se substituer au président dans la direction générale des affaires du département ni modifier ses décisions.

Article 66

(L'article unique de la loi n°2021-38 du 03 décembre 2021 modifiant la loi n° 2013-10 du 28 décembre 2013 portant Code général des Collectivités territoriales ; suppression de l'alinéa 2)

Tout membre du conseil départemental, dûment convoqué, qui, sans motifs légitimes, a manqué à trois sessions successives, peut-être, après avoir été invité à fournir ses explications, déclaré démissionnaire par le président, après avis du conseil départemental. La décision, dont copie doit être envoyée à l'intéressé et au représentant de l'État, est susceptible de recours dans les deux mois de la notification devant la juridiction compétente.

NOTE : Cette loi abroge le deuxième alinéa de cet article car son objet est déjà réglé par l'article L.238 tiret 8 de la Loi n°2021-35 du 23 juillet 2021 portant Code électoral. En plus, il était judicieux d'harmoniser la rédaction de l'article 66 à celle de l'article 157 du présent code dont les dispositions traitent de la même question en ce qui concerne les conseillers municipaux.

Jurisp. : Conseil d'État, arrêt n°19 du 27 novembre 2008, Samba NDIAYE c/ Président du Conseil régional de Matam, Bulletin des arrêts du Conseil d'État année 2008.

Considérant que sous ce moyen, le requérant souligne que la décision attaquée viole les dispositions de l'article 66 du Code des Collectivités Locales en ce que, d'abord elle a été prise sans l'avis du Conseil régional, et qu'ensuite les trois absences successives qu'on lui reproche sont toutes assorties d'un motif légitime, attesté par les documents produits au débat ;

Considérant qu'aux termes de l'article 66 susvisé « *tout membre du Conseil régional, dûment convoqué, qui sans motifs légitimes, a manqué à trois sessions successives, peut-être, après avoir été invité à fournir ses explications, déclaré démissionnaire par le Président, après avis du Conseil régional (...)* » ;

Considérant qu'en l'espèce, il résulte des pièces du dossier que le requérant a été convoqué aux différentes sessions du Conseil régional des 24 mars, 21 juillet et 06 octobre 2007, cette dernière séance ayant été reporté au 14 octobre 2007 ;

Considérant qu'il résulte de l'examen du Procès-verbal du 14 octobre 2007 du Conseil régional de Matam, que les membres dudit conseil avaient voté à la majorité des voix que des demandes d'explications soient adressées aux conseillers absentéistes, dont Samba NDIAYE, et qu'une décision soit prise à leur encontre par le Président du Conseil régional en application des dispositions du Code des Collectivités Locales ;

Qu'ainsi cette branche du moyen selon laquelle l'avis du Conseil régional n'a pas été recueilli manque en fait ;

Considérant que pour ce qui est de la deuxième branche du moyen à savoir le motif légitime de ses absences invoqué par le requérant, il y a lieu de relever que dès le 18 octobre 2007, le Président du Conseil régional se conformant à la procédure édictée par la loi lui a adressé une demande d'explications à laquelle il n'a pas répondu ;

Considérant que les justificatifs qu'il produit pour la première fois devant le juge de l'annulation pour légitimer ses absences ne peuvent être retenus puisqu'ils auraient dû être soumis au Président du Conseil régional de Matam, auteur de la décision attaquée, qui lui s'est conformé à la loi ;

Qu'il échet de rejeter le moyen comme mal fondé ;

Par ces motifs :

Rejette le recours de Samba NDIAYE formé contre la décision n°0080/CRM du 16 novembre 2007 du Conseil régional de Matam.

Article 67

Tout membre du conseil départemental qui, sans excuse valable, a refusé de remplir une des fonctions qui lui sont dévolues par les lois et règlements peut être déclaré démissionnaire par le Ministre chargé des Collectivités territoriales après avis du conseil départemental. Le refus résulte soit d'une déclaration écrite adressée à qui de droit ou rendue publique par son auteur, soit de l'abstention persistante après mise en demeure du Ministre chargé Collectivités territoriales.

Article 68

Les démissions volontaires sont adressées par lettre recommandée au président du conseil départemental, avec copie au représentant de l'État. Elles sont définitives à partir de leur accusé de réception par le président du conseil départemental ou un mois après un second envoi de la démission par lettre recommandée.

Article 69

Les employeurs sont tenus de laisser aux salariés de leur entreprise ou service, membres d'un Conseil départemental, le temps nécessaire pour participer aux séances plénières de ce conseil ou aux travaux des commissions qui en dépendent. La suspension de travail prévue au présent article ne peut être une cause de rupture par l'employeur du contrat de louage de services et ce à peine de dommages et intérêts au profit du salarié.

Article 70

En temps de guerre, le président et les conseillers départementaux pris individuellement peuvent être, pour des motifs d'ordre public ou d'intérêt général, suspendus par décret jusqu'à la cessation des hostilités. Les membres du conseil ainsi suspendus ne sont pas remplacés numériquement pendant la durée normale du mandat du conseil.

Toutefois, si cette mesure doit réduire d'un quart au moins le nombre des membres du conseil, le même décret institue une délégation spéciale habilitée à suppléer le conseil départemental.

NOTE : Les circonstances exceptionnelles sont constituées par une perturbation grave de la vie sociale qui entraîne l'impossibilité pour les pouvoirs publics de respecter toutes les prescriptions juridiques. Elles correspondent à l'adage selon lequel « *nécessité fait loi* ». Les hypothèses principales des circonstances exceptionnelles sont la guerre, une grève générale, des troubles intérieurs ou des calamités naturelles.

Les circonstances exceptionnelles ont été institutionnalisées. Au Sénégal, il existe des textes qui organisent l'activité des pouvoirs publics en temps de crise. Par exemple, la Constitution prévoit les cas d'état de siège et d'état d'urgence (loi n°69-29 du 29 avril 1969). Elle prévoit également les cas dans lesquels le Président de la République utilise ces pouvoirs exceptionnels.

Extraits de la Constitution

Art. 52.- Lorsque les institutions de la République, l'indépendance de la nation, l'intégrité du territoire national ou l'exécution des engagements internationaux sont menacées d'une manière grave et immédiate, et que le fonctionnement régulier des pouvoirs publics ou des institutions est interrompu, le Président de la République dispose de pouvoirs exceptionnels.

Il peut, après en avoir informé la Nation par un message, prendre toute mesure tendant à rétablir le fonctionnement régulier des pouvoirs publics et des institutions et à assurer la sauvegarde de la Nation.

Art. 69.-L'État de siège, comme l'état d'urgence, est décrété par le Président de la République.

L'Assemblée nationale se réunit alors de plein droit, si elle n'est en session.

Le décret proclamant l'état de siège ou l'état d'urgence cesse d'être en vigueur après douze jours, à moins que l'Assemblée nationale, saisie par le Président de la République, n'en ait autorisé la prorogation.

TITRE III.
DE LA COMMUNE

Article 71

La commune est une Collectivité territoriale, personne morale de droit public. Elle regroupe les habitants du périmètre d'une même localité composé de quartiers et/ou de villages unis par une solidarité résultant du voisinage, désireux de traiter de leurs propres intérêts et capables de trouver les ressources nécessaires à une action qui leur soit particulière au sein de la communauté nationale et dans le sens des intérêts de la nation.

Les quartiers et les villages constituent les cellules administratives de base dont le statut est déterminé par décret.

Le conseil municipal par ses délibérations, le maire par ses décisions, par l'instruction des affaires et l'exécution des délibérations, concourent à l'administration de la commune.

NOTE : Le décret n° 86-761 du 30 juin 1986, modifié, relatif à l'organisation des communes en quartiers et fixant le statut des délégués de quartier, détermine le montant des indemnités allouées à ces derniers. Par décret n° 2007-592 du 10 mai 2007, ces indemnités avaient été revalorisées pour les délégués de quartier de la ville de Dakar. Par la suite, le décret n° 2009-159 du 20 avril 2009, tout en maintenant les indemnités accordées à ces délégués, a révisé, à la hausse, les taux alloués aux autres délégués en tenant compte du statut et du budget de la commune.

Or, le taux de ces indemnités, en dépit des différentes revalorisations opérées, semble aujourd'hui, modique en raison, d'une part de la cherté de la vie et, d'autre part, de l'accroissement des responsabilités de ces auxiliaires du maire, surtout avec l'avènement de l'Ade III de la décentralisation. En effet, cette modification, en consacrant le principe de la participation citoyenne, place le délégué de quartier à l'interface du pouvoir administratif et des populations.

Dans la région de Dakar, particulièrement, le rôle du délégué de quartier, relais du maire et représentant de l'Administration devient plus important du fait notamment de la prégnance et l'acuité des questions qu'il est amené à traiter.

Aussi, le décret du 8 mars 2016 a pour objet d'aligner les indemnités des délégués de quartiers des autres communes de la région de Dakar sur les taux de ceux de la Ville de Dakar.

Décret n° 86-761 du 30 juin 1986 relatif à l'organisation des communes en quartiers et fixant le statut des délégués de quartier (JORS du 18 octobre 1986), modifié par le décret 92-1615 du 20 novembre 1992, le décret 2007-592 du 10 mai 2007, le décret 2009-359 du 20 avril 2009 et le décret 2016 – 325 du 28 mai 2016(JORS, 6357 du 21 juillet 2007, p. 3157 ; JORS, n°6479 du samedi 11 juillet 2009, p.763 ; JORS, n°6915 du samedi 12 mars 2016)

Décrète :

Article premier. – Les communes sont divisées en quartiers.

Article 2. – (Décret 92-1615 du 20 novembre 1992) Les quartiers sont créés par délibération motivée du Conseil municipal sous réserve de l'approbation de l'autorité de tutelle, et dans la limite maximale fixée à l'annexe au présent décret.

La délibération portant création d'un quartier fixe le nom du quartier ainsi créé et en fixe les limites.

Article 3. – La suppression d'un quartier est prononcée dans les mêmes formes que sa création. La délibération qui prononce la suppression d'un quartier décide de son attachement à un ou plusieurs quartiers.

Article 4. – Au niveau de chaque quartier, l'administration communale est représentée par un délégué de quartier.

Le délégué de quartier est choisi parmi les habitants du quartier. Il doit résider à titre principal dans son quartier.

Article 5. – (Décret 92-1615 du 20 novembre 1992) Le délégué de quartier est nommé par arrêté du maire. La nomination ne devient effective qu'après approbation de l'autorité de tutelle.

Article 6. – Il est mis fin aux fonctions de délégué de quartier dans les mêmes formes que pour sa nomination.

Article 7. – Pour être nommé délégué de quartier, il doit :

a) être de nationalité sénégalaise ;

b) jouir de ses droits civiques ;

c) être âgé de 35 ans au moins ;

d) être de bonne moralité et physiquement apte à l'exercice de ses fonctions.

En tout état de cause, il peut être mis fin aux fonctions de délégué de quartier pour incompétence, ou si l'intéressé ne remplit plus l'une des conditions prévues aux a), b) et d) de l'alinéa précédent.

Article 8.- (Décret 92-1615 du 20 novembre 1992), Le délégué de quartier est un auxiliaire du maire.

À ce titre, il est chargé de veiller à l'application des lois et règlements ainsi qu'à celle des décisions et mesures d'hygiène et de salubrité publiques prises par les autorités administratives et municipales.

Il apporte son concours en sensibilisant la population du quartier pour combattre les calamités graves et participer aux investissements humains décidés par les pouvoirs publics ou les habitants du quartier. Il aide au recensement de la population et concourt au recouvrement des impôts.

Article 9. – En application des dispositions de l'article 211 du Code général des Impôts, le délégué de quartier est collecteur secondaire de l'impôt du minimum fiscal quatrième catégorie. Dans l'exercice de cette fonction, il est placé sous l'autorité directe et la responsabilité du receveur municipal et est assisté par des agents de la force publique.

Il est soumis aux obligations et responsabilités définies par la réglementation en vigueur concernant les agents chargés du recouvrement des impôts.

Article 10. – Le délégué de quartier est tenu de respecter scrupuleusement les lois et règlements. Il doit rendre compte aux autorités compétentes, des difficultés constatées dans l'exécution des tâches qui lui sont confiées.

Article 11. –(Décret 92-1615 du 20 novembre 1992) Le maire est tenu de destituer tout délégué de quartier qui aura utilisé le produit des recouvrements d'impôts, de taxes ou redevances soit à des fins personnelles, soit sous forme de prêts à des particuliers, ou qui sera coupable de spéculation foncière sur le patrimoine de l'État, des Collectivités publiques, des particuliers ou sur le domaine national.

Article 12. – (Décret n°2016-325 du 8 mars 2016 (JORS, n°6915 du samedi 12 mars 2016)

Les délégués de quartier perçoivent une indemnité annuelle dont le montant est fixé comme suit :

Pour les communes de la Région de Dakar :

Quel que soit le quartier, le taux unique annuelle est de 60.000 francs CFA, soit 50.000 francs CFA par mois ;

Pour les communes autres que celles de la Région de Dakar :

pour les villes et communes chefs-lieux de région, le taux annuel est de 480.000 francs CFA, soit 40.000 francs par mois ;

pour les communes chefs-lieux de département et les communes ayant un budget égal ou supérieur à 500.000.000 de francs CFA, le taux annuel est de 360.000 francs CFA, soit 30.000 francs par mois ;

pour les autres communes, le taux annuel est de 300.000 francs CFA, soit 25.000 francs par mois.

Article 13.- Dans ses fonctions de collecteur secondaire de l'impôt du minimum fiscal 4ème catégorie, le délégué de quartier reçoit la rémunération du taux qui est fixé à 7% du montant des recouvrements qu'il a réalisés.

Article 14.- (Décret 92-1615 du 20 novembre 1992) Le paiement de cette remise est effectué chaque année par le maire sur la base d'un état arrêté par le receveur municipal

Article 15.- Sont abrogées toutes dispositions contraires au présent décret, et notamment, le décret n°67-1249 du 15 mars 1967 et le décret n°77-251 du 25 décembre 1977.

Article 16.- Le Ministre de l'Intérieur, le Ministre de l'Économie et des Finances et le Secrétaire d'État à la Décentralisation sont chargés chacun en ce qui le concerne, de l'exécution du présent décret qui sera publié, avec son annexe, au Journal Officiel.

Fait à Dakar, le 30 juin 1986

Décret n° 73 -703 du 25 juillet 1973 relatif à la création et à l'organisation des villages

Article premier. - Le village est constitué par la réunion de plusieurs familles ou carrés en une seule agglomération.

Le village peut être divisé en plusieurs quartiers.

Le carré isolé est considéré comme un hameau ou un quartier et relève administrativement du village dont il se détache.

Les campements semi-permanents ou les campements semi-nomades qui groupent plusieurs familles peuvent être considérés comme des villages.

Art. 2.- Toute création de village nouveau doit être consacrée par un arrêté du gouverneur de Région sur proposition du préfet après avis du conseil rural et du comité départemental de développement.

Cet arrêté ne devient exécutoire qu'après avoir reçu l'approbation du Ministre de l'Intérieur.

Art. 3.- Dans chaque département, un répertoire des villages est établi par arrondissement ; il est mis à jour après chaque recensement.

Art. 4.-Le Ministre de l'Intérieur est chargé de l'exécution du présent décret qui sera publié au Journal officiel.

Fait à Dakar, le 25 juillet 1973.
Léopold Sédar SENGHOR.
Par le Président de République :
Le Premier Ministre,
Abdou DIOUF
Le Ministre de l'Intérieur,
Jean COLLIN

NOTE : Le chef de village est un auxiliaire de l'administration. A cet effet, il exerce des fonctions essentielles dans la gestion des terroirs villageois et dans la prise en charge des préoccupations des populations.

Une remise est allouée au chef de village sur la taxe rurale annuellement recouvrée, conformément au décret no 87-314 du 14 mars 1987 réglementant les remises allouées aux chefs de village. Les taux modestes fixés, variant de 7% à 10% ainsi que la tendance à la baisse des recouvrements de ladite taxe ne concourent pas à rendre performant le système de motivation du chef de village.

Il s'agit, dans le contexte actuel d'approfondissement de la décentralisation de corriger ces limites en octroyant une indemnité au chef de village financée par l'État. Le taux mensuel applicable est de cinquante mille (50 000) francs CFA. (Conf. le rapport de présentation du Décret n o 2021-856 DU 30 juin 2021, accordant une indemnité au chef de village)

Décret n° 87-314 du 14 mars 1987 réglementant les remises allouées aux chefs de village

Article Premier. Les chefs de village sont collecteurs, secondaires de la taxe rurale établie sur rôles numériques.

À ce titre, il leur est attribué une remise dont le taux est fixé comme suit :

a- 7% du montant des recouvrements quand le total de ceux-ci, à la date visée à l'article 2 du présent décret est inférieur ou égal à 70% des émissions correspondantes ;

b- 8% du montant des recouvrements quand le total de ceux-ci, à la date indiquée à l'article 2 est compris entre 70 et 80 % des émissions correspondantes ;

c- 9% du montant des recouvrements quand le total de ceux-ci, à la date visée à l'article 2, est compris entre 80 et 90 % des émissions correspondantes ;

d- 10% du montant des recouvrements quand le total de ceux-ci, à la date indiquée à l'article 2, est compris entre 90 et 100% des émissions correspondantes.

Article 2. Le mandatement de la remise au profit de chaque chef de village, conformément aux alinéas a, b, c, d de l'article premier ci-dessus, est effectué annuellement par l'ordonnateur du budget de la communauté rurale sur les crédits ouverts à cet effet audit budget sur présentation d'un état de recouvrement arrêté au 31 mai par le comptable du trésor, receveur de la communauté rurale.

Le mandatement de la remise prévue au dernier alinéa de l'article 1er est effectué dès constatation des sommes recouvrées sur attestation du receveur.

Fait à Dakar, le 14 mars 1987

Décret n° 2021-856 DU 30 juin 2021, accordant une indemnité au chef de village

LE PRESIDENT DE LA REPUBLIQUE,

Article premier. - Il est accordé au chef de village une indemnité mensuelle, inscrite au budget de l'État, fixée à cinquante mille (50.000) francs CFA.

Article 2.-Le Ministre des Finances et du Budget et le Ministre de l'Intérieur sont chargés, chacun en ce qui le concerne, de l'exécution du présent décret qui sera publié au Journal officiel de la République du Sénégal.

Fait à Dakar le, 30 juin 2021

Extrait du Décret n°72- 636 du 29 mai 1972 relatif aux attributions des chefs de circonscription administrative et des chefs de village modifié par le décret 96-228 du 22 mars 1996 (art 34 à 35 bis), modifié par le décret n° 96-228 du 22 mars 1996

TITRE IV
LE CHEF DE VILLAGE

ARTICLE 34.- Le chef de village est nommé par arrêté du préfet sur proposition du sous-préfet après consultation des chefs de carrés. Cet acte administratif ne devient définitif qu'après avoir reçu l'approbation du Ministre de l'Intérieur.

En règle générale, le consensus est requis.

En l'absence de consensus, un chef de village intérimaire est nommé par arrêté du préfet sur proposition du sous-préfet pour un délai ne pouvant excéder six mois. Il en informe le Gouverneur et le Ministre de l'Intérieur.

Avant d'entrer en fonction, le chef de village prête serment.

ARTICLE 34 bis 1.- Peut être chef de village dans les conditions fixées à l'article 34 ci-dessus, tout citoyen âgé de 25 ans accomplis, régulièrement inscrit sur la liste électorale du village et n'étant dans aucun des cas d'incapacité prévus par les lois. Pour l'inscription sur la liste électorale du village est obligatoire.

Tout candidat au poste de chef de village doit être
- de bonne moralité,
- physiquement apte,
- en règle avec le paiement de la taxe rurale pour les dernières années précédant la désignation.
- avoir sa résidence et ses activités principales dans le village.

Le candidat doit fournir un dossier complet comprenant les pièces suivantes :

une photocopie légalisée de son certificat de nationalité ;

une photocopie légalisée de sa carte nationale d'identité ;

une photocopie légalisée de sa carte judiciaire n° 3 datant de moins de trois mois.

ARTICLE 34 bis 2.- (CESSATION DE FONCTION)

Il est mis fins aux fonctions de chef de village en cas d'incapacité physique dûment constatée, de manquements graves dans l'exercice de ses fonctions, de condamnation pour crimes et délits et de refus d'exécution des lois et règlements.

En cas de changement de résidence, le chef de village présente sa démission.

En cas de refus, il est déclaré démissionnaire.

Pour tous les cas énumérés aux alinéas 1 et 2 du présent article, l'acte qui met fin aux fonctions de chef de village est pris par le préfet sur proposition du sous-préfet.

Son remplacement s'effectue dans les conditions prévues aux articles 34 et 34 bis 1 ci-dessus.

ARTICLE 35.- (ATTRIBUTIONS)
Le chef de village est le représentant de l'autorité administrative, dans son ressort territorial.

Sous l'Autorité du sous-préfet et du président du conseil rural, le chef de village est chargé :
1- du contrôle de l'exécution des lois et des règlements,
2- de l'application des mesures de police
3- de l'application des mesures prises par le représentant de l'État en vue d'assurer le bon ordre, la sécurité, la sûreté et la salubrité publique,
4- des fonctions spéciales qui lui sont attribuées par les lois et règlements,
5- d'apporter son concours au recensement de la population,
6- de la tenue des cahiers de village de l'état civil,
7- d'apporter son concours et celui de la population pour combattre les calamités graves,
8- de participer aux actions de développement économique, social, culturel, sanitaire et de protection de l'environnement.
Le chef de village est de droit membre de la commission domaniale du conseil rural.

ARTICLE 35 bis.- Le chef de village est chargé de la collecte de la taxe rurale ou de tout autre impôt ou taxe affecté au budget de la communauté rurale.

À ce titre il agit sous la responsabilité directe du receveur de la communauté rurale.

NOTE : Les chefs de villages et les délégués de quartier sont régis par des textes différents.
Il serait important, pour une bonne administration, de procéder à l'harmonisation des statuts des chefs de villages et des délégués de quartier, relativement aux modalités de nomination, aux attributions et aux modes de rémunération. Cette harmonisation pourrait déboucher sur l'adoption d'un Statut des Administrateurs de Proximités (SAP).

Chapitre I - Dénomination et limites des communes

Article 72

La commune est créée par décret.

Ce décret détermine le nom de la commune, en situe le chef-lieu et en fixe le périmètre.

> **Note :** De manière générale, les textes qui créent les Collectivités territoriales, se contentent de citer les localités qui relèvent de chaque collectivité sans indiquer les repères techniques qui permettent d'identifier leurs limites géographiques.
>
> Ce manquement est à l'origine de beaucoup de litiges entre Collectivités territoriales.
>
> Par exemple, l'article 2 du décret 72-761 du 24 juin 1972 portant création des communautés rurales dans la région de Thiès dispose que *« Les limites géographiques des communautés rurales créées à l'article précédent sont définies à partir du ressort territorial des villages qui les composent, conformément à l'annexe jointe au présent décret. »* Cette annexe donne la liste de villages composant chaque communauté rurale.
>
> Cependant, le ressort territorial d'un village est difficile, voire impossible, à déterminer, compte tenu des enchevêtrements entre les terroirs.

Article 73

Ne peuvent être constituées en communes que les localités ayant un développement suffisant pour pouvoir disposer des ressources propres nécessaires à l'équilibre de leur budget.

Aucune commune ne peut être instituée qui ne comprenne une population totale d'au moins mille habitants.

<u>Jurisp.</u> : Cour suprême, chambre administrative, arrêt n°30 du 10 mai 2012, Aliou DIACK, Président du Conseil rural de Mbane c/État du Sénégal.

Sur les moyens réunis tirés de la violation de la loi

- Sur la violation des articles 79 al 1 et 193 al 4 du code des collectivités locales (CCL), en ce que le décret attaqué a, d'une part, créé une nouvelle commune qui n'a aucune viabilité car ne disposant d'aucune activité économique susceptible de lui procurer des ressources et d'autre part, omis de prévoir la dévolution des biens à la nouvelle collectivité locale nonobstant la signature d'un autre décret qui voudrait réparer ladite omission ;

Considérant que l'article 79 alinéa 1 du CCL dispose, que ne peuvent être constituées en communes que les localités ayant un développement suffisant pour pouvoir disposer des ressources propres nécessaires à l'équilibre de leur budget ;

Considérant que l'étude socio-économique établie par le Centre d'Appui au Développement Local versée au débat laisse apparaître un tableau des infrastructures dont dispose la nouvelle commune outre ses potentialités agricoles et économiques ;

Que dès lors l'administration a pu raisonnablement retenir que de telles potentialités peuvent procurer à Ndombo Sandjiry des ressources nécessaires et suffisantes pour un budget équilibré ;

Considérant qu'aux termes de l'article 193 alinéa 4 du même code : « *le décret qui prononce les fusions ou les distractions de communautés rurales en détermine expressément toutes les autres conditions y compris la dévolution des biens appartenant aux collectivités locales intéressées* » ;

Considérant que le décret n°2011-704 du 6 juin 2011, qui complète plusieurs décrets dont celui attaqué, a fixé les conditions de dévolution des biens des Collectivités locales modifiées parmi lesquelles, Ndombo Sandjiry situé dans le département de Dagana ;

Considérant ainsi que le décret attaqué ne saurait souffrir d'illégalité du seul fait que l'exigence posée par le texte visé au moyen n'a été satisfaite que dans le décret qui le complète ;

- **Sur l'absence de base légale**, en ce que la supposée requête des populations ne peut justifier l'érection de la localité en commune, décision à laquelle, au surplus, le Préfet de Dagana n'a jamais été associé alors que la procédure relève de la compétence exclusive du Préfet conformément à l'article 82 du CCL ;

Considérant que l'érection d'une localité en commune n'est ni tributaire de l'adhésion des populations laquelle n'est pas prévue par les dispositions des articles 79 et 193 du CCL qui fixent les règles et déterminent les modalités de création des collectivités locales ni, des résultats de l'enquête que le représentant de l'État peut être amené à effectuer ;

- **Sur l'erreur manifeste d'appréciation**, en ce que les limites de la nouvelle commune ont été mal définies puisque en contradiction avec la délimitation administrative faite par le Sous-préfet et que le décret qui a dénombré 107 villages pour la communauté rurale de Mbane au lieu de 106 s'est fondé sur des faits matériellement inexacts ;

Considérant qu'il résulte de l'article 78 du CCL que la commune est créée par décret lequel détermine le nom et en fixe le périmètre ;

Que l'illégalité du décret ne saurait être tirée de ce que les limites de la commune de Ndombo qu'il a fixé et le nombre de villages décompté pour la communauté rurale limitrophe pour établir justement les dites limites sont en contradiction avec la délimitation du Sous-préfet ou le décompte effectué par le requérant ;

D'où il suit que les moyens tirés de la violation de la loi ne sont pas fondés ;

PAR CES MOTIFS :

Rejette le recours formé par Aliou DIACK contre le décret n°2011-653 du 1er juin 2011 portant création de la commune de Ndombo Sandjiry dans le département de Dagana.

Jurisp. : Cour suprême, chambre administrative, arrêt n°3 du 9 février 2012, Mar DIOUF c/État du Sénégal.

Sur les trois moyens réunis tirés de la violation des dispositions des articles 79 alinéa premier, 85 alinéa 3 et 84 de la loi n°96-06 du 22 mars 1996 portant Code des Collectivités locales (CCL) en ce que, la nouvelle Commune de Sendou n'a pas un développement suffisant pour pouvoir disposer de ressources propres, nécessaires à l'équilibre de son budget, ne dispose pas de biens propres ainsi que cela résulte du décret attaqué, qui ne comporte pas, par ailleurs, la mention obligatoire de l'avis du conseil municipal de la ville de Bargny ;

Considérant que l'article 79 alinéa 1 du CCL dispose : « *Ne peuvent être constituées en communes que les localités ayant un développement suffisant pour pouvoir disposer des ressources propres, nécessaires à l'équilibre de leur budget* » ;

Considérant que l'étude socio-économique du 28 septembre 2010, établie par le Service Départemental d'Appui au Développement local versée au débat par l'Agent judiciaire de l'État, sur demande de la Cour, laisse apparaître le tableau des infrastructures dont dispose la nouvelle Commune de Sendou, sa situation économique, son organisation communautaire de base, ses équipements et ses perspectives ; que ce document établi à suffisance, que Sendou dispose de ressources propres, nécessaires à l'équilibre de son budget ;

Considérant qu'aux termes de l'article 85 alinéa 3 du même Code : « *Les décrets qui prononcent des rattachements ou des distractions de Commune, en déterminent expressément toutes les autres conditions y compris la dévolution des biens* » ;

Considérant que le décret n°2011-704 du 6 juin 2011 complétant plusieurs décrets, dont celui attaqué, régulièrement versé au débat, fixe les conditions de dévolution du patrimoine, aussi bien les actifs que les passifs des Collectivités locales modifiées, parmi lesquelles Sendou, dans le département de Rufisque ;

Considérant que l'article 84 du CCL prévoit : « *qu'après accomplissement des diverses formalités prévues aux articles 82 et 83 ci-dessus, les conseils municipaux et les conseils ruraux intéressés donnent obligatoirement leur avis* » ;

Considérant que le Maire de la Commune de Bargny a été mis en demeure par le Ministre chargé des collectivités locales de convoquer le Conseil municipal pour recueillir son avis sur le projet de découpage de la Commune de Bargny ; que celui-ci, arguant de la tenue de la session budgétaire, n'a pas réuni le Conseil municipal pour donner l'avis requis ;

Considérant que l'avis prévu à l'article 84 susvisé étant obligatoire mais non conforme, l'autorité administrative l'ayant sollicité en vain, sa décision ne saurait souffrir d'illégalité de ce chef ;

D'où il suit que les moyens tirés de la violation de la loi ne sont pas fondés ;

Sur le moyen tiré du détournement de pouvoir en ce que la démarche de l'État est inspirée par des motivations politiques et partisanes, sans aucun lien avec l'intérêt général ;

Considérant que le détournement de pouvoir s'analyse en un vice qui affecte une décision prise dans un but autre que celui pour lequel son auteur avait reçu compétence ;

Considérant qu'aucun élément du dossier ne permet de soutenir un tel moyen qui, au demeurant, n'est pas articulé par le requérant ;

PAR CES MOTIFS :

Rejette le recours formé par Mar DIOUF contre le décret n°2011-429 du 29 mars 2011 portant création de la Commune de Sendou, dans le département de Rufisque.

Article 74

Lorsque, pendant quatre années financières consécutives, le fonctionnement normal d'une commune est rendu impossible par le déséquilibre de ses finances, sa suppression peut être prononcée par décret, après avis de la Cour suprême.

Le décret qui prononce la suppression de la commune peut décider de son rattachement à une ou à d'autres communes.

Article 75

Le changement de nom, les modifications du ressort territorial des communes, les fusions de deux ou plusieurs communes, la désignation de nouveaux chefs-lieux sont prononcés par décret.

Article 76

Pour transférer le chef-lieu d'une commune, en modifier les limites territoriales, fusionner plusieurs communes en une seule, ou distraire d'une commune une portion de son territoire, soit pour la rattacher à une autre, soit pour l'ériger en commune distincte, le représentant de l'État prescrit une enquête.

Le représentant de l'État doit ordonner cette enquête lorsqu'il est saisi d'une demande à cet effet, soit par le conseil municipal de l'une des communes intéressées, soit par le tiers des électeurs inscrits de la commune ou de la portion de territoire en question. Il peut aussi l'ordonner d'office.

Article 77

Si le projet concerne le détachement d'une portion du territoire d'une commune, soit pour la rattacher à une autre commune, soit pour l'ériger en commune séparée, le représentant de l'État peut, par arrêté, créer une commission qui donne son avis sur le projet.

Article 78

Après accomplissement des diverses formalités prévues aux articles 76 et 77 ci-dessus, les conseils municipaux intéressés donnent obligatoirement leurs avis.

Jurisp. : Cour suprême, chambre administrative, arrêt n°01du 14 janvier 2010, Ibra SALL et Abdou Latif SALL c/ Conseil rural de Thiolom FALL.

Considérant que l'article 193 alinéa 2 du Code des Collectivités Locales dispose que les modifications des limites des Communautés rurales sont prononcées par décret, après avis des Conseils ruraux intéressés ;

Considérant que l'acte par lequel le Conseil rural a émis un avis ne peut donner lieu à un recours pour excès de pouvoir ;

Qu'il s'ensuit que le recours formé contre la délibération attaquée est irrecevable ;

PAR CES MOTIFS :

Déclare irrecevable le recours formé contre la délibération n°2/CR/THF du 08 juin 2003 du Conseil rural de Thiolom FALL.

Article 79

Les biens appartenant à une commune rattachée à une autre deviennent la propriété de la commune de rattachement.

Les biens appartenant à une commune rattachée à une portion de commune érigée en commune distincte deviennent la propriété de cette nouvelle commune.

Les habitants de la commune ou de la portion territoriale de la commune rattachée à une autre conservent la jouissance des biens dont les fruits sont perçus en nature.

Le décret portant fusion ou modification des limites territoriales d'une commune en détermine expressément toutes les autres conditions y compris la dévolution des biens.

Un décret d'application détermine notamment les conditions d'attribution soit à la commune ou aux communes de rattachement, soit à l'État :

- des terrains ou édifices faisant partie du domaine public ;
- de son domaine privé ;
- des libéralités avec charges faites en faveur de la commune supprimée.

L'excédent d'actif est attribué à l'État après que la ou les communes de rattachement ont reçu les ressources nécessaires pour faire face aux dépenses supplémentaires qui résultent du rattachement.

Jurisp. : Cour suprême, chambre administrative, arrêt n°31du 11 aout 2011, Oumar GUEYE et autres et Jean Paul DIAS et autres c/ État du Sénégal.

Sur le moyen tiré de la violation de l'article 193 al 4 du Code des Collectivités locales, en ce que le décret attaqué omet de procéder expressément à l'inventaire des biens des collectivités et les conditions de répartition des biens entre elles ;

Considérant qu'il ressort des dispositions du texte susvisé que le décret qui prononce les fusions ou les distractions de communautés rurales en détermine expressément toutes les autres conditions, y compris la dévolution des biens appartenant aux collectivités locales intéressées ;

Considérant que le décret attaqué, qui fractionne la communauté rurale de Sangalkam en deux communes et deux communautés rurales, ne détermine pas expressément la dévolution des biens appartenant aux Collectivités locales ainsi crées comme l'exige la loi; Que cette omission est de nature à l'entacher d'illégalité ;

PAR CES MOTIFS :

Ordonne la jonction des requêtes inscrites sous les n° J/134, J/135, J/154 et J/155/RG/2011 ;

Annule le décret n°2011-427 du 29 mars 2011 portant création de Communes et de Communautés rurales dans le département de Rufisque, région de Dakar.

Article 80

Dans les cas de fusion de communes réalisée par application de l'article 74 alinéa 2 du présent code, sont seuls dissous de plein droit les conseils municipaux des communes supprimées. Les conseils municipaux des communes de rattachement demeurent en fonction.

Chapitre II : Compétences de la commune

Article 81

Le conseil municipal règle par ses délibérations les affaires de la commune.

Il doit assurer à l'ensemble de la population, sans discrimination, les meilleures conditions de vie. Le conseil municipal donne son avis toutes les fois que celui-ci est requis par les lois et règlements ou à la demande du représentant de l'État.

Il peut émettre des vœux, par écrit, sur toutes les questions ayant un intérêt local, notamment sur celles concernant le développement économique et social de la commune.

Il est tenu informé de l'état d'avancement des travaux et des actions financées par la commune ou réalisés avec sa participation.

En outre, sous réserve des dispositions du chapitre V du présent titre, il exerce les compétences suivantes :

1. les modalités d'exercice de tout droit d'usage pouvant s'exercer à l'intérieur du périmètre communal, sous réserve des exceptions prévues par la loi ;
2. le plan général d'occupation des sols, les projets d'aménagement, de lotissement, d'équipement des périmètres affectés à l'habitation, ainsi que l'autorisation d'installation d'habitations ou de campements ;
3. l'affectation et la désaffectation des terres du domaine national ;
4. la création, la modification ou la suppression des foires et marchés;
5. l'acceptation ou le refus des dons et legs ;
6. le budget de la commune, les crédits supplémentaires ainsi que toutes modifications du budget ;
7. les projets locaux et la participation de la commune à leur financement ;
8. les projets d'investissement humain ;
9. les acquisitions immobilières et mobilières, les projets, plans, devis et contrats de constructions neuves, de reconstructions, de grosses réparations ou de tous autres investissements ;
10. le classement, le reclassement, l'ouverture, le redressement, l'alignement, le prolongement, l'élargissement ou la suppression des

voies et places publiques ainsi que l'établissement, l'amélioration, l'entretien des pistes et chemins non classés ;

11. la création, la désaffection ou l'agrandissement des cimetières ;

12. la protection de la faune et de la flore et la lutte contre les déprédateurs et braconniers ;

13. la lutte contre les incendies et la pratique des feux de culture ;

14. la nature et les modalités d'exécution des clôtures et des défenses limitant les fonds et protégeant les récoltes pendantes individuelles ou collectives ;

15. les servitudes de passage et la vaine pâture ;

16. le régime et les modalités d'accès et d'utilisation des points d'eau de toute nature ;

17. la création, la délimitation et la matérialisation de chemins de bétail à l'intérieur de la commune, à l'exception des voies à grande circulation qui relèvent de la compétence du représentant de l'État ;

18. l'organisation de l'exploitation de tous les produits végétaux de cueillette et des coupes de bois.

Jurisp. : Cour suprême, arrêt n°36du 29/10/10, Sous-Préfet de MBANE c/Aliou DIACK, Président du Conseil rural de Mbane.

Considérant, cependant, qu'en vertu de l'article 195 du Code des Collectivités locales, l'occupation des terres du domaine national ne peut résulter que d'une décision d'affectation du Conseil rural qui dispose également d'un pouvoir de désaffectation ; qu'en conséquence, le président du Conseil rural de MBANE ne peut, sans délibération de ce même Conseil, décider, même à titre provisoire, de l'occupation par une société immatriculée au registre du commerce et du crédit mobilier le 2 septembre 2010, soit après sa décision datée du 1er septembre 2010 ,de terres anciennement attribuées et non encore désaffectées ;que, dès lors, sa décision, qui ne se rattache pas aux pouvoirs que lui confèrent les articles 209 et 211 du Code des Collectivités locales qu'ils visent dans son acte, doit être annulée ;

PAR CES MOTIFS :

En la forme,
Déclare recevables les requêtes du Sous-préfet de MBANE ;
Dit n'y avoir lieu à statuer sur la demande de sursis à exécution ;

Au Fond,

Annule la décision n°10/ARR.MB/CR.MB du 1er septembre 2010 du Président du Conseil rural de MBANE portant autorisation de continuation du Projet TOLL JOM par S&A SENEGAL SARL à POMO dans la Communauté rurale de MBANE.

Article 82

Le conseil municipal désigne ceux de ses membres appelés à siéger dans les conseils, commissions et organismes dans lesquels la représentation de la commune est prévue par les lois et règlements en vigueur.

Article 83

Des citoyens ou des représentants d'associations d'un quartier ou d'un village peuvent se constituer en un conseil consultatif. Ces conseils sont consultés par le maire et peuvent faire des propositions sur tout dossier intéressant le quartier ou le village.

Un arrêté du Ministre chargé des Collectivités territoriales en détermine les attributions ainsi que les modalités de fonctionnement.

Article 84

Les délibérations du conseil municipal sont exécutoires dans le cadre fixé par les dispositions du Titre V du Livre premier du présent code.

NOTE : Voir sur ce point, les notes sous les articles 243 à 245 du présent code.

Article 85

Aucune création de services ou d'emplois nouveaux ne peut être opérée sans l'ouverture préalable d'un crédit au chapitre correspondant du budget.

Nulle décision tendant, en cours d'année financière, à des créations ou transformations d'emplois dans les services existants ne peut être prise que si les suppressions ou transformations d'emplois permettent d'annuler des crédits pour un montant équivalent à ceux nécessaires aux créations envisagées.

Article 86

Outre ses compétences générales, le conseil municipal prend des décisions dans tous les domaines de compétences transférées aux communes par la loi.

Article 87

Le conseil municipal délibère sur les budgets et comptes administratifs qui sont annuellement présentés par le maire conformément au Titre V du Livre premier du présent code.

Il entend le rapport du maire, en débat et examine les comptes de gestion du receveur sauf règlement définitif réservé au juge des comptes.

Il délibère sur les comptes de gestion-matière établis par le maire au plus tard à la fin du quatrième mois de l'année financière suivant celle à laquelle ils se rapportent.

Article 88

Lorsque le conseil municipal délibère en dehors de ses réunions légales, le représentant de l'État prend toutes les mesures nécessaires pour que l'assemblée se sépare immédiatement.

Dans le cas où le Conseil municipal délibère sur un objet étranger à ses compétences, publie des proclamations et adresses, émet des vœux politiques menaçant l'intégrité territoriale et l'unité nationale ou se met en communication avec un ou plusieurs conseils municipaux hors des cas prévus par la loi, les actes pris sont considérés comme inexistants.

Dans les cas prévus à l'alinéa 2 ci-dessus, le représentant de l'État prend un arrêté motivé qu'il transmet au Procureur de la République du ressort pour l'application de la loi pénale.

En cas de condamnation, les membres de la réunion sont déclarés, par la décision, exclus du conseil municipal, et, inéligibles pendant les trois années suivant le prononcé.

Voir notes sous articles 5 et 30 du présent code.

Article 89

La nullité des actes et des délibérations pris en violation du précédent article est prononcée dans les formes indiquées au Titre V du Livre premier du présent code.

Article 90

Sont nulles de plein droit les délibérations prises en violation d'une loi ou de la réglementation en vigueur.

Article 91

Sont annulables les délibérations auxquelles ont pris part des membres du conseil intéressés, soit en leur nom personnel, soit comme mandataires, à l'affaire qui en fait l'objet.

Chapitre III : Organes de la commune

Section 1. Formation des organes de la commune

Article 92

(L'article unique de la loi n°2021-38 du 03 décembre 2021 modifiant la loi n° 2013-10 du 28 décembre 2013 portant Code général des Collectivités territoriales)

Le conseil municipal, composé de conseillères et de conseillers municipaux élus pour cinq ans au suffrage universel direct, conformément au Code électoral, est l'organe délibérant de la commune.

Le maire est élu au suffrage universel direct. Il est la tête de liste ayant obtenu le plus grand nombre de suffrages au scrutin majoritaire municipal. En cas d'égalité des suffrages, le plus âgé est élu maire.

Si le maire est définitivement empêché, les dispositions de l'article 137 du présent code sont applicables.

Il dirige le bureau municipal qu'il partage avec un ou plusieurs adjoints élus en son sein par le conseil municipal.

Les membres du bureau, en raison des responsabilités qui leur sont dévolues, doivent savoir lire et écrire.

Après le maire et les adjoints dans l'ordre de leur élection, les conseillers municipaux prennent rang dans l'ordre du tableau.

L'ordre du tableau est déterminé :

1. - par la date la plus ancienne des élections intervenues depuis le dernier renouvellement intégral du conseil municipal ;

2. - par la priorité d'âge, entre conseillers élus le même jour.

Voir l'article L.265 de la loi n° 2021-35 du 23 juillet 2021 portant Code électoral

« *Article L.265.-*

Les conseillers municipaux sont élus au suffrage universel direct pour un mandat de cinq (05) ans.

Le candidat tête de liste au scrutin majoritaire est élu maire de la commune si sa liste obtient le plus grand nombre de suffrages à l'issue du vote.

En cas d'égalité des suffrages, le candidat, tête de liste le plus âgé, est élu. Sa liste remporte les sièges. »

NOTE : La loi n° 2014-19 du 24 avril 2014 modifiant les articles 31, 92 et 95 de la loi n° 2013-10 du 28 décembre 2013 portant Code général des Collectivités territoriales avait modifié le troisième alinéa de l'article 92 avec la suppression du groupe de mots « *dans la langue officielle* » au motif que cela était de nature à priver de l'accès au « *bureau municipal …… une frange importante des élus locaux dont certains sont alphabétisés dans des langues autres que la langue officielle* »

En ce qui concerne la loi n° 2021-38 du 03 décembre 2021 modifiant la loi n° 2013-10 du 28 décembre 2013 portant Code général des Collectivités territoriales, modifiée, qui reprend intégralement l'article 92, elle est destinée à l'adapter aux dispositions de l'article L.265 de la loi n° 2021-35 du 23 juillet 2021 portant Code électoral qui prévoit l'élection du maire au suffrage universel direct.

Cette position de la cour a été réaffirmée en 2022 lors de l'installation des bureaux des conseils des collectivités territoriales. ***(Cour suprême, arrêt n° arrêt n°47 du 27 octobre 2022, Cheikh BITEYE, Alioune SARR et El Hadji DIOUF c/ Matar BA et Conseil municipal de Fatick)***

Jurisp **: Cour suprême, arrêt n° 02 du 08 janvier 2015, MBENDA NDIAYE et SOKHNA SEYNABOU MBACKE c/ Ministre chargé des élections**

La Cour suprême,

Après en avoir délibéré conformément à la loi ;

Considérant qu'à la suite des élections municipales du 29 juin 2014, le bureau du Conseil municipal de Kaolack a été installé le 18 juillet 2014 par le représentant de l'état ;

Que les conseillères municipales Mbenda Ndiaye, Sokhna Seynabou MBACKE et Ndèye Lobé LAM ont alors formé Un recours en annulation de l'élection du bureau constitué pour non-respect de la parité devant la cour d'Appel de Kaolack ;

Considérant que par l'arrêt n° 14 rendu le 25 juillet 2014, la cour d'Appel de Kaolack réunie en assemblée générale, a rejeté leur requête ;

Que c'est contre cette décision que Mbenda NDIAYE et deux autres ont formé appel en développant un moyen unique ;

Sur la recevabilité du mémoire en défense du ministre de l'Intérieur :

Considérant que les requérantes soulèvent l'irrecevabilité du mémoire en défense du ministre de l'Intérieur au motif qu'il n'est pas partie dans la procédure puisque seul le Conseil municipal de Kaolack est intimé dans la cause ;

Considérant qu'il résulte des dispositions combinées des articles 76 de la loi organique sur la Cour suprême et L 255 du code électoral que le ministre de l'Intérieur est une des parties défenderesses dans le contentieux des élections municipales porté en appel devant la Cour suprême ;

Qu'il y a lieu en conséquence de déclarer recevable le mémoire en défense que le ministre de l'Intérieur a versé dans la procédure ;

Sur le moyen unique tiré de la violation de la loi n° 2010-11 du 28 mai 2010 instituant la parité absolue homme-femme et de son décret d'application n° 2011-819 du 16 juin 2011, en ce que, l'arrêt attaqué a retenu que la loi n'a pas prévu les modalités pratiques du respect de la parité dans les élections à candidatures individuelles comme celles du maire et d'adjoints au maire et qu'en l'absence d'une législation spéciale applicable à ces élections, les principes constitutionnels de la liberté de candidature et du libre accès des citoyens à la gestion du service public doivent primer sur les dispositions générales sur la parité, alors que l'article 1er de cette loi dispose que *« la parité homme-femme est instituée au Sénégal dans toutes les institutions totalement ou partiellement électives »* et que l'article 2 du décret d'application énumère les institutions totalement ou partiellement électives parmi lesquelles figurent le conseil municipal, son bureau et ses commissions ;

Considérant qu'aux termes des articles 1er et 2 de la loi n° 2010-11 du 28 mai 2010 instituant la parité : *« La parité absolue homme-*

femme est instituée au Sénégal dans toutes les institutions totalement ou partiellement électives. Les listes de candidatures sont alternativement composées de personnes des deux sexes » ;

Considérant que l'article 2 du décret d'application de la loi sus-référencée indique que le conseil municipal, son bureau et ses commissions figurent parmi les institutions totalement ou partiellement électives ;

Considérant que la loi sus-citée favorise l'égal accès des hommes et des femmes aux mandats électoraux et fonctions électives afin de corriger la sous-représentation des femmes au sein des responsabilités de la vie politique ;

Considérant que la notion des listes de candidatures figure malencontreusement dans le décret d'application pour l'élection des bureaux et commissions et, dès lors, s'en servir pour écarter l'application effective de la parité dans les élections à candidatures individuelles, telles que celles du maire et de ses adjoints, c'est méconnaître l'esprit des textes susvisés ;

Qu'ainsi encourt l'infirmation, l'arrêt entrepris qui pour écarter l'application de la loi et rejeter le recours de Mbenda NDIAYE et autres, a retenu que le texte n'a pas prévu les modalités pratiques du respect de la parité dans les élections à candidatures individuelles et qu'il n'existe pas de législation spéciale sur la parité applicable à ce scrutin ;

Considérant qu'il résulte des pièces du dossier que le bureau du conseil municipal de Kaolack, installé le 18 juillet 2014, est composé ainsi qu'il suit :

- Mariama SARR, maire de la commune de Kaolack (femme) ;
- Thierno DIEYE, 1er adjoint (homme) ;
- Mamadou Saliou DIALLO, 2e adjoint (homme) ;
- Diokel GADIAGA, 3e adjoint (homme) ;
- El Hadji Cheikh NDAO, 4e adjoint (homme) ;
- Elimane Madiaye CISSE, 5e adjoint (homme) ;
- Djiby SY, 6e adjoint (homme) ;
- Aïssatou Dramé, 7e adjointe (femme) ;
- Mamadou Mouhamed NDIAYE, 8e adjoint (homme) ;

Considérant que ce bureau, n'ayant pas respecté la parité à partir de l'élection du 2e adjoint, il y a lieu, statuant à nouveau, d'ordonner la reprise de l'élection de ses membres, le maire et le 1er adjoint n'étant pas concernés par cette mesure ;

PAR CES MOTIFS :

Infirme l'arrêt n°14 du 25 juillet 2014 de l'assemblée générale de la cour d'Appel de Kaolack ;

Statuant à nouveau, ordonne la reprise de l'élection des membres du bureau du conseil municipal de Kaolack ;

Dit que le maire et le 1er adjoint ne sont pas concernés par cette élection.

Jurisp : Cour suprême, arrêt n° 17 du 26 février 2015, Ousmane THIOUF, Maixant Polidor Aurélien KABOU, Mamadou DIOUF, Karfa DIOUF, Omar SYLLA, Marie Louise SY et Ousmane CISSE c/ Ministre chargé des élections

Vu la requête reçue au greffe central de la Cour suprême le 19 novembre 2014, par laquelle Ousmane THIOUF, Maixant Polidor Aurélien KABOU, Mamadou DIOUF, Karfa DIOUF, Omar SYLLA, Marie Louise SY et Ousmane CISSE, Conseillers municipaux de la commune de Keur Massar, ayant tous domicile élu en l'étude de Maîtres THIOUB et NDOUR, avocats à la cour, sollicitent l'infirmation de l'arrêt n°77 rendu le 21 août 2014 par l'Assemblée générale de la Cour d'appel de Dakar dans la cause les opposant à Amadou BARRY et au Ministre de l'Intérieur ;

Vu la seconde requête reçue au greffe central de la Cour suprême le 26 novembre 2014, par laquelle Ousmane Thioup ou THIOUF et les six autres Conseillers municipaux de la commune de Keur Massar, tous élisant domicile en l'Etude de Maître Bassirou NGOM, Avocat à la Cour, sollicitent la cassation de l'arrêt n°77 rendu le 21 août 2014 par l'Assemblée générale de la Cour d'appel de Dakar dans la cause les opposant à Amadou Barry et au Ministre de l'Intérieur ;

Après en avoir délibéré conformément à la loi ;

Considérant qu'à la suite des élections municipales du 29 juin

2014, la commune de Keur Massar a élu son Conseil municipal et mis en place le bureau ; qu'un des Conseillers municipaux, Amadou Barry, a alors introduit un recours auprès de la Cour d'appel de Dakar, pour demander l'annulation de l'élection du bureau, pour non-respect de la parité ;

Considérant que par l'arrêt n°77 rendu le 21 août 2014, la Cour d'appel réunie en assemblée générale a validé l'élection du Maire et annulé celle des autres membres du bureau pour non-respect de la parité ;

Que c'est contre cette décision que les Conseillers municipaux Ousmane Thiouf et six autres ont interjeté appel ;

Sur la jonction

Considérant que les deux requêtes inscrites, sous les n°J/474/RG14 et J/483/RG/14 présentent un lien de connexité évident,

puisqu'introduites par les mêmes parties avec des conseils différents, dans la même cause et avec le même objet ; qu'il y a lieu pour une bonne administration de la justice d'en ordonner la jonction pour qu'il soit statué sur le tout par un seul et même arrêt ;

Sur la recevabilité de la requête d'Amadou BARRY :

Considérant que les appelants concluent à l'irrecevabilité de la requête d'Amadou Barry devant la Cour d'appel pour violation des dispositions de l'article 1-2 al 1 du Code de Procédure civile et L.253 du code électoral en ce qu'il n'était candidat à aucun des postes du bureau municipal et ne peut exciper d'un intérêt à agir, n'étant pas une femme ;

Considérant que l'article L.253 du Code électoral relatif au contentieux des élections municipales, permet à tout électeur, ou à tout candidat à une élection municipale, de pouvoir réclamer l'annulation des opérations électorales ;

Considérant que la qualité d'électeur et de candidat à une élection municipale de Amadou BARRY ne pouvant être contestée puisqu'il a été élu Conseiller municipal de la commune de Keur Massar, son intérêt à agir était certain et c'est à bon droit que son recours a été déclaré recevable ;

Sur le fond :

Considérant que les appelants sollicitent l'infirmation de l'arrêt pour :

- violation de l'article L254 du code électoral et des droits de la défense, en ce que, le Greffier en chef de la Cour d'appel n'a pas communiqué la requête aux Conseillers dont l'élection est contestée ;
- violation de la loi n°2010-11 du 28 mai 2010 instituant la parité aux motifs que :
    - l'article 2 de ladite loi qui institue la parité dans toutes les institutions totalement ou partiellement électives, vise l'institution que constitue le Conseil municipal dont les listes doivent être paritaires et non le bureau, qui n'est pas une institution en tant que tel et dont les membres, comme le Maire, sont élus individuellement et de manière totalement libre ;
    - l'article 2 de la loi vise des listes de candidatures, alors que l'élection du Maire et de ses Adjoints est une élection nominale pour un poste donné et pour lequel tout Conseiller peut présenter sa candidature, l'application de la parité pour cette élection débouchant nécessairement sur une situation rocambolesque où il ne pourrait y avoir d'élection ;
- défaut de motifs, en ce que la Cour d'appel en validant l'élection du Maire et en déclarant irrégulière celle de ses Adjoints n'a pas suffisamment motivé sa décision, puisque si la parité était appliquée, le deuxième et le quatrième adjoints seraient des hommes, ce qui est le cas en l'espèce ;

Considérant que le Ministre chargé des élections conclut à ce qu'il soit statué ce que de droit sur la recevabilité de la requête et sur son bien-fondé ;

Considérant qu'aux termes des articles 1er et 2 de la loi n°2010-11 du 28 mai 2010 instituant la parité : « *La parité absolue homme-femme est instituée au Sénégal dans toutes les institutions totalement ou partiellement électives. Les listes de candidatures sont alternativement composées de personnes des deux sexes.* » ;

Considérant que l'article 2 du décret d'application de ladite loi, indique que le Conseil municipal, son bureau et ses commissions figurent parmi les institutions totalement ou partiellement électives;

Considérant que la loi susvisée favorise l'égal accès des hommes et des femmes aux mandats électoraux et fonctions électives afin de corriger la sous-représentation des femmes au sein des responsabilités de la vie politique ;

Considérant que la notion de listes de candidatures figure malencontreusement dans le décret d'application pour l'élection des bureaux et commissions et, dès lors, s'en prévaloir pour demander que la parité ne soit pas appliquée dans les élections à candidatures individuelles, telles que celles du Maire et de ses Adjoints, c'est méconnaître l'esprit des textes susvisés ;

Qu'ainsi, c'est à bon droit que la Cour d'appel ayant retenu, que ces textes font obligation d'élire au sein du Conseil municipal un bureau alternativement composé de personnes des deux sexes, a annulé l'élection des membres du bureau du Conseil municipal de Keur Massar, à l'exception de celle du Maire Moustapha MBENGUE, une seule femme figurant parmi les huit Adjoints du Maire du bureau élu ;

Qu'il y'a lieu de confirmer l'arrêt ;

PAR CES MOTIFS :

Ordonne la jonction des procédures inscrites sous les n°J/474/RG/14 et J/483/RG/14 ;

Confirme en toutes ses dispositions l'arrêt n°77 rendu le 21 août 2014 par l'assemblée générale de la Cour d'appel de Dakar.

Jurisp. : Cour suprême, arrêt n° arrêt n°47 du 27 octobre 2022, Cheikh BITEYE, Alioune SARR et El Hadji DIOUF c/ Matar BA et Conseil municipal de Fatick

Vu la requête reçue le 13 juillet 2022 au greffe centrale par laquelle Cheikh Bitèye, Alioune Badara SARR et El Hadji DIOUF, élisant domicile en l'étude de Maître Ndèye Fatou TOURE, avocat à la cour, ont formé appel de l'arrêt n°6 du 14 avril 2022 de la Cour d'appel de Kaolack qui a rejeté leurs recours contre les résultats de l'élection complémentaire des membres du bureau du Conseil municipaux de Fatick ;

Après en avoir délibéré conformément à la loi ;

Attendu que le 14 février 2022, Matar BA, maire de la Commune de Fatick, a présidé l'élection complémentaire des membres du bureau du Conseil municipal de Fatick, à l'issue de laquelle les quatre adjoints suivants ont été installés :

- Monsieur Birame Wagane FAYE, 1 er adjoint au maire ;
- Madame Ndèye Aïda DIOUF, 2ème adjointe au maire ;
- Monsieur Baba Amadou FALL, 3ème adjoint au maire ;
- Madame Khady DIAME, 4ème adjointe au maire ;

Que le même jour, Cheikh BITEYE, Alioune Badara SARR et El Hadji DIOUF ont saisi la Cour d'Appel de Kaolack d'un recours pour non-respect de la parité du bureau municipal qui a été rejeté par arrêt n°6 du 14 avril 2022 ;

Que les requérants ont formé appel contre cet arrêt en développant deux moyens tirés de la violation de la loi ;

Sur le premier moyen tiré de la violation de la loi n°2010-11 du 28 mai 2010 instituant la parité absolue homme-femme dans les institutions totalement ou partiellement électives et de son décret d'application n°2011-819 du 16 juin 2011 en ce que l'arrêt attaqué a retenu que « même s'il est spécifié que le maire fait partie du bureau municipal, il n'en demeure pas moins, qu'il est élu au suffrage universel direct lors de l'élection municipale et qu'il n'est donc pas éligible à cette nouvelle élection comme candidat devant se soumettre une nouvelle fois aux dispositions de la loi de 2010 sur la parité absolue », alors que les textes susvisés prévoient que la parité absolue homme-femme est instituée au Sénégal dans toutes les institutions totalement ou partiellement électives et s'appliquent à l'élection des conseillers municipaux ainsi qu'à celle des membres des bureaux et de leurs commissions ;

Sur le second moyen tiré de la violation des articles 7 alinéa 5 de la Constitution, 25 du Pacte international relatif aux droit civils et politiques (PIDCP), 7 de la Convention sur l'Elimination de toutes les formes de discrimination à l'égard des femmes (CEDEF) adoptée le 18 décembre 1979 par l'Assemblée générale des Nations Unies et 9 alinéa 1 et suivants du Protocole à la Charte Africaine des droits de l'homme et des peuples relatif aux droits des femmes dit Protocole de Maputo, adopté le 6 octobre 1999 en ce que l'arrêt attaqué a rejeté leur recours en relevant que le maire, élu au suffrage universel direct, n'était pas concerné par la parité, alors qu'au vu des textes susvisés, la parité absolue doit être respectée à partir du maire, premier membre du bureau municipal de la Commune de Fatick ;

Les moyens étant réunis ;

Considérant que l'article premier de la loi 11^{0}2010-11 du 28 mai 2010, instituant la parité absolue homme-femme dans les institutions totalement ou partiellement électives précise que la parité absolue homme-femme est instituée au Sénégal dans toutes les institutions totalement ou partiellement électives ;

Que l'article 2 du décret n^{0}2011-819 du 16 juin 2011 portant application de ladite loi prévoit parmi les institutions totalement ou partiellement électives, les conseils municipaux ainsi que leurs bureaux et commissions ;

Considérant qu'au sens de ces textes, le bureau municipal doit être alternativement composé de personnes des deux sexes et lorsque le nombre de membres est impair la parité s'applique au nombre pair immédiatement inférieur ;

Attendu qu'en l'espèce, l'examen des pièces du dossier révèle que Matar BA, élu maire au suffrage universel direct à la suite des élections municipales du 23 janvier 2022, a présidé le 14 février

2022, l'élection complémentaire des membres du bureau du Conseil municipal, à l'issue de laquelle les quatre adjoints suivants ont été installés :

- Monsieur Birame Wagane FAYE, 1 er adjoint au maire (homme) ;
- Madame Ndèye Aïda DIOUF, 2ème adjointe au maire (femme) ;
- Monsieur Baba Amadou FALL, 3ème adjoint au maire (homme) ;
- Madame Khady DIAME, 4ème adjointe au maire (femme) ;

Que Matar BA, le maire, étant le premier membre du bureau municipal soumis à l'exigence de parité, son élection au suffrage universel direct ne saurait constituer un obstacle à l'application de la loi sur la parité ;

Que le bureau ainsi constitué, n'ayant pas respecté la parité, il y a lieu d'infirmer l'arrêt et statuant à nouveau d'ordonner la reprise de l'élection complémentaire de ses membres, le maire n'étant pas concerné ;

PAR CES MOTIFS :

Infirme l'arrêt n^0 6 du 14 avril 2022 de la Cour d'Appel de Kaolack ;

Statuant à nouveau, ordonne la reprise de l'élection complémentaire des membres du bureau du Conseil municipal de Fatick ;

Dit que le Maire n'est pas concerné par cette élection.

DES MAIRES ET DES ADJOINTS DESIGNATION - INDEMNITES

Article 93

(L'article unique de la loi n°2021-38 du 03 décembre 2021 modifiant la loi n° 2013-10 du 28 décembre 2013 portant Code général des Collectivités territoriales) ***Voir annexe 4***

Le maire est l'organe exécutif de la commune. Il est assisté par les adjoints dans l'ordre de leur élection.

Le maire et les adjoints doivent résider dans la commune ou en être obligatoirement contribuables.

Le nombre des adjoints est fixé par décret.

Note : Cette loi a introduit une innovation en renvoyant, à un décret, pour la détermination du nombre des adjoints au maire.

Article 94

Lorsqu'un obstacle quelconque ou l'éloignement rend difficiles, dangereuses ou momentanément impossibles les communications entre le chef-lieu et une fraction de la commune, un poste d'adjoint spécial peut être institué par délibération motivée du conseil municipal.

Cet adjoint spécial est élu parmi les conseillers résidant dans cette fraction de la commune et, à défaut ou s'il est empêché, parmi les habitants de cette fraction de commune. Il remplit les fonctions d'officier de l'état civil et il peut être chargé de l'exécution des lois et règlements de police dans cette fraction de la commune. Il n'a pas d'autres attributions.

Article 95

(L'article unique de la loi n°2021-38 du 03 décembre 2021 modifiant la loi n° 2013-10 du 28 décembre 2013 portant Code général des Collectivités territoriales)

Le conseil municipal élit les adjoints parmi ses membres sachant lire et écrire.

Le conseil municipal est convoqué, à cet effet, par le représentant de l'État dans les quinze jours qui suivent la date de la proclamation des résultats.

L'élection du maire et de ses adjoints a lieu au scrutin secret et à la majorité absolue.

Si, après deux tours de scrutin, aucun candidat n'a obtenu la majorité absolue, il est procédé à un troisième tour de scrutin et l'élection a alors lieu à la majorité relative. En cas d'égalité de suffrages, le plus âgé est déclaré élu.

NOTE : La loi n° 2014-19 du 24 avril 2014 qui avait modifié les articles 31, 92 et 95 de la loi n° 2013-10 du 28 décembre 2013 portant Code général des Collectivités territoriales avait changé le premier alinéa de l'article 95 avec la suppression du groupe de mots « *dans la langue officielle* ».

En ce qui concerne la loi n° 2021-38 du 03 décembre 2021, elle reprend intégralement l'article 95, pour, d'une part, tenir compte de l'élection du maire au suffrage universel direct et, d'autre part, renvoie les deux derniers alinéas à l'article 96 nouveau.

Article 96

(L'article unique de la loi n°2021-38 du 03 décembre 2021 modifiant la loi n° 2013-10 du 28 décembre 2013 portant Code général des Collectivités territoriales)

La séance, au cours de laquelle il est procédé à l'élection des adjoints au maire, est présidée par le maire élu au suffrage universel direct, le secrétariat étant assuré par le plus jeune.

Pour toute autre élection des adjoints, les membres du conseil municipal sont convoqués par le maire. La convocation contient la mention spéciale de l'élection à laquelle il doit être procédé.

L'élection des adjoints a lieu au scrutin secret et à la majorité absolue.

Si, après deux tours de scrutin, aucun candidat n'a obtenu la majorité absolue, il est procédé à un troisième tour de scrutin et l'élection a alors lieu à la majorité relative. En cas d'égalité de suffrages, le plus âgé est déclaré élu.

NOTE : La loi n° 2021-38 du 03 décembre 2021 reprend cet article en tenant compte de l'élection du maire au suffrage universel direct et en y intégrant les deux derniers alinéas de l'article 95 ancien pour plus de cohérence.

Article 97

Les élections sont rendues publiques, au plus tard vingt-quatre heures après la proclamation des résultats, par voie d'affiche à la porte de la mairie. Elles sont, dans le même délai, notifiées au représentant de l'État.

Article 98

Le maire et les adjoints sont élus pour la même durée que le conseil municipal.

Lors des cérémonies officielles et dans les circonstances solennelles de l'exercice de leurs fonctions, le maire et les adjoints portent, en ceinture, une écharpe aux couleurs nationales, avec glands à franges dorées pour le maire et glands à franges argentées pour les adjoints.

Article 99

L'élection du maire et des adjoints peut être arguée de nullité dans les conditions et formes prescrites au code électoral pour les réclamations contre les élections du conseil municipal. La requête doit être formulée dans un délai de cinq jours qui commence à courir vingt-quatre heures après l'élection.

Lorsque l'élection est annulée ou que, pour toute autre cause, le maire ou les adjoints ont cessé leurs fonctions, le conseil est convoqué pour procéder au remplacement dans le délai d'un mois.

Jurisp. : Cour suprême, Chambre administrative, arrêt n °64 du 12 décembre 14, El Hadji Malick DIOP c/ Maire de la Commune de Médina.

Considérant que selon l'article 105 de la loi portant code des collectivités locales, l'élection du Maire peut être arguée de nullité dans les conditions et formes prescrites au Code électoral pour les réclamations contre les élections du conseil municipal ;

Que l'article L.253 du Code électoral indique que les requêtes tendant à l'annulation doivent être déposées à la préfecture et au greffe de la cour d'appel ;

Considérant que le requérant, sans observer les formalités prescrites, a saisi directement la Cour suprême, qui ne peut connaître de ce contentieux en premier ressort ;

Qu'il y a lieu de se déclarer incompétente ;

PAR CES MOTIFS :

Se déclare incompétente.

<u>Jurisp</u>. : Cour suprême, arrêt n°45 du 26 novembre 2009, Ousmane MBACKE NDIAYE c/ Conseil municipal de Diourbel et le Ministre Chargé de L'intérieur.

Considérant que selon les énonciations de l'arrêt attaqué, par requête reçue au greffe de la cour d'Appel le 15 avril 2009, Ousmane MBACKE NDIAYE a sollicité l'annulation de l'élection du bureau du Conseil municipal de Diourbel ;

que ladite cour a, sur le fondement de l'article L.254 du code électoral, déclaré irrecevable la requête au motif qu'elle a été introduite le 15 avril 2009, alors que l'élection du bureau du conseil municipal a eu lieu le 09 avril 2009, soit plus de cinq jours après ;

Considérant que le requérant fait grief à la décision attaquée d'avoir déclaré irrecevable son recours en décomptant les jours non ouvrables ;

Considérant qu'il résulte des dispositions de l'article 105 du Code des Collectivités locales que : « *L'élection du maire et des adjoints peut être arguée de nullité dans les conditions et formes prescrites au code électoral, pour les réclamations contre les élections du conseil municipal. La requête doit être formulée dans un délai de cinq jours qui commence à courir 24 heures après l'élection* » ; qu'il ressort, en outre, de celles de l'article R.15 du code électoral que tous les délais prescrits en matière électorale sont des délais francs ;

Considérant qu'ainsi, le délai de 5 jours a commencé à courir 24 heures après l'élection, donc le 10 avril 2009, les premier et dernier jours n'étant pas comptabilisés, il s'ensuit que le recours introduit le 15 avril 2009 est recevable ;

Qu'en conséquence l'arrêt attaqué encourt l'annulation ;

Considérant, statuant à nouveau, qu'il échet de relever que le requérant demande l'annulation de l'élection du bureau du conseil municipal de Diourbel sur le fondement des dispositions des articles L.254 à L.259 du code électoral aux motifs que, d'une part, Abdourahmane WANE et son père Oumar WANE, installés officiellement comme conseillers municipaux, ont participé simultanément à l'élection du maire et de ses adjoints et, d'autre part, il n'a pas été tenu compte, dans l'élection des adjoints, d'un ordre de proportionnalité relativement au nombre de voix obtenu par chacun d'eux ;

Mais considérant qu'en premier lieu, le requérant, qui allègue de l'existence d'une incompatibilité en raison d'un lien de parenté entre deux conseillers, n'en rapporte pas la preuve; qu'à supposer même que ce lien de parenté ait été établi, le requérant ne justifie pas que l'un d'eux avait perdu sa qualité de conseiller au moment de l'élection du bureau ; qu'en second lieu, ni les dispositions de l'article 101 du Code des Collectivités locales qui fixe les modalités de l'élection du bureau du conseil municipal, ni aucune autre disposition légale n'exigent que l'ordre d'élection des adjoints au maire soit établi en proportion du nombre de voix obtenu par chacun d'eux ;

Qu'il échet donc de rejeter le recours comme non fondé ;

PAR CES MOTIFS :

Annule l'arrêt n°91 du 29 mai 2009 rendu par la cour d'Appel de Dakar.

INELIGIBILITES ET INCOMPATIBILITES

Article 100

Ne peuvent être maires ou adjoints, ni en exercer même temporairement les fonctions :

- les agents et employés des administrations financières de la commune où ils exercent;
- les ambassadeurs en poste dans les représentations ou fonctions diplomatiques ;
- les présidents de conseil départemental.

Extrait de la loi n° 2021-35 du 23 juillet 2021 portant Code électoral

Article L.272. - Ne peuvent être conseillers municipaux :

1) les individus privés d'un droit électorat ;

2) ceux qui sont secourus par les budgets communaux ;

3) ceux qui ont fait l'objet d'une condamnation en application de l'article 88 du code général des Collectivités territoriales;

4) les conseillers déclarés démissionnaires en application des articles 157 et 159 du Code général des Collectivités territoriales à l'occasion

des élections municipales suivant la date de leur démission.

Article L.273. - Les inspecteurs généraux d'État nommés dans le corps et les agents de l'État délégués dans les fonctions d'inspecteur général d'État sont inéligibles. Toutefois cette inéligibilité cesse en cas de sortie définitive du corps.

Sont également inéligibles pendant l'exercice de leurs fonctions et pendant la durée de trois (03) mois après l'expiration de celles-ci :

1) les magistrats du Conseil constitutionnel, de la Cour Suprême, des Cours d'Appel et des Tribunaux ainsi que les Présidents des Tribunaux d'Instance ;

2) les gouverneurs, préfets, sous-préfets ;

3) le Trésorier général, les Payeurs, Percepteurs et Receveurs municipaux.

L'inéligibilité des personnes titulaires des fonctions définies à l'alinéa précédent s'étend, dans les mêmes conditions, aux personnes qui exercent ou ont exercé, pendant une durée d'au moins six (06) mois, ces mêmes fonctions sans être ou avoir été titulaires.

Article L.274. - Ne sont pas éligibles dans les communes où ils exercent leurs fonctions :

1) les ingénieurs et conducteurs chargés d'un service municipal ainsi que les agents voyers ;

2) les comptables des deniers communaux ainsi que les chefs de services de l'assiette et du recouvrement ;

3) les chefs des services régionaux et départementaux des établissements publics ;

4) les agents salariés de la commune, parmi lesquels ne sont pas compris ceux qui, étant fonctionnaires publics ou exerçant une profession indépendante, ne reçoivent une indemnité de la commune qu'à raison des services qu'ils lui rendent dans l'exercice de cette profession.

Article L.275. - Le mandat de conseiller municipal est incompatible avec les fonctions énumérées aux articles L.270 et L.271.

Les conseillers municipaux nommés postérieurement à leur élection aux fonctions visées au premier alinéa du présent article auront, à partir de la date de nomination, un délai de trente (30) jours pour opter entre l'acceptation de l'emploi et la conservation du mandat. A défaut de déclaration adressée dans ce délai à leurs supérieurs hiérarchiques et à l'autorité de tutelle, ils seront réputés avoir opté pour l'acceptation dudit emploi.

Article L.276. - Nul ne peut être membre de plusieurs conseils municipaux.

Un délai de dix (10) jours à partir de la proclamation du résultat du scrutin est accordé au conseiller municipal élu dans plusieurs communes pour faire sa déclaration d'option. Cette déclaration est adressée au Ministère chargé des Élections.

Si dans ce délai le conseiller élu n'a pas fait son option, il fait partie de droit du conseil de la commune où le nombre des électeurs est le moins élevé.

Les ascendants et les descendants, les frères et sœurs peuvent être membres d'un même conseil municipal s'ils sont présentés par des listes différentes. Leur nombre est limité à deux (2) au sein du même conseil municipal.

Les conjoints et les alliés au même degré ne peuvent être simultanément membres d'un même conseil municipal.

Toutefois, en ce qui concerne les alliés l'affinité cesse lorsque la personne qui la produisait et les enfants issus de son union avec l'autre époux sont décédés ; et dans le cas de divorce, lorsqu'il n'existe plus d'enfants vivants issus du mariage.

Seront considérés comme élus, les deux premiers dans l'ordre du tableau tel qu'il est déterminé par l'article 92 du Code général des Collectivités territoriales.

Article L.277. - Tout conseiller municipal qui pour une cause quelconque se trouve dans l'un des cas d'inéligibilité ou d'incompatibilité prévus par la loi, peut-être à toute époque, déclaré démissionnaire par le représentant de l'État sauf recours devant la cour d'Appel dans les dix (10) jours de la notification.

Tout électeur municipal peut saisir le représentant de l'État ou la cour d'Appel lorsqu'il constate un cas d'inéligibilité ou d'incompatibilité.

INDEMNITES

Article 101

Les fonctions de maire, de membres du bureau, de conseiller municipal, de président et de membre de délégation spéciale, donnent lieu au paiement d'indemnités ou remboursement des frais que nécessite l'exécution des mandats qui leur sont confiés.

Article 102

Les conseils municipaux peuvent voter sur les ressources ordinaires de la commune, des indemnités aux maires et adjoints, pour frais de représentation. En cas de dissolution, ces indemnités sont attribuées au président et au vice-président de la délégation spéciale.

Article 103

Un décret fixe les modalités d'attribution ainsi que les taux maxima des indemnités et frais visés aux articles 101 et 102 du présent code.

Décret n°2014-1225 du 24 septembre 2014 fixant les taux maxima des indemnités et frais alloués aux membres du bureau municipal, et aux membres de la délégation spéciale de la ville et de la commune

Article premier. – Les indemnités allouées aux maires de la ville et de commune sont fixées ainsi qu'il suit :

- Maires de ville et de commune chef-lieu de région : 900.000 francs ;
- Maires de commune chef-lieu de département : 500.000 francs ;
- Maires des autres communes : 300.000 francs.

Les indemnités complémentaires accordées aux maires des communes chefs-lieux de département, des autres communes et de présidents de délégation spéciale en fonction de l'importance du budget de leur commune, ainsi que les indemnités allouées aux adjoints au maire de commune et aux vice-présidents de délégation spéciale sont arrêtées conformément au tableau ci-après :

Catégories	Budget exécuté en année n-1 en francs CFA	Indemnités compensatrices des maires de commues chefs-lieux de département, des autres communes et des présidents	Indemnités mensuelles des adjoints au maire ou vice-présidents de délégation spéciale en francs CFA

		de délégation spéciale en francs CFA	
1ère	moins de 100.000.000	-	50.000
2ème	de 100.000.001 à 300.000.000	-	60.000
3ème	de 300.000.000 à 500.000.000	-	70.000
4ème	de 500.000.001 à 1.000.000.000	100.000	80.000
5ème	de 1.000.000.001 à 3.000.000.000	150.000	90.000
6ème	de 3.000.000.001 à 5.000.000.000	200.000	100.000
7ème	de 5.000.000.001 à 7.000.000.000	250.000	110.000
8ème	de 7.000.000.001 à 10.000.000.000	350.000	120.000
9ème	Plus de 10.000.000.000 à	400.000	125.000

En cas de dissolution du conseil municipal, le président de la délégation spéciale perçoit une indemnité équivalente à la moitié de celle attribuée au maire selon le cas.

Ces indemnités constituent des frais de représentation.

Article 2. – Les adjoints au maire de ville perçoivent une indemnité mensuelle forfaitaire de 125.000 francs CFA.

En cas de dissolution du conseil municipal, les autres membres de la délégation spéciale perçoivent la moitié de l'indemnité globale attribuée aux adjoints au maire selon le cas.

Cette indemnité constitue des frais de représentation.

Article 3. – L'agent de l'État président de la délégation spéciale de la commune perçoit une indemnité égale à la moitié de celle fixée à l'article premier.

Article 4. – Il est appliqué un régime des prestations familiales au maire de commune équivalent à celui de la Fonction publique de l'État.

Article 5. – Le Ministre de l'Économie, des Finances et du Plan et le Ministre de la Gouvernance locale, du Développement et de l'Aménagement du Territoire sont chargés, chacun en ce qui le concerne, de l'exécution du présent décret qui sera publié au journal officiel.

Fait à Dakar, le 24 septembre 2014

Par le Président de la République
Macky SALL

Le Premier Ministre
Mahammed Boun Abdallah DIONNE

NOTE : Le décret 2014-1225 comporte manifestement un oubli. En effet, ce décret ne prévoie aucune indemnité pour les conseillers municipaux simples contrairement aux conseillers départementaux qui bénéficient d'indemnité journalière de session.

Or, l'article 101 du CGCT dispose que : « *Les fonctions de maire, de membres du bureau, de conseiller municipal, de président et de membre de délégation spéciale, donnent lieu au paiement d'indemnités ou remboursement des frais que nécessite l'exécution des mandats qui leur sont confiés* ».

Il faudra, dans l'avenir, penser à corriger cela.

Article 104

La charge de la réparation du préjudice résultant d'un accident survenu dans l'exercice des fonctions des maires, des adjoints, des présidents de délégation spéciale, incombe à la commune.

Les conseillers municipaux et les membres de la délégation spéciale bénéficient de la même garantie lorsqu'ils sont chargés de l'exécution d'un mandat spécial.

Article 105

Les maires, les adjoints et les présidents de délégation spéciale sont protégés par le Code pénal et les lois spéciales contre les menaces, outrages, violences, injures ou diffamations dont ils peuvent être l'objet dans l'exercice de leurs fonctions.

Les conseillers municipaux et les membres de la délégation spéciale bénéficient de la même protection lorsqu'ils sont chargés de l'exécution d'un mandat spécial.

Voir notes sous article 41 du présent Code.

Section 2. Fonctionnement des organes de la commune

Sous-section 1. Attributions et pouvoirs du maire

Article 106

Le maire est le représentant de la Collectivité territoriale. À ce titre, il est chargé, sous le contrôle du conseil municipal :

1. de conserver, d'entretenir et d'administrer les propriétés et les biens de la commune et de faire, en conséquence, tous actes conservatoires de ses droits ;
2. de gérer les revenus, de surveiller les services communaux et la comptabilité communale ;
3. de préparer et de proposer le budget, d'ordonnancer les dépenses et de prescrire l'exécution des recettes ;
4. de diriger les travaux communaux ;
5. de veiller à l'exécution des programmes de développement financés par la commune ou réalisés avec sa participation ;
6. de pourvoir aux mesures relatives à la voirie municipale ;
7. de souscrire les marchés, de passer les baux des biens et les adjudications des travaux communaux selon les règles établies par les lois et règlements ;
8. de passer, selon les mêmes règles, les actes de vente, d'échange, de partage, d'acceptation de dons ou legs, d'acquisition, de transaction, lorsque ces actes ont été autorisés par le conseil municipal ;

9. de représenter la commune en justice ;

10. de prendre, à défaut des propriétaires ou des détenteurs du droit de chasse préalablement mis en demeure, toutes les mesures nécessaires à la destruction d'animaux déclarés nuisibles par les lois et règlements, et éventuellement de requérir les habitants avec armes et chiens propres à la chasse de ces animaux, de surveiller et d'assurer l'exécution des mesures ci-dessus et d'en dresser procès-verbal ;

11. de veiller à la protection de l'environnement, de prendre en conséquence les mesures propres, d'une part, à empêcher ou à supprimer la pollution et les nuisances, d'autre part, à assurer la protection des espaces verts et, enfin, à contribuer à l'embellissement de la commune ;

12. de nommer aux emplois communaux ;

13. d'apporter assistance aux lieux de culte ;

14. et, d'une manière générale, d'exécuter les décisions du conseil municipal.

Le maire ou son délégué représente l'administration communale dans tous les conseils, commissions et organismes dans lesquels sa représentation est prévue par les lois et règlements en vigueur.

***Jurisp.* : Cour suprême, Chambre administrative, arrêt n°59 du 13 novembre 2014, Aliou NIANG c/ Ville de Pikine.**

« Considérant que l'Agent judiciaire de l'État conclut à la mise hors de cause de l'État du Sénégal, en faisant valoir que les collectivités locales sont des personnes morales dotées d'une personnalité juridique propre distincte de celle de l'État et sont représentées par l'organe exécutif local ;

Considérant qu'il ressort des dispositions de l'article 116 de la loi 96-06 du 22 mars 1996 portant Code des collectivités locales que le maire est le représentant de la collectivité locale et, à ce titre, il est chargé de représenter la commune en justice ;

Qu'il y a lieu, dès lors, de mettre hors de cause l'État du Sénégal ».

***Jurisp.* : Cour suprême, Chambre administrative, arrêt n°43 du 10 juillet 2014, Mbaye Jacques DIOP c/ Maire de la commune de Rufisque et État du Sénégal.**

Considérant que l'Agent judiciaire de l'État, qui a reçu signification du recours, a conclu à son irrecevabilité au motif qu'il aurait dû être signifié au Maire de la ville de Rufisque conformément à l'article 116 du code des collectivités locales (CCL) ;

Considérant qu'il résulte, en effet, de l'article 116 du CCL que le Maire représente la commune en justice ;

Considérant qu'en l'espèce le requérant qui attaque une délibération du conseil municipal de la ville de Rufisque, aurait dû signifier son recours au Maire de la ville qui est la partie adverse, et éventuellement, à l'État du Sénégal si la requête en annulation visait un arrêté d'approbation du Préfet ;

Considérant que selon les dispositions de l'article 38 de la loi organique sur la Cour suprême, le demandeur est tenu, à peine de déchéance, de signifier sa requête accompagnée d'une copie de la décision administrative attaquée à la partie adverse, par exploit d'huissier, dans le délai de deux mois suivant la saisine de la Cour ;

Considérant que le requérant n'ayant pas signifié sa requête au Maire de la ville de Rufisque, partie adverse, dans les délai et forme prévus par la loi, il échet de le déclarer déchu de son recours ;

PAR CES MOTIFS :
Déclare Mbaye Jacques DIOP déchu de son recours.

Jurisp. : Cour suprême, Chambre administrative, arrêt n°62 du 12 décembre 2014, Abdou Doro DJIM c/ Maire de la commune d'Arrondissement de Grand Yoff.

« Considérant que dans son mémoire en défense, l'Agent judicaire de l'État conclut à la mise hors de cause de l'État du Sénégal au motif que la commune d'arrondissement de Grand-Yoff qui est une collectivité locale, est représentée par son Maire au sens des dispositions de l'article 293 du code des collectivités locales ;
Considérant en effet qu'aux termes des dispositions de l'art 116 9°du code des collectivités locales, le Maire est le représentant de la collectivité locale, et à ce titre, il représente la commune en justice ;

Qu'ainsi, il y a lieu de mettre hors de cause l'État du Sénégal ».

<u>Jurisp</u>. : Cour suprême, Chambre administrative, arrêt n°03 du 12 janvier 2017, Malick FAYE c/ Maire de Bamba Thialène.

« Considérant qu'aux termes des dispositions combinées des articles 1er et 106 alinéa 9 de la loi n°2013-10 du 28 décembre 2013 portant Code général des Collectivités locales, les communes sont dotées de la personnalité morale et sont représentées en justice par le maire ;

Qu'il y a lieu dès lors, le recours étant dirigé contre un acte du maire, de mettre hors de cause l'État du Sénégal.»

Article 107

Dans sa circonscription, le maire est le représentant du pouvoir exécutif auprès de la population. À ce titre, il est chargé sous l'autorité du représentant de l'État :

1. de la publication et de l'exécution des lois, des règlements et des décisions du pouvoir exécutif ;
2. de l'exécution des mesures de sûreté générale ;
3. des fonctions spéciales qui lui sont attribuées par les lois et règlements.

Article 108

Le maire est officier de l'état civil.

Conformément aux dispositions du code la famille et à l'article 110 du présent code, il peut sous sa surveillance et sa responsabilité, déléguer ses attributions à un adjoint ou en cas d'absence ou d'empêchement des adjoints, à un membre du conseil municipal ou à un ou plusieurs agents communaux âgés d'au moins vingt et un ans.

L'arrêté portant délégation est transmis au représentant de l'État, au receveur municipal, au président du tribunal départemental et au procureur de la République près le tribunal régional dans le ressort duquel se trouve la commune intéressée.

L'officier de l'état civil délégué pour la réception des déclarations des naissances et des décès, la célébration ou la constatation des mariages, la rédaction des actes, la conservation des registres et la délivrance toutes copies, extraits et bulletins d'actes d'état civil quelle que soit la nature des faits d'état civil exerce valablement cette fonction, telle que prévue par cet article.

Le Ministre chargé des Collectivités territoriales peut créer par arrêté et, le cas échéant, sur proposition du maire des centres secondaires d'état civil dans les communes. Ces centres sont rattachés au centre principal.

Les fonctions d'officier de l'état civil y sont exercées par toute personne désignée par le maire après avis conforme du représentant de l'État.

Ampliations des arrêtés de création des centres secondaires et des arrêtés de désignation des officiers de l'état civil sont transmises au président du tribunal départemental et au procureur de la République près le tribunal régional dans le ressort duquel se trouve la commune intéressée.

Les fonctions d'officier de l'état civil dans les centres principaux et secondaires donnent droit au paiement d'une indemnité dont les modalités d'attribution ainsi que les taux sont fixés par décret.

Note : Depuis l'adoption de la loi n°2014-26 du 3 novembre 2014 abrogeant et remplaçant la loi n°84-19 du 2 février 1984 fixant l'organisation judiciaire, les tribunaux régionaux et les tribunaux départementaux sont remplacés respectivement par les tribunaux de grande instance et les tribunaux d'instance.

Extrait du Code de la famille

Article 31

Centres principaux de l'état civil

Les actes de l'état civil seront reçus par les officiers de l'état civil dans les centres principaux et dans les centres secondaires rattachés à un centre principal.

Dans les communes, les fonctions d'officier de l'état civil sont remplies par le maire, un adjoint, un conseiller municipal ou un fonctionnaire spécialement désigné, ou par les autorités désignées par la loi lorsqu'elle institue un régime municipal spécial.

Dans les sous-préfectures, ces fonctions sont remplies par le sous-préfet ou par une personne sachant couramment lire et écrire le français et désignée par arrêté du préfet.

Article 32

Centres secondaires de l'État civil

Les centres secondaires de l'état civil sont créés par arrêté du Ministre de l'intérieur et les fonctions d'officier de l'état civil y sont remplies par une personne désignée par arrêté du préfet.

L'officier de l'état civil d'un centre secondaire exerce ses fonctions sous le contrôle et la responsabilité de l'officier de l'état civil du centre principal auquel son centre est rattaché.

Il reçoit les déclarations de naissance et de décès.

Il constate les mariages dans les conditions prévues aux articles 125 à 131 et 147. Il est sans qualité pour procéder à la célébration de ces derniers.

Décret n° 92-1044 du 7 juillet 1992 attribuant une indemnité aux officiers de l'état civil des centres secondaires

Art. premier. - Il est institué une indemnité au profit des personnes remplissant les fonctions d'officier de l'état civil.

Art. 2. - L'indemnité prévue à l'article premier est supportée par le budget de l'État lorsqu'elle concerne les officiers de l'état civil des centres situés dans les communautés rurales.

Elle est supportée par les budgets communaux lorsqu'elle concerne les officiers de l'état civil des centres situés dans les communes.

Art. 3. - Le taux mensuel de l'indemnité est fixé comme suit :

1°) 5.000 francs pour les officiers de l'état civil des centres situés dans les communes ;

2°) 3.000 francs pour les officiers de l'état civil des centres situés dans les communautés rurales.

Cette indemnité ne peut être cumulée avec l'indemnité de fonction, de sujétion ou de représentation.

Article 109

Le maire, l'adjoint ou le conseiller expressément délégué est tenu de légaliser toute signature apposée en sa présence par l'un de ses administrés connu de lui, ou accompagné de deux témoins connus, de même qu'à la demande du signataire toute signature conforme à la signature type déposée par l'intéressé sur un registre spécial tenu à la mairie.

L'apposition des empreintes digitales n'est pas susceptible de légalisation. Toutefois, le maire ou son délégué peut certifier qu'elle a lieu en sa présence.

Les signatures manuscrites données par les magistrats municipaux dans l'exercice de leurs fonctions administratives valent dans toutes circonstances, sans être légalisées, si elles sont accompagnées du sceau de l'État au timbre de la mairie.

Article 110

Le maire peut, sous sa surveillance et sa responsabilité, déléguer par arrêté une partie de ses attributions à un ou plusieurs de ses adjoints et, en l'absence ou en cas d'empêchement de ses adjoints, à des membres du Conseil municipal.

Ces délégations subsistent tant qu'elles ne sont pas rapportées. Toutefois, elles cessent sans être expressément rapportées lorsque le maire de qui elles émanent est décédé, suspendu, révoqué ou déclaré démissionnaire.

Le maire est responsable de la mise en œuvre dans sa commune de la politique de développement économique et sociale définie par le gouvernement.

Jurisp. : Conseil d'État, arrêt n° 0028, du 31 aout 1999, le Préfet de Dagana c/Conseil municipal de Richard-Toll, Bulletin des arrêts du Conseil d'État année 1999.

Résumé :

Le Maire qui délègue sa signature à un Conseiller municipal alors que ses adjoints sont présents méconnaît les dispositions de l'article 112 du Code des Collectivités locales. D'où il suit que la décision doit être annulée.

Considérant que l'article 112 du Code des Collectivités locales dispose : « *le Maire organe exécutif de la Commune peut sous sa surveillance et sa responsabilité, déléguer par arrêté une partie de ses fonctions, à un ou plusieurs de ses adjoints et, en l'absence ou en cas d'empêchement de ses adjoints, à des membres du Conseil Municipal* » ;

Considérant qu'en cas de délégation de signature comme en l'espèce, consentie dans le cadre du fonctionnement de la Commune, les actes accomplis par le délégataire ont la même nature formelle et la même hiérarchie que ceux du requérant ;

Qu'il en résulte que le délégataire n'intervient que pour décharger le déléguant d'une partie de la gestion quotidienne de la Commune ;

Qu'ainsi, en application des articles 335 et 337 du Code des Collectivités Locales, le déféré préfectoral doit être déclaré recevable;

Au fond :

Considérant que par l'acte attaqué, le Maire a délégué sa signature à un Conseiller municipal sans aucune précision sur la question de savoir si à la date de l'acte de délégation, ses adjoints étaient absents ou empêchés ;

Qu'ultérieurement d'ailleurs, le Maire reconnaît lui - même qu'à la date de l'acte, deux de ses adjoints étaient présents ;

Que dès lors, l'acte attaqué viole manifestement les dispositions du texte invoqué au moyen ;

PAR CES MOTIFS

Déclare recevable le déféré préfectoral ;

Annule l'arrêté N° 11/CRT du 18 août 1998 du Maire de la Commune de Richard-Toll.

Article 111

Le maire est secondé par ses adjoints qui forment avec lui le bureau municipal.

Le bureau municipal donne son avis toutes les fois que cet avis est requis par les lois et règlements ou qu'il est demandé par le représentant de l'État.

Le bureau est notamment chargé :

- de l'établissement de l'ordre du jour des séances du conseil ;
- de l'assistance aux services administratifs et techniques dans la conception et la mise en œuvre des actions de développement et plus particulièrement en ce qui concerne les actions de participation populaire ;
- de surveiller la rentrée des impôts, taxes et droits municipaux, de prendre ou de proposer les mesures propres à améliorer le recouvrement ;

– de la détermination du mode d'exécution des travaux communaux, notamment tâcheronnat, investissements humains, entreprises, régies.

Article 112

Le secrétaire municipal est nommé par le maire, après avis consultatif du représentant de l'État, parmi les agents et fonctionnaires de la hiérarchie A ou B de la fonction publique, ou de niveau équivalent, dans des conditions précisées par décret.

Il assiste aux réunions du bureau, avec voix consultative.

Le maire met fin à ses fonctions dans les mêmes formes.

Décret n° 2014 – 1222 fixant le statut du secrétaire municipale

(JORS, n° 6830 du 17 janvier 2015)

Article premier - Le secrétaire municipal est nommé par arrêté du maire de la commune, après avis consultatif du représentant de l'État.

Il est mis fin à ses fonctions dans les mêmes formes.

Article 2 – Pour être nommé secrétaire municipale, le candidat doit être de la hiérarchie A ou B de la fonction publique, ou de niveau équivalent.

Article 3 – Le secrétaire municipal assiste aux réunions du bureau municipal avec voix consultative.

Il assiste, également, à toutes les réunions du conseil municipal.

Article 4 – Sous l'autorité du maire, le secrétaire municipal est le supérieur hiérarchique du personnel administratif et technique de la commune.

À ce titre, il assure une mission générale d'organisation, d'impulsion et de coordination des services municipaux ;

En outre, le secrétaire municipal assiste le maire dans l'élaboration des documents de planification ainsi que dans la préparation et la présentation au conseil, du budget, du compte administratif et de tous autres actes de gestion courante.

Article 5 – Le secrétaire municipal peut recevoir délégation de signature du maire.

Article 6 – Le secrétaire municipal bénéficie :

- D'une indemnité mensuelle de fonction de 100 000 francs pour les communes chefs – lieux de région et les communes ayant un budget égal ou supérieur à trois cent millions et de 65 000 francs pour les autres communes ;
- D'un logement ou, à défaut, d'une indemnité compensatrice conformément à la réglementation en vigueur ;
- D'une indemnité kilométrique conformément à la réglementation en vigueur.

Article 7 – Le Ministre de l'Économie, des Finances et du Plan et le Ministre de la gouvernance locale, du Développement et de l'Aménagement du Territoire sont chargés, chacun en ce qui le concerne, de l'exécution du présent décret qui sera publié au journal officiel de la République du Sénégal.

Fait à Dakar, le 24 Septembre 2014

Par le Président de la République
Macky SALL

Le Premier Ministre
Mouhammed Boun Abdallah DIONNE

Article 113

Dans le cas où les intérêts particuliers du maire se trouvent en opposition avec ceux de la commune, le conseil municipal désigne un autre de ses membres pour représenter la commune, soit en justice, soit dans les contrats.

Article 114

Le maire ou son adjoint, à défaut le représentant de l'État, pourvoit d'urgence à ce que toute personne décédée soit ensevelie et inhumée décemment, sans distinction de culte ni de croyance.

Article 115

Le maire prend des arrêtés à l'effet :

1. d'ordonner les mesures locales sur les objets confiés par les lois à sa vigilance et à son autorité ;
2. de publier à nouveau les lois et les règlements de police et de rappeler les habitants à leur observation.

Le maire est tenu d'assurer le respect des prescriptions de police qu'il édicte.

Article 116

Les décisions et les arrêtés sont immédiatement adressés au représentant de l'État qui en assure le contrôle dans les conditions prévues au Titre V du Livre premier du présent code.

Voir les dispositions des articles 243 à 245 du présent code.

Article 117

Les décisions et les arrêtés du maire ne sont exécutoires qu'après avoir été portés à la connaissance des intéressés, par voie de publication et d'affichage, toutes les fois qu'ils contiennent des dispositions générales et, dans les autres cas, par voie de notification individuelle.

La publication est constatée par une déclaration certifiée par le maire.

La notification est établie par le récépissé de la partie intéressée ou, à défaut, par l'original de la notification conservé dans les archives de la mairie.

Les actes pris par le maire sont enregistrés à leur date dans un registre spécial tenu à la mairie. Il en est fait dépôt à la préfecture.

NOTE : L'entrée en vigueur des textes législatifs et réglementaires était régie par la loi n^e 70-14 du 06 février 1970 fixant les règles d'applicabilité des lois, des actes administratifs à caractère réglementaire et des actes administratifs à caractère individuel.

En outre, la loi n° 2013-10 du 28 décembre 2013 portant Code général des Collectivités territoriales, modifiée a encadré les modalités d'applicabilité des actes des autorités décentralisées (maire, président du Conseil départemental).

Mais la loi n°70-14 du 6 février 1970 n'a fait l'objet que d'une seule modification sans grande incidence sur le régime de l'applicabilité des actes législatifs et réglementaires.

En effet, la loi n°70-14 du 6 février 1970 avait instauré un système complexe de détermination de la date d'entrée en vigueur des textes législatifs et réglementaires, subordonnée au dépôt du Secrétariat général du Gouvernement du *« Journal officiel »* dans lequel ils sont publiés, prorogé d'un délai de trois à cinq jours, selon les cas.

Ce texte a posé, dans la pratique, des difficultés dans la détermination de la date d'entrée en vigueur des textes, accentués par l'irrégularité des parutions du *« Journal officiel »*.

Cette loi avait opéré une discrimination devenue injustifiée, entre la commune du Cap-Vert, les communes de Diourbel, Kaolack, Saint-Louis, Thiès et le reste du territoire national. De même, elle ne prend pas en considération le nouveau découpage administratif résultant de la loi n°72-02 du 1er février 1972 relative à l'Organisation de l'Administration territoriale, modifiée.

En sus de cela, il y a l'inadaptation du système d'entrée en vigueur fixé par la loi au nouveau contexte juridique et technologique marqué par la digitalisation progressive de l'Administration publique avec la numérisation et la mise en ligne partielle du *« Journal officiel »*. A cet égard, il a paru nécessaire de prendre en considération le support électronique et la valeur juridique qui lui est attachée.

Rappelant que concernant les autorités déconcentrées, la loi n°70-14 du 6 février 1970 a renvoyé à une autre loi pour les règles d'applicabilité des actes qu'elles édictent. Il faut signaler que cette loi n'a jamais été adoptée, créant ainsi un vide juridique dans le système sénégalais d'entrée en vigueur des textes.

Par conséquence, c'est dans le souci de corriger toutes ces insuffisances qu'il est apparu nécessaire de procéder à une réforme en profondeur du système sénégalais d'entrée en vigueur des textes, par la mise en place d'un cadre juridique unique de leur applicabilité.

Des innovations majeures sont introduites dans la loi n° 2021 - 21 du 02 mars 2021. Ces dernières sont :

- l'unification de la date d'entrée en vigueur des textes sur toute l'étendue du territoire national ;
- la simplification du dispositif de l'entrée en vigueur des textes désormais subordonnées à leur seule publication au *« Journal officiel »* ;
- la consécration d'un système de double publication des textes dans le « Journal officiel » sur support papier et sur support électronique ;
- l'affirmation du principe de permanence de l'accès au

« Journal officiel » ;

- la prévision d'un régime spécifique relatif à l'applicabilité des actes des autorités administratives déconcentrées.

(Conf. à l'exposé des motifs de la loi n°2021 -21 du 02 mars 2021 susvisée.)

Loi n° 2021-21 du 02 mars 2021 fixant les règles d'applicabilité des lois, des actes administratifs à caractère réglementaire et des actes administratifs à caractère individuel *(J. O.n°7409 du 20 mars 2021, p.303.)*

POLICE MUNICIPALE

Article 118

Le maire est chargé, sous le contrôle du représentant de l'État, de la police municipale et de l'exécution des actes de l'État qui y sont relatifs.

La création d'un service de police municipale est autorisée par décret qui en fixe les attributions, les moyens et les règles de fonctionnement.

Article 119

La police municipale a, sous réserve des dispositions de l'article 123 du présent code, pour objet d'assurer le bon ordre, la sûreté, la tranquillité, la sécurité et la salubrité publics.

Ses missions comprennent notamment :

1. la sûreté et la commodité du passage dans les rues, quais, places et voies publiques, ce qui comprend le nettoiement, l'éclairage, l'enlèvement des encombrements, la démolition ou la réparation des édifices menaçant ruine, l'interdiction de ne rien exposer aux fenêtres ou autres parties des édifices qui puisse causer des dommages ou des exhalaisons nuisibles. Les modalités de mise en œuvre des missions relatives au nettoiement et à la salubrité dans les Collectivités territoriales de la région circonscription administrative abritant la capitale sont déterminées, en tant que de besoin, par les dispositions particulières fixées par décret ;

2. le mode de transport des personnes décédées, des inhumations et exhumations, le maintien du bon ordre et de la décence dans les cimetières, sans qu'il soit permis d'établir des distinctions et des prescriptions particulières à raison des circonstances qui ont accompagné la mort ;

3. l'inspection sur la fidélité du débit des denrées qui se vendent au poids ou à la mesure, et sur la salubrité des denrées comestibles exposées en vente ;

4. la prévention, par des précautions convenables, et l'intervention, par la distribution des secours nécessaires, en cas d'accidents et de fléaux calamiteux, tels que les incendies, les inondations ou tous autres accidents naturels, les maladies épidermiques ou contagieuses, les épizootiques, la mise en œuvre de mesures d'urgence en matières de sécurité, d'assistance et de secours et s'il y a lieu, le recours à l'intervention du représentant de l'État auquel il est rendu compte des mesures prescrites ;

5. les mesures nécessaires contre les aliénés dont l'état pourrait compromettre la morale publique, la sécurité des personnes ou la conservation des propriétés ;

6. l'intervention pour obvier ou remédier aux événements fâcheux qui pourraient être occasionnés par la divagation des animaux quels qu'ils soient.

Les missions de la commune énumérées aux points 1 et 2 ci-dessus sont, le cas échéant, exercées par le maire de la ville.

Jurisp. **: Cour suprême, Chambre administrative, arrêt n °03 du 12 janvier 2017, Malick FAYE c/ Maire de Bamba Thialène.**

Vu la requête reçue le 2 septembre 2015 au greffe central par laquelle Malick Faye, élisant domicile en l'étude de Maître Sidy Kanouté, avocat à la Cour, sollicite l'annulation de l'arrêté n°08/2015/C/BA.T du 30 juin 2015 du maire de la commune de Bamba Thialéne portant suspension de terres de culture à Fass Ndiayéne ;

Sur le premier moyen pris de la violation de l'article 244 du Code général des collectivités locales, sans qu'il soit besoin de statuer sur le second, en ce que le maire, dans l'arrêté de suspension, invoque des *« raisons de sécurité et de maintien de l'ordre »* en des termes vagues et sans les spécifier alors que, même si les dispositions de l'article susvisé lui donnent des pouvoirs de police, elles ne lui confèrent aucune compétence pour intervenir dans un différend individuel ;

Considérant que contrairement aux prétentions du requérant, ce sont plutôt les dispositions des articles 118 et 119 du Code général des Collectivités locales qui précisent les pouvoirs de police du maire;

Que selon ces dispositions, le maire est chargé de la police municipale qui a pour objet d'assurer le bon ordre, la sûreté, la tranquillité, la sécurité et la salubrité publiques ;

Considérant que l'arrêté dispose que « *pour des raisons de sécurité et de maintien de l'ordre public, sont suspendues les terres sises à Fass Ndiayéne opposant Malick Faye à Sakho Cissé domiciliés tous à Fass Ndiayéne* » ;

Considérant que la décision attaquée ne caractérise une quelconque menace sur la sécurité et l'ordre public ; Que du reste, il ressort du procès-verbal n° 144/4/BT du 4 septembre 2016 de la brigade de gendarmerie territoriale de Koumpentoum que le litige opposant Malick Faye à Sakho Cissé a été soumis au Procureur de la République de Tambacounda qui l'a classé sans suite et que le trouble à l'ordre public invoqué n'est pas établi ;

Qu'il s'ensuit que la décision attaquée encourt l'annulation ;

PAR CES MOTIFS,

Annule l'arrêté n°08/2015/C/BA.T du 30 juin 2015 du maire de la commune de Bamba Thialéne portant suspension de terres de culture à Fass Ndiayéne.

Jurisp. **: Cour suprême, Chambre administrative, arrêt n °07 du 14 mars 2019, L'Entente CADAK-CAR, la Communauté des Agglomérations de Dakar (CADAK), la Ville de Dakar, Khalifa Ababacar SALL c/ État du Sénégal**

Considérant que le 26 octobre 2015, le Président de la République a pris le décret n° 2015-1703 portant transfert du programme de gestion des déchets solides urbains de la Région de Dakar à l'Unité de Coordination de la Gestion des Déchets solides du Ministère de la Gouvernance locale, du Développement et de l'Aménagement du Territoire ;

Que l'Entente CADAK-CAR, la Communauté des Agglomérations de Dakar (CADAK), la Ville de Dakar, Khalifa Ababacar SALL, maire de la ville ont introduit le présent recours aux fins d'annulation en articulant quatre moyens ;

Sur l'exception d'inconstitutionnalité de l'article 119 du Code général des Collectivités territoriales et la violation des articles 67 et 102 de la Constitution

Considérant que les requérants conclu à l'inconstitutionnalité de **l'article 119 du Code général des Collectivités territoriales en ce qu'il prévoit que, «** *Les modalités de mise en œuvre des missions relatives au nettoiement et à la salubrité dans les Collectivités territoriales de la région circonscription administrative abritant la capitale sont déterminées, en tant que de besoin, par les dispositions particulières fixées par décret* »,en violation des article s67 et 102 de la Constitution qui confèrent cette compétence au législateur ;

Considérant que décret attaqué a été pris sur le fondement de l'article 119, dont la conformité à la Constitution est contestée ;

Qu'aux termes de l'article 91 de la loi organique sur la Cour suprême, « *Lorsque la solution d'un litige porté devant la Cour suprême est subordonnée à l'appréciation de la conformité d'une loi ou des stipulations d'un accord international à la Constitution (...), la Cour saisit obligatoirement le Conseil constitutionnel de l'exception d'inconstitutionnalité ainsi soulevée* » ;

Qu'il y a lieu de surseoir à statuer et de Conseil constitutionnel de l'exception ainsi soulevée ;

PAR CES MOTIFS :

-Déclare le recours recevable

- Sursoit à statuer ;

Saisir Conseil constitutionnel de l'exception d'inconstitutionnalité de l'article 119 de la loi portant Code général des Collectivités territoriales, modifié.

Jurisp. **: CONSEIL CONSTITUTIONNEL, DÉCISION N° 1/C/2019 AFFAIRE N° 1/C/19 DU 25 AVRIL 2019**

Statuant en matière constitutionnelle, conformément à l'article 92 de la Constitution et aux articles premier et 22 de la loi organique n° 2016-23 du 14 juillet 2016 relative au Conseil constitutionnel ;

1- Considérant que, par arrêt n° 07 du 14 mars 2019, la Cour suprême, statuant sur le recours en annulation du décret n° 2015-1703 du 26 octobre 2015 formé par l'Entente

Communauté des Agglomérations de Dakar-Communauté des Agglomérations de Rufisque (CADAK-CAR) et autres, a décidé de surseoir à statuer et de renvoyer devant le Conseil constitutionnel l'exception d'inconstitutionnalité soulevée par les requérants et tendant à faire juger que l'article 119 du Code général des Collectivités territoriales est contraire à la Constitution ;

2. Considérant que la Cour suprême, statuant en la forme, a retenu sa compétence et déclaré le recours recevable ; qu'il y a lieu dès lors de déclarer que le Conseil constitutionnel est régulièrement saisi ;

3. Considérant que l'exception d'inconstitutionnalité est fondée, d'une part, sur l'incompétence négative du législateur et, d'autre part, sur la violation des articles 67 et 102 de la Constitution ;

4. Considérant, selon les requérants, qu'en disposant dans l'article 119 du Code général des Collectivités territoriales que « *Les modalités de mise en œuvre des missions relatives au nettoiement et à la salubrité dans les collectivités [locales] de la région circonscription administrative abritant la capitale sont déterminées, en tant que de besoin, par les dispositions particulières fixées par décret...* », le législateur a renvoyé à tort à un décret une compétence qu'il devait exercer lui-même, ce qui constitue un cas d'incompétence négative ;

5. Considérant que les requérants font observer, par ailleurs, qu'en vertu de l'article 102 de la Constitution, « *Les collectivités [locales] constituent le cadre institutionnel de la participation des citoyens à la gestion des affaires publiques. Elles s'administrent librement par des assemblées élues. Leur organisation, leur composition et leur fonctionnement sont déterminés par la loi* », et qu'aux termes de l'article 67 de la Constitution, « *La loi détermine les principes fondamentaux : [...] de la libre administration des collectivités [locales], de leurs compétences et de leurs ressources* » ; qu'ils en déduisent que la mise en œuvre et la détermination des principes fondamentaux de la libre administration des

collectivités territoriales, de leurs compétences et de leurs ressources relèvent du domaine réservé au législateur ;

6. Considérant que les deux moyens tendent en réalité à faire juger, par le Conseil constitutionnel, qu'en conférant au pouvoir exécutif le droit de déterminer par décret les modalités de mise en œuvre des missions relatives au nettoiement et à la salubrité dans les collectivités territoriales, alors qu'en vertu des articles 67 et 102 de la Constitution, cette matière relève du domaine de la loi et non du règlement, le législateur a méconnu les limites de sa compétence ;
7. Considérant que le Conseil constitutionnel ne peut apprécier le mérite du premier moyen tiré de l'incompétence négative sans vérifier la conformité aux articles 67 et 102 de la Constitution de l'article 119 du Code général des Collectivités territoriales ;

8. Considérant qu'il y a lieu de préciser que le principe de la libre administration des collectivités territoriales, consacré par l'alinéa premier de l'article 102 de la Constitution, n'a pour objet ni de fixer le domaine de la loi par rapport au règlement, ni d'exclure la compétence réglementaire dans ce domaine ; qu'il a pour objet d'interdire au pouvoir législatif de porter atteinte à la règle de l'autonomie institutionnelle et fonctionnelle des collectivités territoriales telle qu'elle résulte de la Constitution ;

9. Considérant, s'agissant de l'article 67 de la Constitution, que cette disposition, en déterminant le domaine de la loi, distingue les matières qui relèvent totalement du domaine législatif puisque c'est la loi qui en fixe, à la fois, les principes fondamentaux, les modalités d'application et celles qui relèvent partiellement du domaine de la loi, celle-ci n'en fixant que les principes fondamentaux ;

10. Considérant qu'en vertu de ce texte, la loi ne détermine que les principes fondamentaux de la libre administration des Collectivités territoriales, leurs compétences et leurs ressources ; qu'il en résulte que, pour ces matières, les règles de mise en œuvre sont du domaine du règlement ;

11. Considérant qu'en renvoyant au règlement pour déterminer les modalités de mise en œuvre des missions relatives au nettoiement et à la salubrité dans les collectivités territoriales, l'article 119 du Code général des Collectivités territoriales n'est en rien contraire à l'article 67 de la Constitution ;

12. Considérant que l'article 102 de la Constitution, en vertu duquel l'organisation, la composition et le fonctionnement des collectivités territoriales sont déterminés par la loi, doit être combiné avec l'article 67 de la Constitution qui ne renvoie à la loi que pour déterminer les principes fondamentaux de la libre administration des collectivités territoriales ; qu'il résulte de cette combinaison que, pour ces matières, la loi peut, sans violer la Constitution, renvoyer au règlement pour déterminer les modalités de sa mise en œuvre ;

13. Considérant qu'il y a lieu de rejeter l'exception d'inconstitutionnalité,

DÉCIDE :

Article premier.- L'article 119 du Code général des Collectivités territoriales n'est pas contraire à la Constitution.

Article 2.- La présente décision sera publiée au Journal officiel de la République.

Article 120

Les attributions confiées au maire en cas de danger grave ou imminent visé à l'article 119 du présent code ne font pas obstacle au droit du représentant de l'État, dans le département où se trouve la commune, de prendre toutes mesures de sûreté exigées par les circonstances.

Article 121

Le maire exerce la police des routes dans l'intérieur des agglomérations, mais seulement en ce qui concerne la circulation sur lesdites voies.

Il peut, moyennant le paiement de droits fixés par un tarif dûment établi, donner des permis de stationnement ou de dépôt temporaire sur la voie publique, sur les rivières, ports et quais fluviaux et autres lieux publics, sous réserve que cette attribution puisse avoir lieu sans gêner la voie publique, la navigation et la circulation.

Il accorde les permissions de voirie, à titre précaire et essentiellement révocable, sur les voies publiques dans des conditions précisées par les lois et règlements. Ces permissions ont pour objet, notamment, l'établissement dans le sol de la voie publique, des canalisations destinées au passage ou à la conduite de l'eau, du gaz, de l'énergie électrique ou du téléphone.

Note *:* Signalons que les définitions de la permission de voirie et de l'autorisation d'occuper qui figurent dans le Code général des Collectivités territoriales ne sont pas conformes aux définitions prévues par le Code du domaine de l'État (article 12).

Le Code général des Collectivités territoriales utilise les expressions *« permis de stationnement », « permis de dépôt temporaire sur la voie publique, les rivières, les ports, quais fluviaux et autres lieux publics »* ou *« permission de voirie »*.

Le Code du domaine de l'État définit de manière précise la permission de voirie et l'autorisation d'occuper, mais le Code général des Collectivités territoriales semble reprendre les définitions consacrées par le droit français. En effet, en France, on distingue la permission de voirie avec emprise et le permis de stationnement sans emprise. Dans le Code général des Collectivités territoriales le permis de stationnement permet une occupation qui ne doit pas gêner la voie publique, la navigation et la circulation tandis que la permission de voirie permet l'établissement dans le sous-sol de la voie publique des canalisations destinées au passage ou à la conduite de l'eau, du gaz, de l'énergie électrique ou du téléphone.

Le Code du domaine de l'État prévoit une redevance d'occupation dont le montant est fixé en fonction des avantages que le particulier peut tirer de l'utilisation du domaine public. On tient aussi compte dans la fixation du montant de la redevance des charges qui pèsent sur l'occupant. Le montant de la redevance peut faire l'objet d'une révision annuelle.

La permission de voirie et l'autorisation d'occuper ont un caractère personnel : seule la personne attributaire de l'autorisation a le droit d'occuper le domaine.

Jurisp. **: Cour suprême, Chambre administrative, arrêt n °09 du 09 février 2017, la SONATEL c/ Commune de Mboumba et État du Sénégal.**

Vu la requête reçue le 21 septembre 2015 au greffe central par laquelle la Société Nationale des Télécommunications dite SONATEL, élisant domicile en l'étude de Maîtres Guédel Ndiaye et associés, avocats à la Cour, sollicite l'annulation de la délibération du 22 décembre 2014 du Conseil municipal de Mboumba, approuvée par arrêté n°21 ACC/SP du 13 avril 2015, fixant les taux et les modalités d'assiette de la redevance relative aux prérogatives et servitudes des exploitants des réseaux de télécommunications ouverts au public ;

Considérant que l'article 11 de la loi portant Code du domaine de l'État dispose que « *le domaine public peut faire l'objet de permissions de voirie, d'autorisation d'occuper, de concession et d'autorisations d'exploitation donnant lieu, sauf dans les cas prévus à l'article 18 ci-après, au paiement de redevances* » ;

Que l'article 121 in fine de la loi n°2013-10 du 28 décembre 2013 portant Code général des Collectivités locales ajoute que le maire « *accorde les permissions de voirie, à titre précaire et essentiellement révocable, sur les voies publiques dans des conditions précisées par les lois et règlements. Ces permissions ont pour objet, notamment, l'établissement dans le sol de la voie publique, des canalisations destinées au passage ou à la conduite de l'eau, du gaz, de l'énergie électrique ou du téléphone*» ;

Que l'article 15 du décret n°2005-1185 du 6 décembre 2005 relatif aux prérogatives et servitudes des exploitants de réseaux de télécommunications ouverts au public précise que *« l'occupation du domaine public par un exploitant donne lieu au paiement de redevances. Le produit de ces redevances est versé dans les conditions fixées par la permission de voirie accordée en vertu de la loi 96-06 du 22 mars 1996 portant code des collectivités locales* » ;

Qu'il résulte de la combinaison de ces dispositions que les autorités locales, qui sont habilitées à accorder des permissions de voirie en vertu du Code général des Collectivités locales pour l'utilisation du domaine public situé sur le périmètre communal, ont le pouvoir de fixer les modalités de paiement de la redevance qui en est la contrepartie, dans le respect des montants maximum prévus par le décret précité ;

Qu'ainsi, en fixant les redevances pour l'utilisation du domaine public conformément aux dispositions susvisées, le Conseil municipal de Mboumba n'a commis aucune violation de la loi

Article 122

Le maire peut prescrire aux propriétaires usufruitiers, fermiers ou à tous les autres possesseurs ou exploitants d'entourer d'une clôture suffisante les puits et les excavations présentant un danger pour la sécurité publique, ainsi que les terrains insalubres présentant un danger pour la santé publique.

Article 123

Les représentants de l'État exercent les pouvoirs de :

1 - réprimer les atteintes à la tranquillité, telles que le tumulte excité dans les lieux d'assemblée publique, les attroupements, les bruits et rassemblements nocturnes qui troublent le repos des habitants et tous actes de nature à compromettre la tranquillité publique.

2 - maintenir le bon ordre dans les endroits où se font de grands rassemblements d'hommes, tels que les foires, marchés, réjouissances et cérémonies publiques, spectacles, jeux, cafés, lieux de culte et autres lieux publics.

Article 124

Les pouvoirs qui appartiennent au maire, en vertu des articles 118 à 122 du présent code ne font pas obstacle au droit du représentant de l'État de prendre, pour toutes les communes d'une circonscription ou pour une ou plusieurs d'entre elles, et dans tous les cas où il n'y aurait pas été pourvu par les autorités municipales, toutes mesures relatives au maintien du bon ordre, de la sécurité, de la salubrité, de la sûreté et de la tranquillité publiques.

Ce droit ne peut être exercé par le représentant de l'État à l'égard d'une seule commune qu'après une mise en demeure au maire restée sans résultat.

Article 125

Toute commune peut avoir plusieurs chefs de cellule administrative de base nommés dans des conditions fixées par décret.

Article 126

Les maires peuvent nommer des agents assermentés, chargés, sous le contrôle du service d'hygiène, de fonctions relatives à la police sanitaire de la commune

Article 127

En matière de police municipale, le conseil municipal peut émettre des vœux et avis mais n'a, en aucun cas, qualité pour adresser des injonctions au maire.

SUBSTITUTION, SUPPLEANCE, CESSATION DE FONCTIONS DES MAIRES ET ADJOINTS

Article 128

Dans le cas où le maire refuse ou néglige de faire des actes qui lui sont prescrits par la loi ou les règlements, le Ministre chargé des Collectivités territoriales saisi par le représentant de l'État, après mise en demeure, peut y faire procéder d'office.

Article 129

Lorsqu'il s'agit d'une mesure présentant un intérêt intercommunal, le Ministre chargé des

Collectivités territoriales, saisi par le représentant de l'État, peut se substituer, dans les mêmes conditions, aux maires des communes intéressées ou au président du comité du groupement urbain, si la mesure à prendre entre, par son objet, dans les attributions d'un groupement urbain.

Article 130

La mise en demeure visée aux articles 128 et 129 du présent code doit être faite par écrit.

Elle doit indiquer le délai imparti aux maires et aux présidents des comités intéressés pour répondre au représentant de l'État.

Si aucune réponse n'est intervenue à l'expiration du délai imparti, ce silence équivaut à un refus.

Article 131

Le maire ou l'adjoint qui, pour une cause postérieure à son élection, ne remplit plus les conditions requises pour être maire ou qui se trouve dans un des cas d'incompatibilité ou d'inéligibilité prévus par l'article 100 du présent code doit cesser ses fonctions.

Le Ministre chargé des Collectivités territoriales, saisi par le représentant de l'État, l'enjoint de transmettre immédiatement ses fonctions à son remplaçant désigné conformément aux dispositions de l'article 136 du présent code, sans attendre l'installation de son successeur. Si le maire ou l'adjoint refuse de démissionner, le Ministre chargé des Collectivités territoriales prononce sa suspension pour un mois. Il est mis fin à ses fonctions par décret.

Jurisp. : Cour suprême, arrête n°29 du 11 novembre 2009, Ibra NIASSE c/ El Hadji Matop MBAYE et le Ministre Chargé de l'Intérieur.

Considérant que pour annuler l'élection de Ibra NIASSE, Président du Conseil rural de Ndoyène, la Cour d'appel a retenu que cette fonction est incompatible avec celle de chef de village de DJIKIW qu'il occupe, en vertu des dispositions de l'article 205 du Code des Collectivités locales ;

Considérant que si l'article 205 du Code des Collectivités locales dispose que : « *Les chefs de village ne peuvent être élus présidents ou vice-présidents, ni en exercer même temporairement les fonctions* » ; l'article 217 du même Code précise que : « *Le président du Conseil rural qui, pour une cause postérieure à son élection, ne remplit plus les conditions requises pour être élu ou qui se trouve dans un des cas d'inéligibilité prévus par la loi, doit cesser d'exercer ses fonctions. Le Ministre chargé des Collectivités locales l'enjoint de se démettre immédiatement de ses fonctions au profit de son vice-président sans attendre l'installation de son successeur.*

Si le président refuse de démissionner, le Ministre chargé des Collectivités locales prononce la suspension pour un mois. Il est ensuite mis fin à ses fonctions par décret.

En cas d'inéligibilité, il en est fait de même pour le vice-président» ;

Considérant qu'ainsi la procédure prévue pour mettre fin aux fonctions du Président du Conseil rural pour cause d'inéligibilité ou d'incompatibilité est différente de celle en annulation de l'élection du président et des deux vice-présidents composant le bureau, soumise au même régime que la procédure d'annulation des élections des conseillers ruraux ;

Qu'en effet, pour la procédure relative à l'inéligibilité ou à l'incompatibilité, l'article 217 donne compétence à l'autorité administrative dont les décisions ne sont susceptibles que de recours pour excès de pouvoir devant la Cour suprême, tandis que pour la procédure d'annulation des opérations électorales, les articles 202 et 206 du Code des Collectivités locales en renvoyant aux dispositions du Code électoral, en attribuent la compétence à la Cour d'appel ; qu'au demeurant la procédure prévue à l'article 217 n'est enfermée dans aucun délai, alors que celle visée aux articles 202 et 206 doit être mise en œuvre dans un délai de 5 jours à compter de la proclamation des résultats, conformément à l'article L.254 du Code électoral;

Considérant que dès lors, en statuant comme elle l'a fait, alors qu'elle n'était pas saisie d'une contestation sur la validité du vote, mais plutôt d'une contestation fondée sur un cas d'incompatibilité, la Cour d'appel a méconnu sa compétence ;

PAR CES MOTIFS :

Ecarte des débats le mémoire en réplique déposé par Ibra NIASSE;

Annule l'arrêt n°29, rendu le 17 juin 2009 par de la Cour d'appel de Dakar pour incompétence ;

Jurisp. : Cour suprême, arrête n°28 du 11 novembre 2009, Der CISSE c/ Ibrahima DIOP, Babacar CISSE et le Ministre Chargé de l'Intérieur.

Considérant que, pour annuler l'élection de Der CISSE en qualité de maire, la Cour d'appel, se fondant sur l'article 101 du Code des Collectivités locales, a retenu qu'il ne savait ni lire, ni écrire en français ;

Considérant qu'il résulte de l'article 137 du Code des Collectivités locales que « *Le maire ou l'adjoint qui, pour une Cause postérieure à son élection, ne remplit plus les conditions requises pour être élu ou qui se trouve dans un des cas d'inéligibilité prévus par l'article 106 du présent code, doit cesser d'exercer ses fonctions ;*

Le Ministre chargé des Collectivités locales, saisi par le représentant de l'État, l'enjoint de transmettre immédiatement ses fonctions à son remplaçant désigné conformément aux dispositions de l'article 143 du présent code, sans attendre l'installation de son successeur. Si le maire refuse de démissionner, le Ministre chargé des Collectivités locales prononce sa suspension pour un mois. Il est ensuite mis fin à ses fonctions par décret » ;

Considérant qu'ainsi la procédure prévue pour mettre fin aux fonctions du maire et de son adjoint pour cause d'inéligibilité ou d'incompatibilité est différente de celle en annulation des opérations électorales à l'issue desquelles ceux-ci sont désignés ;

Qu'en effet, s'agissant des inéligibilités et incompatibilités, l'article 137 du Code des collectivités locales donne compétence à l'autorité administrative dont les décisions ne sont susceptibles que de recours pour excès de pouvoir devant la Cour suprême, tandis que pour le contentieux de l'annulation des élections, l'article 105 du même Code en renvoyant aux dispositions du Code électoral, en attribue la compétence à la Cour d'appel;

Qu'au demeurant la procédure prévue à l'article 137 précité n'est enfermée dans aucun délai, alors que les recours en annulation l'élection du maire et de ses adjoints doivent être mises en œuvre dans un délai de 5 jours à compter de la proclamation des résultats, conformément à l'article L.254 du Code électoral ;

Considérant qu'en statuant comme elle l'a fait, alors qu'elle n'était pas saisie d'une contestation sur la validité du vote, mais plutôt d'une contestation fondée sur un cas d'inéligibilité, la Cour d'appel a méconnu sa compétence ;

PAR CES MOTIFS :

Déclare recevable le recours de Der CISSE ;

Annule l'arrêt n°26, rendu 17 juin 2009 par la Cour d'appel de Dakar pour incompétence.

<u>Jurisp.</u> : Cour suprême, arrête n°30 du 11 aout 2009, Boubacar BADJI c/ Lamine KOUYATE et le Ministre Chargé de l'Intérieur.

Considérant que pour annuler l'élection de Boubacar BADJI, Président du Conseil rural de Sansamba, la Cour d'appel a retenu que cette fonction est incompatible avec celle de chef de village qu'il occupe ;

Considérant que si l'article 205 du Code des Collectivités locales dispose que : « *Les chefs de village ne peuvent être élus présidents ou vice-présidents, ni en exercer même temporairement les fonctions* » ; l'article 217 du même Code précise que : « *Le président du conseil rural qui, pour une cause postérieure à son élection, ne remplit plus les conditions requises pour être élu ou qui se trouve dans un des cas d'inéligibilité prévus par la loi, doit cesser d'exercer ses fonctions.*

Le Ministre chargé des Collectivités locales l'enjoint de se démettre immédiatement de ses fonctions au profit de son vice-président sans attendre l'installation de son successeur. Si le président refuse de démissionner, le Ministre chargé des Collectivités locales prononce la suspension pour un mois. Il est ensuite mis fin à ses fonctions par décret. En cas d'inéligibilité, il en est fait de même pour le vice-président» ;

Considérant qu'ainsi la procédure prévue pour mettre fin aux fonctions du président du Conseil rural pour cause d'inéligibilité ou d'incompatibilité est différente de celle en annulation de l'élection du président et des deux vice-présidents composant le bureau, soumise au même régime que la procédure d'annulation des élections des conseillers ruraux ;

Qu'en effet, pour la procédure relative à l'inéligibilité ou à l'incompatibilité, l'article 217 donne compétence à l'autorité administrative dont les décisions ne sont susceptibles que de recours pour excès de pouvoir devant la Cour suprême, tandis que pour la procédure d'annulation des opérations électorales, les articles 202 et 206 du Code des collectivités locales en renvoyant aux dispositions du Code électoral, en attribuent la compétence à la Cour d'appel ;

Qu'au demeurant la procédure prévue à l'article 217 n'est enfermée dans aucun délai, alors que celle visée aux articles 202 et 206 doit être mise en œuvre dans un délai de 5 jours à compter de la proclamation des résultats, conformément à l'article L.254 du Code électoral;

Considérant que dès lors, en statuant comme elle l'a fait, alors qu'elle n'était pas saisie d'une contestation sur la validité du vote, mais plutôt d'une contestation fondée sur un cas d'incompatibilité, la Cour d'appel a méconnu sa compétence ;

PAR CES MOTIFS :
Déclare recevable le recours de Boubacar BADJI ;
Annule l'arrêt n°26 rendu, le 17 juin 2009 par la Cour d'appel de Dakar pour incompétence.

Article 132

Le maire nommé à une fonction incompatible avec son mandat municipal est tenu de faire une déclaration d'option dans un délai de trente jours. Passé ce délai, il peut être invité par le représentant de l'État à abandonner l'une de ses fonctions.

En cas de refus ou quinze jours après cette mise en demeure, le maire est déclaré démissionnaire par décret.

Article 133

Les démissions des maires et adjoints sont adressées au Ministre chargé des Collectivités territoriales par lettre recommandée avec accusé de réception. Elles sont définitives à partir de leur acceptation par le Ministre chargé des Collectivités territoriales Collectivités territoriales Collectivités territoriales Collectivités territoriales ou un mois après l'envoi d'une nouvelle lettre recommandée.

Jusqu'à l'installation de leurs successeurs, les maires et adjoints démissionnaires continuent d'exercer leurs fonctions à l'exception de celles prévues aux dispositions des articles 99, 121, 135 et 136 du présent code.

Toutefois, en cas de renouvellement intégral, les fonctions de Maire et d'adjoints sont, à partir de l'installation du nouveau conseil jusqu'à l'élection du Maire et de ses adjoints exercées par les conseillers municipaux dans l'ordre du tableau.

Article 134

Les dispositions du code pénal sont applicables à tout Maire qui aura délibérément donné sa démission, dont l'objet serait d'empêcher ou de suspendre soit l'administration de la justice soit l'accomplissement d'un service quelconque.

Article 135

Lorsque le maire ou tout autre conseiller municipal est condamné pour crime, sa révocation est de droit.

Les Maires et adjoints, après avoir été entendus ou invités à fournir des explications écrites sur les faits qui leur sont reprochés, peuvent être suspendus par un arrêté du Ministre chargé des Collectivités territoriales pour un temps qui n'excède pas un mois et qui ne peut être porté à trois mois que par décret.

Ils ne peuvent être révoqués que par décret.

L'arrêté de suspension et le décret de révocation doivent être motivés.

Décret n°2008-1223 du 29 octobre 2008 portant révocation du Maire de la Commune d'Arrondissement des Parcelles Assainies

(J.O. n°6465 du samedi 18avril 2009)

RAPPORT DE PRÉSENTATION

Le Code des Collectivités locales et la loi n°96-09 du 22 mars 1996 fixant l'organisation administrative et financière de la Commune d'Arrondissement et ses rapports avec la Ville ont fixé, de manière limitative, les compétences du Conseil de la Commune d'Arrondissement ainsi que celles de son organe exécutif.

L'Inspection de l'Administration locale du Ministère de la Décentralisation et des Collectivités locales a effectué, du 11 janvier au 25 février 2008, une mission de vérification administrative et financière de la Commune d'Arrondissement des Parcelles Assainies qui a révélé que, depuis son élection, le Maire se signale par :

-une intervention régulière dans des domaines qui ne font pas partie de ses attributions, notamment en matière foncière. C'est ainsi qu'il a procédé, pour le compte de tiers comme pour son propre compte, à l'affectation, par arrêté,
de réserves foncières situées dans la Commune d'Arrondissement à des fins d'exploitation commerciales ou immobilière ;

- une utilisation abusive de contractuels dont le nombre
dépasse largement les besoins et les capacités financières de la Commune d'Arrondissement ;

-un octroi abusif et discrétionnaire de secours à des indigents, dans l'irrespect des procédures en la matière qui requièrent, notamment, la délibération du Conseil municipal en huis clos et l'avis des services de l'action sociale ;

- une utilisation irrationnelle de carburant (20.000 litres) pour une commune qui compte 7 scooters et un véhicule affecté au Directeur de la radio communautaire.

En réponse à la lettre de demande de justification qui lui a été adressée le 18 juin 2008, Monsieur le Maire a :

-produit un contrat de vente du 11 avril 2008 par lequel le Directeur général de la SN HLM lui vendait le terrain alors que l'arrêté par lequel il s'affectait ledit terrain est daté du 2 mai 2007 ;

-reconnu, implicitement, l'usage inconsidéré de contractuels par l'importance de la population constitué, en majorité, de jeune sans emploi ;

- admis que l'attribution de secours se fait à la discrétion du maire après la délibération du Conseil municipal sans, pour autant, produire la délibération y afférente ;

-justifié la commande importante de carburant par un appui informel aux membres du bureau municipal, de l'administration territoriale et de la police locale sans, toutefois, produire les pièces justificatives.

Les faits, ci-dessus rappelés, sont des fautes énumérées à l'article 146 du Code des Collectivités locales, et dont la sanction est la suspension et/ou la révocation conformément à l'article 141 dudit Code.

Ainsi, devant la gravité de ces actes qui risquent de compromettre la bonne marche de l'institution municipale, il est proposé la révocation du Maire de la Commune d'Arrondissement des Parcelles Assainies.

Telle est l'économie du présent projet de décret.

Le Président de la République,

Vu la Constitution ;

Vu le Code des Collectivités locales, modifié ;

Vu le décret n° 2007-826 du 19 juin 2007 portant nomination du Premier Ministre ;

Vu le décret n° 2007-967 du 7 septembre 2007 relatif aux attributions du Ministre de la Décentralisation et des Collectivités locales ;

Vu le décret n° 2008-1018 du 27 août 2008 mettant fin aux fonctions d'un ministre et fixant la composition du Gouvernement ;

Vu le décret n° 2008-1026 du 10 septembre 2008 portant répartition des services de l'État et du contrôle des établissements publics, des sociétés nationales et des sociétés à participation publique entre la Présidence de la République, la Primature et les ministères ;

Vu le pré-rapport d'inspection du 18 juin 2008 ;

Vu le rapport d'inspection du 15 octobre 2008 ;
Sur le rapport du Ministre d'État, Ministre de la Décentralisation et des Collectivités locales,

DÉCRÈTE :

Article premier. - En application des dispositions de l'article 141 du Code des Collectivités locales, M. Mbaye Ndiaye est révoqué de ses fonctions de Maire de la Commune d'arrondissement des Parcelles Assainies pour fautes de gestion avérées notamment, la spéculation sur les réserves foncières de la Commune d'arrondissement, le recouvrement du produit de la cession illégale de biens meubles et immeubles de la Commune d'arrondissement, l'octroi de secours à des personnes fictives et sans délibération du Conseil municipal, le recrutement illégal et inconsidéré de contractuels, etc.

Ces fautes, punies par l'article 146 dudit Code, sont de nature à compromettre la bonne marche de l'institution municipale.

Art. 2. - Le Ministre d'État, Ministre de l'Intérieur et le Ministre d'État, Ministre de la Décentralisation et des Collectivités locales sont chargés, chacun en ce qui le concerne, de l'exécution du présent décret qui sera publié au Journal officiel.

Fait à Dakar, le 29 octobre 2008

Abdoulaye WADE
Par le Président de la République :
Le Premier Ministre,
Cheikh Hadjibou SOUMARE

Décret n° 2018-1701 portant révocation du Maire de la Ville de Dakar
(*JORS 7121 du 3 septembre 2018, p.13.10.)*

LE PRÉSIDENT DE LA RÉPUBLIQUE,
Vu la Constitution ;
Vu la loi n° 2013-10 du 28 décembre 2013 portant Code général des Collectivités territoriales, modifiée ;
Vu l'arrêt de la Cour d'Appel de Dakar statuant en matière correctionnelle en date du 30 août 2018 ;
Sur le rapport du Ministre de la Gouvernance territoriale, du Développement et de l'Aménagement du Territoire,

DECRETE :

Article premier.- Monsieur Khalifa Ababacar SALL est révoqué de ses fonctions de Maire de la Ville de Dakar.

Article 2.- Le Ministre de l'Intérieur et le Ministre de la Gouvernance territoriale, du Développement et de l'Aménagement du Territoire sont chargés, chacun en ce qui le concerne, de l'exécution du présent décret qui sera publié au journal officiel.

Fait à Dakar, le 31 août 2018

Par le Président de la République
Macky SALL

Le premier Ministre
Mahammed Boun Abdallah DIONNE
Voir également :

- Décret 2001 – 41 du 25 janvier 2001 portant révocation d'un maire *(JORS 6050 du samedi 08 juin 2002, p.1240.)*
- Décret n°2004-565 révocation du Président du conseil rural de Darou Mamane *(JORS 6173 du 31 juillet 2004, p. 1203)*

Article 136

La révocation emporte, de plein droit, la perte du mandat de conseiller municipal et l'inéligibilité aux fonctions de conseiller jusqu'à la fin du mandat, à dater du décret de révocation, à moins qu'il ne soit procédé auparavant au renouvellement général des conseils municipaux.

Article 137

(L'article unique de la loi n°2021-38 du 03 décembre 2021 modifiant la loi n° 2013-10 du 28 décembre 2013 portant Code général des Collectivités territoriales)

En cas de décès, de démission acceptée, de révocation, de suspension, d'absence ou de tout autre empêchement dûment constaté par le bureau, et sous réserve des dispositions de l'article 138 alinéa 2 du présent code, le maire est provisoirement remplacé par un adjoint dans l'ordre de l'élection et, à défaut d'adjoint, par un conseiller municipal pris dans l'ordre du tableau.

A la session ordinaire suivante, il est procédé au remplacement du maire définitivement empêché. Le bureau est complété en conséquence s'il y a lieu.

Note : La loi n° 2021-38 du 03 décembre 2021 a repris cette disposition pour limiter, dans le temps, la suppléance du maire définitivement empêché à l'instar de ce qui est prévu, pour le président du conseil départemental, par l'article 64 du présent code.

Article 138

Lorsque le maire démissionne, décède, est révoqué ou suspendu, son remplaçant exerce la plénitude de ses fonctions.

Dans le cas d'absence ou d'empêchement, son remplaçant est uniquement chargé de la liquidation des affaires courantes. Il ne peut se substituer au maire dans la direction générale des affaires de la commune ni modifier des décisions.

Article 139

En temps de guerre, le maire et les conseillers municipaux pris individuellement peuvent être, pour des motifs d'ordre public ou d'intérêt général, suspendus par décret jusqu'à la cessation des hostilités. Les membres du conseil ainsi suspendus ne sont pas remplacés numériquement pendant la durée normale du mandat de l'assemblée.

Toutefois, si cette mesure devait réduire d'un quart au moins le nombre des membres du conseil, une délégation spéciale est constituée conformément aux dispositions de l'article 162 du présent code.

Article 140

Sans que la liste soit limitative, les fautes énumérées ci-dessous peuvent entraîner l'application des dispositions de l'article 135 du présent code :

1. fait prévu et puni par la loi instituant la Cour des comptes ;
2. utilisation des deniers publics de la commune à des fins personnelles ou privées ;
3. prêts d'argent effectués sur les recettes de la commune ;
4. faux en écriture publique authentique visés au Code pénal ;
5. faux commis dans certains documents administratifs, dans les feuilles de route et certificats visés au Code pénal ;
6. concussion ;
7. spéculation sur l'affectation des terrains publics, les permis de construire ou de lotir ;

8. refus de signer ou de transmettre au représentant de l'État une délibération du conseil municipal.

Dans les sept premiers cas, la sanction administrative ne fait pas obstacle aux poursuites judiciaires.

<u>Extrait : Art. 130 et 133 du Code pénal</u>

(faux en écriture publique authentique)

Art. 130. Tout fonctionnaire ou officier public qui, dans l'exercice de ses fonctions, aura commis ou tenté de commettre un faux :

- soit par fausse signature ;
- soit par altération des actes, écritures ou signatures ;
- soit par supposition de personnes ;
- soit par les écritures faites ou intercalées sur des registres ou d'autres actes publics, depuis leur confection ou clôture ;

Sera puni du maximum de l'emprisonnement.

Art. 133. Dans tous les cas exprimés aux articles 130 et 132, celui qui aura fait usage ou tenté de faire usage des actes faux sera puni d'un emprisonnement de deux ans au moins à dix ans au plus.

<u>Art. 137, 138, 140, 142 et 145 du Code pénal</u>

(faux commis dans certains documents administratifs, dans les feuilles de route et certificats)

Art. 137. Quiconque aura contrefait, falsifié ou altéré les permis, certificats, livrets, cartes, bulletins, récépissés, passeports, laissez-passer ou autres documents délivrés par les administrations publiques en vue de constater un droit, une indemnité ou une qualité, ou d'accorder une autorisation, sera puni d'un emprisonnement de six mois à trois ans et d'une amende de 20.000 à 500.000 francs.

Le coupable pourra, en outre, être privé des droits mentionnés en l'article 34 du présent code pendant cinq ans au moins et dix ans au plus à compter du jour où il aura subi sa peine.

La tentative sera punie comme le délit consommé.

Les mêmes peines seront appliquées :

1) à celui qui aura fait usage d'un des documents contrefaits, falsifiés ou altérés ;

2) à celui qui aura fait usage d'un de ces documents visés à l'alinéa premier, lorsque les mentions invoquées par l'intéressé sont devenues incomplètes ou inexactes.

Art. 138. Quiconque se sera fait délivrer indûment ou aura tenté de se faire délivrer indûment un de ces documents prévus à l'article précédent, soit en faisant de fausses déclarations, soit en prenant un faux nom ou une fausse qualité, soit en fournissant de faux renseignements, certificats ou attestations sera puni d'un emprisonnement de trois mois à deux ans et d'une

amende de 20.000 à 50.000 francs.

Les mêmes peines seront appliquées à celui qui aura fait usage d'un tel document, soit obtenu dans les conditions susdites, soit établi sous un autre non que le sien.

Le fonctionnaire qui délivrera ou fera délivrer un des documents prévus à l'article précédent à une personne qu'il sait n'y avoir pas droit, sera puni d'un emprisonnement de un à quatre ans et d'une amende de 20.000 à 500.000 francs, sans préjudice des peines plus graves qu'il pourrait encourir par application des

articles 159 et suivants. Le coupable pourra, en outre, être privé des droits mentionnés en l'article 34 du présent code pendant cinq ans au moins et dix ans au plus à compter du jour où il aura subi sa peine.

Art. 140. Quiconque fabriquera une fausse feuille de route, ou falsifiera une feuille de route originairement véritable, ou fera usage d'une feuille de route fabriquée ou falsifiée, sera puni, à savoir :

- d'un emprisonnement de six mois au moins et trois ans au plus, si la fausse feuille de route n'a eu pour objet que de tromper la surveillance de l'autorité

publique ;

- d'un emprisonnement d'une année au moins et de quatre ans au plus, si le Trésor public a payé au porteur de la fausse feuille des frais de route qui ne

lui étaient pas dus ou qui excédaient ceux auxquels il pouvait avoir droit, le tout néanmoins au-dessus de 5.000 francs ;

- et d'un emprisonnement de deux ans au moins et cinq ans au plus, si les sommes indûment perçues par le porteur de la feuille s'élèvent à 5.000 francs ou au-delà.

Dans ces deux derniers cas, les coupables pourront, en outre, être privés des droits mentionnés en l'article 34 du présent code pendant cinq ans au moins et dix ans au plus, à compter du jour où ils auront subi leur peine.

Art. 142. Si l'officier public était instruit de la supposition de nom lorsqu'il a délivré la feuille de route, il sera puni savoir:

- Dans le premier cas posé par l'article 140, d'un emprisonnement d'une année au moins et quatre ans au plus ;
- Dans le second cas du même article, d'un emprisonnement de deux ans au moins et de cinq ans au plus ;
- Dans le troisième cas, d'un emprisonnement de cinq à dix ans ;
- Dans les deux premiers cas, il devra, en outre, être privé des droits mentionnés en l'article 34 du présent Code pendant cinq ans au moins et dix ans au plus à compter du jour où il aura subi sa peine.

Art. 145. Quiconque fabriquera, sous le nom d'un fonctionnaire ou officier public, un certificat de bonne conduite, indigence ou autre circonstances propres à appeler la bienveillance du Gouvernement ou des particuliers sur la personne y désignée, et à lui procurer places, crédits ou secours, sera puni d'un emprisonnement de six mois à deux ans.

La même peine sera appliquée :

1) à celui qui falsifiera un certificat de cette espèce, originairement véritable, pour l'approprier à une personne autre que celle à laquelle il a été primitivement délivré ;

2) a tout individu qui se sera servi du certificat ainsi fabriqué ou falsifié.

Si ce certificat est fabriqué sous le nom d'un simple particulier, la fabrication et l'usage seront punis d'un mois à un an d'emprisonnement.

Sera puni d'un emprisonnement de six mois à deux ans et d'une amende de 20.000 à 200.000 francs, ou de l'une de ces deux peines seulement, sans préjudice de l'application, le cas échéant, des peines plus fortes prévues par le présent Code et les lois spéciales, quiconque :

1) aura établi sciemment une attestation ou un certificat faisant état de faits matériellement inexacts ;

2) aura falsifié ou modifié d'une façon quelconque une attestation ou un certificat originairement sincère ;

3) Aura fait sciemment usage d'une attestation ou d'un certificat inexact ou falsifié.

Articles 156 du Code pénal
(concussion)

Article 156

Tous fonctionnaires ou officiers publics, tous percepteurs des droits, contributions ou deniers publics, leurs commis ou préposés, qui auront reçu, exigé ou ordonné de percevoir pour droits, taxes, contributions ou deniers, ou pour salaires ou traitements, ce qu'ils savaient n'être pas du ou excéder ce qui était dû, seront punis :

- les fonctionnaires, officiers publics ou percepteurs, d'un emprisonnement de deux à dix ans ;
- et leurs commis ou préposés d'un emprisonnement d'un à cinq ans; une amende de 250.000 à 500.000 FCFA sera toujours prononcée.

Les condamnés, commis ou proposés pourront être interdits pendant dix ans au plus, à partir de l'expiration de la peine, des droits énumérés en l'article 34 du présent Code. En outre, ils pourront être déclarés incapables d'exercer aucun emploi public pendant vingt ans au plus.

Les dispositions qui précèdent sont applicables aux greffiers et officiers ministériels lorsque le fait a été commis à l'occasion des recettes dont ils sont chargés par la loi.

Seront punis des mêmes peines tous détenteurs de l'autorité publique qui ordonneront des contributions directes ou indirectes autres que celles autorisées par la loi, tous fonctionnaires, agents ou employés qui en établiront les rôles ou en feront le recouvrement.

Les mêmes peines seront applicables aux détenteurs de l'autorité publique, qui, sous une forme quelconque et pour quelque motif que ce soit, auront, sans autorisation de la loi, accordé des exonérations ou franchises de droit, impôts ou taxes publics, ou auront effectué gratuitement la délivrance de produits des établissements de l'État.

Les bénéficiaires seront punis comme complices.

Dans tous les cas prévus au présent article, la tentative du délit sera punie comme le délit lui-même.

***Jurisp. fr.* : Cass. crim. 16 mai 2001, Bull. crim. n°124** : *« A été reconnu comme la perception illégitime de taxes, le fait pour un maire d'imposer à chaque constructeur le paiement d'une taxe de 400 FCFA par logement construit alors qu'en tant que juriste il connaît l'illicéité de cette pratique ».*

Article 141

Dans le cas où le maire, le président ou les membres de délégation spéciale ont commis l'une des irrégularités prévues par la loi instituant la Cour des Comptes, ils sont passibles de poursuites devant cette Cour.

Article 142

Le maire, le président ou les membres de la délégation spéciale qui se sont irrégulièrement immiscés dans le paiement des fonds communaux sont assimilés à des comptables de fait, et peuvent, à ce titre, être déférés devant les juridictions compétentes.

Sous-section 2 : Fonctionnement du conseil municipal

Article 143

Le conseil municipal siège à l'hôtel de ville. Toutefois, le maire peut décider de le réunir dans des locaux annexes de la mairie, lorsque l'ordre du jour le justifie.

Article 144

Le conseil municipal se réunit en session ordinaire une fois par trimestre.

La durée de chaque session ne peut excéder quinze jours, sauf la session budgétaire qui peut durer trente jours.

Pendant les sessions ordinaires, le conseil municipal peut traiter de toutes les matières qui entrent dans ses attributions.

Article 145

Le représentant de l'État peut demander au maire de réunir le conseil municipal en session extraordinaire. Le maire peut également réunir le conseil municipal en session extraordinaire chaque fois qu'il le juge utile. Il est tenu de la convoquer quand une demande motivée lui en est faite par la majorité des membres en exercice du conseil municipal.

La convocation précise un ordre du jour déterminé et le conseil ne peut traiter d'autres affaires.

Note : Le CGCT n'impose cependant pas un délai de réaction au maire et cette situation peut altérer l'opérationnalité de ces dispositions.

Article 146

Toute convocation est faite par le maire. Elle est mentionnée au registre des délibérations, affichée à la porte de la mairie et adressée par écrit et à domicile, trois jours francs au moins avant celui de la réunion. En cas d'urgence, ce délai est ramené à 24 heures.

Elle comporte l'ordre du jour de la réunion du conseil municipal.

Article 147

Le conseil municipal ne peut siéger que lorsque la majorité de ses membres en exercice assiste à la session.

Quand, après une convocation régulièrement faite, le quorum n'est pas atteint, toute délibération votée après la seconde convocation, à trois jours au moins d'intervalle, est valable si le quart au moins du conseil est présent.

En cas de mobilisation générale, le conseil municipal délibère valablement après une seule convocation lorsque la majorité de ses membres non mobilisés assistent à la séance.

Jurisp. : Cour suprême, chambre administrative, arrêt n°02du 9 janvier 2014, Ablaye Mbengue c/ Conseil rural de Sagatta Gueth.

« Considérant qu'il ressort des dispositions des articles 222, 223 et 224 du CCL que la convocation des Conseillers est faite par le Président du Conseil rural, par le moyen le plus approprié, cinq (05) jours au moins avant la réunion, que le Conseil rural délibère valablement lorsque la majorité de ses membres en exercice assiste à la séance et que pour le vote, un Conseiller empêché peut donner procuration à un collègue de son choix ;

Considérant qu'il ressort des productions du dossier notamment, du procès-verbal de réunion du conseil, de la liste de présence à la réunion et des copies de procurations, que les conseillers ont été convoqués le 1er février 2013, avec un ordre du jour portant sur le vote du budget, la délibération ayant affecté trois (3) ha à Ablaye Mbengue et les questions diverses, ce, en présence de trente un (31) conseillers plus trois autres qui ont voté par procuration, le tout sur un effectif de 40 conseillers, soit la majorité des membres ;

Qu'il s'ensuit que le moyen n'est pas fondé. »

Jurisp. **: Cour suprême, chambre administrative, arrêt n°19 du 8 juillet 2010,Nafi DIOUF c/Conseil rural de Ndiébel.**

Considérant qu'aux termes de l'article 223 du Code des Collectivités locales, « *le Conseil rural ne peut délibérer que lorsque la majorité de ses membres en exercice assiste à la séance.*

Quand, après deux convocations successives régulièrement faites, le quorum n'est pas atteint toute délibération prise après la troisième convocation à trois jours au moins d'intervalle est valable, si le quart au moins des membres du conseil est présent » ;

Considérant qu'il résulte du procès-verbal de réunion du 23 février 2009 que la délibération a été prise le même jour avec treize conseillers dont deux ont déclaré n'avoir pas assisté à la séance sur procès-verbal du 5 août 2009 de Maître François NGOM, huissier de justice à Kaolack, régulièrement versé au dossier ;

Considérant qu'ainsi la délibération prise avec 11 conseillers sur 23 et sans le respect de la procédure prévue à l'alinéa 2 de l'article 223 susvisé encourt l'annulation ;

PAR ces motifs :

Annule la délibération du 23 février 2009 du Conseil rural de Ndiébel portant affectation d'une parcelle à Mamadou FAYE.

Article 148

Un conseiller municipal empêché peut donner à un collègue de son choix procuration écrite légalisée pour voter en son nom. Un même conseiller municipal ne peut être porteur que d'une seule procuration qui est toujours révocable. Sauf cas de maladie dûment constatée, elle ne peut être valable pour plus de trois séances consécutives.

Les séances du conseil municipal sont publiques sauf si le conseil en décide autrement à la majorité absolue des membres présents ou représentés.

Le vote a lieu au scrutin public. Les délibérations du conseil municipal sont prises à la majorité simple. En cas d'égalité de voix, celle du président est prépondérante. Les prénoms et noms des votants, avec l'indication de leur vote, sont insérés au procès-verbal.

Toutefois, le scrutin est secret à la demande du tiers des membres présents, ou lorsqu'il s'agit de procéder à une nomination ou à une représentation.

Dans ces derniers cas, après deux tours de scrutin secret, si aucun des candidats n'a obtenu la majorité absolue, il est procédé à un troisième tour de scrutin, et l'élection a lieu à la majorité relative. À égalité des voix, l'élection est acquise au plus âgé.

Article 149

Le maire ou celui qui le remplace préside le conseil municipal.

Dans les séances où les comptes administratifs du maire sont débattus, le conseil municipal élit son président.

Dans ce cas, le maire peut, même s'il n'est plus en fonction, assister à la discussion mais il doit se retirer au moment du vote.

Le président adresse directement la délibération au représentant de l'État.

Article 150

Au début de chaque session et pour sa durée, le conseil municipal nomme un ou plusieurs de ses membres pour remplir les fonctions de secrétaire.

Il peut leur adjoindre des auxiliaires pris en dehors de ses membres, parmi le personnel municipal. Ces auxiliaires assistent aux séances, mais ne participent pas aux délibérations.

La présence du représentant de l'État, ou de son délégué dûment mandaté, est de droit. Il est entendu toutes les fois qu'il le demande, mais ne peut ni participer au vote, ni présider le conseil municipal. Ses déclarations sont portées au procès-verbal des délibérations.

Le conseil municipal peut, s'il le juge nécessaire, demander au représentant de l'État à entendre des fonctionnaires ou agents de l'État ou des collectivités publiques. Il peut également entendre toute autre personne.

Article 151

Les séances du conseil municipal sont publiques. Sur la demande du maire ou du tiers des membres, le conseil municipal, sans débat décide s'il délibère à huis clos.

Le huis clos est de droit quand le conseil municipal est appelé à donner son avis sur les mesures individuelles et les matières suivantes :

- –secours scolaire ;
- –assistance médicale gratuite ;
- –assistance aux vieillards, aux familles, aux indigents et aux sinistrés ;
- –assistance aux lieux de culte;
- –traitement des questions visées à l'article 157 ci-dessous.

Article 152

Le président de séance a seul la police de l'assemblée.

Un règlement intérieur en déterminera les modalités d'application.

Article 153

L'outrage et l'injure commis envers le maire ou le président de séance dans l'exercice de leurs fonctions sont passibles des peines prévues au Code pénal.

Articles 196 et 262 du Code pénal
(outrage et injure)

Article 196.- L'outrage fait par paroles, gestes, menaces, écrits ou dessins non rendus publics ou encore par envoi d'objets quelconques dans la même intention, et visant tout officier ministériel ou agent dépositaire de la force publique ou tout citoyen chargé d'un ministère de service public, dans l'exercice ou à l'occasion de l'exercice de ses fonctions, sera puni d'un emprisonnement d'un mois à trois mois et d'une amende de 20.000 à 50.000 FCFA ou de l'une de ces deux peines seulement.

Article 262.- L'injure commise par les mêmes moyens envers les corps ou les personnes désignées par les articles 259 et 260 sera punie d'un emprisonnement d'un à trois mois et d'une amende de 20.000 à 1 00.000 FCFA, ou de l'une de ces deux peines seulement.

L'injure, commise de la même manière envers les particuliers, lorsqu'elle n'aura pas été précédée de provocation, sera punie d'un emprisonnement de deux mois au maximum et d'une amende de 20.000

à 100.000 FCFA, ou de l'une de ces deux peines seulement. Le maximum de la peine d'emprisonnement sera de six mois et celui de l'amende de 500.000 FCFA si l'injure a été commise envers un groupe de personnes qui appartiennent, par leur origine, à une race ou à une religion déterminée, dans le but d'exciter la haine entre les citoyens ou habitants.

Article 154

Le compte rendu de la séance est, dans la huitaine, affiché par extraits à la porte de la mairie.

Certification de l'affichage du compte-rendu est faite par le maire et mentionnée au registre des délibérations.

Les délibérations sont inscrites par ordre de date sur un registre côté et paraphé par le représentant de l'État.

Elles sont signées par tous les membres présents à la séance, ou mention est faite de la cause qui les a empêchés de signer.

Article 155

Tout habitant ou contribuable a le droit, à ses frais, de demander communication sans déplacement, de prendre copie totale ou partielle des procès-verbaux du conseil municipal, des budgets et des comptes de la commune, des arrêtés municipaux.

Chacun peut les publier sous sa responsabilité.

Article 156

Le conseil municipal ne peut déléguer ses attributions. Cependant, il peut former, au cours de la première session annuelle, des commissions pour l'étude des questions entrant dans ses attributions.

Ces commissions peuvent se réunir pendant la durée et dans l'intervalle des sessions. La participation à ces commissions est gratuite.

Les commissions sont convoquées par le maire, dans les huit jours qui suivent leur constitution ou, à plus bref délai, sur la demande de la majorité des membres qui les composent. Dans cette première réunion, les commissions désignent, chacune, un président et un vice-président. Le président convoque et préside les réunions de la commission. En cas d'absence, il est suppléé par le vice-président.

Le président ou son remplaçant peut faire appel à toute personne dont la compétence peut éclairer les travaux de la commission.

Chapitre IV : Démission - Suspension - Dissolution du conseil municipal

Article 157

Tout membre du conseil municipal dûment convoqué qui, sans motifs légitimes a manqué à trois sessions successives, peut, après avoir été invité à fournir ses explications, être déclaré démissionnaire par le maire après avis du conseil municipal. La décision, dont copie doit être envoyée à l'intéressé et au représentant de l'État, est susceptible de recours, dans les deux mois de la notification, devant la juridiction compétente.

Jurisp. : Conseil d'État, arrêt, n°23 du 17 aout 2006, Mamadou NGOM c/Conseil rural de Sangalkam, Bulletin des arrêts du Conseil d'État année 2006.

Considérant qu'aux termes des dispositions de l'article 230 du Code des Collectivités locales :

« *Tout membre du Conseil rural dûment convoqué qui, sans motifs légitimes reconnus par le Conseil, a manqué à trois convocations écrites successives, peut-être, après avoir été admis à formuler ses explications, déclaré démissionnaire par le Président, après avis du Conseil rural, sauf recours dans les délais de deux mois de la notification devant la juridiction compétente* » ;

Considérant que le dossier de la cause ne comporte pas d'éléments de nature à établir que le requérant a, d'une part, effectivement manqué à trois convocations écrites successives et d'autre part, été mis en situation d'articuler les explications requises, justificatives de la légitimité des motifs d'absence allégués ; qu'il en découle que les garanties protectrices du mandat de l'élu local n'ont pas été respectées, et que la décision litigieuse attaquée s'avère dès lors entachée d'illégalité ;

PAR CES MOTIFS :

Annule la décision n°168 CRS/SANG-04 du 09 septembre 2004 prise par le Président du Conseil rural de Sangalkam.

Jurisp. : Conseil d'État, arrêt n°21 du 3 avril 2008, Dahirou Alpha BA c/ Commune de Matam, Bulletin des arrêts du Conseil d'État année 2008.

Considérant que Dahirou Alpha BA sollicite l'annulation de la décision attaquée au motif que pour la session du 03 avril 2005, il n'a pas reçu de convocation ;

Que pour celle du 13 décembre 2005, non seulement il n'a pas reçu de convocation, mais encore cette session coïncidait avec une mission qu'il a effectuée en Europe pour le compte du Ministère des sénégalais de l'extérieur ;

Qu'enfin, s'agissant de la session du 20 mars 2006, il a reçu la convocation par personne interposée le 07 mars 2006, en violation de l'article 344-1 précité selon lequel « *le projet de budget est préparé et présenté par le Maire qui est tenu de le communiquer aux membres du Conseil avec les rapports correspondants, quinze jours avant l'ouverture de la première réunion consacrée à l'examen du budget* »;

Considérant que le requérant soutient par ailleurs que des considérations politiques partisanes constituent les véritables soubassements de la décision du Maire, qui le tient pour responsable des huées dont il a fait l'objet lors du Forum sur le développent de Matam, et lui manifeste une certaine hostilité ;

Considérant que dans sa lettre du 05 décembre 2007, figurant dans le dossier qu'il a produit, le Maire de Matam estime avoir régulièrement fait parvenir au sieur BA les convocations aux sessions en cause ;

Qu'il fait observer que pour la session du 13 décembre 2005, une première convocation datée du 19 novembre 2005 avait été envoyée pour les débats d'orientation budgétaire pour la date du 06 décembre 2005, mais que la session a cependant fait l'objet d'un report au 13 décembre 2005 notifié aux conseillers le 08 décembre 2005 du fait qu'il a été jugé plus adroit de voter le compte administratif de la gestion avant de faire les débats d'orientation ;

Considérant qu'aux termes de l'article 169 du Code des collectivités locales, « *tout membre du conseil municipal dûment convoqué qui, sans motifs légitimes, a manqué à trois sessions successives, peut, après avoir été invité à fournir ses explications, être déclaré démissionnaire par le Maire après avis du conseil municipal (...)* » ;

Considérant que l'article 152 du Code des collectivités locales dispose « *toute convocation est faite par le maire. Elle est mentionnée au registre des délibérations, affichée à la porte de la mairie et adressée par écrit et à domicile, trois jours francs au moins avant celui de réunion. En cas d'urgence, ce délai est ramené à 24 heures. Elle comporte l'ordre du jour de la réunion du conseil municipal* » ;

Considérant que l'examen des pièces produites par le Maire de la Commune de Matam notamment les photocopies du cahier de transmission, révèle que les convocations aux réunions du Conseil municipal ont toutes été adressées au sieur BA au moins trois jours francs avant celui de chaque réunion ;

Considérant que relativement à l'absence à la session du 03 août 2005, le sieur BA n'a pas justifié celle-ci, dont il confond la date avec celle du 03 avril 2005 ;

Que pour l'absence du 13 décembre 2005, il ne prouve pas avoir effectivement fait le déplacement en Europe, n'ayant produit qu'une demande d'ordre de mission qui n'est corroboré par aucune élément indiquant qu'il a été suivi d'effet ;

Que s'agissant de la session du 20 mars 2006, contrairement à ce que soutient le requérant, il ne résulte pas de l'article 344 du Code des collectivités locales relatif à l'examen du budget, de disposition ayant trait à la convocation de la réunion y afférente, le délai de quinze jours indiqué s'appliquant à la communication du projet de budget et des rapports correspondants ;

Qu'enfin le sieur BA n'a pas caractérisé le détournement de pouvoir allégué ;

Considérant dans ces conditions, qu'il convient de dire que la décision qui l'a déclaré démissionnaire pour cause d'absence non justifiée à trois réunions successives du Conseil municipal n'est en rien entachée d'illégalité ;

PAR CES MOTIFS :

Rejette comme mal fondé le recours pour excès de pouvoir, dirigé contre la décision n°243 du Maire de la Commune de Matam du 27 octobre 2006, déclarant le sieur Dahirou Alpha BA démissionnaire de ses fonctions de Conseiller municipal.

<u>Jurisp.</u> : Conseil d'État, arrêt n°24 du 22 avril 2008 Samba Ciré DIA c/ Commune d'Ourossogui, Bulletin des arrêts du Conseil d'État année 2008.

Considérant que Samba Ciré DIA expose que la décision attaquée relève de l'abus de pouvoir ;

Qu'elle est motivée par des considérations politiciennes ;

Qu'en outre elle a été prise en violation de l'article 152 du Code des Collectivités locales dans la mesure où les convocations aux sessions du Conseil municipal des 13 janvier, 15 avril et 18 mai 2005 ne lui ont pas été transmises dans le délai prévu par la loi ;

Considérant que le Maire de Ourossogui fait valoir qu'il a régulièrement fait parvenir les convocations au sieur DIA à son domicile, comme le prévoit la loi, et ne saurait répondre du défaut de transmission de celles-ci à ce dernier par les propres membres de sa famille, celui-ci ne résidant pas régulièrement à Ourossogui mais à Ngallèle où il est en service ;

Considérant qu'aux termes de l'article 169 du Code des collectivités locales, « *tout membre du Conseil municipal dûment convoqué qui, sans motifs légitimes, a manqué à trois sessions successives peut, après avoir été invité à fournir ses explications, être déclaré démissionnaire par le Maire après avis du Conseil municipal (...)* » ;

Que selon l'article 152 du Code des Collectivités locales, « toute convocation est faite par le maire. Elle est mentionnée au registre des délibérations, affichée à la porte de la mairie et adressée par écrit et à domicile, trois jours francs au moins avant celui de réunion. En cas d'urgence, ce délai est ramené à 24 heures. Elle comporte l'ordre du jour de la réunion du conseil municipal » ;

Considérant que l'examen des pièces produites par le Maire

d'Ourossogui, ne permet pas de s'assurer que les convocations litigieuses ont été adressées au sieur DIA au moins trois jours francs avant celui de chaque réunion du Conseil ;

Que par lettre du 21 septembre 2007, ledit Maire a été invité à produire une copie du cahier de transmission de la Commune, ou toute autre pièce, relative aux convocations adressées au sieur DIA pour les réunions des 13 janvier, 15 avril et 18 mai 2005 ;

Qu'il n'a pas donné suite à ladite lettre, mettant ainsi le Conseil d'État dans l'impossibilité d'exercer son contrôle ;

Qu'il convient dès lors de considérer que la décision attaquée, qui a déclaré le sieur DIA démissionnaire pour cause d'absence sans motif légitime à trois réunions successives du Conseil municipal n'est pas légalement justifiée et encourt en conséquence l'annulation;

Par ces motifs

Annule la décision n°010/CO/05 du 14 juillet 2005 du Maire de la Commune de Ourossogui, déclarant Samba Ciré DIA démissionnaire de ses fonctions de Conseiller municipal.

Jurisp. : Conseil d'État, arrêt n°14 du 5 mai 2009, Aliou DIA c/État du Sénégal et El Hadji Moussa NDIAYE, Bulletin des arrêts du Conseil d'État année 2009.

Considérant qu'il résulte de l'article 169 du Code des Collectivités Locales que « *Tout membre du Conseil municipal dûment convoqué qui, sans motifs légitimes a manqué à trois sessions successives, peut, après avoir été invité à fournir ses explications, être déclaré démissionnaire par le maire après avis du conseil municipal (...)* » ;

Considérant qu'il ne ressort pas des pièces du dossier, d'une part, que le Conseiller municipal Aliou DIA a manqué à trois sessions successives du Conseil municipal auxquelles il a été régulièrement convoqué et, d'autre part, que ledit Conseil a donné son avis sur la déclaration de démission prise par le Maire de la Commune d'Arrondissement de Yeumbeul Sud ;

Qu'ainsi, l'arrêté pris en violation de la loi encourt l'annulation.

Par ces motifs :

Annule l'arrêté n°09 du 25 juillet 2008 du Maire de la Commune d'Arrondissement de Yeumbeul Sud déclarant le Conseiller municipal Aliou DIA démissionnaire.

Jurisp. : Cour suprême, chambre administrative, arrêt n°25 du 26 avril 2012, Hamady Dieng c/ Conseil Municipal de Kanel.

Considérant que le requérant reproche au Maire de Kanel de l'avoir déclaré démissionnaire en se fondant sur de prétendues absences répétées, alors qu'il n'a jamais été régulièrement convoqué aux réunions du conseil municipal ;

Considérant qu'il résulte de l'article 169 du code des collectivités locales que tout membre du conseil municipal dûment convoqué qui, sans motifs légitimes a manqué à trois sessions successives, peut, après avoir été invité à fournir ses explications, être déclaré démissionnaire par le maire après avis du conseil municipal ;

Considérant que pour établir que Hamady Dieng a manqué aux sessions du Conseil municipal de Kanel des 30 décembre 2010, 21 mars et 2 mai 2011 auxquelles il a été régulièrement convoqué, le Maire de Kanel produit des extraits du registre de transmission des convocations sur lesquelles le requérant aurait émargé ;

Considérant que le requérant conteste avoir reçu lesdites convocations ;

Considérant que les pièces produites qui comportent trois signatures différentes ne renseignent ni sur l'adresse à laquelle lesdites convocations ont été délaissées, ni sur l'identité du réceptionnaire ;

Qu'ainsi, elles ne sauraient suffire pour établir que Dieng a été dûment convoqué aux sessions précitées du conseil municipal ;

Qu'il s'ensuit que le moyen est fondé ;

PAR CES MOTIFS :

Déclare le recours recevable ;

Annule la décision n°073/MA/CKL/2011 du 21 juillet 2011 du Maire de Kanel, déclarant Hamidou Dieng démissionnaire.

Article 158

Les employeurs sont tenus de laisser aux salariés de leur entreprise ou service, membres d'un conseil municipal, le temps nécessaire pour participer aux séances plénières de ce conseil ou des commissions qui en dépendent.

La suspension de travail prévue au présent article ne peut être une cause de rupture par l'employeur du contrat de louage de services, sous peine de dommages et intérêts au profit du salarié.

Article 159

Tout membre du conseil municipal qui, sans excuse valable, a refusé de remplir une des fonctions qui lui sont dévolues par les lois et règlements peut être déclaré démissionnaire par le Ministre chargé des Collectivités territoriales après avis du conseil municipal. Le refus résulte soit d'une déclaration écrite adressée à qui de droit ou rendue publique par son auteur, soit de l'abstention persistante après mise en demeure du Ministre chargé des Collectivités territoriales.

La décision est susceptible de recours dans les deux mois de la notification devant la juridiction compétente.

Article 160

Les démissions volontaires sont adressées par lettre recommandée au maire avec copie au représentant de l'État, elles sont définitives à partir de l'accusé de réception par le maire ou un mois après un nouvel envoi de la démission constatée par lettre recommandée.

Article 161

Lorsque le fonctionnement du conseil municipal se révèle durablement impossible, sa dissolution peut être prononcée par décret après avis de la Cour suprême.

La dissolution ne peut être prononcée par voie de mesure générale.

Article 162

En temps de guerre, le conseil municipal peut être, pour des motifs d'ordre public ou d'intérêt général, suspendu par décret, jusqu'à la cessation des hostilités.

Le même décret constitue une délégation spéciale habilitée à prendre les mêmes décisions que le conseil municipal.

Article 163

En cas de dissolution d'un conseil municipal ou de démission de tous ses membres en exercice et lorsqu'un conseil municipal ne peut être constitué, une délégation spéciale en remplit les fonctions.

Dans les huit jours qui suivent la dissolution ou l'acceptation de la démission, cette délégation spéciale est nommée par arrêté du Ministre chargé des Collectivités territoriales qui désigne le président et les deux vice-présidents.

Le nombre de membres qui la composent est fixé à trois dans les communes où la population ne dépasse pas

50.000 habitants. Ce nombre peut être porté à sept dans les communes d'une population supérieure.

La délégation a les mêmes attributions que le conseil municipal.

Toutefois, elle ne peut :

1. aliéner ou échanger des propriétés communales ;
2. augmenter l'effectif budgétaire ;
3. créer des services publics ;
4. voter des emprunts ;
5. affecter et désaffecter les terres du domaine national, à l'exception de celles destinées aux projets et programmes d'investissements validés par le ministre concerné.

Décret n°2009-03 du 9 janvier 2009 portant dissolution du Conseil municipal de Fatick

(*J.O. n° 6447 du vendredi 9 janvier 2009)*

RAPPORT DE PRESENTATION

Le Conseil municipal de Fatick est, depuis quelques mois, dans une situation politique difficile qui ne favorise pas un climat serein propice à son fonctionnement continu et efficace avec la scission des conseillers en deux blocs antagonistes.

Cette situation s'est aggravée à tel point que le Conseil est incapable de procéder au remplacement du maire démissionnaire dans le délai d'un mois requis par le Code des Collectivités locales en raison de l'exacerbation des divergences des deux groupes de conseillers.

En raison de cet antagonisme, le contexte politique n'est pas favorable à l'élection d'un Maire disposant d'une majorité confortable et pouvant administrer la Commune et gérer les services de la Mairie avec efficacité et sérénité.

Pour éviter au Conseil municipal de Fatick de s'enfoncer dans un dysfonctionnement préjudiciable aux citoyens, il est proposé de le dissoudre et d'instituer, en lieu et place, une délégation spéciale conformément aux dispositions des articles 173 et 175 du Code des Collectivités locales.

Telle est l'économie du présent projet de décret.

Le Président de la République,

Vu la Constitution, notamment en ses articles 43 et 76 ;

Vu la loi n° 96-06 du 22 mars 1996 portant Code des Collectivités locales, modifiée ;

Vu le décret n° 2007-826 du 19 juin 2007 portant nomination du Premier Ministre ;

Vu le décret 2007-967 du 7 septembre 2007 relatif aux attributions du Ministre de la Décentralisation et des Collectivités locales ;

Vu le décret n° 2008-1026 du 10 septembre 2008 portant répartition des services de l'État et du contrôle des établissements publics, des sociétés nationales et des sociétés à participation publique majoritaire entre la Présidence de la République, la Primature et les Ministères ;

Vu le décret n° 2008-1302 du 13 novembre 2008 nommant un Ministre d'État et fixant la composition du gouvernement ;

Sur le rapport du Ministre d'État, Ministre de la Décentralisation et des Collectivités locales ;

La Commission spéciale de l'Assemblée générale consultative de la Cour Suprême entendue en sa séance du 7 janvier 2009.

DÉCRÈTE :

Article premier. - En application des dispositions de l'article 173 du Code des Collectivités locales, le Conseil municipal de Fatick est dissous.

Art. 2. - Une délégation spéciale est instituée conformément aux dispositions de l'article 175 du Code précité.

Art. 3. - Le Ministre d'État, Ministre de l'Intérieur, le Ministre d'État, Ministre de l'Économie et des Finances et le Ministre d'État, Ministre de la Décentralisation et des Collectivités locales sont chargés, chacun en ce qui le concerne, de l'exécution du présent décret qui sera publié au Journal officiel.

Fait à Dakar, le 9 janvier 2009.

Abdoulaye WADE.

Par le Président de la République :

Le Premier Ministre,

Cheikh Hadjibou SOUMARE

Décret n°2008-418 du 24 avril 2008 portant dissolution du Conseil municipal de Bambey
(J.O. n° 6403 du jeudi 24 avril 2008)

RAPPORT DE PRESENTATION

Le Conseil municipal de Bambey est depuis quelques mois paralysé par une tension permanente entre des groupes politiques rivaux.

Ainsi, il n'arrive plus à tenir en toute tranquillité ses réunions, pour faire face à ses missions.

Cette situation, constatée par le Préfet du département dans un rapport circonstancié, n° 47-PDB-Conf du 10 avril 2008, empêche le fonctionnement régulier de l'organe communal, à telle enseigne que le budget 2008 n'a pu être voté conformément aux dispositions de l'article 345 du Code des Collectivités locales.

Dès lors, la situation préconisée est la dissolution du Conseil municipal et son remplacement par une délégation spéciale, en application des dispositions des articles 173 et suivants du Code des Collectivité locales.

Telle est l'économie du présent projet de décret.

Le Président de la République,

Vu la Constitution notamment en ses articles 43 et 76 ;

Vu le Code des Collectivités locales,

Vu le décret n° 2007-826 du 19 juin 2007 portant nomination du Premier Ministre ;

Vu le décret n° 2007-967 du 07 septembre 2007 relatif aux attributions du Ministre de la Décentralisation et des Collectivités locales ;

Vu le décret n° 2008-340 du 31 mars 2008 fixant la composition du gouvernement ;

Vu le décret n° 2008-362 du 7 avril 2008 portant répartition des services de l'État et du contrôle des établissements publics, des sociétés nationales et des sociétés à participation publique entre la Présidence de la République, la Primature et les Ministères ;

Sur le rapport du Ministre d'État, Ministre de la Décentralisation et des Collectivités locales ;

Le Conseil d'État entendu en sa séance du 18 avril 2008.

DÉCRÈTE :

Article premier. - En application des dispositions de l'article 173 du

Code des Collectivités locales, le Conseil municipal de Bambey est dissous.

Art. 2. - Une délégation spéciale est mise en place dans les conditions prévues aux articles 174 et 175 du Code des Collectivités locales.

Art. 3. - Le Ministre d'État, Ministre de l'Intérieur, le Ministre d'État, Ministre de l'Économie et des Finances et le Ministre d'État, Ministre de la Décentralisation et des Collectivités locales sont chargés, chacun en ce qui le concerne, de l'exécution du présent décret qui sera publié au Journal officiel.

Fait à Dakar, le 24 avril 2008.

Abdoulaye WADE.
Par le Président de la République
Le Premier Ministre,
Cheikh Hadjibou SOUMARE

Décret n°2008-450 du 2 mai 2008 portant dissolution du Conseil municipal de Thiès.

(J.O. N° 6405 du vendredi 2 mai 2008)

RAPPORT DE PRESENTATION

Le Conseil municipal de THIES est dans une situation de léthargie profonde depuis presque trois ans. Son fonctionnement défectueux n'est plus à démontrer.

Tous les organes sont gelés. Le Conseil municipal, qui est l'organe délibérant, n'est qu'exceptionnellement convoqué et ce, pour statuer, exclusivement, sur le budget ou sur les questions financières comme le Fonds de Dotation de la Décentralisation.

En dehors de cela, il n'y a plus, en effet, de réunion de commission, ni de convocation de sessions ordinaires qui, pourtant, sont, obligatoirement, au nombre de quatre dans l'année, au regard du Code des Collectivités locales.

Compte tenu de cette situation particulière de blocage du fonctionnement normal du Conseil municipal de Thiès, il est proposé sa dissolution et l'institution, en lieu et place, d'une délégation spéciale en application des dispositions des articles 173 et 175 du Code des Collectivités Locales.

Telle est l'économie du présent projet de décret.

Le Président de la République,

Vu la Constitution notamment en ses articles 43 et 76 ;

Vu le Code des Collectivités locales ;

Vu le décret n° 2007-826 du 19 juin 2007 portant nomination du Premier Ministre ;

Vu le décret n° 2007-967 du 7 septembre 2007 relatif aux attributions du Ministre de la Décentralisation et des Collectivités locales ;

Vu le décret n° 2008-340 du 31 mars 2008 fixant la composition du gouvernement ;

Vu le décret n° 2008-362 du 7 avril 2008 portant répartition des services de l'État et du contrôle des établissements publics, des sociétés nationales et des sociétés à participation publique entre la Présidence de la République, la Primature et les Ministères ;

Sur le rapport du Ministre d'État, Ministre de la Décentralisation et des Collectivités locales ;

Le Conseil d'État entendu en sa séance du 30 avril 2008.

DÉCRÈTE :

Article premier. - En application des dispositions de l'article 173 du Code des Collectivités locales, le Conseil municipal de THIES est dissous.

Art. 2. - Une délégation spéciale est instituée conformément aux dispositions de l'article 175 du Code précité.

Art. 3. - Le Ministre d'État, Ministre de l'Intérieur, le Ministre d'État, Ministre de l'Économie et des Finances et le Ministre d'État, Ministre de la Décentralisation et des Collectivités locales sont chargés, chacun en ce qui le concerne, de l'exécution du présent décret qui sera publié au Journal officiel.

Fait à Dakar, le 2 mai 2008.

Abdoulaye WADE.

Par le Président de la République

Le Premier Ministre,

Cheikh Hadjibou SOUMARE

Décret n° 2008-454 du 2 mai 2008 portant dissolution du Conseil

municipal de CAYAR

(J.O. N° 6405 du vendredi 2 mai 2008)

RAPPORT DE PRESENTATION

La défaite du candidat du Maire de Cayar, aux dernières élections présidentielles de février 2007, a entraîné la scission du Conseil municipal en deux factions rivales dont celle du maire est minoritaire.

De cette situation, il résulte un blocage systématique du fonctionnement de l'institution municipale et le rejet de toutes les propositions soumises par le maire au vote du conseil. Ainsi, même l'adoption d'un ordre du jour consensuel est devenue impossible, la faction majoritaire voulant imposer au maire l'examen de questions que celui-ci et ses partisans refusent de soumettre à l'appréciation de l'organe délibérant.

Ce blocage a conduit déjà, en 2007, au règlement du budget par le Représentant de l'État. Il en est de même cette année.

Il apparaît, à l'évidence, que ces dysfonctionnements récurrents empêchent le conseil municipal de fonctionner et de continuer à prendre en charge, normalement, les préoccupations des populations.

C'est pourquoi, en application des articles 173 et 175 du Code des collectivités locales, il est proposé de dissoudre le Conseil municipal de Cayar et d'instituer, en lieu et place, une délégation spéciale.

Telle est l'économie du présent projet de décret.

Le Président de la République,

Vu la Constitution notamment en ses articles 43 et 76 ;

Vu le Code des Collectivités locales ;

Vu le décret n° 2007-826 du 19 juin 2007 portant nomination du Premier Ministre ;

Vu le décret n° 2007-967 du 7 septembre 2007 relatif aux attributions du Ministre de la Décentralisation et des Collectivités locales ;

Vu le décret n° 2008-340 du 31 mars 2008 fixant la composition du gouvernement ;

Vu le décret n° 2008-362 du 7 avril 2008 portant répartition des services de l'État et du contrôle des établissements publics, des sociétés nationales et des sociétés à participation publique entre la Présidence de la République, la Primature et les Ministères ;

Sur le rapport du Ministre d'État, Ministre de la Décentralisation et des Collectivités locales ;

Le Conseil d'État entendu en sa séance du 30 avril 2008.

DÉCRÈTE :

Article premier : En application des dispositions de l'article 173 du Code des Collectivités locales, le Conseil municipal de CAYAR est dissous.

Art. 2. - Une délégation spéciale est instituée conformément aux dispositions de l'article 175 du Code précité.

Art. 3 - Le Ministre d'État, Ministre de l'Intérieur, le Ministre d'État, Ministre de l'Économie et des Finances et le Ministre d'État, Ministre de la Décentralisation et des Collectivités locales sont chargés, chacun en ce qui le concerne, de l'exécution du présent décret qui sera publié au Journal officiel.

Fait à Dakar, le 2 mai 2008.

Abdoulaye WADE.
Par le Président de la République :
Le Premier Ministre,
Cheikh Hadjibou SOUMARE

Décret n°2008-451 du 2 mai 2008 portant dissolution du Conseil municipal de Mbour

(J.O. n° 6405 du vendredi 2 mai 2008)

RAPPORT DE PRESENTATION

Le Conseil municipal de Mbour fonctionne en marge de la légalité et du respect des règles de la transparence et de la bonne gouvernance locale.

Les procès-verbaux d'attribution de parcelles ne sont pas soumis à l'approbation du Représentant de l'État. Le Conseil ne dispose pas, non plus, d'une commission de désaffectation et de réattribution de terrains. Autant d'errements qui favorisent la spéculation foncière.

D'une manière générale, l'entourage de Monsieur le Maire abuse de son état de santé pour s'approprier des parcelles et alimenter les ventes illégales.

Cette situation a déjà plongé le conseil dans une situation de blocage de fonctionnement causant ainsi un grand préjudice pour les populations.

C'est pourquoi, il est proposé de dissoudre le Conseil municipal de

Mbour et d'instituer, en lieu et place, une délégation spéciale conformément aux dispositions des articles 173 et 175 du Code des Collectivités Locales.

Telle est l'économie du présent projet de décret.

Le Président de la République,

Vu la Constitution notamment en ses articles 43 et 76 ;

Vu le Code des Collectivités locales ;

Vu le décret n° 2007-826 du 19 juin 2007 portant nomination du Premier Ministre ;

Vu le décret n° 2007-967 du 7 septembre 2007 relatif aux attributions du Ministre de la Décentralisation et des Collectivités locales ;

Vu le décret n° 2008-340 du 31 mars 2008 fixant la composition du gouvernement ;

Vu le décret n° 2008-362 du 7 avril 2008 portant répartition des services de l'État et du contrôle des établissements publics, des sociétés nationales et des sociétés à participation publique entre la Présidence de la République, la Primature et les Ministères ;

Sur le rapport du Ministre d'État, Ministre de la Décentralisation et des Collectivités locales ;

Le Conseil d'État entendu en sa séance du 30 avril 2008.

DÉCRÈTE :

Article premier. - En application des dispositions de l'article 173 du Code des Collectivités locales, le Conseil municipal de MBOUR est dissous.

Art. 2. - Une délégation spéciale est instituée conformément aux dispositions de l'article 175 du Code précité.

Art. 3 - Le Ministre d'État, Ministre de l'Intérieur, le Ministre d'État, Ministre de l'Économie et des Finances et le Ministre d'État, Ministre de la Décentralisation et des Collectivités locales sont chargés, chacun en ce qui le concerne, de l'exécution du présent décret qui sera publié au Journal officiel.

Fait à Dakar, le 2 mai 2008.

Abdoulaye WADE.

Par le Président de la République

Le Premier Ministre,

Cheikh Hadjibou SOUMARE

Décret n°2008-453 du 2 mai 2008 portant dissolution du Conseil municipal des HLM.

(*J.O. n° 6405 du vendredi 2 mai 2008)*

RAPPORT DE PRESENTATION|]

Depuis la démission de son ancien maire, le conseil de la Commune d'Arrondissement des HLM est entré dans une grande léthargie marquée par la défiance de l'essentiel des conseillers vis-à-vis de l'actuel maire. Cette situation se manifeste par l'absence répétée d'une bonne frange des conseillers qui ont pris une certaine distance vis-à-vis du maire et de son équipe.

Cet abandon, par une frange importante de Conseillers est le signe des profondes divergences qui entraînent des blocages dans le fonctionnement normal de l'institution municipale.

Dans ce contexte de contrôle réduit de son action par l'organe délibérant, le Maire gère, de manière solitaire, l'institution communale avec ses affidés, sans tenir compte des besoins effectifs des populations. Ainsi, sa gestion est marquée non seulement par l'ignorance des besoins exprimés par les populations, mais aussi et surtout, par des détournements d'objectifs et de destination comme la construction de cantines vendues frauduleusement.

En définitive, pour restaurer l'orthodoxie dans la gestion de la commune d'arrondissement complètement bloquée et privée d'un fonctionnement normal tout en veillant à la prise en charge des besoins des populations locales, est-il proposé de dissoudre le conseil de la Commune d'Arrondissement des HLM et d'instituer, en lieu et place, d'une délégation spéciale en application des dispositions des articles 173 et 175 du Code des Collectivités locales.

Telle est l'économie du présent projet de décret.

Le Président de la République,

Vu la Constitution notamment en ses articles 43 et 76 ;

Vu le Code des Collectivités locales ;

Vu le décret n° 2007-826 du 19 juin 2007 portant nomination du Premier Ministre ;

Vu le décret n° 2007-967 du 7 septembre 2007 relatif aux attributions du Ministre de la Décentralisation et des Collectivités locales ;

Vu le décret n° 2008-340 du 31 mars 2008 fixant la composition du gouvernement ;

Vu le décret n° 2008-362 du 7 avril 2008 portant répartition des services de l'État et du contrôle des établissements publics, des sociétés nationales et des sociétés à participation publique entre la Présidence de la République, la Primature et les Ministères ;

Sur le rapport du Ministre d'État, Ministre de la Décentralisation et des Collectivités locales ;

Le Conseil d'État entendu en sa séance du 30 avril 2008.

DÉCRÈTE :

Article premier. - En application des dispositions de l'article 173 du Code des Collectivités locales, le Conseil de la Commune d'Arrondissement des HLM est dissous.

Art. 2. - Une délégation spéciale est instituée conformément aux dispositions de l'article 175 du Code précité.

Art. 3. - Le Ministre d'État, Ministre de l'Intérieur, le Ministre d'État, Ministre de l'Économie et des Finances et le Ministre d'État, Ministre de la Décentralisation et des Collectivités locales sont chargés, chacun en ce qui le concerne, de l'exécution du présent décret qui sera publié au Journal officiel.

Fait à Dakar, le 2 mai 2008.

Abdoulaye WADE.
Par le Président de la République
Le Premier Ministre,
Cheikh Hadjibou SOUMARE

Voir également sur la même question :

- Décret n°2005-1253 du 23 décembre 2005 portant dissolution du Conseil régional de Diourbel *(JORS6270 du 25 mars 2006, p. 269)*
- Décret 2008 – 417 du 28 avril 2008 portant dissolution du conseil régional de Dakar *(JORS 6403 du jeudi 24 avril 2008, p.393)*

Article 164

En cas de mobilisation, lorsque les élections au conseil municipal sont ajournées, la délégation spéciale est habilitée à prendre les mêmes décisions que le conseil municipal.

Toutes les fois que le conseil municipal a été dissous, ou que, par application de l'article précédent, une délégation spéciale a été nommée, il est procédé à la réélection du conseil municipal dans les six mois à dater de la dissolution ou de la dernière démission.

Le délai visé au deuxième alinéa du présent article, peut être prorogé pour une, deux ou au plus trois périodes de six mois par décret motivé.

Pour la nomination d'une délégation spéciale voir :

- Arrêté n°3296 MINT-MDCL du 17 mai 2002 portant remplacement d'un président de délégation spéciale et modification de la compétence territoriale d'une délégation spéciale (JORS 6069 du samedi 19 octobre 2002, p. 1779)
- Arrêté n°7456 du 27 août 2009 portant nomination des membres de la délégation spéciale de la commune de Thilogne (JORS 6504 du samedi 26 décembre 2009, p.1399)
- Arrêté n°1349 du 8 février 2011 modifiant l'arrêté n°7456 nomination des membres de la délégation spéciale de Thilogne (JORS 6596 du 18 juin 2011, p.661)

Pour la prorogation d'une délégation spéciale voir :

Décret n° 2013-376 du 2 avril 2013 portant prorogation des délégations spéciales dans la commune de Ndombo Sandjiry et la communauté rurale de Mbane, département de Dagana
(J.O. n° 6725 du samedi 27 avril 2013)

RAPPORT DE PRESENTATION

Les membres des délégations spéciales dans la commune de Ndombo Sandjiry et la communauté rurale de Mbane ont été nommés par l'arrêté n° 006605 du 16 juin 2011.

La loi n° 96-06 du 22 mars 1996 portant Code des Collectivités locales prévoit, en ses articles 176 et 236 modifié, la possibilité de proroger, par un décret motivé, la durée du mandat d'une délégation spéciale pour une, deux, ou au plus trois périodes de six mois.

Ainsi, devant l'impossibilité de procéder à des élections locales partielles pour le renouvellement du conseil municipal de Ndombo Sandjiry et du conseil rural de Mbane, il est proposé de proroger le mandat des délégations spéciales dans lesdites collectivités locales pour une période supplémentaire de six (06) mois.

Telle est l'économie du présent projet de décret.

Le Président de la République,

Vu la Constitution ;

Vu la loi n° 96-06 du 22 mars 1996 portant Code des Collectivités locales, modifiée ;

Vu la loi n° 96-07 du 22 mars 1996 portant transfert de compétences aux régions, aux communes et aux communautés rurales, modifiée ;

Vu le décret n° 2012-427 du 3 avril 2012 portant nomination du Premier Ministre ;

Vu le décret n° 2012-1223 du 5 novembre 2012 portant répartition des services de l'État et du Contrôle des établissements publics, des sociétés nationales et des sociétés à participation publique entre la Présidence de la République, la Primature et les ministères, modifié par le décret n° 2013-11 du 3 janvier 2013 ;

Vu le décret n° 2013-277 du 14 février 2013 relatif à la composition du Gouvernement ;

Vu l'arrêté n° 006605 du 16 juin 2011 portant nomination des membres des délégations spéciales dans la commune de Ndombo Sandjiry et de la communauté rurale de Mbane, département de Dagana.

Sur le rapport du Ministre de l'Aménagement du Territoire et des Collectivités locales,

DÉCRÈTE :

Article premier. - En raison de l'impossibilité matérielle d'organiser des élections locales partielles avant celles prévues en 2014, le mandat des délégations spéciales de la commune de Ndombo Sandjiry et de la communauté rurale de Mbane est prorogé pour une période supplémentaire de six (06) mois, à compter de la date de signature du présent décret.

Art. 2. – Le Ministre de l'Economie et des Finances et le Ministre de l'Aménagement du territoire et des Collectivités locales sont chargés chacun en ce qui le concerne de l'exécution du présent décret qui sera publié au Journal officiel.

Fait à Dakar, le 2 avril 2013

Par le Président de la République :
Macky SALL
Le Premier Ministre,
Abdoul MBAYE.

Décret n° 2013-377 du 2 avril 2013 portant prorogation des délégations spéciales dans la commune de Odobéré et la communauté rurale de Wouro Sidy, département de Kanel

(J.O. n° 6725 du samedi 27 avril 2013)

RAPPORT DE PRESENTATION

Les membres des délégations spéciales de la commune de Odobéré et de la communauté rurale de Wouro Sidy ont été nommés par l'arrêté n° 008761 du 18 août 2011.

La loi n° 96-06 du 22 mars 1996 portant Code des Collectivités locales prévoit, en ses articles 176 et 236 modifié, la possibilité de proroger, par un décret motivé, la durée du mandat d'une délégation spéciale pour une, deux, ou au plus trois périodes de six mois.

Ainsi, devant l'impossibilité de procéder à des élections locales partielles pour le renouvellement du conseil municipal d'Odobéré et du conseil rural de Wouro Sidy, il est proposé de proroger le mandat des délégations spéciales dans lesdites collectivités locales pour une période supplémentaire de six (06) mois.

Telle est l'économie du présent projet de décret.

Le Président de la République,

Vu la Constitution ;

Vu la loi n° 96-06 du 22 mars 1996 portant Code des Collectivités locales, modifiée ;

Vu le décret n° 2012-427 du 3 avril 2012 portant nomination du Premier Ministre ;

Vu le décret n° 2012-1223 du 5 novembre 2012 portant répartition des services de l'État et du Contrôle des établissements publics, des sociétés nationales et des sociétés à participation publique entre la Présidence de la République, la Primature et les ministères, modifié par le décret n° 2013-11 du 3 janvier 2013 ;

Vu le décret n° 2013-277 du 14 février 2013 relatif à la composition du Gouvernement ;

Vu l'arrêté n° 008761 du 18 août 2011 portant nomination des membres des délégations spéciales dans la commune de Odobéré et la communauté rurale de Wouro Sidy, département de Kanel.

Sur le rapport du Ministre de l'Aménagement du Territoire et des Collectivités locales,

DÉCRÈTE :

Article premier. - En raison de l'impossibilité matérielle d'organiser des élections locales partielles avant celles prévues en 2014, le mandat des délégations spéciales de la commune de Odobéré et la communauté rurale de Wouro Sidy est prorogé pour une période supplémentaire de six (06) mois, à compter de la date de signature du présent décret.

Art. 2. – Le Ministre de l'Économie et des Finances et le Ministre de l'Aménagement du territoire et des Collectivités locales sont chargés chacun en ce qui le concerne de l'exécution du présent décret qui sera publié au Journal officiel.

Fait à Dakar, le 2 avril 2013

Par le Président de la République :
Macky SALL
Le Premier Ministre,
Abdoul MBAYE.

Voir sur la même question :

- Décret n°2006-771 du 10 août 2006 prorogation de la Délégation spéciale de la Région de Diourbel (JORS 6315 du 23 décembre 2006, p. 2021)
- Décret n° 407 du 16 mars 2007 portant prolongation de la délégation spéciale de la région de Diourbel (JORS 6357 du 21 juillet 2007, p. 3155)
- Décret n°1124 du 21 septembre 2007 prorogation du mandat de la délégation spéciale de la Région de Diourbel (JORS 6377 du 1er décembre 2007, p. 3236)

Article 165

Les fonctions de la délégation spéciale expirent de plein droit dès que le conseil municipal est reconstitué.

Article 166

Au cas prévu et réglé par l'article 163 du présent code, le président remplit les fonctions de maire et les vice-présidents celles d'adjoints au maire.

Leurs pouvoirs prennent fin dès l'installation du nouveau conseil municipal

Chapitre V : Dispositions relatives à la ville

Article 167

Une Ville peut être instituée, par décret, pour mutualiser les compétences de plusieurs communes qui présentent une homogénéité territoriale.

Ce décret détermine le nom de la ville, en situe le chef-lieu et en fixe les limites qui sont celles des communes constitutives.

Les compétences de la ville, ses ressources financières et ses rapports avec les communes qui la constituent sont déterminés par le présent chapitre.

La ville a le statut de commune.

Section 1 : Formation des organes de la ville

Article 168

(L'article unique de la loi n°2021-38 du 03 décembre 2021 modifiant la loi n° 2013-10 du 28 décembre 2013 portant Code général des Collectivités territoriales)

Le conseil de la ville est l'organe délibérant de la ville.

Il est composé de conseillères et de conseillers désignés, pour cinq ans conformément au Code électoral.

Le bureau de la ville est composé du maire et des adjoints. Le maire de la ville est élu au suffrage universel direct.

Il est la tête de liste ayant obtenu le plus grand nombre de suffrages au scrutin proportionnel de la ville.

Le conseil de la ville complète le bureau en élisant, en son sein, les adjoints au maire dans les huit (08) jours qui suivent l'installation des bureaux des communes qui la constituent.

Les membres du bureau, en raison des responsabilités qui leur sont dévolues, doivent savoir lire et écrire.

Après le maire et les adjoints dans l'ordre de leur élection, les conseillers de la ville prennent rang dans l'ordre du tableau.

L'ordre du tableau est déterminé :

1. par la date la plus ancienne des élections intervenues depuis le dernier renouvellement intégral du conseil de la ville ;

2. entre conseillers élus le même jour, par la priorité d'âge.

Pour déterminer le nombre d'adjoints, il est fait application de l'article 93 du présent code.

Les fonctions de maire de ville et de maire de commune sont incompatibles.

Note : La loi n° 2021-38 du 03 décembre 2021 a intégralement repris l'article 168, en vue de l'adapter aux dispositions de l'article L.297 de la loi n° 2021-35 du 23 juillet 2021 portant Code électoral qui prévoit l'élection du maire de la ville au suffrage universel direct.

Après la restauration de la liste proportionnelle de ville, il a été convenu que c'est la tête de liste au scrutin proportionnel qui obtient le plus de sièges qui est élue maire de la ville. *(55% sur la proportionnelle et 45 % issus des conseillers élus sur les listes majoritaires des communes constitutives de la ville)*. Contrairement aux élections départementales ou municipales pour lesquelles la tête de la liste majoritaire est élue Président du conseil ou Maire.

Section 2 : Compétences de la ville

Article 169

La ville reçoit les compétences dans les domaines suivants :

1. le plan général d'occupation des sols, les projets d'aménagement, de lotissement, d'équipement des périmètres affectés à l'habitation ;
2. l'acceptation ou le refus des dons et legs ;
3. le budget de la ville, les crédits supplémentaires ainsi que toutes modifications du budget ;
4. les projets de la ville et la participation de la ville à leur financement ;
5. les projets d'investissement humain ;
6. les acquisitions immobilières et mobilières, les projets, plans, devis et contrats de constructions neuves, de reconstructions, de grosses réparations ou de tous autres investissements, concurremment avec les communes ;
7. le classement, le reclassement, l'ouverture, le redressement, l'alignement, le prolongement, l'élargissement ou la suppression

des voies et places publiques ainsi que l'établissement, l'amélioration, l'entretien des pistes et chemins non classés ;

8. la création, la désaffectation ou l'agrandissement des cimetières énumérés par décret ;
9. la lutte contre les incendies ;
10. l'extension du réseau d'éclairage public ;
11. toute autre compétence décidée par les communes constituant la ville.

Article 170

Les compétences suivantes sont transférées à la ville :

- la gestion des déchets et la lutte contre l'insalubrité ;
- la gestion et l'entretien des hôpitaux de niveau 1;
- la participation à la couverture maladie universelle ;
- la participation à l'organisation des compétitions sportives ;
- la surveillance et la conservation des sites et monuments historiques ;
- la promotion et la valorisation des sites et monuments historiques ;
- la promotion de la culture nationale et locale ;
- L'allocation et la répartition de bourses et d'aides scolaires;
- la promotion des langues nationales et de la tradition orale ;
- l'élaboration du plan directeur d'urbanisme (PDU), du schéma directeur d'aménagement et d'urbanisme (SDAU), des plans d'urbanisme de détail des zones d'aménagement concerté, de rénovation urbaine et de remembrement ;
- l'élaboration et l'exécution du plan de développement de la ville (PDV);
- la mise en œuvre du contrat plan avec l'État pour la réalisation de projets de développement.

Article 171

Le maire de la ville est le représentant de la Collectivité territoriale. À ce titre, il est chargé, sous le contrôle du conseil de la ville :

1. de conserver, d'entretenir et d'administrer les propriétés et les biens de la ville et de faire, en conséquence, tous actes conservatoires de ses droits ;
2. de gérer les revenus, de surveiller les services et la comptabilité de la ville ;

3. de préparer et de proposer le budget, d'ordonnancer les dépenses et de prescrire l'exécution des recettes ;
4. de diriger les travaux de la ville ;
5. de veiller à l'exécution des programmes de développement financés par la ville ou réalisés avec sa participation ;
6. de pourvoir aux mesures relatives à la voirie de la ville ;
7. de souscrire les marchés, de passer les baux des biens et les adjudications des travaux de la ville selon les règles établies par les lois et règlements ;
8. de passer, selon les mêmes règles, les actes de vente, d'échange, de partage, d'acceptation de dons ou legs, d'acquisition, de transaction, lorsque ces actes ont été autorisés par le conseil de la ville ;
9. de représenter la ville en justice ;
10. de veiller à la protection de l'environnement, de prendre en conséquence les mesures propres, d'une part, à empêcher ou à supprimer la pollution et les nuisances, d'autre part, à assurer la protection des espaces verts et, enfin, à contribuer à l'embellissement de la ville ;
11. de nommer aux emplois de la ville ;
12. d'apporter assistance aux lieux de culte ;
13. et, d'une manière générale, d'exécuter les décisions du conseil de la ville.

Le maire de la ville ou son délégué représente l'administration de la ville dans tous les conseils, commissions et organismes dans lesquels sa représentation est prévue par les lois et règlements en vigueur.

Article 172

Le maire de la ville peut, sous sa surveillance et sa responsabilité, déléguer par arrêté une partie de ses attributions à un ou plusieurs de ses adjoints et, en l'absence ou en cas d'empêchement de ses adjoints, à des membres du conseil de la ville.

Ces délégations subsistent tant qu'elles ne sont pas rapportées. Toutefois, elles cessent sans être expressément rapportées lorsque le maire de la ville de qui elles émanent est décédé, suspendu, révoqué ou déclaré démissionnaire.

Le maire est responsable de la mise en œuvre dans sa ville de la politique de développement économique et social définie par le gouvernement.

Jurisp. : **Conseil d'État, arrêt n° 0028, du 31 aout 1999, le Préfet de Dagana c/ Conseil municipal de Richard-Toll, Bulletin des arrêts du Conseil d'État année 1999.**

Résumé :
Le maire qui délègue sa signature à un Conseiller municipal alors que ses adjoints sont présents méconnaît les dispositions de l'article 112 du Code des Collectivités locales. D'où il suit que la décision doit être annulée.

CONSIDERANT que l'article 112 du Code des Collectivités locales dispose : « *le Maire organe exécutif de la Commune peut sous sa surveillance et sa responsabilité, déléguer par arrêté une partie de ses fonctions, à un ou plusieurs de ses adjoints et, en l'absence ou en cas d'empêchement de ses adjoints, à des membres du Conseil Municipal* » ;

CONSIDERANT qu'en cas de délégation de signature comme en l'espèce, consentie dans le cadre du fonctionnement de la Commune, les actes accomplis par le délégataire ont la même nature formelle et la même hiérarchie que ceux du requérant ;

Qu'il en résulte que le délégataire n'intervient que pour décharger le déléguant d'une partie de la gestion quotidienne de la Commune ;

Qu'ainsi, en application des articles 335 et 337 du Code des Collectivités Locales, le déféré préfectoral doit être déclaré recevable;

AU FOND :

CONSIDERANT que par l'acte attaqué, le Maire a délégué sa signature à un Conseiller municipal sans aucune précision sur la question de savoir si à la date de l'acte de délégation, ses adjoints étaient absents ou empêchés ;

Qu'ultérieurement d'ailleurs, le Maire reconnaît lui - même qu'à la date de l'acte, deux de ses adjoints étaient présents ;

Que dès lors, l'acte attaqué viole manifestement les dispositions du texte invoqué au moyen ;

PAR CES MOTIFS :
DECLARE recevable le déféré préfectoral ;
ANNULE l'arrêté N° 11/CRT du 18 août 1998 du Maire de la Commune de Richard-Toll.

Article 173

Le maire est secondé par ses adjoints qui forment avec lui le bureau de la ville.

Le bureau de la ville donne son avis toutes les fois que cet avis est requis par les lois et règlements ou qu'il est demandé par le représentant de l'État.

Le bureau de la ville est notamment chargé :

- de l'établissement de l'ordre du jour des séances du conseil ;
- de l'assistance aux services administratifs et techniques dans la conception et la mise en œuvre des actions de développement et plus particulièrement en ce qui concerne les actions de participation populaire ;
- de surveiller la rentrée des impôts, taxes et droits de la ville, de prendre ou de proposer les mesures propres à améliorer le recouvrement ;
- de la détermination du mode d'exécution des travaux de la ville, notamment tâcheronnat, investissements humains, entreprises, régies.

Article 174

Le secrétaire général de la ville est nommé par le maire, après avis consultatif du représentant de l'État, parmi les agents et fonctionnaires de la hiérarchie A de la fonction publique, ou de niveau équivalent, dans des conditions précisées par décret.

Il assiste aux réunions du bureau, avec voix consultative.

Le maire met fin à ses fonctions dans les mêmes formes.

Article 175

Dans le cas où les intérêts particuliers du maire se trouvent en opposition avec ceux de la ville, le conseil désigne un autre de ses membres pour représenter la ville, soit en justice, soit dans les contrats.

Article 176

Le maire de la ville ou son adjoint, à défaut le représentant de l'État, pourvoit d'urgence à ce que toute personne décédée soit ensevelie et inhumée décemment, sans distinction de culte, ni de croyance.

Article 177

Le maire de la ville prend des arrêtés à l'effet :

1. d'ordonner les mesures sur les objets confiés par les lois à sa vigilance et à son autorité ;
2. de publier à nouveau les lois et les règlements de police et de rappeler les habitants à leur observation.

Le maire de la ville est tenu d'assurer le respect des prescriptions de police qu'il édicte.

Article 178

Les décisions et les arrêtés sont immédiatement adressés au représentant de l'État qui en assure le contrôle dans les conditions prévues au Titre V du Livre premier du présent code.

Article 179

Les décisions et les arrêtés du maire de la ville ne sont exécutoires qu'après avoir été portés à la connaissance des intéressés, par voie de publication et d'affichage, toutes les fois qu'ils contiennent des dispositions générales et, dans les autres cas, par voie de notification individuelle.

La publication est constatée par une déclaration certifiée par le maire de la ville.

La notification est établie par le récépissé de la partie intéressée ou, à défaut, par l'original de la notification conservé dans les archives du siège de la ville.

Les actes pris par le maire de la ville sont enregistrés à leur date dans un registre spécial tenu au siège de la ville. Il en est fait dépôt à la préfecture.

Article 180

Le maire de la ville exerce la police des routes dans l'intérieur des agglomérations, mais seulement en ce qui concerne la circulation sur lesdites voies.

Section 3 : Finances de la ville

Paragraphe 1 : dispositions générales

I- Budget de la ville

Article 181

Le budget de la ville prévoit pour une année financière toutes les recettes et les dépenses de la ville sans contraction entre les unes et les autres.

Article 182

Le budget de la ville est présenté dans les conditions qui sont déterminées par les décrets relatifs à la comptabilité publique.

II- Vote et règlement

Article 183

Le budget de chaque ville est proposé par le maire, voté par le conseil de la ville et approuvé par le représentant de l'État.

Article 184

En tout ce qui concerne les modalités d'approbation du budget de la ville, des budgets annexes des services publics à caractère industriel ou commercial ou des établissements publics de la ville s'appliquent les dispositions du présent code.

Paragraphe 2 : Recettes

Article 185

(Loi n° 2019-12 du 08 juillet 2019 modifiant et complétant la loi n° 2013-10 du 28 décembre 2013 portant Code général des Collectivités territoriales)

Les recettes de fonctionnement de la ville sont les suivantes :

1. **Les recettes fiscales :**

a) Les produits des impôts directs ci-après, perçus sur le territoire de la ville :

- la contribution économique locale ;

- la contribution foncière sur les propriétés bâties. Les modalités d'assiette et de perception de ces impôts ainsi que leurs taux sont déterminés par la loi. Pour assurer la trésorerie des villes, l'État leur consent au début de chacun des deux premiers trimestres de l'année financière, une avance égale à 25 % des recouvrements effectués au cours de la dernière gestion connue au titre des impôts directs énumérés au paragraphe premier du présent article.

b) Les produits de la taxe d'enlèvement des ordures ménagères. Ces taxes directes et indirectes, dont les modalités d'assiette et de perception ainsi que les taux maxima sont déterminés par la loi, sont créées par délibération du conseil de la ville dans les conditions prévues au titre V du Livre premier du présent Code.

2. Les revenus du patrimoine de la ville :

Les produits de l'exploitation du domaine et des services de la ville comprennent:

a) Les revenus du domaine privé immobilier :

- location de bâtiments ou terrains de la ville ;
- revenus de logement et d'ameublement ;
- location des souks, loges ou stalles de boucherie, restaurants gargotes et cantines.

b) Les revenus du domaine public :

- produits des terrains affectés aux inhumations ;
- produits des concessions dans les cimetières.

c) les revenus divers, notamment :

- produits des services de la ville ;
- remboursement des frais d'hospitalisation du personnel ;
- produits des expéditions des actes administratifs ;
- droit de séjour de cercueil au dépositoire ;
- produits des pompes funèbres et tarifs pour l'élévation de monument au cimetière.

3. **Les contributions du fonds de dotation de la décentralisation** ;

4. **Les contributions des communes au budget de la ville** ;

5. **toutes les autres ressources dont la perception est autorisée par les lois et règlements.**

Note : La loi n° 2019-12 du 08 juillet 2019 modifiant et complétant la loi n° 2013-10 du 28 décembre 2013 portant Code général des Collectivités territoriales reprend intégralement cette disposition pour prévoir, dans le CGCT, la « *contribution économique locale*», nouvel impôt qui remplace la « *contribution des patentes* ».

Elle précise également que c'est la commune qui doit percevoir la taxe et le produit suivants:

- la taxe sur les distributeurs de carburants ;
- le produit des amendes prononcées par les tribunaux correctionnels ou de simple police pour les contraventions et délits commis.

Il faut noter que ces revenus étaient aussi bien dévolus à la ville et à la commune.

Article 185 bis.-

(Loi n° 2019-12 du 08 juillet 2019 modifiant et complétant la loi n° 2013-10 du 28 décembre 2013 portant Code général des Collectivités territoriales)

Le produit de la contribution sur la valeur locative des locaux professionnels, de la contribution foncière sur les propriétés bâties et de la taxe d'enlèvement des ordures ménagères visées à l'article 185 n'est perçu au profit de la ville que si les biens imposables sont situés en dehors des infrastructures et équipements marchands.

Au sens de la présente loi, les infrastructures et équipements marchands s'entendent des marchés, des foires, des centres commerciaux et, généralement, de tout endroit servant à l'exercice d'un commerce dont la gestion administrative et financière incombe à la commune.

Note : La loi n° 2019-12 du 08 juillet 2019 introduit un article 185 bis pour répartir la contribution économique locale sur la valeur locative des locaux professionnels (CEL/VL), la contribution foncière sur les propriétés bâties et la taxe d'enlèvement des ordures ménagères entre la ville et la commune. Cette dernière reçoit ces impôts et taxes s'ils sont perçus au niveau des infrastructures et équipements marchands.

Section 4 : Relations entre la ville et les communes

Article 186

Le maire de la ville associe le maire de la commune à l'étude des conditions générales de réalisation et à l'exécution des projets d'infrastructures et d'équipements prévus, en tout ou partie, dans les limites de la commune.

Le maire de la commune en rend compte à la plus proche séance du conseil municipal.

Le maire de la commune doit aussi informer le maire de la ville des investissements entrepris dans le cadre des compétences de la commune.

Article 187

En tout ce qui n'est pas contraire au présent chapitre, les dispositions du présent code relatives à la commune sont applicables à la ville.

TITRE V

DE L'ADMINISTRATION LOCALE ET DES SERVICES LOCAUX

Chapitre I : Budget des collectivités territoriales

Article 188

Le budget de chaque Collectivité territoriale prévoit pour une année financière toutes les recettes et les dépenses de la Collectivité territoriale sans contraction entre les unes et les autres.

Article 189

Le budget est présenté dans les conditions qui sont déterminées par les décrets relatifs à la comptabilité publique.

Section 1 : Vote et règlement

Article 190

L'année financière des Collectivités territoriales commence le 1er janvier et se termine le 31 décembre.

Article 191

Le budget est proposé par l'organe exécutif de la Collectivité territoriale, voté par le conseil et approuvé par le représentant de l'État dans les conditions prévues au Titre V du Livre premier du présent code.

Article 192

Les budgets des services publics à caractère industriel ou commercial sont votés par le conseil de la Collectivité territoriale et approuvés dans les mêmes conditions que son budget général.

Section 2 : Recettes de fonctionnement

Article 193

Les recettes ordinaires des Collectivités territoriales proviennent du produit des recettes fiscales, de l'exploitation du domaine et des services locaux, des ristournes accordées par l'État ou d'autres collectivités publiques sur le montant des impôts et taxes recouvrés à leur profit, et de la répartition annuelle du Fonds de dotation de la décentralisation.

Sous-section 1 : Recettes de fonctionnement du département

Article 194

Les recettes de fonctionnement du département proviennent des ressources que lui apporte l'État dans la répartition annuelle du Fonds de dotation de la décentralisation, ainsi que des redevances du domaine, des produits de l'exploitation de son patrimoine et des redevances pour services rendus.

Toute autre recette de fonctionnement est créée par la loi.

Sous-section 2 : recettes de fonctionnement de la commune

Article 195

Les recettes de fonctionnement de la commune sont les suivantes :

6. les recettes fiscales qui comprennent :

a) Les produits des impôts directs ci-après, perçus sur le territoire de la commune :

- l'impôt du minimum fiscal ainsi que la taxe représentative de l'impôt du minimum fiscal ;
- la contribution des patentes et la taxe complémentaire y afférente ;
- la contribution foncière sur les propriétés bâties ;
- la contribution foncière sur les propriétés non bâties ;
- la surtaxe foncière sur les propriétés insuffisamment bâties ;
- la contribution des licences ;

Les modalités d'assiette et de perception de ces impôts ainsi que leurs taux sont déterminés par la loi.

e) produits des centimes additionnels à l'impôt du minimum fiscal et à la taxe représentative de l'impôt du minimum fiscal ;

- à la contribution des patentes ;
- aux droits de licences, perçus sur le territoire de la commune, suivant le nombre de centimes créés par délibération du conseil municipal dans la limite du maximum déterminé par la loi.

L'absence de toute nouvelle proposition vaut reconduction du maximum fixé l'année précédente.

Les centimes visés au paragraphe (b) ci-dessus du présent article sont perçus sur les mêmes rôles que ceux de la contribution à laquelle ils s'appliquent.

Pour assurer la trésorerie des communes, l'État leur consent au début de chacun des deux premiers trimestres de l'année financière, une avance égale à 25 % des recouvrements effectués au cours de la dernière gestion connue au titre des impôts directs énumérés au paragraphe 1er du présent article.

f) produits des taxes communales directes suivantes

- taxe sur la valeur des locaux servant à l'exercice d'une profession ;
- taxe d'enlèvement des ordures ménagères ;
- taxe de balayage ;
- taxe de déversement à l'égout ;
- licences à la charge des commerçants de boissons en addition au droit de licence ;
- taxe sur les machines à coudre servant à usage professionnel.

g) Les produits des taxes communales indirectes suivantes :

- taxe sur l'électricité consommée ;
- taxe sur l'eau ;
- taxe sur la publicité à l'aide soit de panneaux - réclames, d'affiches, soit d'enseignes lumineuses ;
- taxe sur les établissements de nuit ;
- taxe d'abattage ;
- taxe de visite et poinçonnage des viandes ;
- taxe de visite sanitaire des huîtres et moules ;
- taxe sur les entrées payantes ;
- taxe sur les spectacles, jeux et divertissements ;
- taxe sur les locaux en garnis ;
- taxe sur les distributions d'essence, de gas-oil ou de tous autres carburants.

Ces taxes directes et indirectes, dont les modalités d'assiette et de perception ainsi que les taux maxima sont déterminés par la loi, sont créées par délibération du conseil municipal dans les conditions prévues au titre V du Livre premier du présent code.

7. les revenus du patrimoine communal

Les produits de l'exploitation du domaine et des services communaux comprennent:

a) les revenus du domaine privé immobilier

- location de bâtiments ou terrains communaux ;
- retenues de logement et d'ameublement ;

– location des souks, loges ou stalles de boucherie, restaurants gargotes et cantines.

b) les revenus du domaine public

– produits des droits de places perçus dans les halles, foires, marchés, abattoirs et parcs à bestiaux d'après les tarifs dûment établis ;

– produits des permis de stationnement et de location sur la voie publique ;

– produits des droits de voirie ;

– produits des terrains affectés aux inhumations ;

– produits des concessions dans les cimetières ;

– droits de fourrière ;

– taxe sur les terrasses de cafés, balcons et constructions en saillie ;

c) les revenus divers, notamment

– 60 % du produit des amendes prononcées par les tribunaux correctionnels ou de simple police pour les contraventions et délits commis sur le territoire de la commune ;

– produits des services communaux ;

– remboursement des frais d'hospitalisation du personnel ;

– produits des expéditions des actes administratifs et des actes de l'état civil ;

– droit de légalisation ;

– droit de séjour de cercueil au dépositoire ;

– produits des pompes funèbres et tarifs pour l'élévation de monument au cimetière ;

– taxe de désinfection et de désinsectisation.

8. Les ristournes accordées par l'État comprennent :

– La quote-part allouée aux communes sur le produit de la taxe sur les véhicules recouvrée par l'État ;

– La quote-part revenant aux communes sur le produit de la taxe sur la plus-value immobilière perçue par l'État ;

9. les contributions du fonds de dotation de la décentralisation ;

D'une façon générale, toutes les ressources actuellement perçues par les communes ainsi que celles dont la perception est autorisée par les lois et règlements.

Article 195.-

(Loi n° 2019-12 du 08 juillet 2019 modifiant et complétant la loi n° 2013-10 du 28 décembre 2013 portant Code général des Collectivités territoriales)

Les recettes de fonctionnement de la commune sont les suivantes :

1. Les recettes fiscales qui comprennent :

a) Les produits des impôts directs ci-après, perçus sur le territoire de la commune :

- l'impôt du minimum fiscal ainsi que la taxe représentative de l'impôt du minimum fiscal ;
- la contribution économique locale ;
- la contribution foncière sur les propriétés bâties ;
- la contribution foncière sur les propriétés non bâties ;
- la surtaxe foncière sur les propriétés insuffisamment bâties ;
- la contribution des licences ;
- la partie de la contribution globale unique revenant à la commune ;
- la partie de la contribution globale foncière revenant à la commune.

Les modalités d'assiette et de perception de ces impôts ainsi que leurs taux sont déterminés par la loi.

Pour assurer la trésorerie des communes, l'État leur consent au début de chacun des deux premiers trimestres de l'année financière, une avance égale à 25 % des recouvrements effectués au cours de la dernière gestion connue au titre des impôts directs énumérés au paragraphe premier du présent article.

b) Les produits des taxes communales directes suivantes :

- taxe d'enlèvement des ordures ménagères ;
- taxe de balayage ;
- taxe de déversement à l'égout ;
- taxe sur les machines à coudre servant à usage professionnel.

c) Les produits des taxes communales indirectes suivantes :

- taxe sur l'électricité consommée ;
- taxe sur l'eau ;
- taxe sur la publicité à l'aide soit de panneaux - réclames, d'affiches, soit d'enseignes lumineuses ; - taxe sur les établissements de nuit ;
- taxe d'abattage ;
- taxe de visite et poinçonnage des viandes ;

- taxe de visite sanitaire des huîtres et moules ;
- taxe sur les entrées payantes ;
- taxe sur les spectacles, jeux et divertissements ;
- taxe sur les locaux en garnis ;
- taxe sur les distributeurs de carburants.

Ces taxes directes et indirectes, dont les modalités d'assiette et de perception ainsi que les taux maxima sont déterminés par la loi, sont créées par délibération du conseil municipal dans les conditions prévues au titre V du Livre premier du présent code.

2. Les revenus du patrimoine communal : Les produits de l'exploitation du domaine et des services communaux comprennent :

a) les revenus du domaine privé immobilier :

- location de bâtiments ou terrains communaux ;
- revenus de logement et d'ameublement ;
- location des souks, loges ou stalles de boucherie, restaurants, gargotes et cantines.

b) les revenus du domaine public :

- produits des droits de places perçus dans les halles, foires, marchés, abattoirs et parcs à bestiaux d'après les tarifs dûment établis ;
- produits des permis de stationnement et de location sur la voie publique ;
- produits des droits de voirie ;
- produits des terrains affectés aux inhumations ;
- produits des concessions dans les cimetières ;
- droits de fourrière ;
- taxe sur les terrasses de cafés, balcons et constructions en saillie.

c) les revenus divers, notamment :

- 60 % du produit des amendes prononcées en matière correctionnels ou de simple police pour les contraventions et délits commis sur le territoire de la commune ;
- produits des services communaux ;
- remboursement des frais d'hospitalisation du personnel ;
- produits des expéditions des actes administratifs et des actes de l'état civil ;
- droit de légalisation ;
- droit de séjour de cercueil au dépositoire ;

- produits des pompes funèbres et tarifs pour l'élévation de monument au cimetière ;

- taxe de désinfection et de désinsectisation.

3. Les ristournes accordées par l'État comprennent :

- La quote-part allouée aux communes sur le produit de la taxe sur les véhicules recouvrée par l'État ;

- La quote-part revenant aux communes sur le produit de la taxe sur la plus-value immobilière perçue par l'État.

4. Les contributions du fonds de dotation de la décentralisation.

D'une façon générale, toutes les ressources actuellement perçues par les communes ainsi que celles dont la perception est autorisée par les lois et règlements.

> **NOTE :** La loi n° 2019-12 du 08 juillet 2019 reprend intégralement l'article 195 afin d'y prévoir la « *contribution économique locale* », nouvel impôt qui remplace la « *contribution des patentes* ».
>
> Elle a également permis de faire un toilettage de cet article en supprimant, d'une part, des revenus qui n'existent plus dans le Code général des Impôts, à savoir :
>
> - les centimes additionnels ;
> - la taxe sur la valeur des locaux servant à l'exercice d'une profession;
> - les licences à la charge des commerçants de boissons en addition au droit de licence.
>
> D'autre part, cette loi a permis de corriger certaines omissions en intégrant dans le CGCT :
>
> - la partie de la contribution globale unique revenant à la commune ;
> - la partie de la contribution globale foncière revenant à la commune.
>
> Cette loi introduit, en outre, un article 195 bis pour définir les modalités de répartition de la contribution économique locale sur la valeur ajoutée (CEL/VA)

Jurisp. **: Cour suprême, arrêt n°21 du 24 mars 2016, REGI PUB S.A., REGIDAK CAURIS COM c/ Commune de Mermoz-Sacré-Cœur.**

La COUR

Vu la requête reçue le 7 avril 2015 au greffe central par laquelle les sociétés REGI PUB SA, REGIDAK et CAURIS COM SARL, élisant domicile en l'étude de la SCP Mame Adama Gueye & Associés, avocats à la cour, sollicitent l'annulation de la délibération du conseil municipal de la Commune de Mermoz Sacré – Cœur, approuvée par le Sous-Préfet des Almadies le 5 février 2015 sous le numéro 015/AA/SPA, fixant notamment les taux et les modalités d'assiette sur la publicité ;

Après en avoir délibéré conformément à la loi ;

Considérant que par délibération du 21 janvier 2015, approuvée par le Sous-préfet des Almadies le 5 février 2015 sous le n° 015/AA/SPA, le conseil municipal de la Commune de Mermoz Sacré-Cœur a fixé les taux, modalités d'assiette sur la publicité faite soit à l'aide de panneaux, soit à l'aide d'enseignes et les redevances sur les mobiliers urbains, les panneaux lumineux et les charriots ;

Sur la recevabilité du recours

Considérant que la Commune de Mermoz Sacré-Cœur conclut à l'irrecevabilité de la requête en premier lieu pour défaut d'intérêt à agir en ce que la simple qualité de société ayant pour objet l'installation de panneaux publicitaires ne peut aucunement justifier l'intérêt des sociétés requérantes à entendre annuler la délibération du conseil municipal dont la finalité est de trouver des ressources nécessaires pour le fonctionnement des institutions de la commune et en second lieu pour violation de l'article 232 du code général des collectivités locales en ce que les requérantes n'ont pas adressé au représentant de l'État, préalablement à leur recours, une demande exposant l'objet et les motifs de la réclamation ;

Considérant que, d'une part, le recours pour excès de pouvoir est ouvert à ceux qui peuvent justifier que l'annulation qu'ils demandent, présente pour eux un intérêt personnel lequel s'entendant comme le droit de ne pas souffrir personnellement de l'illégalité ;

Considérant que la délibération attaquée prévoit le paiement d'un droit d'entrée de dix millions par toute personne physique ou morale qui souhaiterait faire la publicité commerciale dans la commune, pour maximum cinq panneaux ;

Qu'ainsi les requérantes, qui sont des sociétés de publicité, ont intérêt et qualité à agir d'autant que le Maire de Mermoz Sacré-Cœur leur a adressé individuellement des lettres d'information avant l'adoption de la délibération ;

Considérant, d'autre part, qu'aux termes de l'article 232 du code général des collectivités locales « *aucune action judiciaire autre que les actions possessoires ne peut, à peine d'irrecevabilité, être intentée contre une collectivité locale qu'autant que le demandeur a préalablement adressé au représentant de l'État, par lettre recommandée avec accusé réception, un mémoire exposant l'objet et les motifs de sa réclamation.*

L'action ne peut être portée devant les tribunaux qu'un mois après que le représentant de l'État a reçu le mémoire, sans préjudice des actes conservatoires» ;

Considérant qu'au sens de ce texte, les actions judiciaires visées sont celles introduites devant les tribunaux et tendant à faire reconnaitre un droit sur une collectivité locale et non le recours pour excès de pouvoir qui est un recours objectif dirigé contre un acte administratif ; qu'il n'a donc pas vocation à s'appliquer en l'espèce ;

Qu'il s'ensuit que le recours est recevable ;

Sur l'exception d'inconstitutionnalité

Considérant que la commune défenderesse soulève l'exception d'inconstitutionnalité en soutenant que les dispositions de l'article 195 du code général des collectivités locales sont entachées d'une incompétence négative du législateur affectant le principe de libre administration des collectivités locales en ce que la loi dont les dispositions donnent compétence pour déterminer les modalités d'assiette et de perception n'a pas été adoptée et que par cette omission, le législateur méconnait sa propre et exclusive compétence tirée des articles 67 et 102 de la Constitution ;

Considérant qu'il résulte de l'article 92 de la Constitution que le Conseil constitutionnel connait des exceptions d'inconstitutionnalité soulevée devant la Cour suprême ;

Considérant qu'aux termes des dispositions de l'article 20 de la loi organique n°92-23 du 30 mai 1992 sur le Conseil constitutionnel, modifiée « *lorsque la solution d'un litige porté devant le Conseil d'État ou la Cour de cassation (remplacés par la Cour suprême) est subordonnée à l'appréciation de la conformité des dispositions d'une loi ou des stipulations d'un accord international à la constitution, la haute juridiction saisit obligatoirement le Conseil constitutionnel de l'exception d'inconstitutionnalité ainsi soulevée et sursoit à statuer jusqu'à ce que le Conseil constitutionnel se soit prononcé ...* » ;

Considérant qu'en l'espèce, la solution du litige n'est pas subordonnée à l'appréciation par le Conseil constitutionnel de la conformité à la Constitution de l'article incriminé ; qu'il y a lieu de rejeter l'exception soulevée ;

Sur le moyen tiré de la violation de l'article 195 du code général des collectivités locales en ce que la Commune de Mermoz Sacré-Cœur a fixé le taux et les modalités d'assiette, les redevances sur les mobiliers urbains alors que les taux des taxes directes et indirectes, de même que les modalités d'assiette et de perception sont déterminés par la loi ;

Considérant que selon l'article 195 du code général des collectivités locales, la taxe sur la publicité, dont les modalités d'assiette et de perception ainsi que les taux maxima sont déterminés par la loi, est créée par délibération du conseil municipal dans les conditions prévues au titre V du Livre premier du code ;

Considérant qu'ainsi la délibération attaquée, qui a fixé les modalités d'assiette et de perception ainsi que les taux maxima, empiétant dans le domaine de la loi, est entachée d'illégalité et encourt par conséquent l'annulation ;

PAR CES MOTIFS :

Déclare recevable le recours des sociétés REGIE PUB S.A., REGIDAK et CAURIS COM SARL ;

Rejette l'exception d'inconstitutionnalité ;

Annule la délibération du conseil municipal de la Commune de Mermoz Sacré-Cœur fixant les taux, les modalités d'assiette sur la publicité ainsi que les redevances sur les mobiliers urbains, approuvée par le Sous-préfet des Almadies du 05 février 2015 sous le n° 015/AA/SPA.

Article 195 bis.-

La contribution sur la valeur locative des locaux professionnels est perçue au profit de la commune sur le territoire de laquelle les locaux d'exploitation sont situés sous réserve des dispositions de l'article 185 bis.

Le produit de la contribution sur la valeur ajoutée recouvré et en attente de répartition est imputé dans un compte de dépôt ouvert dans les livres du Trésor public intitulé « contribution économique locale / valeur ajoutée ».

Le produit de la contribution sur la valeur ajoutée est reparti dans trois guichets :

- un guichet « allocation minimale » ;
- un guichet « stabilisation » ;
- un guichet « équité territoriale ».

1. Guichet « allocation minimale »

L'allocation minimale par commune est fixée par arrêté conjoint du Ministre chargé des finances et du Ministre chargé des collectivités territoriales. Elle ne peut être inférieure à douze millions (12 000 000) de francs CFA, par an, et est destinée à la prise en charge de dépenses de personnel régulièrement autorisées.

2. Guichet « stabilisation »

Le guichet « stabilisation » restitue, à l'identique, la différence entre les recettes de l'ex contribution des patentes au titre de la dernière année précédant l'abrogation des dispositions relatives à ladite contribution et celles de la contribution sur la valeur locative des locaux professionnels.

Si les ressources du guichet sont insuffisantes pour une stabilisation à l'identique, il est procédé à une stabilisation proportionnelle à la baisse des recettes en matière de l'ex contribution des patentes, par voie règlementaire.

Les ressources du guichet « stabilisation » sont inférieures ou égales à 70% du produit de la contribution économique sur la valeur ajoutée, à répartir, diminué préalablement des allocations minimales.

Le guichet « stabilisation » est pourvu en ressources pour une durée de quatre ans. Cette période peut être prorogée, en cas de besoin, par décision du Ministre chargé des Collectivités territoriales.

3. Guichet « équité territoriale »

Le guichet « équité territoriale » fait l'objet d'une répartition entre les communes, en fonction de la population et de l'indice de pauvreté par commune.

Les ressources du guichet équité territoriale, sont au moins supérieures ou égales, à 30% du produit de la contribution sur la valeur ajoutée, à répartir, diminué préalablement des allocations minimales. Le guichet « équité territoriale » et le guichet « stabilisation » sont pourvus en ressources, une fois le guichet « allocation minimale » alimenté.

La contribution sur la valeur ajoutée fait annuellement l'objet d'une répartition, entre toutes les collectivités territoriales qui ont le statut de commune, dont les modalités sont précisées par décret.

Section 3 : Recettes d'investissement des Collectivités territoriales

Article 196

Les recettes d'investissement comprennent :

1. Les recettes temporaires ou accidentelles et notamment :
   - les dons et legs assortis de charges d'investissements ;
   - les fonds de concours,
   - les fonds d'emprunt ;
   - le produit de la vente de biens, de l'aliénation ou échange d'immeubles ;
   - le produit de la vente des animaux ou matériels mis en fourrière et non réclamés dans les délais réglementaires ;
   - le produit des centimes additionnels extraordinaires dûment autorisés.
2. Les crédits alloués par le budget de l'État ou par tout autre organisme public sous forme de fonds de concours pour grands travaux d'urbanisme et de dépenses d'équipement, suivant les devis et plans de campagne délibérés par le conseil de la Collectivité territoriale.

3. Les prélèvements effectués au profit de la section d'investissement à partir de la section de fonctionnement.

Article 197

Les fonds de concours de l'État dont il n'aura pas été fait emploi par les Collectivités territoriales bénéficiaires, soit dans l'année qui suit celle pour laquelle ils ont été accordés, soit dans les délais prévus par la décision d'attribution qui ne saurait être inférieure à une année, sont annulés et reversés à l'État.

Il ne pourra être dérogé à ces prescriptions que pour les fonds de concours alloués pour exécution d'un programme de travaux susceptibles de s'étendre sur plusieurs années.

Article 198

Les Collectivités territoriales exploitant des équipements marchands peuvent instituer des taxes sur l'utilisation de ces établissements.

Un décret fixe les taux maxima ainsi que les modalités de perception des taxes visées au présent article.

Section 4 : Avances

Article 199

L'État peut consentir des avances aux Collectivités territoriales qui justifient :

- que leur situation de caisse compromet le règlement des dépenses indispensables et urgentes,
- que cette situation n'est pas due à une insuffisance des ressources ou à un déséquilibre budgétaire.

Section 5 : Dépenses

Article 200

Les dépenses comprennent les dépenses de fonctionnement et les dépenses d'investissement.

Les dépenses de fonctionnement ont un caractère permanent et permettent à la collectivité de faire face à ses charges et obligations courantes.

Les dépenses d'investissement permettent la réalisation des équipements, bâtiments et infrastructures ainsi que l'acquisition de matériels relatifs à ces travaux.

Article 201

Les dépenses de fonctionnement sont obligatoires ou facultatives.

Les dépenses obligatoires sont celles qui doivent nécessairement figurer au budget

- soit parce que la loi l'impose à toutes les Collectivités territoriales ou seulement à celles qui remplissent certaines conditions ;
- soit parce que, tout en laissant un caractère facultatif à la création de certains services publics ou à la fixation des programmes de développement, la loi fait obligation aux Collectivités territoriales d'inscrire à leur budget les dépenses correspondantes, dès lors que ces services ont été créés ou que ces programmes ont été inscrits au plan de développement.

Les dépenses obligatoires doivent faire l'objet d'ouverture de crédits jugé suffisants par le représentant de l'État, dans les conditions prévues au Titre V du Livre premier du présent code, avant qu'il soit possible à la commune d'inscrire les dépenses facultatives.

Article 202

Sont obligatoires, dans les conditions définies par l'article précédent, les dépenses suivantes :

1. l'entretien du siège de la Collectivité territoriale, à l'exclusion des aménagements somptuaires, la location d'immeuble pour en tenir lieu, l'entretien des bâtiments et des propriétés de la Collectivité territoriale;
2. Les frais de bureau, de bibliothèque et d'impression pour le service de la Collectivité territoriale, les frais de conservation des archives, les frais d'abonnement et de conservation des journaux officiels ;
3. les frais de registres et d'imprimés de l'état-civil, les frais d'établissement de la table décennale des actes de l'état-civil, les frais de fournitures de livrets de famille et les indemnités versées aux officiers de l'état-civil des centres secondaires ;
4. les frais de perception des taxes locales et des revenus de la Collectivité territoriale;
5. les traitements et salaires du personnel titulaire, à l'exclusion de tout personnel contractuel et journalier, les indemnités dont l'attribution est autorisée par les textes en vigueur en faveur des fonctionnaires rétribués sur un autre budget et chargés de service local;
6. les pensions et rentes à la charge de la Collectivité territoriale lorsqu'elles ont été régulièrement liquidées et approuvées ;

7. la clôture des cimetières, leur entretien et leur translation dans les cas déterminés par arrêté de l'autorité compétente ;

8. les frais d'établissement et de conservation des plans d'alignement et de nivellement ;

9. les prélèvements établis par les lois sur les biens et revenus de la Collectivité territoriale;

10. l'acquittement des dettes exigibles notamment les dépenses engagées et non mandatées arrêtées conjointement à la clôture de la gestion par l'ordonnateur et le comptable de la Collectivité territoriale, ainsi que les intérêts de la dette et les dépenses de remboursement de la dette en capital ;

11. les dépenses d'entretien et nettoiement des rues, chemins de voirie et places publiques situés sur le territoire de la Collectivité territoriale et n'ayant pas fait l'objet d'un arrêté de classement les mettant à la charge des budgets autres que celui de la Collectivité territoriale;

12. les dépenses des services publics locaux légalement établis et celles à la charge des Collectivités territoriales résultant d'un acte réglementaire ;

13. les dépenses occasionnées par l'application des articles 128 et 129 du présent code prévoyant l'exécution d'office, en cas de refus ou de négligence, de la part de l'autorité locale, des actes qui sont prescrits,

14. Les dépenses des services locaux de désinfection et d'hygiène dans les conditions déterminées par la réglementation en vigueur ;

15. la redevance au titre de participation au fonctionnement du service national de protection contre l'incendie, dont le taux et le mode de répartition sont fixés par décret ;

16. les dépenses nécessaires à la réalisation des programmes d'investissements ou des actions de développement délibérés par le conseil et inscrits au plan de développement ;

17. la participation au financement des projets locaux proposés par la Collectivité territoriale et adoptés par le comité permanent de coordination des petites aides et des projets locaux ;

18. les remises accordées aux chefs de village, délégués de quartier et préposés des marchés locaux.

Article 203

Sont obligatoires les dépenses induites par les transferts de compétences de l'État aux Collectivités territoriales dans les conditions précisées par la loi de transfert.

Article 204

Sont facultatives toutes les dépenses n'entrant pas dans les catégories obligatoires dont la nomenclature figurant ci-dessus est limitative.

Une dépense facultative ne peut être inscrite au budget que lorsqu'elle présente un caractère d'intérêt local.

Article 205

Le conseil de la Collectivité territoriale peut porter au budget un crédit pour les dépenses imprévues.

Dans la première session qui suit l'ordonnancement de chaque dépense, l'exécutif rend compte au conseil, avec pièces justificatives à l'appui, de l'emploi de ce crédit. Ces pièces demeurent annexées à la délibération.

Ce crédit ne peut être employé que pour faire face à des dépenses urgentes en vue desquelles aucune dotation n'est inscrite au budget.

Article 206

Les créances dont la liquidation, l'ordonnancement et le payement n'ont pu être effectués dans le délai de quatre ans à partir de l'ouverture de la gestion à laquelle elles appartiennent sont, sans préjudice des échéances prononcées par les lois antérieures ou consenties par des marchés ou conventions, prescrites et définitivement éteintes au profit des Collectivités territoriales à moins que le retard ne soit dû au fait de l'administration ou à l'existence de recours devant une juridiction.

Le délai est de cinq ans pour les créanciers domiciliés hors du territoire national.

Chapitre II : Comptabilité

Section 1 : Comptabilité de l'organe exécutif local et du comptable

Article 207

Le président du conseil départemental et le maire peuvent seuls délivrer des mandats. Si après mise en demeure, ils refusent d'ordonnancer une dépense régulièrement autorisée et liquidée, le représentant de l'État prend un arrêté valant mandat, dans les conditions prévues au Titre V du présent code.

> **Note** : Dans la pratique, cette disposition est difficile à appliquer car le représentant de l'État ne peut intervenir qu'à l'étape du mandatement.
>
> Or, pour qu'une dépense puisse être mandatée, elle doit, au préalable, être engagée et liquidée.
>
> Un ordonnateur qui refuse de mandater une dépense, ne l'engagera pas, encore moins, ne la liquidera, rendant ainsi l'intervention du représentant de l'État impossible.

Article 208

Toutes les recettes locales pour lesquelles les lois et règlements n'ont pas prescrit un mode spécial de recouvrement s'effectuent sur ordre de recette ou de reversement dressé par l'organe exécutif local sous réserve de l'application des dispositions de l'article 128 du présent code.

Les oppositions sont jugées conformément aux dispositions du code de procédure civile relative à la procédure fiscale.

Lorsque les créances à recouvrer sont déjà constatées par un titre exécutoire, tel qu'un jugement, un contrat, un bail, une déclaration ou tout autre titre exécutoire, l'organe exécutif local n'a pas à dresser l'ordre de recette ou de reversement et la poursuite de la recette se fait en vertu de l'acte même.

Dans ce cas, le receveur local doit être mis en possession d'une expédition en forme du titre et il est autorisé à demander, au besoin, remise à l'original, sur son récépissé.

Article 209

Le président du conseil départemental et le maire tiennent la comptabilité des recettes et des dépenses de la Collectivité territoriale.

Le compte administratif pour la gestion close doit être présenté au conseil qui en délibère.

Article 210

Les recettes et dépenses de la Collectivité territoriale sont exécutées par un comptable, chargé seul et sous sa responsabilité :

- de poursuivre la rentrée de toutes les recettes de la Collectivité territoriale et de toutes les sommes qui lui sont dues ;
- d'acquitter les dépenses ordonnancées par l'organe exécutif local, jusqu'à concurrence des crédits régulièrement ouverts ;
- d'assurer la garde des fonds et valeurs.

Le comptable public est tenu de transmettre à la Collectivité territoriale sa situation comptable mensuelle et son compte de gestion annuel.

Article 211

Les budgets et les comptes restent déposés au siège de la Collectivité territoriale où ils sont à la disposition du public.

Article 212

Sans préjudice de l'application des dispositions du Code pénal, toute personne autre que le receveur du département ou de la commune qui, sans autorisation légale, s'ingère dans le maniement des deniers de la Collectivité territoriale, est par ce seul fait, constitué comptable de fait. Elle peut, en outre, être poursuivie en vertu des dispositions du code pénal, comme s'étant immiscée sans titre dans les fonctions publiques.

Articles 152, 153,154 et 226 du Code pénal

Article 152.-Toute personne qui aura détourné ou soustrait ou tenté de détourner ou de soustraire, des deniers ou effets en tenant lieu, des pièces, titres de paiement, valeurs mobilières, actes contenant ou opérant obligation ou décharge, effets mobiliers, denrées, œuvres d'art ou objets quelconques au préjudice de l'État, d'une collectivité publique, d'un établissement public, d'une société nationale, d'une société d'économie mixte soumise de plein droit au contrôle de l'État, d'une personne morale de droit privé bénéficiant du concours financier de la puissance publique, d'un ordre professionnel, d'un organisme privé chargé de l'exécution d'un service public, d'une association ou fondation reconnues d'utilité publique, sera punie :

- s'il s'agit d'un simple particulier, d'un emprisonnement d'un à cinq ans ;
- s'il s'agit d'un agent civil ou militaire de l'État ou d'une collectivité publique, qu'il soit ou non comptable public, d'une personne revêtue d'un mandat public, d'un dépositaire public ou d'un officier public ou ministériel, d'un dirigeant ou d'un agent de toute nature des établissements publics, des sociétés nationales, des sociétés d'économie mixte soumises de plein droit au contrôle de l'État, des personnes morales de droit privé bénéficiant du concours financier de la puissance publique, des ordres professionnels, des organismes privés chargés de l'exécution d'un service public, des associations ou fondations reconnues d'utilité publique, d'un emprisonnement de cinq à dix ans.

Sera également puni de cinq à dix ans d'emprisonnement tout agent civil ou militaire de l'État ou d'une collectivité publique, qu'il soit ou non comptable public, toute personne revêtue d'un mandat public, tout dépositaire public et tout officier public ou ministériel qui aura détourné ou soustrait ou tenté de détourner ou de soustraire des deniers ou pièces au préjudice de personnes privées, à l'occasion de l'exercice de ses fonctions.

N.B.: Naguère appelé péculat dans l'ancien droit pénal français, le détournement de deniers publics était perçu comme un délit de fonction perpétré seulement par une personne chargée d'une mission de service public. Aujourd'hui, la notion a évolué à telle enseigne qu'avec l'usage, par l'article 152 ci-dessus, de l'expression « *simple particulier* », le délit peut être retenu contre quiconque maniant des deniers de l'État. C'est dire que la qualité de l'auteur (ex. agent de l'État) n'est qu'une circonstance aggravante du fait délictueux ; les peines varient simplement en fonction de la qualité de l'auteur de l'infraction.

Article 153.-Toute personne désignée au premier alinéa de l'article précédent qui aura obtenu ou tenté d'obtenir frauduleusement de l'État, d'une collectivité publique, d'une société nationale ou d'une société d'économie mixte soumise de plein droit au contrôle de l'État, au moyen de pièces fausses ou de manœuvres quelconques, des sommes d'argent ou des avantages matériels indus, sera punie des mêmes peines suivant les mêmes distinctions qu'à l'article précédent.

Sera également puni de cinq à dix ans d'emprisonnement, tout agent civil ou militaire de l'État ou d'une collectivité publique, toute personne revêtue d'un mandat public, tout dépositaire public ou officier public ou ministériel qui aura obtenu ou tenté d'obtenir frauduleusement d'une personne privée au moyen de pièces fausses ou de manœuvres quelconques, des sommes d'argent ou des avantages matériels indus à l'occasion de l'exercice de ses fonctions.

Article 154.- (Loi n° 69-47 du 16 juillet 1969) : Dans les cas exprimés aux deux articles précédents, il sera toujours prononcé contre le condamné une amende de 20.000 à 5.000.000 de FCFA.

La confiscation de tous les biens du condamné sera obligatoirement prononcée dans les conditions prévues aux articles 30 à 32 lorsque les sommes ou objets détournés ou soustraits n'auront pas été remboursés ou restitués en totalité au moment du jugement.

Art. 226.- Quiconque, sans titre, se sera immiscé dans des fonctions publiques, civiles ou militaires, ou aura fait acte d'une de ces fonctions, sera puni d'un emprisonnement de deux à cinq ans, sans préjudice de la peine de faux si l'acte porte le caractère de cette infraction.

Article 213

Les gestions de fait afférentes aux comptes des Collectivités territoriales sont déférées à la Cour des comptes et jugées par elle. Dans ce cas, les comptes du comptable, partant depuis le début de la gestion de fait, sont transmis d'office à la Cour des comptes.

Section 2 : Comptabilité des matières

Article 214

Dans chaque Collectivité territoriale, l'organe exécutif tient une comptabilité matières dans les conditions fixées par la réglementation en vigueur.

Article 215

Le conseil de la Collectivité territoriale délibère sur la gestion des biens et sur les opérations immobilières effectuées par la Collectivité territoriale.

Article 216

Les baux, les accords amiables et conventions quelconques ayant pour objet la prise en location pour une durée qui dépasse dix-huit ans ainsi que les acquisitions d'immeubles ou de droits immobiliers sont conclus dans les formes fixées par les règlements en vigueur.

Article 217

Le prix des acquisitions immobilières effectuées par les Collectivités territoriales est payé dans les conditions prévues par la réglementation en vigueur pour les opérations analogues effectuées par l'État.

Article 218

La vente des biens appartenant aux Collectivités territoriales est assujettie aux mêmes règles que celles des biens appartenant à l'État.

Article 219

Les Collectivités territoriales peuvent être propriétaires de rentes sur l'État, notamment par l'emploi, à l'achat de titres, de capitaux provenant de remboursements faits par des particuliers, d'aliénation, des soultes, d'échanges, de legs et donations.

Le placement en rentes sur l'État s'opère en vertu d'une délibération du conseil de la Collectivité territoriale.

Les capitaux disponibles sont versés au Trésorier général qui doit faire l'achat des rentes et en remettre les inscriptions ou actions au receveur local chargé de leur conservation.

Les Collectivités territoriales peuvent également faire procéder par le trésorier général ou les receveurs locaux à l'achat d'obligations qui seraient émises par le trésorier ou d'autres Collectivités territoriales.

Les inscriptions de rentes possédées par les Collectivités territoriales sont considérées comme immeubles.

Chapitre III : Dons et legs

Article 220

Les délibérations du conseil de la Collectivité territoriale ayant pour objet l'acceptation des dons et legs, lorsqu'il y a des charges ou conditions, ne sont exécutoires qu'après avis conforme du Ministre chargé des Collectivités territoriales et du Ministre chargé des Finances.

S'il y a réclamation des prétendants à la succession, quelles que soient la quotité et la nature de la donation ou du legs, l'autorisation ne peut être accordée que par décret.

Article 221

L'organe exécutif local peut toujours, à titre conservatoire, accepter les dons ou legs et former avant l'autorisation toute demande en délivrance.

Le décret prévu à l'alinéa 2 de l'article précédent ou la délibération du conseil qui intervient, ultérieurement, prend effet du jour de cette acceptation.

L'acceptation doit être faite sans retard et autant que possible dans l'acte même qui constitue la donation. Dans le cas contraire, elle a lieu par un acte séparé, également authentique et doit être notifiée au donateur conformément aux dispositions du Code des Obligations civiles et commerciales.

Article 222

Les Collectivités territoriales et leurs groupements acceptent librement les dons ou legs qui leur sont faits sans charge, conditions, ni affectation immobilière.

Dans tous les cas où les dons et legs donnent lieu à des réclamations des familles, l'autorisation de les accepter est donnée par décret.

Article 223

Dans les cas où le produit de la libéralité ne permet plus d'assurer ces charges, un décret, pris après avis de la Cour suprême, peut autoriser la Collectivité territoriale à affecter ce produit à un autre objet conforme aux intentions du donateur ou du testateur.

À défaut, les héritiers peuvent revendiquer la restitution de la libéralité.

Chapitre IV : Biens et droits indivis entre plusieurs Collectivités territoriales

Article 224

Lorsque plusieurs Collectivités territoriales possèdent des biens ou des droits indivis, un décret institue, si l'une d'elles le réclame, une commission composée de délégués des conseils des Collectivités territoriales intéressées.

Chacun des conseils élit, en son sein, au scrutin secret, le nombre de délégués fixé par le décret de création.

La commission est présidée par un syndic élu par les délégués parmi eux. Une nouvelle commission est instituée après chaque renouvellement des conseils concernés.

Les délibérations sont soumises à toutes les règles établies pour les délibérations du conseil des Collectivités territoriales.

Article 225

Les attributions de la commission et de son président comprennent l'administration des biens et droits indivis et l'exécution des travaux qui s'y rattachent.

Ces attributions sont les mêmes que celles des conseils des Collectivités territoriales et de leurs organes exécutifs en pareille matière.

Les ventes, échanges, partages, acquisitions et transactions demeurent réservés aux conseils qui peuvent autoriser le président de la commission à passer les actes qui y sont relatifs.

Article 226

La répartition des dépenses votées par la commission est faite entre les Collectivités territoriales intéressées par leur conseil.

En cas de désaccord entre les conseils intéressés d'un même département, le représentant de l'État compétent y procède. Si les conseils appartiennent à des départements différents, il est statué par arrêté du Ministère chargé des Collectivités territoriales.

La part de la dépense définitivement assignée à chaque Collectivité territoriale est portée d'office aux budgets respectifs, conformément au Titre V du livre premier du présent code.

Chapitre V : Travaux des Collectivités territoriales

Article 227

Toute construction nouvelle ou reconstruction pour le compte de la Collectivité territoriale ne peut être faite que sur la production de plans et devis mis à la disposition du conseil de la Collectivité territoriale.

Article 228

Le budget de la Collectivité territoriale doit comprendre les ressources nécessaires à l'exécution des travaux neufs, de construction ou de grosses réparations à effectuer au cours de l'année financière pour laquelle il a été voté.

Le conseil détermine l'ordre de priorité de ces travaux suivant leur caractère d'urgence et de nécessité.

Lorsque la durée des travaux doit excéder une année, le conseil évalue la dépense globale nécessaire à l'exécution de ces travaux et procède à une répartition de cette dépense par gestion budgétaire.

Chapitre VI : Actions en justice

Article 229

Le conseil de la Collectivité territoriale délibère sur les actions à intenter ou à soutenir au nom de la Collectivité territoriale.

Article 230

L'organe exécutif local, en vertu de la délibération de son conseil, représente en justice la Collectivité territoriale.

Il peut toujours, sans autorisation préalable du conseil, faire tous actes conservatoires ou interruptifs des déchéances.

Article 231

Tout contribuable inscrit au rôle de la Collectivité territoriale a le droit d'exercer, comme demandeur ou défendeur, à ses frais et risques, avec l'autorisation du représentant de l'État, les actions qu'il croit appartenir à la Collectivité territoriale et que celle-ci, préalablement appelée à en délibérer, a refusé ou négligé d'exercer.

Le contribuable adresse au représentant de l'État un mémoire détaillé dont lui est délivré récépissé. Le représentant de l'État transmet immédiatement ce mémoire à l'organe exécutif concerné, en l'invitant à le soumettre à son conseil, spécialement convoqué à cet effet dans un délai de deux mois. Ce délai de convocation peut être abrégé.

Dans le cas où le conseil refuse d'agir en justice, le représentant de l'État peut autoriser le demandeur à s'y substituer.

La décision du représentant de l'État doit être motivée. Elle est susceptible de recours devant le juge administratif.

Article 232

Aucune action judiciaire autre que les actions possessoires ne peut, à peine d'irrecevabilité, être intentée contre une Collectivité territoriale qu'autant que le demandeur a préalablement adressé au représentant de l'État, par lettre recommandée avec accusé de réception, un mémoire exposant l'objet et les motifs de sa réclamation.

L'action ne peut être portée devant les tribunaux qu'un mois après que le représentant de l'État eut reçu le mémoire, sans préjudice des actes conservatoires.

La présentation du mémoire interrompt toute prescription ou déchéance, si elle est suivie d'une demande en justice dans le délai de trois mois.

Note : Cet article reprend les anciennes dispositions de l'article 295 du Code des Collectivités locales issu de la loi n°96-06 du 22 mars 1996 qui posaient le principe de la saisine préalable du représentant de l'État avant toute saisine de l'autorité judiciaire. Cet article institue en quelque sorte un recours gracieux dont le non-respect est sanctionné par l'irrecevabilité de l'action. Mais cette sanction ne met pas fin à l'action puisque le demandeur, après régularisation de la procédure, pourra toujours revenir devant le juge et lui soumettre à nouveau sa demande lorsque le recours gracieux ne lui aura pas donné satisfaction.

Jurisp. : Tribunal régional Hors Classe de Dakar, jugement n°716/14 du 04 juin 2014, Société Doyoly Entreprise Suarl c/ Ville de Pikine, ***inédit.***

Sur ce :

Attendu qu'il résulte des dispositions de l'article 295 du code des Collectivités locales qu'aucune action judiciaire autre que les actions possessoires ne peut, à peine d'irrecevabilité être intenté contre une collectivité locales qu'autant que le demandeur a préalablement adressé au représentant de l'État, par lettre recommandée avec accusé de réception, un mémoire exposant l'objet et les motifs de sa réclamation ; l'action ne peut être portée devant les tribunaux qu'un mois après que le représentant de l'État ait reçu le mémoire, sans préjudice des actes conservatoires ;

Attendu qu'en l'espèce, il ne ressort pas des pièces versées aux débats qu'une telle formalité ait été satisfaite par la société Doyoly Entreprise Suarl, préalablement à son action en paiement initiée contre la ville de Pikine ;

Que sous ce rapport, il y a lieu de déclarer l'action irrecevable pour défaut de saisine du représentant de l'État et mettre les dépens de l'instance à la charge de la demanderesse pour avoir succombé, en application des dispositions de l'article 81 du code de procédure civile ;

PAR CES MOTIFS,

Statuant publiquement, par défaut à l'égard de la ville de Pikine, en matière commerciale et en premier ressort ;

En la forme :

Déclare l'action irrecevable pour défaut de saisine du représentant de l'État ;

Met les dépens de l'instance à la charge de la société Doyoly entreprise suarl.

Dans le même sens, **Tribunal régional Hors Classe de Dakar, jugement n°104/14 du 05 février 2014, Entreprise Seysougou Services c/ Mairie de la ville de Pikine, inédit ; Tribunal régional Hors Classe de Dakar, jugement n°105/14 du 05 février 2014, Entreprise Touneg International c/ Mairie de la ville de Pikine, inédit.**

Tribunal régional Hors Classe de Dakar, jugement n°106/14 du 05 février 2014, Société Keur Fatou Carreaux représentée par Pathé Mboup c/ Mairie de la ville de Pikine, inédit.

Sur ce :

Attendu qu'il résulte des dispositions de l'article 295 du code des Collectivités locales qu'aucune action judiciaire autre que les actions possessoires ne peut, à peine d'irrecevabilité, être intentée contre une collectivités locale qu'autant que le demandeur a préalablement adressé au représentant de l'État, par lettre recommandée avec accusé de réception, un mémoire exposant l'objet et les motifs de sa réclamation ; l'action ne peut être portée devant les tribunaux qu'un mois après que le représentant de l'État ait reçu le mémoire, sans préjudice des actes conservatoires ;

Attendu que même si l'examen des pièces du dossier révèle que par courrier du 06 mars 2013, la société demanderesse a, par le canal de son conseil, adressé au Maire de la ville de Pikine une demande administrative de règlement amiable d'une créance, il reste qu'au sens du texte précité la demande préalable à l'action en paiement doit être adressée au représentant de l'État de la localité concernée qui, en l'espèce, est le préfet de la ville de Pikine ;

Que sous ce rapport, il y a lieu de déclarer l'action irrecevable pour non saisine du représentant de l'État et de mettre les dépens de l'instance à la charge de la société Keur Fatou Carreaux qui a succombé, en application des dispositions de l'article 81 du code de procédure civile ;

PAR CES MOTIFS :
Statuant publiquement, par défaut à l'égard de la Mairie de la ville de Pikine, en matière commerciale et en premier ressort ;

En la forme :
Vu les dispositions de l'article 295 du code des Collectivité locales ;
Déclare l'action irrecevable pour défaut de saisine du représentant de l'État ;
Met les dépens de l'instance à la charge de la société Keur Fatou Carreaux.

Article 233

Le représentant de l'État adresse immédiatement le mémoire à l'organe exécutif concerné avec l'invitation de convoquer son conseil dans le plus bref délai pour en délibérer.

Article 234

La partie qui a obtenu une condamnation contre la Collectivité territoriale n'est point passible des charges ou contributions imposées pour l'acquittement des frais et dommages-intérêts qui résultent du procès.

Article 235

Le recours à la Cour suprême ou à la Cour d'Appel doit être notifié par leurs auteurs au représentant de l'État qui peut présenter des observations.

Chapitre VII : Création des établissements publics locaux et participation à des sociétés à participation publique ou à des entreprises privées

Article 236

Les Collectivités territoriales peuvent créer des établissements publics locaux conformément aux dispositions légales relatives aux établissements publics, aux sociétés à participation publique et aux personnes morales de droit privé bénéficiant du concours financier de la puissance publique.

Article 237

Les Collectivités territoriales peuvent, par délibération de leurs conseils, soit acquérir des actions ou obligations des sociétés chargées d'exploiter des services locaux, soit recevoir à titre de redevance des actions d'apports ou parts des fondateurs émises par lesdites sociétés, dans les conditions fixées à l'article 245 du présent code.

Les statuts de ces sociétés doivent stipuler en faveur de la Collectivité territoriale:

1. si elle est actionnaire, l'attribution statutaire en dehors de l'assemblée générale d'un ou de plusieurs représentants au conseil d'administration ;
2. si elle est obligataire, le droit de faire défendre ses intérêts auprès de la société par un délégué spécial. Les modifications aux statuts de sociétés susvisées qui intéressent les Collectivités territoriales doivent être approuvées par les autorités désignées à l'article précédent.

Article 238

Les titres visés à l'article précédent doivent être mis sous forme nominative ou représentés par des certificats nominatifs.

Ils sont conservés par le receveur local même s'ils sont affectés à la garantie de la gestion du conseil d'administration.

Article 239

Les titres affectés à la garantie de la gestion du conseil d'administration sont inaliénables.

L'aliénation des autres titres visés à l'article 237 du présent code ne peut avoir lieu qu'en vertu d'une délibération approuvée dans les mêmes conditions que la décision d'acquérir.

Article 240

La responsabilité civile afférente aux actes accomplis en tant qu'administrateur de la société, par le représentant d'une Collectivité territoriale au conseil d'administration de la société dont elle est actionnaire, incombe à la Collectivité territoriale, sous réserve d'une action récursoire contre l'intéressé.

Article 241

La participation des Collectivités territoriales ou du groupement de ces collectivités ne peut excéder 33 % du capital social des entreprises ou organismes visés à la présente section.

Article 242

Les sociétés visées à la présente section sont soumises au contrôle de l'État dans les conditions prévues par la législation et la réglementation en vigueur.

TITRE VI

DU CONTROLE DE LEGALITE DES COLLECTIVITES LOCALES

Chapitre I : Contrôle de légalité

Note *:* Le contrôle de légalité est la procédure par laquelle, le représentant de l'État s'assure de la conformité à la loi des actes pris par les Collectivités territoriales.

Au plan formel, le contrôle de légalité consiste à une analyse juridique par le représentant de l'État des actes des Collectivités territoriales pour en vérifier la conformité avec les règles de droit applicable en la matière.

Au plan matériel, il s'agit pour le représentant de l'État de dérouler un ensemble d'opérations qui vont de la réception de l'acte jusqu'à la matérialisation du contrôle, en passant par la délivrance de l'accusé de réception. (Voir Biram SENE, (substitut du procureur, Près Le Tribunal de grande instance hors classe de Dakar) « collectivités locales et contrôle de légalité », discours d'usage de la rentrée des cours et tribunaux, prononcé le 12 janvier 2016.)

Voir l'article du Professeur Ismaila Madior FALL, « contrôle de la légalité des actes des collectivités locales au Sénégal », décembre 2004, *Afrilex n°5 ;*

SENE Biram, « Collectivités locales et contrôle de légalité », *Revue l'Administrateur de l'Amicale des Administrateurs Civils du Sénégal (AACS),* n°3, mai 2016, p 63 à 73 ;

SENE Biram, Discours d'usage de la rentrée des cours et tribunaux sur le thème « Collectivités locales et contrôle de légalité », janvier 2016.

Article 243

Les actes pris par les Collectivités territoriales sont transmis au représentant de l'État auprès, du département ou de la commune, lequel en délivre aussitôt accusé de réception.

La preuve de la réception des actes par le représentant de l'État peut être apportée par tout moyen. L'accusé de réception qui est immédiatement délivré peut être utilisé comme preuve.

Pour les actes ci-dessous énumérés, le représentant de l'État dispose d'un délai de quinze jours pour en demander une seconde lecture. Cette demande revêt un caractère suspensif, aussi bien pour le caractère exécutoire de l'acte que pour tout délai de procédure contentieuse.

Sont concernés par ces dispositions les actes suivants :

- les délibérations des conseils ou les décisions prises par délégation des conseils ;
- les actes à caractère réglementaire pris par les Collectivités territoriales dans tous les domaines qui relèvent de leur compétence en application de la loi ;
- les conventions relatives aux marchés ainsi que les conventions de concession ou d'affermage de services publics locaux à caractère industriel ou commercial ;
- les décisions individuelles relatives à la nomination, à l'avancement de grade ou d'échelon d'agents des Collectivités territoriales;
- les décisions individuelles relatives aux sanctions soumises à l'avis du conseil de discipline et au licenciement d'agents des Collectivités territoriales.

Ces actes sont exécutoires de plein droit, quinze jours après la délivrance de l'accusé de réception, sauf demande de seconde lecture de la part du représentant de l'État, et après leur publication ou leur notification aux intéressés.

Ce délai de quinze jours peut être réduit par le représentant de l'État à la demande du président du conseil départemental ou du maire.

Note : Sur le fondement des articles 243 et 244 CGCT, les actes des Collectivités territoriales sont exécutoires de plein droit à une double condition :

1- qu'il soit transmis au représentant de l'État qui délivre l'accusé de réception ;

Pour l'ensemble des collectivités, le nombre d'actes transmis est de:

- pour l'année 2012 : 9397, soit une moyenne de 16.45 actes par collectivité locale et 1.37 actes par mois ;
- pour 2013 : 11 697 transmis, soit en moyenne 20.48 par collectivité et 1.70 acte par mois ;
- pour 2014 : 8705 actes transmis, soit 14.53 par collectivité et 1.21 acte par mois ;
- pour 2015, les chiffres sont respectivement de 10587, 17,67 et 1,47 ;
- Pour 2016 nous avons respectivement, 18. 207,30.39 et 2.53.

2 - qu'il soit publié ou notifié.

Il convient de préciser ici que la publication concerne les actes règlementaires qui, par essence, ont une portée générale et impersonnelle tandis que la notification est d'usage lorsqu'il s'agit d'acte individuel ou qui concerne un collectif bien identifié.

Il est important également de noter que la transmission des actes au représentant de l'État est obligatoire pour tous les actes quel qu'en soit la nature. Toutefois, le défaut de transmission n'enlève pas la validité de l'acte, mais met en suspend le caractère exécutoire et les délais de recours.

L'accusé de réception revêt une importance particulière, car il informe l'autorité locale de la date à laquelle son acte a été reçu et indique de façon précise le point de départ du délai dont dispose l'autorité administrative pour se prononcer sur cette partie, l'envoyer en seconde lecture ou formuler un recours en annulation. C'est pourquoi, il convient de disposer d'imprimés d'accusé de réception au niveau du bureau chargé des courriers (arrivée) et de donner des instructions précises à l'agent charge du bureau pour la délivrance systématique de l'accusé de réception.

Ces actes sont exécutoires 15 jours après leur transmission au représentant de l'État et, suite à leur notification ou publication, si aucun grief n'est retenu contre un acte de cette nature, il devient exécutoire au bout de ce délai. Lorsque des griefs sont soulevés contre l'acte, le représentant de l'État le retourne à son auteur par le biais d'une demande de seconde lecture.

Cette saisine révèle un caractère suspensif aussi bien pour le caractère exécutoire de l'acte que pour les délais de procédures contentieuses.

La demande de seconde lecture consiste à saisir (par lettre) l'autorité dont émane l'acte pour lui notifier les irrégularités qui y sont constatées et l'inviter, le cas échéant, à les corriger.

Curieusement, ce moyen pourtant si efficace, mis à la disposition des représentants de l'État pour faire corriger à une autorité locale les erreurs qui se seraient glissées sur ses décisions, est très rarement utilisé.

Pour preuve, au titre de l'exercice 2004, sur les 1.025 actes transmis et relevant de l'article 334, seuls 17 actes ont fait l'objet d'une demande de seconde lecture.
En 2005, sur les 1.936 actes, seuls 5 ont fait l'objet d'une demande de seconde lecture et l'ensemble de ces 5 cas ne concerne que la seule Communauté rurale de GAE.

Cet état de fait, loin de constituer un épiphénomène, tend à s'accentuer. Ainsi, au cours de l'exercice 2012,2013,2014,2015 et 2016 sur les 16.953 actes transmis sur le fondement de l'article 243 du Code général des Collectivités territoriales, seuls 361 ont été renvoyés en seconde lecture, soit un taux de 2.12%.

En 2014, sur les 3.644 actes, seuls 123 ont fait l'objet d'une demande de seconde lecture. *(SENE Biram, Discours d'usage de la rentrée des cours et tribunaux sur le thème « Collectivités locales et contrôle de légalité », janvier 2016.)*

Jurisp. : Cour suprême, chambre administrative, arrêt n°44 du 26 juillet 2012, Ousmane Ly et autres c/ État du Sénégal.

Sur le premier moyen tiré des manquements au contrôle de légalité, en ce que le Sous-préfet devait, d'une part, relever la non-conformité entre l'ordre du jour et les délibérations soumises à son approbation, d'autre part, attendre, conformément à l'article 334 du Code des collectivités locales (CCL), de recevoir transmission des délibérations au lieu d'aller assister aux réunions du Conseil rural, enfin, user du délai de 15 jours pour demander une seconde lecture de la première délibération qu'il a approuvée 5 jours seulement après le vote et constater que les délibérations ne précisent ni le nombre de Conseillers présents, ni le nombre de votants ;

Considérant que, d'une part, il n'appartient pas au Sous-préfet de contrôler la conformité entre l'ordre du jour des réunions du Conseil rural et les délibérations qui lui sont soumises pour approbation, le Sous-préfet n'ayant en l'espèce approuvé que les délibérations souverainement adoptées par le Conseil rural de Fanaye ;

Considérant que, d'autre part, il résulte des dispositions de l'article 227 du CCL que le représentant de l'État peut assister aux séances du Conseil rural, ce qui ne l'empêche pas de recevoir transmission des délibérations et d'en accuser réception ;

Considérant qu'enfin, la demande de seconde lecture n'est qu'une simple faculté laissée à l'appréciation du représentant de l'État qui n'est pas tenu d'observer un délai minimum pour approuver les délibérations lesquelles, à la différence des procès-verbaux de réunion, ne renseignent pas sur le déroulement du vote ;

D'où il suit que le moyen n'est pas fondé. »

Jurisp. : Cour suprême, chambre administrative, arret°32 du 9 avril 2015, Cheikh Diouf et autres habitants du Village de Ndiobéne Gallo c/ Président du Conseil rural de Keur Socé et Chef de Village de Médina Mbéyéne.

Sur le premier moyen tiré du vice de forme en ce que la délibération attaquée a été approuvée, bien après son adoption par le représentant de l'État, à la date du 14 juin 2012, alors que les dispositions de l'article 336 du code des collectivités locales indiquent, qu'en matière domaniale, il est exigé une autorisation préalable du représentant de l'État ;

Considérant que le conseil rural conclut au rejet du recours au motif qu'aucun manquement ou violation d'une quelconque réglementation ne peut être valablement soutenu ;

Considérant que selon les dispositions de l'article 336 visé au moyen, par dérogation au caractère exécutoire des actes des collectivités locales, restent soumis à l'approbation préalable du représentant de l'État, notamment les actes pris en matière domaniale ;

Qu'en l'espèce, il ne s'agit donc pas d'une approbation préalable à l'adoption de la délibération mais plutôt à l'exécution de celle-ci ;

Qu'il s'ensuit que le moyen n'est pas fondé.

<u>Jurisp.</u> : Tribunal de grande instance hors classe de Dakar, jugement n° 106 /2018 du 30 mars 2018, l'État du Sénégal et la Ville de Dakar C/ Khalifa Ababacar SALL et autres.

<u>II-Sur l'action civile</u>

Attendu que l'État du Sénégal et la ville de Dakar se sont constitués parties civiles respectivement à l'instruction et à l'audience conformément aux dispositions des articles 76, 405 et 408 du CPP ;

Sur la recevabilité des constitutions de partie civile de la Ville de Dakar et de l'État du Sénégal

Sur la recevabilité de la constitution de partie civile de la Ville de Dakar

Attendu que l'Agent judiciaire de l'État soulève, in limine litis, l'irrecevabilité de la constitution de partie civile de la Ville de Dakar :

1-Pour défaut de qualité à agir de Moussa SOW, président de la commission des affaires juridiques et administratives du conseil municipal, qui se fonde sur la délibération dudit conseil n°001 du 15 janvier 2018 autorisant la constitution de partie civile de la Ville de Dakar dans la présente affaire et le désignant pour représenter celle-ci devant le tribunal;

Qu'il fait remarquer qu'en application des dispositions de l'article 243 du Code général des collectivités locales, le préfet a demandé une seconde lecture ; que cette demande, faite dans le délai légal de quinze jours, revêt un caractère suspensif de sorte que le sieur SOW ne peut se prévaloir de cette délibération dont la prise d'effet est suspendue pour faire noter la constitution de la Ville de Dakar ;

Que la formalité exigée par la loi d'une délibération en seconde lecture doit être respectée par le conseil municipal pour pouvoir valablement donner mandat à la Ville de Dakar aux fins de constitution de partie civile ;

Que la Ville de Dakar n'a pas respecté cette procédure dès lors que la lettre de refus a été signée par le 1er adjoint au maire ;

Que le mandat de Moussa SOW n'étant pas valable, il n'a donc pas qualité à agir ;

2-Pour défaut d'intérêt à agir de la Ville de Dakar qui, en violation des dispositions de l'article 2 du CPP qui exige pour la recevabilité de la constitution de partie civile un préjudice personnel résultant directement de l'infraction, a constamment déclaré n'avoir subi aucun préjudice ;

Que cette déclaration ressort clairement de la résolution du conseil municipal du 31 mars 2017, produite devant la Chambre d'accusation, dans laquelle elle déclare avoir autorisé, en connaissance de cause, en toute responsabilité et sans contrainte les dépenses figurant au service 313, compte 6490 et affirme solennellement que le conseil municipal ne se constitue pas partie civile dans la présente affaire ;

Attendu que le ministère public soulève également l'irrecevabilité de la constitution de partie civile de la Ville de Dakar, sur le fondement de l'article 2 du CPP, pour défaut d'intérêt à agir motif pris de ce qu'elle n'a subi aucun préjudice ;

Qu'il fait valoir, qu'en application de l'article 171 du Code général des collectivités locales, le maire est seul habilité à représenter la Ville de Dakar, sous le contrôle du conseil municipal ;

Que l'article 172 du même code lui confère la possibilité de déléguer par arrêté une partie de ses attributions à un des membres du conseil ;

Attendu qu'en réponse, la Ville de Dakar, par l'organe d'un de ses conseils, soutient, s'agissant du caractère suspensif de la demande de seconde lecture, que le conseil municipal a refusé d'y donner suite et a notifié cette réponse au préfet par lettre du 22 janvier 2018, signée par la dame Soham WARDINI, 1ère adjointe au maire ; que dès lors, le caractère suspensif invoqué ne peut pas tenir lieu ;

Qu'en ce qui concerne le défaut d'intérêt allégué, elle fait valoir que sa constitution de partie civile est bien recevable, au regard des articles 2 et 3 du CPP ; qu'elle est fondée sur le fait que les fonds incriminés sont des deniers publics qui lui appartiennent exclusivement en tant que collectivité locale dotée de la personnalité morale et de l'autonomie financière ; qu'à ce titre, c'est elle qui a subi un préjudice en l'espèce;

Que d'ailleurs les dispositions des articles 152 et 153 du code pénal distinguent clairement le détournement au préjudice de l'État du détournement au préjudice d'une collectivité publique ou d'un établissement public;

Qu'en outre, le maire étant mis en cause, le conseil municipal est fondé à désigner un représentant pour agir à son nom;

Attendu que les conseils de Khalifa Ababacar SALL et des autres prévenus, agents de la Ville de Dakar, font valoir que cette dernière a une personnalité juridique différente de celle de l'État ; que chaque entité a son patrimoine propre de sorte que les deniers publics de l'État sont distincts de ceux de la collectivité publique ;

Qu'ils estiment que la question de la régularité de la délibération du conseil municipal est une question qui relève du droit administratif;

Que le juge correctionnel ne peut apprécier la légalité de la délibération que lorsque de cet examen dépend la solution du litige, ce qui n'est pas le cas pour la constitution de partie civile de la Ville de Dakar qui est bien recevable parce que faite avant les réquisitions du ministère public ;

Que dans tous les cas, la Ville de Dakar, qui a constitué avocat, ne peut se voir opposer la suspension de la délibération dès lors que le mandat ad litem permet à l'avocat de le représenter valablement en justice ;

Sur ce

Attendu qu'aux termes des dispositions de l'article 2 du CPP, *« l'action civile en réparation du dommage causé par toute infraction appartient à tous ceux qui ont personnellement souffert du dommage directement causé par l'infraction* » ;

Qu'il ressort de ces dispositions que l'exercice de l'action civile devant la juridiction répressive suppose l'existence de la capacité à agir du titulaire du droit et du pouvoir de représentation de la personne qui entend agir à son nom ;

Attendu qu'en l'espèce, par délibération n°001 du 15 janvier 2018, la Ville de Dakar a été autorisée par son conseil municipal à se constituer partie civile dans la présente cause ; que le sieur Moussa SOW, président de la commission des affaires juridiques et administratives du conseil municipal a été désigné à cet effet pour représenter la Ville ;

Attendu que, par lettre du 22 janvier 2018, le préfet de Dakar a demandé au conseil municipal de procéder à une seconde lecture de la délibération ;

Attendu qu'aux termes de l'article 243 du code général des collectivités locales, la demande de seconde lecture suspend le caractère exécutoire de la délibération ;

Qu'il en résulte que la demande de seconde lecture faite par le préfet a effectivement suspendu le caractère exécutoire de cette délibération ;

Attendu que la Ville de Dakar, qui fonde le pouvoir de représentation de Moussa SOW sur cette délibération, ne prouve pas que la suspension du caractère exécutoire de cet acte a pris fin ; que la lettre du 22 janvier 2018 de la 1ère adjointe au maire, ne peut avoir pour conséquence de mettre fin au caractère suspensif de la demande du préfet dès lors que les dispositions de l'article 243 précité ne lui reconnaissent pas cette prérogative ;

Attendu qu'il résulte de ce qui précède que la délibération du conseil municipal, qui donne mandat à Moussa SOW de se constituer partie civile au nom de la Ville de Dakar, n'est pas exécutoire ;

Que si le droit pour la Ville de Dakar de se constituer partie civile ne peut être remise en cause par cette suspension, il reste que le sieur SOW, désigné pour la représenter, ne peut agir à son nom sur la base de la délibération dont les effets sont ainsi neutralisés ;

Que la constitution d'avocats, faite dans les conditions de la loi 84-09 du 04 janvier 1984 modifié sur le barreau, ne peut également avoir pour effet de régulariser ce défaut de pouvoir de représentation de la collectivité publique qui doit agir par l'organe du maire ou d'un représentant désigné par le conseil municipal conformément aux articles 175 du code général des collectivités locales et 1-3 du code de procédure civile ;

Qu'il échet, dès lors, en application des dispositions combinées des articles 2, 10 du CPP et 1-3 du code de procédure civile de déclarer l'action exercée par Moussa SOW, au nom et pour le compte de la ville de Dakar, irrecevable pour défaut de pouvoir de représentation ;

Sur la recevabilité de la constitution de partie civile de l'État du Sénégal

Attendu que les conseils de Khalifa Ababacar SALL, Mbaye TOURE, Yaya BODIAN, Ibrahima Yatma DIAO, Amadou Moctar DIOP et Fatou TRAORE et ceux de la Ville de Dakar soulèvent l'irrecevabilité de la constitution de partie civile de l'État, sur le fondement des dispositions des articles 16, 2 alinéas 1 et 2, 3, 76 et 405 du CPP, pour défaut d'intérêt et de qualité à agir au motif :

1- que les articles 152 et 153 du code pénal distinguent le détournement de deniers publics et l'escroquerie portant sur des deniers publics commis au préjudice de l'État et ceux commis au préjudice d'une collectivité locale ;

2- que les deniers en question sont des ressources de la mairie de Dakar ;

3- que les sommes en cause ne proviennent ni de dons ou legs, ni de subventions, d'impôts et de taxes directs ou indirects de l'État ;

4- que l'État ne peut invoquer les fonds de dotation, qui sont des fonds dédiés, les avances, qui sont des prêts à échéance annuelle, les ristournes qui appartiennent à la Ville de Dakar encore moins les paiements de factures d'électricité, pour justifier un préjudice ;

5- qu'il n'existe aucun lien de rattachement entre les ressources en cause et les deniers de l'État ; que la Ville de Dakar a une personnalité juridique propre et jouit de l'autonomie financière ; que l'article 2 du décret portant Règlement général de la comptabilité publique distingue les deniers de l'État des deniers des collectivités territoriales ;

6- que l'agent judiciaire de l'État ne peut agir en justice que conformément à l'article 2 in fine du décret 70-1216 du 7 novembre 1970 portant création de l'Agence judiciaire de l'État qui fixe ses attributions ; qu'ainsi, il n'est pas habilité à intervenir dans une procédure où une collectivité publique est partie ;

7- que l'État du Sénégal ne rapporte pas la preuve qu'il a injecté des fonds dans le budget de la Ville de Dakar;

Attendu qu'en réponse, le ministère public fait valoir que les fonds en cause sont gérés par le receveur-percepteur municipal, fonctionnaire de l'État à partir de la caisse unique de l'État qui est ainsi bien fondé à se constituer partie civile en cas de détournement de deniers publics et d'escroquerie portant sur des deniers publics ; que l'agent judiciaire a bien qualité à représenter l'État qui a subi un préjudice en l'espèce;

Attendu qu'en réplique, l'agent judiciaire soutient qu'il a bien qualité à agir en justice, en application de l'article 2 in fine du décret 70-1216 du 7 novembre 1970 portant création de l'Agence judiciaire de l'État pour toute action tendant à faire déclarer l'État créancier ou débiteur sauf en matière domaniale et fiscale à moins qu'un texte spécial n'en dispose autrement ;

Qu'il fait remarquer que ce sont les avocats de la défense qui l'ont installé dans cette procédure en lui signifiant le 23 mars 2017 une demande de mise en liberté provisoire ce, avant même la constitution de partie civile de l'État devant le juge d'instruction, le 30 mars 2017 ;

Que s'agissant de la constitution de partie civile de l'État, ses conseils estiment, qu'en vertu de l'article 2 du CPP, le droit d'agir appartient à tous ceux qui ont personnellement souffert d'un préjudice résultant directement de la commission d'une infraction ;

Sur ce

Attendu que concernant la constitution de partie civile de l'État du

Sénégal, les moyens développés par la défense et la Ville de Dakar pour s'opposer à cette constitution de partie civile sont des moyens de fond dès lors qu'ils tendent à contester la réalité du dommage allégué par celui-ci;

Que l'État du Sénégal, qui invoque un préjudice personnel né directement de l'infraction en essayant de le caractériser, est fondé à se constituer partie civile en application de l'article 2 du CPP;

Qu'il échet, dès lors, rejeter l'exception soulevée et recevoir la constitution de partie civile de l'État.

Article 244

Les décisions réglementaires et individuelles prises par le président du conseil départemental ou le maire dans l'exercice de leurs pouvoirs de police, les actes de gestion quotidienne pris au nom des Collectivités territoriales autres que ceux mentionnés à l'article 243 ci-dessus sont exécutoires de plein droit dès qu'il est procédé à leur publication ou à leur notification aux intéressés, après transmission au représentant de l'État.

Note : Les actes mentionnés à l'article 244 du CGCT sont exécutoires de plein droit dès qu'il est procédé à leur publication ou à leur notification aux intéressés après transmission au représentant de l'État. Ces actes ne peuvent faire l'objet de demande de seconde lecture mais lorsqu'ils sont entaches d'illégalité, le représentant de l'État les défère devant le juge administratif (Cour suprême) aux fins d'annulation dans un délai de deux mois aux fins d'annulation. Dans ce cas, le Représentant de l'État est tenu d'informer par écrit, sans délai l'autorité locale en lui communiquant toutes les précisions relatives aux irrégularités constatées. Cette procédure peut être assortie d'une demande de sursis à exécution, lorsque les conséquences de l'acte sont jugées graves et immédiates.

Exemple : au cours des années 2012, 2013, 2014 , 2015 et 2016 en ce qui concerne les actes prévus par l'article 244, seul un déféré a été enregistré.

Il faut noter ici une différence de terminologie entre le CGCT et la loi 2017-09 du 17 janvier 2017 sur la Cour suprême.

L'article 247 CGCT dispose que « *Le représentant de l'État peut assortir son recours d'une demande de sursis à exécution.*

Il est fait droit à cette demande si l'un des moyens invoqués dans la requête paraît, en l'état de l'instruction, sérieux et de nature à justifier l'annulation de l'acte attaqué.»

L'article 80 de la loi organique sur la Cour suprême quant à lui prévoit que « *Le représentant de l'État peut assortir son recours d'une demande de suspension.*

Il est fait droit à cette demande si l'un des moyens invoqués dans la requête paraît, en l'état de l'instruction, propre à créer un doute sérieux quant à la légalité de l'acte attaqué ».

Article 245

Par dérogation au caractère exécutoire des actes prévus aux articles 243 et 244 du présent code, restent soumis à l'approbation préalable du représentant de l'État les actes pris dans les domaines suivants :

- les budgets primitifs et supplémentaires ;
- les emprunts et garanties d'emprunts ;
- les plans de développement des Collectivités territoriales;
- les conventions financières de coopération internationale comportant des engagements d'un montant fixé par décret ;
- les affaires domaniales et l'urbanisme ;
- les garanties et prises de participation dans des sociétés privées exerçant des activités d'intérêt général à participation publique ;
- les marchés supérieurs à un montant fixé par décret et les contrats de concession d'une durée supérieure à trente ans.

Ces délibérations et décisions sont transmises au représentant de l'État, dans les conditions prévues à l'article 243 du présent code. L'approbation du représentant de l'État est réputée tacite si elle n'a pas été notifiée à la Collectivité territoriale dans le délai d'un mois à compter de la date de l'accusé de réception par le représentant de l'État.

Ce délai d'un mois peut être réduit par le représentant de l'État à la demande du président du conseil départemental ou du maire.

NOTE : L'article 245 du Code général des Collectivités territoriales énumère un certain nombre d'actes qui ne peuvent s'insérer dans l'ordonnancement juridique que lorsque l'autorité administrative compétente les aura préalablement approuvés.

Toutefois, l'approbation du représentant de l'État sera réputée tacite si elle n'a pas été notifiée à la Collectivité territoriale dans le délai d'un mois à compter de la date de l'accusé de réception.

Même si la loi ne fait pas allusion expressément à l'arrêté d'approbation pouvant servir de moyen de preuve, il n'en demeure pas moins vrai que sa délivrance reste une nécessité absolue.

Pourtant, la plupart des représentants de l'État se limitent à une simple apposition de leur cachet **« vu et approuvé »** sur l'acte en question.

Pour ce qui concerne ces actes, le représentant de l'État dans un délai d'un mois à partir de la date de réception pour se prononcer, passé ce délai, l'approbation est jugée tacite. En l'absence d'irrégularité, le Représentant de l'État prend un arrêté d'approbation.

En cas d'illégalité, le représentant de l'État refuse d'approuver l'acte, un tel refus doit être motivé et doit indiquer de façon précise les illégalités constatées.

Le refus d'approbation peut être à son tour déféré devant la Cours suprême par la procédure de recours pour excès de pouvoir.

En cas d'annulation de la décision du représentant de l'État, l'arrêt de la juridiction vaut approbation de l'acte dès sa notification à la Collectivité territoriale. Au cours des années 2012, 2013, 2014, 2015 et 2016 ,33 724 actes ont fait l'objet d'approbation sur 35 016 actes transmis, soit un taux d'approbation de 96.31 %.

Cette tendance s'est confirmée en 2014, car sur 3.671 actes, seuls les 137 ont fait l'objet d'un refus d'approbation.

Au total, selon les chiffres fournis par la Direction Générale de l'Administration Territoriale (DGAT), sur les 17.720 actes de l'exercice 2012-2014, seuls les 709 ont fait l'objet d'un refus d'approbation, soit une moyenne de 4%. *(SENE Biram, Discours d'usage de la rentrée des cours et tribunaux sur le thème « Collectivités locales et contrôle de légalité », janvier 2016.)*

Maintenant, au vu de la rareté des cas de refus d'approbation, l'on est en droit de se demander, légitimement, si cela est lié à un respect scrupuleux de la loi et des règlements par les Collectivités territoriales ou à l'ineffectivité du contrôle que doivent exercer les représentants de l'État ?

Généralement, l'argument servi pour satisfaire à cette interrogation est que les représentants de l'État privilégient, dans leurs rapports avec les organes des Collectivités territoriales, les fonctions de conseil et l'esprit de partenariat.

Toutefois, la primauté accordée au dialogue, à la concertation entre représentants de l'État et élus locaux, ne doit pas aboutir à une assimilation du contrôle de légalité à une simple formalité d'usage.

Dans sa circulaire n°000019/MINSP/DGAT/DAG/DMAT du 05 janvier 2017, Monsieur le Ministre de l'Intérieur et de la Sécurité publique a donné des orientations concernant les modalités et les moyens de matérialisation du contrôle de légalité.

Ainsi :

Pour les actes prévus par les articles 243 et 244

- En cas d'absence d'observations :

Porter sur l'acte la mention « *vu, sans observation* » suivie de l'identification, de la signature et du cachet du représentant de l'État.

- Lorsque l'acte est entaché d'irrégularité :

Les actes énumérés par l'article 243 sont renvoyés en seconde lecture tandis que ceux indiqués par l'article 244 sont déférés au juge (Cour suprême).

Pour les actes prévus par l'article 245

- En cas d'absence d'observations :

Prendre un arrêté portant approbation et porter sur l'acte la référence de l'arrêté d'approbation par la mention : « *approuvé par arrêté N°............ du.........* » ;

Suivie de l'identification, de la signature et du cachet du représentant de l'État.

- Lorsque l'acte est entaché d'irrégularités :

Il fait l'objet d'un refus d'approbation. Le refus doit être notifié à l'auteur de l'acte avec une indication précise et exhaustive les griefs formulés contre l'acte.

Le CGCT n'indique pas la forme que doit prendre la matérialisation du refus d'approbation mais, tout état de cause, il doit être écrit et en respect du principe de parallélisme des formes, il est souhaitable de prendre un arrêté.

Jurisp. : Cour suprême, chambre administrative, arrêt n°02 du 13/01/11, Souris Immobilier SUARL c/ Le Maire de Louga et l'État du SENEGAL.

Sur le premier moyen, en sa seconde branche tirée de la violation de l'article 336 du Code des Collectivités locales, sans qu'il soit besoin d'examiner les autres moyens, en ce que les décisions du maire dans les affaires domaniales et d'urbanisme doivent être approuvées préalablement par le représentant de l'État, alors que le maire de Louga a rejeté sa demande d'autorisation de construire sans transmission pour approbation au préfet, ce qui constitue un vice de procédure ;

Considérant que selon le texte précité en ses alinéas 1 et 2 : « Par dérogation au caractère exécutoire des actes prévus aux articles 334 et 335 du Code des Collectivités locales, restent soumis à l'approbation préalable du représentant de l'État, les actes pris dans les domaines suivants : (…) – les affaires domaniales et l'urbanisme.

Ces délibérations et décisions sont transmises au représentant de l'État dans les conditions prévues à l'article 334 dudit code.

L'approbation du représentant de l'État est réputée tacite si elle n'a pas été notifiée à la collectivité locale dans le délai d'un mois à compter de la date de l'accusé de réception par le représentant de l'État. » ;

Qu'ainsi la décision du maire refusant l'autorisation de construire devait être transmise au représentant de l'État pour approbation ;

Considérant qu'en l'espèce cette formalité n'a pas été accomplie ; Que cette omission constitue un vice de procédure qui entache d'illégalité l'acte attaqué ;

PAR CES MOTIFS :

Annule de la décision n°120/2010 du 2 avril 2010 du maire de la commune de Louga portant rejet de la demande d'autorisation de construire formulée par la société « *Souris Imm*obilier ».

Article 246

Le représentant de l'État défère à la Cour suprême les actes mentionnés aux articles 243 et 244 du présent code qu'il estime entachés d'illégalité, dans les deux mois suivant leur transmission.

Cette juridiction doit se prononcer dans un délai maximum d'un mois.

Ces actes déférés au juge ne sont pas susceptibles de recours hiérarchique.

Sur demande du président du conseil départemental ou du maire, le représentant de l'État l'informe de son intention de ne pas déférer au juge administratif un acte qui lui a été transmis en application de l'article 243 du présent code.

Lorsque le représentant de l'État défère un acte au juge administratif, il en informe par écrit sans délai le président du conseil départemental ou le maire et lui communique toutes précisions sur les illégalités invoquées à l'encontre de l'acte incriminé.

Note : Il s'agit ici du déféré du représentant de l'État, qui porte sur les actes exécutoires de plein de droit ou exécutoires après le délai de quinze jours, dans lequel le représentant de l'État peut demander une seconde lecture.

Cependant, il est à noter une quasi inexistence de l'usage de cette procédure de déféré (par exemple un seul en 2013).

Le déféré du représentant de l'État n'étant pas une compétence liée, il peut alors être enclenché lorsque le représentant considère qu'il y a une illégalité qui entache la régularité de l'acte transmis par l'exécutif ou le conseil local.

Au titre de droit comparé, l'examen de la jurisprudence française révèle que l'autorité préfectorale estime la légalité des actes administratifs soumis à son contrôle, formule s'il y a lieu des observations sur la légalité, dispose de la faculté de déférer les actes en cause à la juridiction administrative (CE 25 janvier 1991, Brasseur– CE 28 février 1997, Commune du Port) et de se désister le cas échéant en cours d'instance *(CE 16 juin 1989, requête numéro 103661, Préfet des Bouches-du-Rhône c/ Commune de Belcodène).*

Il en ressort que le Conseil d'État a largement participé à

l'élaboration d'une jurisprudence particulièrement favorable au représentant de l'État, en ce qu'elle lui reconnaît, entre autres, une compétence discrétionnaire en matière de déféré : il est seul en mesure de juger de l'opportunité de la saisine de la juridiction administrative, quelles que soient les circonstances. Ce qui est le cas du Sénégal.

Bien évidemment, le caractère désertique du terrain du déféré au Sénégal n'est pas obligatoirement problématique en soi, parce que, d'une part, le déclenchement de la procédure de déféré du représentant de l'État peut ralentir, par la durée plus ou moins longue de la procédure, ou freiner, en cas du sursis, l'activité des collectivités décentralisées et, d'autre part, il résulte des relations entre le contrôlé et le contrôleur un rapport de collaboration tel qu'il constitue un circuit d'évitement de la saisine du juge administratif.

La concertation, mode usité dans les rapports entre entités déconcentrées et décentralisées, transparaît également quand le législateur prévoit que, sur demande du président du conseil départemental ou du maire, le représentant de l'État l'informe de son intention de ne pas déférer au juge administratif un acte exécutoire de plein droit.

Le Code général des Collectivités territoriales indique que la Cour suprême doit se prononcer dans un délai maximum d'un mois. Et la loi organique relative à la Cour suprême, qui en principe définit la procédure à suivre devant elle, précise que le représentant de l'État au niveau de la Collectivité territoriale concernée défère à la Cour suprême, qui doit rendre sa décision dans un délai maximum d'un mois, les actes mentionnés aux articles 243 et 244 du Code général des Collectivités territoriales qu'il estime entachés d'illégalité, dans les deux mois suivant leur transmission ; les actes déférés n'étant pas susceptibles de recours hiérarchique.

Le représentant de l'État peut, sur demande de l'exécutif local, l'informer de son intention de ne pas déférer à la Cour suprême un acte qui lui a été transmis en application de l'article 243, et lorsqu'il défère un acte au juge administratif, il en informe par écrit sans délai le président du conseil départemental ou le maire et lui communique toutes précisions sur les illégalités invoquées à l'encontre de l'acte incriminé.

L'autre problématique qui peut être envisagée découle des

défaillances de l'État dans l'exercice du contrôle de légalité, autrement dit, la responsabilité de la puissance publique peut-elle être engagée pour ces manquements ?

En France, cela est admis *(Conseil d'État, Section, 6 octobre 2000, Commune de Saint-Florent et autres : rec. p. 395.)*

Dans son rapport public de 1993, le Conseil d'État français a précisé que « *La notoriété politique des partenaires décentralisés peut être à certains égards embarrassante pour le représentant de l'État ...* ».

Il ressort également du rapport précité que les préfets ont tendance à moduler l'utilisation qu'ils font du déféré en fonction de leurs interlocuteurs.

Cette remarque pertinente du Conseil d'État français est assez révélatrice de l'environnement politico social dans lequel le représentant de l'État est appelé à exercer son devoir de contrôle.

Mieux, la situation de cumul où l'élu local peut, concomitamment à ses fonctions au niveau local (maire, président conseil départemental), se retrouver dans les plus hautes sphères décisionnelles à l'échelon national (ministre, directeur général etc.) n'est pas de nature à faciliter aux représentants de l'État l'exercice de leur mission de contrôle.
Même si, de prime abord, la notoriété de certaines autorités décentralisées au plan national ne devrait pas, en principe, constituer un frein à l'exercice correct du contrôle de légalité, il importe tout de même de reconnaître que cela peut paraître, aux yeux de certains, comme un frein.

La situation au Sénégal ne devrait pas être différente, en l'absence d'enquête sur cette question, dès lors qu'on assiste à un cumul entre les fonctions de ministre et d'élu local.

Cette tâche sera difficile lorsque l'environnement juridique ne répond pas aux attentes.

Article 247

Le représentant de l'État peut assortir son recours d'une demande de sursis à exécution. Il est fait droit à cette demande si l'un des moyens invoqués dans la requête paraît, en l'état de l'instruction, sérieux et de nature à justifier l'annulation de l'acte attaqué.

Lorsque l'acte attaqué est de nature à compromettre l'exercice d'une liberté publique ou individuelle, le Président de la Cour suprême ou un de ses membres délégué à cet effet prononce le sursis dans les quarante-huit heures.

La Cour suprême peut, sur sa propre initiative, prononcer le sursis à exécution pour tout marché public que lui transmet le représentant de l'État aux fins d'annulation.

NB : à alinéa 2 : Lire « le Premier Président de la Cour suprême » au lieu de « *le Président de la Cour suprême* ». En effet, l'autorité qui dirige la Cour suprême porte le titre de Premier Président.

Jurisp. : Cour suprême, arrêt n°29 du 28 juillet 2011, Aliou DIACK, Président du Conseil rural de Mbane c/ État du Sénégal.

Considérant qu'à l'appui de son recours tendant à ce qu'il soit sursis à l'exécution de la décision attaquée, le requérant développe quatre moyens qu'il juge sérieux et soutient qu'il encourt un préjudice irréparable si le décret est exécuté ;

Considérant que le premier moyen pris en deux branches est tiré de la violation des dispositions de l'article 79 alinéa 1 et de celles de l'article 193 alinéa 4 du Code des Collectivités locales, en ce que :

- d'une part, la nouvelle Commune de Ndombo Sandjiry est composée, selon la délimitation de l'administration de cinq villages occupés par des populations rurales qui n'ont aucune source de revenus en dehors de l'agriculture et de l'élevage,

-d'autre part que le décret attaqué ne prévoit nulle part les biens dévolus aux nouvelles Collectivités locales créées nonobstant la signature ultérieure d'un autre décret fixant les conditions de dévolution du patrimoine des Collectivités locales modifiées puisque seul le décret de création de la Collectivité locale peut déterminer la dévolution des biens ;

- **le deuxième moyen est tiré de l'absence de base légale** en ce que, pour ériger Ndombo Sandjiry en commune, le décret attaqué se fonde sur le rapport fait par le Sous-préfet, lequel est contesté par les populations, alors que la procédure de création des communes relève de la compétence exclusive du préfet qui initie le projet, le prépare pour le soumettre à l'autorité compétente conformément aux dispositions des articles 82 et suivants du Code des Collectivités locales, ce qui n'est pas le cas du Préfet de Dagana qui n'a pas été associé à la communalisation de Ndombo ;

-le troisième moyen est tiré de l'erreur manifeste d'appréciation en ce que :

-d'une part, il y a **inexactitude matérielle des faits** en raison de la mauvaise matérialisation des limites de la Commune de Ndombo Sandjiry;

-d'autre part, **inexactitude matérielle des faits** tenant à la comptabilisation erronée du nombre de villages constituant la nouvelle Communauté rurale de Mbane ;

-Pour ce qui est du quatrième moyen le requérant invoque l'absence de ressources propres nécessaires à l'équilibre budgétaire de Ndombo Sandjiry en ce que, avec la communalisation, les populations risquent de perdre une bonne partie des terres cultivables, parce que ne pouvant plus bénéficier des terres appartenant à la nouvelle Communauté rurale de Mbane ;

Considérant que pour établir le préjudice irréparable encouru, le requérant soutient que l'exécution du décret a pour principale conséquence de priver les populations rurales de leurs terres, leurs seuls moyens de subsistance mais également elle est source de soulèvement desdites populations, pouvant entrainer de sérieux troubles à l'ordre public ; il ajoute que le préjudice encouru est d'autant plus irréparable que les populations ne seraient plus en mesure d'exercer leurs droits civiques et politiques en participant aux élections dans les nouvelles collectivités ainsi créées ;

Considérant que l'Agent judiciaire de l'État qui conclut au rejet de la requête de Aliou DIACK soutient que le manque de moyens sérieux a conduit le requérant à se contenter d'affirmer vaguement et simplement que sa demande est bien fondée à cause d'éventuelles conséquences graves sur le plan économique et de risques sérieux de troubles à l'ordre public. Que le requérant n'explique pas non plus en quoi la création de la commune empêcherait les populations d'exercer leurs droits civiques et politiques ainsi que leur devoir d'électeurs pour constituer un préjudice irréparable ;

Considérant que selon l'article 73-2 al 2 de la loi organique sur la Cour suprême, le sursis à exécution ne peut être accordé que si les moyens invoqués paraissent, en l'état de l'instruction sérieux et si le préjudice encouru par le requérant est irréparable ;

Considérant qu'en l'état de l'instruction, le caractère sérieux des moyens reste à être établi par le requérant qui ne rapporte pas non plus la preuve du préjudice irréparable encouru du fait de l'exécution de la décision ;

Qu'ainsi, il n'y a lieu à ordonner le sursis à l'exécution du décret attaqué ;

PAR CES MOTIFS :

Dit, n'y avoir lieu à ordonner le sursis à l'exécution du décret n°2011-653 du 1er juin 2011 portant création de la Commune de Ndombo Sandjiry dans le Département de Dagana, Région de Saint-Louis.

Jurisp. : Cour suprême, arrêt n°29 du 28 juillet 2011, Oumar GUEYE et 32 autres membres du Conseil rural de Sangalkam c/État du Sénégal.

Considérant qu'à l'appui de leur recours tendant à ce qu'il soit sursis à l'exécution du décret attaqué, les requérants développent cinq moyens qu'ils jugent sérieux et soutiennent qu'ils encourent un préjudice irréparable si la décision est exécutée ;

Considérant que le premier moyen est tiré de la violation des dispositions de l'article 79 du Code des Collectivités locales, en ce que, ne peuvent être constituées en communes que les localités ayant un développement suffisant pour pouvoir disposer de ressources propres nécessaires à l'équilibre de leur budget, alors qu'il ne résulte pas des rapports des enquêtes socio-économiques effectuées par le service départemental d'appui au Développement local de Rufisque, que les Communes de Sangalkam et de Jaxaay-Parcelles-Niokoul Rap disposent de ressources nécessaires à l'équilibre de leur budget ;

- **le deuxième moyen est tiré de la violation des dispositions de l'article 192 alinéa 1 du Code des Collectivités locales**, en ce que, la communauté rurale de Bambylor n'est pas une réalité sociologique pas plus qu'une réalité économique puisque n'étant constituée que de cinq (5) villages que la géographie sépare et dont les habitants, pour s'y rendre, sont obligés de traverser la nouvelle commune de Sangalkam ;

-le troisième moyen est tiré de la violation des dispositions de l'article 193 alinéa 1 du Code des Collectivité locales en ce que, l'article 4 du décret crée la Communauté rurale de Tivaoune Peulh-Niaga, alors que le nom de ladite Communauté rurale n'est pas celui du chef-lieu, qui est le village centre de Tivaoune Peulh ;

-le quatrième moyen est tiré de la violation des dispositions de l'article 193 alinéa 4 du Code des Collectivités locales, en ce que, les articles 5, 6, 7 et 8 du décret sont rédigés de manière vague et ne déterminent pas les biens de la Communauté rurale de Sangalkam ;

-le cinquième moyen est tiré du détournement de pouvoir, en ce que, le décret attaqué cherche à obtenir des résultats politiques en favorisant telle fraction ou tel parti et en défavorisant tel autre, alors qu'il devait être pris dans un but d'intérêt public ;

Considérant que pour établir le caractère irréparable du préjudice encouru, les requérants invoquent le rapport annuel d'activités 2010 de la commission électorale nationale autonome dite CENA, lequel retient que le découpage administratif impacte fortement sur la chose électorale notamment sur les procédures, les actes, les opérations et les documents;

Considérant que selon l'article 73-2 al 2 de la loi organique sur la Cour suprême, le sursis à exécution ne peut être accordé que si les moyens invoqués paraissent, en l'état de l'instruction sérieux et si le préjudice encouru par le requérant est irréparable ;

Considérant qu'en l'état de l'instruction, le caractère sérieux des moyens reste à être établi par le requérant qui ne rapporte pas non plus la preuve du préjudice irréparable encouru du fait de l'exécution de la décision ;

Qu'ainsi, il n'y a lieu à ordonner le sursis à l'exécution du décret attaqué ;

PAR CES MOTIFS :

Dit, n'y avoir lieu à ordonner le sursis à l'exécution du décret n°2011-706 du 6 juin 2011 abrogeant et remplaçant le décret n°2011-427 du 29 mars 2011 portant création de Communes et Communautés rurales dans le Département de Rufisque, Région de Dakar.

<u>Jurisp.</u> : Cour suprême, arrêt n°53 du 23 aout 2012, Zahira Saleh c/ Maire de la Ville de Dakar.

Considérant que Zahira Saleh a pris en bail un local à usage commercial dans l'immeuble, objet du TF n°1923 /DG, sis à l'Avenue Lamine Guéye ; que le 19 juillet 2012, le Préfet de Dakar a entrepris l'exécution de l'arrêté n°2252 du 27 avril 2012 du Maire de la Ville de Dakar ordonnant l'évacuation de l'immeuble ;

Considérant que la requérante développe à l'appui de son recours tendant à ce qu'il soit sursis à l'exécution de l'arrêté du Maire, un moyen unique tiré de l'inexactitude matérielle des faits, en ce que non seulement l'immeuble n'est pas en ruine, puisque de tous les occupants elle est la seule concernée par la mesure, mais aussi les auteurs du rapport technique, sur lequel l'arrêté se fonde, n'avaient pas l'expertise pour conclure à un risque d'effondrement ;

Considérant qu'au titre du préjudice irréparable, la requérante souligne que cette exécution forcée risque de compromettre irrémédiablement ses intérêts en la privant illégalement du fonds de commerce qu'elle s'est efforcée de faire prospérer, en y apportant une plus-value importante ;

Considérant qu'en vertu des dispositions de l'article 73-2 alinéa 2 de la loi organique sur la Cour suprême, le sursis à exécution ne peut être accordé que si les moyens invoqués paraissent, en l'état de l'instruction sérieux et si le préjudice encouru par le requérant est irréparable ;

Considérant qu'en l'état de l'instruction, le moyen de la requête paraît sérieux et le préjudice encouru par la requérante irréparable ; qu'ainsi il y a lieu d'ordonner qu'il soit sursis à l'exécution de la décision attaquée;

PAR CES MOTIFS :

-Ordonne le sursis à l'exécution de l'arrêté n°2252 du 27 avril 2012 du Maire de la Ville de Dakar, ordonnant l'évacuation de l'immeuble objet du TF n°1923 /DG, sis à l'Avenue Lamine Guéye. »

<u>Jurisp.</u> : Cour suprême, chambre administrative, arrêt n°11 du 13 mars 2014, Babacar Kébé c/Mairie de Dakar.

Considérant que Babacar KEBE soutient, en outre, que l'exécution de l'arrêté attaqué risque de compromettre la survie de sa société et d'exposer gravement ses biens en sa qualité de caution personnelle ;

Considérant qu'aux termes de l'article 73-2 de la loi organique sur la Cour suprême, « *sur demande expresse de la partie requérante, la Cour suprême peut, à titre exceptionnel, ordonner le sursis à exécution des décisions des autorités administratives contre lesquelles a été introduit le recours en annulation.*

Le sursis à exécution ne peut être accordé que si les moyens invoqués paraissent, en l'état de l'instruction, sérieux et si le préjudice encouru par le requérant est irréparable » ;

Considérant qu'en l'état de l'instruction, le requérant n'établit pas l'existence d'un préjudice irréparable si l'arrêté attaqué est exécuté ;

Qu'il échet de rejeter la requête ;

PAR CES MOTIFS :

Dit n'y avoir lieu à ordonner le sursis à l'exécution de l'arrêté n°2143 du 23 mai 2013 du Maire de la ville de Dakar, portant annulation de l'arrêté n° 4335 /VD du 3 octobre 2011, accordant une autorisation de construire à Babacar KEBE.

Article 248

Le Gouvernement soumet chaque année, à l'Assemblée nationale, qui en débat au cours de sa première session ordinaire, un rapport sur le contrôle de légalité exercé l'année précédente à l'égard des actes des Collectivités territoriales.

Note : La formule de cet article fait ressortir très précisément l'obligation qui pèse sur le Gouvernement de présenter, chaque année, devant l'Assemblée nationale, le rapport sur le contrôle de légalité.

Le constat est que cette disposition légale n'est pas respectée, car jusqu'ici le Gouvernement n'a jamais présenté devant l'Assemblée nationale ledit rapport.

Pour y remédier, le Ministère de l'Intérieur avait eu à conduire en 2002, des enquêtes administratives auprès des représentants de l'État en vue de disposer de leurs statistiques et appréciations afférentes au contrôle de légalité.

Le premier rapport dressé subséquemment et qui couvrait les années 1998 à 2001 n'ayant pas été communiqué aux parlementaires, le Premier Ministre, le 8 octobre 2002, donnait des directives pour le respect, à l'avenir, de cette obligation.

Depuis lors, rien n'a été fait.

Article 249

Le président du conseil départemental ou le maire peut déférer à la Cour Suprême, pour excès de pouvoir, la décision de refus d'approbation du représentant de l'État prise dans le cadre de l'article 245 du présent code. Ces recours font l'objet de la procédure prévue aux articles 246 et 247 du présent code.

L'annulation de la décision de refus d'approbation par la Cour suprême, équivaut à une approbation dès notification de l'arrêt à la Collectivité territoriale.

Jurisp. : Conseil d'État, arrêt n° 0006, du 27 janvier 2000, le Maire de la Commune de Dagana c/État du Sénégal, Bulletin des arrêts du Conseil d'État année 2000.

Résumé :

Le Conseil municipal n'a pas le pouvoir de modifier la répartition du fonds de dotation, lequel constitue une compensation des charges transférées aux collectivités locales. C'est à bon droit que le Préfet a refusé d'approuver une délibération qui méconnaît ce principe. D'où il suit que le recours doit être rejeté.

CONSIDERANT que le requérant soutient que le refus d'approbation de la décision du Préfet de Dagana encourt annulation, en ce qu'elle viole l'article 61 du Code des Collectivités Locales qui dispose que le fonds de dotation de la décentralisation est réparti globalement… ;

MAIS CONSIDERANT qu'il résulte des dispositions du décret N° 99 - 181 du 04 mars 1991 que le fonds de dotation est une compensation des charges transférées aux collectivités locales ; que l'affectation globale dont - il est fait état à l'article 61 du Code des Collectivités Locales doit être comprise comme étant la totalité des compensations et non point comme autorisant lesdites collectivités locales à ne pas tenir compte des coûts des charges compensées ;

CONSIDERANT que la délibération N° 001 du 28 août 1999, n'a pas tenu compte de ce principe, que dès lors elle a été prise en violation du texte visé au moyen et qu'il échet de rejeter la requête comme mal fondée ;

PAR CES MOTIFS :
Rejette le recours présenté par le Maire de Dagana.

Jurisp. : Cour suprême, arrêt n°24, du 12 aout 2010, Aliou DIACK c/ État du Sénégal.

Considérant que l'article 337 de la loi n°96-06 du 22 mars 1996 portant Code des Collectivités locales permet au représentant de l'État, de déférer à la Cour suprême, les actes mentionnés aux articles 334 et 335 du même code qu'il estime entachés d'illégalité, dans les deux mois suivant leur transmission ;

Considérant que ces actes sont exécutoires de plein droit dès qu'il est procédé à leur publication ou à leur notification aux intéressés après transmission au représentant de l'État, sous réserve de la demande de seconde lecture qui suspend pendant un délai de quinze jours le caractère exécutoire de l'acte et le délai de procédure contentieuse ;

Considérant que la délibération attaquée qui a été prise en matière domaniale, entre dans le champ d'application de l'article 336 dont les dispositions sont dérogatoires à celles des articles 334 et 335 susvisés, de tels actes étant soumis à l'approbation préalable du représentant de l'État, lequel dispose d'un délai d'un mois, à l'expiration duquel l'approbation est réputée tacite ;

Considérant que le représentant de l'État, qui a reçu la délibération le 2 février 2010, a pris une décision de refus d'approbation le 24 février 2010, soit dans le délai qui lui était imparti ;
Qu'ainsi, le moyen tiré de la violation de l'article 337 est inopérant ;

Sur la seconde branche du moyen tiré du défaut de base légale en ce que :
- d'une part, le Sous-préfet a fait une mauvaise interprétation des dispositions des articles 9 et 11 du décret n°72-1288 du 27 octobre 1972

relatif aux conditions d'affectation et de désaffectation des terres du domaine national lesquelles, ont été rigoureusement respectées par le Conseil rural qui a procédé à une désaffectation d'office prévue par la loi, de terres laissées à l'abandon, en jachère,

- d'autre part, en raison du caractère non exécutoire de la délibération qui, parce que non approuvée et n'ayant pas d'existence juridique, n'a pu être opposable aux affectataires pour fonder des recours qui auraient pu motiver le refus d'approbation du représentant de l'État ;

Considérant que l'article 9 du décret de 1972 visé au moyen prévoit, en son troisièmement, une désaffectation d'office si l'affectataire cesse d'exploiter personnellement ou avec l'aide de sa famille ; que dans ce cas, la procédure préalable de mise en demeure prévue au deuxièmement n'est pas exigée, contrairement à ce qui a été retenu dans la décision attaquée, puisqu'il s'agit de deux cas de désaffectation d'office ne concernant pas les mêmes situations ;

Considérant que le Conseil rural a produit au dossier, d'une part, le compte rendu de mission de sa commission domaniale du 22 avril 2010 duquel il résulte que les terres sont en jachère et qu'aucun bornage n'a été matérialisé et, d'autre part les correspondances émanant des populations des villages concernés demandant l'affectation desdites terres ;

Considérant que dans sa délibération, le Conseil rural a relevé que les terres désaffectées sont inexploitées depuis plus d'une dizaine d'années, ce qui a motivé la demande des habitants des villages de Médina Cheikhou et de Médina Baïdy qui veulent que lesdites terres soient réservées à l'extension de leurs villages et au parcours du bétail ;

Considérant que l'autorité administrative qui conteste les motifs fondant la délibération ne produit cependant aucune pièce établissant qu'il s'agit de terres présentement exploitées par des affectataires qui l'auraient saisi de recours pour contester ladite délibération ;

Considérant qu'en exigeant que ces affectataires soient préalablement mis en demeure avant toute désaffectation, l'autorité administrative a fait une fausse interprétation de l'article 9, 3° du décret visé au moyen ;

Qu'ainsi, sans qu'il soit besoin d'examiner les autres éléments du moyen, il y a lieu d'annuler la décision attaquée ;

PAR CES MOTIFS :

Annule la décision du 24 février 2010 du Sous-préfet de Mbane refusant d'approuver la délibération du 23 janvier 2010 du Conseil rural de Mbane.

Article 250

Sans préjudice du recours direct dont elle dispose, si une personne physique ou morale est lésée par un acte mentionné aux articles 243 et 244 du présent code, elle peut, dans le délai de deux mois à compter de la date à laquelle l'acte est devenu exécutoire, demander au représentant de l'État concerné de mettre en œuvre la procédure d'annulation prévue aux articles 246 et 247 ci-dessus.

Pour les actes mentionnés à l'article 243 du présent code, cette demande ne peut avoir pour effet de prolonger le délai de recours contentieux dont dispose le représentant de l'État en application de l'article 246 du présent code.

Lorsque la demande d'annulation concerne un acte mentionné à l'article 244 du présent code, le représentant de l'État peut déférer l'acte en cause devant la Cour suprême dans les deux mois suivant sa saisine par la personne physique ou morale lésée.

Lorsque la demande d'annulation concerne un acte mentionné à l'article 245 du présent code, au cours du délai d'approbation du représentant de l'État, celui-ci traite cette demande selon la procédure du recours gracieux. Si la décision est devenue exécutoire, seul le recours direct est possible.

Ces actes déférés ne sont pas susceptibles de recours hiérarchique.

Note *:* L'article 250 du CGCT offre à toute personne physique ou morale lésée par une décision d'une Collectivité territoriale la possibilité de saisir le juge administratif pour demander l'annulation de l'acte. Dans ce cas elle est soumise aux mêmes règles de procédure que le Représentant de l'État.

La réaction du Représentant de l'État est en fonction de la nature de l'acte ou en fonction de la période d'intervention. Lorsqu'il s'agit des actes prévus à l'article 243 du CGCT deux (2) cas de figures peuvent se présenter :

- premier cas : le Représentant de l'État n'avait pas encore procédé à l'examen de la légalité de l'acte. Dans ce cas, il y procède en tenant compte des arguments du demandeur.
- deuxième cas : le Représentant de l'État avait déjà

examiné la légalité de l'acte et il est encore dans le délai de recours, dans ce cas il procède à une nouvelle appréciation de l'acte. Il peut alors modifier son attitude même s'il avait déjà délivré une attestation de non recours et déféré finalement l'acte au juge. Lorsqu'il s'agit des actes prévus à l'article 244 du CGCT, le Représentant de l'État dans les deux (2) mois suivants suivant sa saisine défère l'acte en cause au juge.

Lorsqu'il s'agit des actes prévus à l'article 245 du CGCT, là encore deux (2) situations peuvent se présenter :

- première situation : si la demande intervient au cours d'un délai d'approbation, le Représentant de l'État le traite selon le recours du recours gracieux.
- deuxième situation : si la décision est devenue exécutoire, seul un recours direct est possible.

Le recours provoqué sur ses 2cas : le Représentant de l'État saisi d'une demande de déféré est-il tenu de saisir le juge ? Le refus du Représentant de l'État peut-il faire l'objet d'un Recours pour excès de pouvoir ?

La réponse apportée à ces questions par le Code Général Collectivités territoriales si elle est évidente pour 2ième et moins évidente pour la 1ère. En effet, le refus d'agir du Représentant de l'État peut faire l'objet d'un Recours pour Excès de pouvoir (voir les articles 246 et 250 du CGCT. Concernant la 1ère question, si les arguments du demandeur ne sont pas pertinents, le Représentant de l'État ne peut évidemment pas saisir le juge.

Le juge dans tous les cas rend son verdict dans un délai d'un (1) mois.

Chapitre II : Contrôle juridictionnel des comptes

Article 251

Le juge des comptes juge l'ensemble des comptables publics des Collectivités territoriales, ainsi que les comptes des personnes qu'il a déclarées comptables de fait.

Les comptes des Collectivités territoriales dont la population n'excède pas 15.000 habitants et dont le montant des recettes ordinaires figurant au dernier compte administratif est inférieur à un montant fixé par décret, font l'objet, sous réserve des alinéas ci-après, d'un apurement administratif par les trésoriers-payeurs régionaux à l'exception de leurs propres comptes de gestion.

Les décisions d'apurement assorties, le cas échéant, de toute observation pouvant entraîner la mise en débet du comptable sont transmises par le trésorier-payeur régional à la Cour des comptes. La mise en débet du comptable ne peut être prononcée que par le juge des comptes.

Pour les comptes soumis au régime de l'apurement administratif et qui ne font pas l'objet d'observations sous réserve des recours éventuels et du droit d'évocation du juge des comptes, les arrêtés des comptes des trésoriers payeurs régionaux emportent décharge définitive du comptable.

Le trésorier-payeur régional adresse au juge des comptes tous les arrêtés de décharge qu'il a pris. Le juge des comptes peut exercer son droit d'évocation et de réformation sur les arrêtés visés au quatrième alinéa du présent article dans le délai de six mois à compter de la date de leur notification au comptable. Ce délai peut être prorogé par le juge compétent une fois sans toutefois excéder six mois.

Pour les Collectivités territoriales dont il assure le jugement effectif des comptes du comptable en application des alinéas précédents, le juge des comptes vérifie sur pièces et, si nécessaire, sur place la régularité des recettes et dépenses décrites dans les comptabilités des Collectivités territoriales. Il s'assure de l'emploi régulier des crédits, fonds et valeurs.

Il peut assurer la vérification des comptes des établissements, sociétés, groupements et organismes, quel que soit leur statut juridique, auxquels les Collectivités territoriales apportent un concours financier.

Article 252

Le juge des comptes concourt au contrôle budgétaire des Collectivités territoriales.

Il examine la gestion des Collectivités territoriales. Les observations qu'il présente en ce domaine ne peuvent être formulées sans un entretien préalable entre le magistrat rapporteur ou le président de la section des comptes et l'ordonnateur de la Collectivité territoriale concernée. Lorsque des observations sont formulées, elles ne peuvent être arrêtées définitivement avant que l'ordonnateur ait été en mesure de leur apporter une réponse écrite. Le juge des comptes prend toutes les dispositions nécessaires pour garantir le secret de ses investigations.

Les observations définitives formulées par le juge des comptes sur la gestion d'une Collectivité territoriale sont communiquées par l'organe exécutif de la Collectivité territoriale à son assemblée délibérante, dès sa plus proche réunion. Le juge des comptes en informe le représentant de l'État concerné.

Le juge des comptes consacre chaque année une partie de son rapport public à la gestion des Collectivités territoriales.

Le juge des comptes informe le président du conseil départemental ou le maire, des observations relatives à leur gestion qu'il envisage d'insérer dans ce rapport et les invite à lui faire part de leurs réponses. Celles-ci sont publiées à la suite de ses observations.

Jurisp. : Cour des Comptes, arrêt n° 115 /CAACL/ 2010, affaires n° RC 74, 75, 76, 77, 78/04 du 09 mars 2004, Contrôle juridictionnel de la Commune d'arrondissement de Djida Thiaroye Kao, gestions 1997 à 2001

CHAMBRE DES AFFAIRES ADMINISTRATIVES ET DES COLLECTIVITES LOCALES

L'an deux mille dix et le vingt et un du mois de juillet, à l'audience non publique de la Chambre des Affaires administratives et des Collectivités locales, statuant en matière de contrôle juridictionnel ;

LA COUR

Vu l' arrêt n°07 du 12 juin 2008 par lequel il a été statué sur les comptes de gestion des exercices 1997, 1998, 1999, 2000 et 2001 de la commune d'arrondissement de Djida Thiaroye Kao rendus par les comptables publics, Messieurs Mamadou SARR et Mor GUEYE;

Vu la lettre n°02/09 en date du27 janvier 2009 portant notification de l'arrêt n°06 du 12 juin 2008 précité et enjoignant aux comptables MM. Mamadou SARR, Mor GUEYE et Sékou SAMBOU de produire leurs justifications aux observations et injonctions contenues dans ledit arrêt dans un délai d'un mois conformément aux dispositions de l'article 37 de la loi organique n° 99-70 du 17 février 1999 sur la Cour des Comptes;

Vu les réponses produites en exécution de l'arrêt susvisé notamment les réponses des comptables MM. Mamadou SARR et Sékou SAMBOU par lettres respectivement des 5 mars 2009 et 25 février 2009 ;

Vu la loi organique n° 96-30 du 21 octobre 1996 sur le Conseil d'État, notamment en son article 53, modifiée par les lois organiques n° 99- 70 et n° 99-72 du 17 février 1999 ;

Vu la loi organique n° 99-70 du 17 février 1999 sur la Cour des Comptes ;

Vu la loi n°96-06 du 22 mars 1996 portant Code des Collectivités locales ;

Vu le décret n° 62-195 du 17 mai 1962 portant réglementation concernant les comptables publics ;

Vu le décret n° 62-233 du 14 juin 1962 relatif au cautionnement des comptables publics ;

Vu le décret n° 63-476 du 13 juillet 1963 portant application de la délibération du 27 août 1962 relative à l'hypothèque forcée sur les biens des comptables publics ;

Vu le décret n° 66-510 du 4 juillet 1966 portant régime financier des collectivités locales,

Vu le décret n° 99-499 du 8 juin 1999 fixant les modalités d'application de la loi organique n° 99-70 du 17 février 1999 sur la Cour des comptes ;

Vu l'ordonnance n° 015/06/CC/CAACL du 27 février 2006 du Président de la chambre des Affaires administratives et des Collectivités locales portant désignation de rapporteur et de contre rapporteur pour l'instruction des affaires n° RC 74, 75, 76, 77, 78/04 du 09 mars 2004concernant respectivement les gestions 1997, 1998, 1999, 2000 et 2001 de la commune d'arrondissement de Djida Thiaroye Kao;

Vu le rapport n° 000193 du 9 décembre 2009 du conseiller rapporteur ;

Vu les conclusions n° 264 du 18 février 2010 du Commissaire du

Droit, ministère public près la Cour des Comptes ;

Entendu M. Boubacar TRAORE, conseiller, en son rapport;

Entendu M. Mamadou NDONG, conseiller référendaire, contre-rapporteur, en ses observations;

Après en avoir délibéré conformément à la loi ;

Considérant que dans l'arrêt n° 06 du 12 juin 2008 relatif aux comptes de gestion de 1997 à 2001 de la commune d'arrondissement de Djida Thiaroye Kao en jugement, la Cour a relevé que les comptables Monsieur Mamadou SARR, qui a rendu les comptes de gestion de 1997 à 2000 de la commune d'arrondissement de Djida Thiaroye Kao et Monsieur Mor GUEYE, celui de 2001, n'ont pas produit, à l'appui desdits comptes, les documents relatifs à leur situation personnelle : décisions de nomination, attestations de versement de cautionnement, procès-verbaux de prestation de serment et de passation de service ;

Considérant qu'en réponses aux injonctions afférentes les comptables susnommés ont produit lesdites pièces ;

Qu'il y a lieu de les lever ;

Considérant que les comptables ont produit les balances générales de leurs gestions respectives en réponses aux injonctions correspondantes ;

Qu'il y a également lieu de les lever ;

Considérant qu'en ce qui concerne les injonctions relatives à la production des états de développement des comptes de tiers et des comptes financiers, les comptables arguent à juste titre des difficultés de reconstituer les soldes de ces comptes au regard de l'ancienneté des gestions et des difficultés d'archivage ;

Qu'il y a lieu eu égard à ces difficultés objectives de transformer ces injonctions fermes en injonctions pour l'avenir ;

Considérant que durant la gestion 1997, les comptables MM. Sékou SAMBOU et Mamadou SARR ont payé les mandats imputés au chapitre 313 « cabinet du maire » compte 64 510 « secours aux indigents » au profit de divers particuliers pour un montant global de 4 350 500 francs, Monsieur SAMBOU, pour un montant de 1 020

000 francs et, Monsieur SARR, pour 3 330 000 francs sans produire à l'appui de ces dépenses, la preuve de l'état d'indigence des différents bénéficiaires en l'occurrence, les certificats d'indigence délivrés par les autorités compétentes;

Considérant que ces dépenses n'ont pas été, non plus, autorisées par le conseil municipal en violation des dispositions de l'article 157 du code des collectivités locales;

Considérant que M. SARR invoque d'une part l'absence d'une nomenclature des pièces justificatives des opérations de dépenses des collectivités locales prescrivant la production d'un certificat d'indigence à l'appui des dépenses de secours aux indigents, d' autre part, l'inscription de crédits correspondants au budget voté par le conseil municipal et approuvé par le représentant de l'État et son mandatement par le maire aux profit de personnes qu'il juge devant en bénéficier;

Considérant que, la validité des créances s'entend la production de la justification formelle de l'existence d'une charge pesant sur la commune, ce qui, s'agissant d'une dépense relative aux paiements de secours à des indigents, est constitué par la production de la preuve de l'état d'indigence des bénéficiaires nonobstant l'inexistence d'une nomenclature des pièces justificatives des opérations de dépenses des collectivités locales;

Considérant que cette preuve n'est autre que le certificat d'indigence délivré par les autorités compétentes après les enquêtes des services sociaux ou de police permettant d' établir que les bénéficiaires sont bien indigents ;

Considérant que l'inscription dans le budget adopté puis approuvé respectivement par le conseil municipal et le représentant de l' État et le mandatement des dépenses correspondantes par le maire ne sauraient être considérés comme gage de régularité des dépenses incriminées ; et que le comptable suivant les dispositions de l'article 40 du décret 66-510 du 4 juillet 1966 portant régime financier des collectivités locales, « avant de procéder au paiement des mandats, doit vérifier, sous sa responsabilité l'application des lois et règlements pour la dépense considérée ainsi que la validité des créances »;

Considérant que M. Sékou SAMBOU soutient qu'au moment du paiement de la dépense toutes les pièces justificatives ont été produites y compris les certificats d'indigence ;

Considérant que M. SAMBOU ne rapporte pas la preuve de ses affirmations, mais qu'en tout état de cause, le juge des comptes statue sur pièces, si celles-ci ne sont pas produites, les dépenses afférentes sont réputées non justifiées, donc irrégulières ;

Considérant que pour justifier l'absence d'autorisation du conseil municipal, il considère que le vote du budget par le conseil municipal constitue une habilitation d'exécuter l'ensemble des crédits inscrits aux chapitres et articles y figurant ; qu'en conséquence, point n'est besoin d'une autorisation de l'organe délibérant ;

Considérant que le budget voté et approuvé par les autorités compétentes est un acte d'autorisation permettant d'exécuter l'ensemble des crédits y figurant ;

Considérant que toutefois, l'exécution du budget est soumise aux lois et règlements qui régissent la dépense publique et qu'en réalité, chaque dépense, en fonction de sa nature est soumise au respect de la réglementation qui lui est propre ; qu'en l'occurrence, l'article 157 du code des collectivités locales précité impose que l'avis favorable du conseil soit requis avant de mandater ou de payer les dépenses de secours aux indigents ;

Considérant que les justifications apportées par les comptables aux injonctions relatives aux paiements irréguliers des secours aux indigents ne permettent pas de les lever ;

Que MM. SARR et SAMBOU restent, en conséquence, débiteurs des sommes payées ;

Considérant qu'injonction est faite au comptable, M.SARR, de justifier le paiement de subventions à une association non reconnue d'utilité publique, en l'occurrence l'ASC les Jammbaars pour un montant de 2 000 000 de francs, en violation des dispositions de l'article 820 du COCC ; qu'en effet, l'article susvisé indique que « *seules les associations reconnues d'utilité publique peuvent bénéficier de subventions publiques* » ;

Considérant qu' en réponse, M. SARR invoque l'article 821 du COCC qui autorise les associations à but culturel, social et sportif ainsi que celles participant à l'effort de santé publique à bénéficier de subventions même si elles ne sont pas reconnues d'utilité publique ;

Considérant que les justifications apportées à l'injonction sont pertinentes et qu'elles permettent en conséquence de lever l'injonction correspondante ;

PAR CES MOTIFS,
Statuant définitivement
ARRETE :
Les injonctions

Article 1
concernant la production des documents relatifs à la situation personnelle des comptables émises par l'arrêt n°6 du 12 juin 2008 portant sur l' examen des comptes de gestion de 1997 à 2001 de la commune d'arrondissement de Djida Thiaroye Kao, en son article 2, sont levées ;

Article 2
Les injonctions concernant la production des balances générales des comptes de leurs gestions respectives émises à l' encontre des comptables MM. Mamadou SARR et Mor GUEYE dans l'arrêt n°6 du 12 juin 2008 portant sur l'examen des comptes de gestion de 1997 à 2001 de la commune d'arrondissement de Djida Thiaroye Kao, en son article 3, sont levées ;

Article 3
Les injonctions concernant la production des états de développement des comptes de tiers et des comptes financiers de leurs gestions respectives émises à l' encontre des comptables MM. Mamadou SARR et Mor GUEYE dans l'arrêt n°6 du 12 juin 2008 portant sur l'examen des comptes de gestion de 1997 à 2001 de la commune de Djida Thiaroye Kao, en son article 3, sont transformées en injonctions pour l'avenir;

Article 4 :
M. Sékou SAMBOU est constitué débiteur au profit de la commune d'arrondissement de Djida Thiaroye Kao de la somme globale de 1 020 000 francs correspondant aux paiements irréguliers des mandats n°s 6, 7, 10, 14 à 22 des 6, 18, 23 et 24 juin, des 7,14,

16, 21, 23 et 29 juillet, 13 août 1997 de secours aux indigents » au profit de divers particuliers, augmentée des intérêts de droit à compter des dates de paiement desdits mandats ;

Article 5 :

M. Mamadou SARR est constitué débiteur au profit de la commune d'arrondissement de Djida Thiaroye Kao de la somme globale de 3 330 000 francs correspondant aux paiements irréguliers des mandats n°s 24 à 48, 51, 55, 56, 71 à 83, et 92 à 97 des 10, 11, 12, 15, 16, 17,18, 19, 26, 29 et 30septembre, des 2, 8, 10, 17, 21, 24 et 27 octobre et 11, 21, 24, 25 et 28 novembre 1997 de secours aux indigents au profit de divers particuliers, augmentée des intérêts de droit à compter des dates de paiement desdits mandats ;

Article 6 :

L'injonction faite au comptable, M.SARR, de justifier le paiement de subventions à une association non reconnue d'utilité publique, en l'occurrence l'ASC les Jammbaars pour un montant de 2 000 000 de francs, en violation des dispositions de l'article 820 du COCC est levée.

Jurisp. *:* Cour des Comptes, arrêt n° 113 /CAACL/ 2010, affaires n° RC 69, 70, 71, 72, 73/04 du 09 mars 2004, Contrôle juridictionnel Commune d'arrondissement de Diamagueune Sicap Mbao, gestions 1997 à 2001.

CHAMBRE DES AFFAIRES ADMINISTRATIVES ET DES COLLECTIVITES LOCALES

L'an deux mille dix et le vingt et un du mois de juillet, à l'audience non publique de la Chambre des Affaires administratives et des Collectivités locales, statuant en matière de contrôle juridictionnel ;

LA COUR

Vu l' arrêt n°04 du 28 mai 2008 par lequel il a été statué sur les comptes de gestion des exercices 1997, 1998, 1999, 2000 et 2001 de la commune d'arrondissement de Diamagueune Sicap Mbao rendus par les comptables publics, Messieurs Mamadou SARR et Mor GUEYE;

Vu la lettre n°02/09 en date du 27 janvier 2009 portant notification de l'arrêt n°06 du 12 juin 2008 précité et enjoignant aux agents MM. Mamadou SARR, Mor GUEYE et Sékou SAMBOU de produire leurs justifications aux observations et injonctions contenues dans ledit arrêt dans un délai d'un mois conformément aux dispositions de l'article 37 de la loi organique n° 99-70 du 17 février 1999 sur la Cour des Comptes;

Vu les réponses produites en exécution de l'arrêt susvisé notamment les réponses des comptables MM. Mamadou SARR et Sékou SAMBOU par lettres respectivement des 5 mars 2009 et 25 février 2009 ;

Vu la loi organique n° 96-30 du 21 octobre 1996 sur le Conseil d'État, notamment en son article 53, modifiée par les lois organiques n° 99- 70 et n° 99-72 du 17 février 1999 ;

Vu la loi organique n° 99-70 du 17 février 1999 sur la Cour des Comptes ;

Vu la loi n°96-06 du 22 mars 1996 portant Code des Collectivités locales ;

Vu le décret n° 62-195 du 17 mai 1962 portant réglementation concernant les comptables publics ;

Vu le décret n° 62-233 du 14 juin 1962 relatif au cautionnement des comptables publics ;

Vu le décret n° 63-476 du 13 juillet 1963 portant application de la délibération du 27 août 1962 relative à l'hypothèque forcée sur les biens des comptables publics ;

Vu le décret n° 66-510 du 4 juillet 1966 portant régime financier des collectivités locales,

Vu le décret n° 99-499 du 8 juin 1999 fixant les modalités d'application de la loi organique n° 99-70 du 17 février 1999 sur la Cour des comptes ;

Vu l'ordonnance n° 015/06/CC/CAACL du 27 février 2006 du Président de la chambre des Affaires administratives et des Collectivités locales portant désignation de rapporteur et de contre rapporteur pour l'instruction des affaires n° RC 69, 70, 71, 72, 73/04 du 09 mars 2004 concernant respectivement les gestions 1997, 1998, 1999, 2000 et 2001 de la commune d'arrondissement de Diamagueune Sicap Mbao ;

Vu le rapport n° 000192du 9 décembre 2009 du conseiller rapporteur ;

Vu les conclusions n° 265 du 18 février 2010 du Commissaire du Droit, ministère public près la Cour des Comptes ;

Entendu M. Boubacar TRAORE, conseiller, en son rapport;

Entendu M. Mamadou NDONG, conseiller, contre- rapporteur, en ses observations;

Après en avoir délibéré conformément à la loi ;

Considérant que dans l'arrêt n° 04 du 12 juin 2008 relatif aux comptes de gestion de 1997 à 2001 de la commune d'arrondissement de Diamaguene Sicap Mbao en jugement, la Cour a relevé que les comptables Monsieur Mamadou SARR, qui a rendu les comptes de gestion de 1997 à 2000 et Monsieur Mor GUEYE, celui de 2001, n'ont pas produit, à l'appui desdits comptes, les documents relatifs à leur situation personnelle : décisions de nomination, attestations de versement de cautionnement, procès-verbaux de prestation de serment et de passation de service ;

Considérant qu'en réponses aux injonctions afférentes les comptables susnommés ont produit lesdites pièces ;

Qu'il y a, en conséquence, lieu de les lever ;

Considérant que les comptables ont produit les balances générales de leurs gestions respectives en réponses aux injonctions correspondantes ;

Qu'il y a également lieu de lever lesdites injonctions;

Considérant qu'en qui concernent les injonctions relatives à la production des états de développement des comptes de tiers et des comptes financiers, les comptables arguent, à juste titre, des difficultés de reconstituer les soldes de ces comptes au regard de l'ancienneté des gestions et des difficultés d'archivage;

Qu'il y a lieu, pour tenir de ces circonstances de faits, de transformer ces injonctions fermes en injonctions pour l'avenir ;

Considérant que la chambre a relevé que M.GUEYE a inscrit, en solde d'ouverture de la gestion 2001, la somme de 868 192 au lieu 1023 018 francs soit une différence de 154 826 en opérations budgétaires ;

Considérant que M. GUEYE maintient que le bon solde est bien 868 192 et non 1 023 018 francs et qu' il affirme en justification que la Direction générale de la Comptabilité publique et du Trésor (DGCPT) n'a pas envoyé le compte rectifié à la Cour ; « qu'en effet, les deux mandats n°117 et 94 du 31 décembre 2000 de montants respectifs de 88 472 et 66 354 francs ont été comptabilisés en restes à payer et que lesdits mandats qui concernent des indemnités d' adjoints au maire ont été payés en espèces durant la gestion 2001 et qu' en 2000 une opération d'ordre en dépense et une inscription en recette hors budget d'un montant de 154 826 francs constaté en provision a permis de solder les comptes concernés ; et qu'ainsi affirme-t-il l'erreur a été corrigée mais que le bon compte n'a pas été envoyé ;

Considérant que la Cour n'a reçu de compte de gestion concerné que celui sur lequel, elle a statué ;

Considérant que sur les bordereaux de dépenses annexés au compte de gestion de 2000 figurent bien les mandats n°s 94 et 117 mais que ceux-ci sont relatifs à des dépenses différentes de celles indiquées dans les réponses de M. GUEYE ;

Considérant qu'en effet, le mandat n°117 du 2 août 2000 d'un montant de 50 000 francs au profit de Diakhou GUEYE est imputé au compte 313 64510 cabinet du maire, secours aux indigents et le mandat n° 94 du 27 juillet 2000 pour le compte de M. Samba MBAYE pour un montant de 115 000 francs est imputé au compte 321 65111 secrétariats et bureaux, personnel temporaire pour la collecte des recettes ;

Considérant que de surcroît, aux termes de l'alinéa 4 de l'article 3 du décret n°66-510 du 4 juillet 1966, « *les dépenses sont prises en compte au titre du budget de l'année financière au cours de laquelle les mandats sont visés par le receveur municipal ; elles doivent être payées sur les crédits de ladite année quelle que soit la date de créance* » ; qu'ainsi les restes à payer étant des dépenses dont les mandats correspondants sont visés par le receveur mais n' ayant pas fait l'objet de règlement jusqu' à la fin de l' exercice sont, bien que suivis en hors budget, compris dans les opérations budgétaires ;

Considérant qu'ainsi le solde à reporter en 2001 est bien de 1 023 018 francs et non 868 192 francs; que par conséquent, M. GUEYE reste débiteur de la différence entre ces deux montants qui est de 154 826 francs ;

Considérant que, relativement à l'achat de deux immeubles appartenant à Monsieur Mamadou NIANG par la commune pour un montant de 90 000 000 de francs que le comptable, M Mamadou SARR a payé les mandats n°99 du 28 septembre 1999 et n° 132 du 6 septembre 2000 de montants respectifs de 24 000 000 chacun de francs et que M. Mor GUEYE a également payé le mandat n°89 du 25 octobre 2001 de 42 000 000 de francs.

Considérant que les comptables ont réglé ces dépenses en deux annuités de 24 000 000 de francs et une de 42 000 000 francs alors que les clauses du contrat signé le 20 septembre 1999 entre la commune et M. Mamadou NIANG prévoient des échéances de paiement en trois annuités successives de 24 000 000 et une de 18 000 000 de francs ;

Considérant que, de surcroît, l'autorisation préalable du conseil municipal n'a pas été sollicitée et que les formalités de l'immatriculation des lots et de l'acte notarié requises pour toute vente d'immeuble ne sont pas respectées ;

Considérant que les dépenses sont imputées au chapitre 701 1 « *hôtel de ville, mairies et annexes* » et au compte 2 200 « hôtel de ville, mairies et annexes » en 1999 et 2000 et au compte 2100 « réalisation de plans » en 2001 ;

Considérant que la première imputation est incomplète car ne permettant pas d'apprécier la nature de la dépenses et la seconde incorrecte car ne s'agissant pas, en l'espèce, de réalisation de plans mais d'achats d'immeubles ;

Considérant que, pour l'essentiel, les réponses des comptables tendent à reconnaître la mauvaise imputation mais qu'ils incriminent la nomenclature budgétaire des collectivités locales qui ne serait pas adaptée pour prendre en compte l'acquisition d'immeubles sous forme d'achat ;

Considérant que cependant, la nomenclature budgétaire des collectivités locales est un acte administratif auquel sont soumis les comptables publics dans l'exercice de leurs fonctions ;

Considérant que les comptables soulignent, par ailleurs, que le conseil municipal a voté les autorisations spéciales de recettes et de dépenses destinées à accepter le fonds de concours qui a servi à financer l'achat des deux immeubles et que cela vaut autorisation d'exécuter les dépenses correspondantes.

Considérant que l'état du dossier ne permet pas de conclure que le conseil municipal a voté les autorisations spéciales de dépenses et de recettes concernant ces dépenses, les délibérations correspondantes n'étant pas produites.

Considérant, par ailleurs, que le vote du conseil municipal adoptant un fonds de concours doit être analysé comme une autorisation d'ouverture de crédits, et que cette formalité ne saurait remplacer l'autorisation du conseil municipal à l'occasion de l'exécution d'une dépense nécessitant son approbation à l'instar de la signature de contrat entre la commune et un tiers, comme c'est le cas en l'espèce comme en dispose l' article 286 de la loi 96-06 du 22 mars 1996 portant code des collectivités locales « *les contrats signés par l' exécutif local sont autorisés par le conseil de la collectivités locale qui en fixe les conditions....* » ;

Considérant que les comptables ne soulèvent pas d'objection s'agissant des irrégularités liées à l'absence d'immatriculation des lots vendus, l'absence de notaire pour superviser la vente et le non-respect des échéances de paiement ;

Considérant que les réponses des comptables ne permettent pas de lever les injonctions sur les irrégularités constatées à l'occasion de l'achat des lots destinés à servir d'hôtel de ville ; qu'en conséquence, ils ont payé une dépenses irrégulière et doivent par conséquent la régulariser sur leurs propres deniers en application des dispositions de l'article 17 du décret n° 62-0195 M.F du 17 mai 1962 portant réglementation concernant les comptables publics.

PAR CES MOTIFS,
Statuant définitivement
ARRETE :
Article 1 :
Les injonctions concernant la production des documents relatifs à la situation personnelle des comptables émises par l'arrêt n°6 du 12 juin 2008 portant sur l' examen des comptes de gestion de 1997 à

2001 de la commune d'arrondissement de Diamaguene Sicap Mbao en son article 2, sont levées ;

Article 2 :

Les injonctions concernant la production des balances générales des comptes de leurs gestions respectives émises à l' encontre des comptables MM. Mamadou SARR et Mor GUEYE dans l'arrêt n°6 du 12 juin 2008 portant sur l'examen des comptes de gestion de 1997 à 2001 de la commune d'arrondissement de Diamaguene Sicap Mbao, en son article 3, sont levées ;

Article 3 :

Les injonctions concernant la production des états de développement des comptes de tiers et des comptes financiers de leurs gestions respectives émises à l'encontre des comptables MM. Mamadou SARR et Mor GUEYE dans l'arrêt n°6 du 12 juin 2008 portant sur l'examen des comptes de gestion de 1997 à 2001 de la commune de Diamaguene Sicap Mbao, en son article 3, sont transformées en injonctions pour l'avenir;

Article 4 :

Monsieur Mor GUEYE est constitué débiteur au profit de la commune d'arrondissement de Diamaguene Sicap Mbao pour la somme de 154 826 francs correspondant à la différence entre le solde de clôture de la gestion 2000 des opérations budgétaires et le solde d'ouverture des mêmes opérations pour la gestion 2001 ;

Article 5 :

M. Mamadou SARR est constitué débiteur au profit de la commune d'arrondissement de Diamaguene Sicap Mbao pour la somme de 48 millions correspondant aux paiements irréguliers des mandats n°99 du 28 septembre 1999 et n° 132 du 6 septembre 2000 de montants respectifs de 24 000 000 chacun relativement à l'achat de deux immeubles par la commune pour un montant de 90 000 000 francs, augmentée des intérêts de droit à compter des paiements desdits mandats ;

Article 6 :

Monsieur Mor GUEYE est constitué débiteur au profit de la commune d'arrondissement de Diamaguene Sicap Mbao pour la somme de 42 millions correspondant GUEYE le paiement du mandat n°82 du 25 octobre 2001 de 42 000 000 de francs relativement à l'achat de deux immeubles par la commune pour un montant de 90 000 000 francs, augmentée des intérêts de droit à compter dudit mandat.

<u>Jurisp.</u> : Cour des Comptes, arrêt n° n° 114 /CAACL/ 2010, affaires RC 64, 65, 66, 67, 68/04 du 09 mars 2004, Contrôle juridictionnel Commune d'arrondissement de Dalifort, gestions 1997 à 2001.

L'an deux mille dix et le vingt et un du mois de juillet, à l'audience non publique de la Chambre des Affaires administratives et des Collectivités locales, statuant en matière de contrôle juridictionnel ;

LA COUR

Vu l'arrêt n°06 du 12 juin 2008 par lequel il a été statué sur les comptes de gestion des exercices 1997, 1998, 1999, 2000 et 2001 de la commune d'arrondissement de Dalifort rendus par les comptables publics, Messieurs Mamadou SARR et Mor GUEYE;

Vu la lettre n°02/09 en date du 27 janvier 2009 portant notification de l'arrêt n°06 du 12 juin 2008 précité et enjoignant aux comptables MM. Mamadou SARR, Mor GUEYE et Sékou SAMBOU de produire leurs justifications aux observations et injonctions contenues dans ledit arrêt dans un délai d'un mois conformément aux dispositions de l'article 37 de la loi organique n° 99-70 du 17 février 1999 sur la Cour des Comptes;

Vu les réponses produites en exécution de l'arrêt susvisé notamment les réponses des comptables MM. Mamadou SARR et Sékou SAMBOU par lettres respectivement des 5 mars 2009 et 25 février 2009 ;

Vu la loi organique n° 96-30 du 21 octobre 1996 sur le Conseil d'État, notamment en son article 53, modifiée par les lois organiques n° 99- 70 et n° 99-72 du 17 février 1999 ;

Vu la loi organique n° 99-70 du 17 février 1999 sur la Cour des Comptes;

Vu la loi n°96-06 du 22 mars 1996 portant Code des Collectivités locales;

Vu le décret n° 62-195 du 17 mai 1962 portant réglementation concernant les comptables publics ;

Vu le décret n° 62-233 du 14 juin 1962 relatif au cautionnement des comptables publics ;

Vu le décret n° 63-476 du 13 juillet 1963 portant application de la délibération du 27 août 1962 relative à l'hypothèque forcée sur les biens des comptables publics ;

Vu le décret n° 66-510 du 4 juillet 1966 portant régime financier des collectivités locales,

Vu le décret n° 99-499 du 8 juin 1999 fixant les modalités d'application de la loi organique n° 99-70 du 17 février 1999 sur la Cour des comptes ;

Vu l'ordonnance n° 015/06/CC/CAACL du 27 février 2006 du Président de la chambre des Affaires administratives et des Collectivités locales portant désignation de rapporteur et de contre rapporteur pour l'instruction des affaires n° RC 64, 65, 66, 67, 68/04 du 09 mars 2004 concernant respectivement les gestions 1997, 1998, 1999, 2000 et 2001 de la commune d'arrondissement de Dalifort;

Vu le rapport n° 000191du 9 décembre 2009 du conseiller rapporteur ;

Vu les conclusions n° 266 du 18 février 2010 du Commissaire du Droit, ministère public près la Cour des Comptes ;

Entendu M. Boubacar TRAORE, conseiller, en son rapport;

Entendu M. Mamadou NDONG, conseiller, contre- rapporteur, en ses observations;

Après en avoir délibéré conformément à la loi ;

Considérant que dans l'arrêt n° 06 du 12 juin 2008 relatif aux comptes de gestion de 1997 à 2001 de la commune d'arrondissement de Dalifort en jugement, la Cour a relevé que les comptables Monsieur Mamadou SARR, qui a rendu les comptes de gestion de 1997 à 2000 de la commune d'arrondissement de Dalifort, et Monsieur Mor GUEYE, celui de 2001, n'ont pas produit, à l'appui desdits comptes, les documents relatifs à leur situation personnelle : décisions de nomination, attestations de versement de cautionnement, procès-verbaux de prestation de serment et de passation de service ;

Considérant qu'en réponses aux injonctions afférentes, les comptables susnommés ont produit lesdites pièces ;

Qu'il y a lieu, en conséquence, de lever lesdites injonctions;

Considérant que les comptables ont produit les balances générales de leurs gestions respectives en réponses aux injonctions correspondantes ;

Qu'il y a également lieu de les lever ;

Considérant qu'en ce qui concerne les injonctions relatives à la production des états de développement des comptes de tiers et des comptes financiers, les comptables arguent, à juste titre, des difficultés de reconstituer les soldes de ces comptes au regard de l'ancienneté des gestions et des difficultés d'archivage;

Qu'il y lieu de transformer ces injonctions fermes en injonctions pour l'avenir;

Considérant que M. Mor GUEYE a reporté en balance d'ouverture des valeurs inactives de la gestion 2001 la somme de 6 545 250 francs représentant le solde de clôture de la gestion 2000 au lieu de 6 557 705 francs, soit un écart de 12 455 francs;

Considérant que M. GUEYE n'apporte aucune justification par rapport à l'écart constaté;

Qu'en conséquence, il reste débiteur de cette différence de 12 455 francs qu'il devra rembourser sur ses deniers propres.

Considérant que durant la gestion 1997, les comptables MM. Sékou SAMBOU et Mamadou SARR ont payé les mandats imputés au chapitre 313 « *cabinet du maire* » compte 64 510 « *secours aux indigents* » au profit de divers particuliers pour un montant global de 1 425 500 francs, Monsieur SAMBOU, pour un montant de 1 325 000 francs et, Monsieur SARR, pour 100 000 francs sans produire à l'appui de ces dépenses, la preuve de l'état d'indigence des différents bénéficiaires en l'occurrence, les certificats d'indigence délivrés par les autorités compétentes;

Considérant que ces dépenses n'ont pas été, non plus, autorisées au moment de leur exécution par le conseil municipal en violation des dispositions de l'article 157 du code des collectivités locales;

Considérant que M. SARR invoque, d'une part l'absence d'une nomenclature des pièces justificatives des opérations de dépenses des collectivités locales prescrivant la production d'un certificat d'indigence à l'appui des dépenses de secours aux indigents, d' autre part, l'inscription de crédits correspondants au budget voté par le conseil municipal et approuvé par le représentant de l'État et son mandatement par le maire aux profit de personnes qu'il juge devant en bénéficier;

Considérant que, la validité des créances s'entend la production de la justification formelle de l'existence d'une charge pesant sur la commune, ce qui, s'agissant d'une dépense relative aux paiement de secours à des indigents, est constitué par la production de la preuve de l'état d'indigence des bénéficiaires nonobstant l'inexistence d'une nomenclature des pièces justificatives des opérations de dépenses des collectivités locales;

Considérant que cette preuve n'est autre que le certificat d'indigence délivré par les autorités compétentes après les enquêtes des services sociaux ou de police permettant d' établir que les bénéficiaires sont bien indigents ;

Considérant que l'inscription dans le budget adopté puis approuvé respectivement par le conseil municipal et le représentant de l' État et le mandatement des dépenses correspondantes par le maire ne sauraient être considérés comme gage de régularité des dépenses incriminées ; et que le comptable suivant les dispositions de l'article 40 du décret n° 66-510 du 4 juillet 1966 portant régime financier des collectivités locales, « avant de procéder au paiement des mandats, doit vérifier, sous sa responsabilité l'application des lois et règlements pour la dépense considérée ainsi que la validité des créances »;

Considérant que M. Sékou SAMBOU soutient qu'au moment du paiement de la dépense toutes les pièces justificatives ont été produites y compris les certificats d'indigence ;

Considérant que M. SAMBOU ne rapporte pas la preuve de ses affirmations, mais qu'en tout état de cause, le juge statuant sur pièces, si celles-ci ne sont pas produites, les dépenses afférentes sont réputées non justifiées, donc irrégulières ;

Considérant que pour justifier l'absence d'autorisation du conseil municipal, il considère que le vote du budget par l'organe délibérant constitue une habilitation d'exécuter l'ensemble des crédits inscrits aux chapitres et articles y figurant, qu'en conséquence point n'est besoin d'une autorisation de l'organe délibérant ;

Considérant que le budget voté et approuvé par les autorités compétentes est un acte d'autorisation permettant d'exécuter l'ensemble des crédits y figurant ;

Considérant que toutefois, l'exécution du budget est soumise aux lois et règlements qui régissent la dépense publique et qu'en réalité, chaque dépense, en fonction de sa nature est soumise au respect de la réglementation qui lui est propre ; qu'en l'occurrence, l'article 157 du code des collectivités locales précité impose que l'avis favorable du conseil soit requis avant de mandater ou de payer les dépenses de secours aux indigents ;

Considérant que les justifications apportées par les comptables aux injonctions relatives aux paiements irréguliers des secours aux indigents ne permettent pas de les lever ;

Que MM. SARR et SAMBOU restent, en conséquence, débiteurs des sommes payées ;

Considérant que le comptable M. Mamadou SARR a payé les dépenses d'acquisition de matériel de sonorisation pour 2 340 000 francs et de location de véhicule pour le maire pour 144 000 et 216 000 francs objet des mandats n°s 27, 29 et 30 émis respectivement durant les mois de septembre et octobre 1997 ;

Considérant que toutes ces dépenses ont été imputées au chapitre 509 « *dépenses div*erses » et au compte 6499 « *autres dépenses* » en lieu et place des imputations prévues par la nomenclature budgétaire, respectivement 509 « *dépenses diverses* » 633707 « *acquisition et installation d'appareil de sonorisation* », pour la dépense d'acquisition de matériel de sonorisation, et 313 « *cabinet du maire* » 6303 « *location de véhicule* » ; et que, de surcroît, ces dépenses ont été exécutées sans couverture budgétaire car ne figurant ni dans le budget primitif ni dans les documents budgétaires modificatifs ;

Considérant que M. SARR considère qu'en l'absence de crédits ouverts aux comptes appropriés, les dépenses incriminées peuvent entrer dans le champ des « *dépenses diverses* » ;

Considérant que l'article 26 du décret 66-510 du 4 juillet 1966 portant régime financier des collectivités locales dispose que le maire ne peut engager, liquider ou ordonnancer aucune dépense à la charge de la commune au-delà des crédits régulièrement ouverts aux articles correspondants au budget et que l'article 40 du décret 66-510 précité précise que le receveur doit vérifier sous sa responsabilité la disponibilité des crédits et leur correcte imputation avant de procéder au paiement des mandats ;

Considérant que les justifications apportées par M. SARR ne sont pas satisfaisantes ;

Qu'il reste en conséquence débiteur des sommes payées ;

Considérant que le comptable, M. Sékou SAMBOU, a mis à la disposition du maire de la commune Monsieur Pape NDIAYE, la somme de 800 000 francs pour les dépenses diverses de son cabinet, cette dépense étant imputée au chapitre 313 « *cabinet du maire* » et au compte 6490 « *dépenses diverses* » ;

Considérant que cette dépense est insuffisamment justifiée, n'étant appuyée que par la décision autorisant le mandatement signée par le maire bénéficiaire et sans que l'objet précis de la dépense ne soit mentionné ;

Considérant que M. SAMBOU invoque les dispositions de l'article 17 du décret 62-0195 du 17 mai 1962 portant réglementation concernant les comptables publics qui rappelle les points de contrôle prescrits par la réglementation ;

Considérant qu'il dit « *ne trouver aucun manquement vis-à-vis des dispositions dudit article d' autant que l'appréciation d'une dépense ne peut être fondée que sur les éléments matériels qui prouvent l'application de ces points de contrôle au moment du paiement de la dépense* » ;

Considérant que les dispositions de l'article 40 du décret 66-510 du 4 juillet 1966 portant régime financier des collectivités locales précisent que : « *avant de procéder au paiement des mandats, le receveur municipal doit vérifier, sous sa responsabilité la validité de la créance qui suppose la justification de la charge pesant sur la commune » ;*

Considérant que dans le cas d'espèce la nature de la dette n'est pas clairement identifiée en l'absence d'une justification suffisante et précise;

Qu'en conséquence, M. SAMBOU reste débiteur de ladite somme de 800 000 francs ;

PAR CES MOTIFS,

Statuant définitivement

ARRETE :

Article 1 :

Les injonctions concernant la production des documents relatifs à la situation personnelle des comptables émises par l'arrêt n°6 du 12 juin 2008 portant sur l' examen des comptes de gestion de 1997 à 2001 de la commune d'arrondissement de Dalifort, en son article 2, sont levées ;

Article 2 :

Les injonctions concernant la production des balances générales des comptes de leurs gestions respectives émises à l' encontre des comptables MM. Mamadou SARR et Mor GUEYE dans l'arrêt n°6 du 12 juin 2008 portant sur l'examen des comptes de gestion de 1997 à 2001 de la commune d'arrondissement de Dalifort, en son article 3, sont levées ;

Article 3 :

Les injonctions concernant la production des états de développement des comptes de tiers et des comptes financiers de leurs gestions respectives émises à l' encontre des comptables MM. Mamadou SARR et Mor GUEYE dans l'arrêt n°6 du 12 juin 2008 portant sur l'examen des comptes de gestion de 1997 à 2001 de la commune de Dalifort, en son article 3, sont transformées en injonctions pour l'avenir;

Article 4 :

Monsieur Mor GUEYE est constitué débiteur au profit de la commune d'arrondissement de Dalifort pour la somme de 12 455 francs correspondant à la différence entre le solde de clôture de la gestion 2000 des opérations sur valeurs inactives et le solde d'ouverture des mêmes opérations pour la gestion 2001 ;

Article 5 :

M. Sékou SAMBOU est constitué débiteur au profit de la commune d'arrondissement de Dalifort :

- de la somme 1 325 500 francs correspondant aux paiements irréguliers de secours aux indigents » au profit de divers particuliers, augmentée des intérêts de droit à compter de la date de paiement des mandats n°s 5 à 18 des 14 et 16 juillet 1997 ;
- de la somme 800 000 francs mise à la disposition de Monsieur Pape NDIAYE, maire de la commune d'arrondissement de Dalifort sans justification suffisante, augmentée des intérêts de droit à

compter de la date de paiement du mandat n°1 du 17 juin 1997 ;

Article 6 :

M. Mamadou SARR est constitué débiteur au profit de la commune d'arrondissement de Dalifort :

• de la somme de100 000 francs correspondant aux paiements irréguliers de secours au indigents au profit de divers particuliers, augmentée des intérêts de droit à compter de la date de paiement du mandat n° 73 du 27 novembre 1997;

• de la somme 2 340 000 francs correspondant à des dépenses d'acquisition de matériel de sonorisation, augmentée des intérêts de droit à compter de la date de paiement du mandat n° 27 du 2 septembre 1997 ;

• de la somme144 000 et 216 000 francs correspondant à des dépenses de location de véhicule pour le maire, augmentée des intérêts de droit à compter de la date de paiement des mandats n° 29 et 30 émis respectivement durant le mois d'octobre 1997.

Chapitre III : Règles budgétaires

Section 1 : Dispositions générales

Article 253

Au moins un mois avant l'examen du budget d'une Collectivité territoriale, un débat a lieu dans son conseil sur les orientations budgétaires.

Le projet de budget est préparé et présenté par le président du conseil départemental ou le maire, qui est tenu de le communiquer aux membres du conseil avec les rapports correspondants quinze jours avant l'ouverture de la première réunion consacrée à l'examen dudit budget.

Le budget et les autorisations spéciales de recettes et de dépenses sont votés par le conseil de la Collectivité territoriale.

Ils se divisent en section de « fonctionnement » et section « d'investissement ».

Article 254

Dans le cas où le budget de la Collectivité territoriale n'a pas été adopté avant le 1er janvier de l'exercice auquel il s'applique, le président du conseil départemental ou le maire sont en droit, jusqu'à l'adoption de ce budget, de mettre en recouvrement les recettes, d'engager, de liquider et de mandater les dépenses de la section de fonctionnement dans la limite de celles inscrites au budget de l'année précédente. Ils sont en droit de mandater les dépenses au remboursement en capital des annuités de la dette venant à échéance avant le vote du budget.

En outre, jusqu'à l'adoption du budget ou jusqu'au 31 mars, en l'absence d'adoption du budget avant cette date, ils peuvent, sur autorisation du conseil, engager, liquider et mandater des dépenses d'investissement, dans la limite du quart des crédits ouverts au budget de l'exercice précédent, non compris les crédits afférents au remboursement de la dette. Les crédits correspondants sont inscrits au budget lors de son adoption. L'autorisation mentionnée au présent alinéa précise le montant et l'affectation des crédits.

Si le budget n'est pas adopté au 31 mars de l'exercice auquel il s'applique, le représentant de l'État règle le budget et le rend exécutoire dans les quinze jours qui suivent cette date.

Jusqu'au règlement du budget de la Collectivité territoriale par le représentant de l'État, le conseil ne peut adopter de délibération sur le budget de l'exercice en cours.

Les dispositions des alinéas 1 à 4 du présent article ne sont pas applicables quand le défaut d'adoption résulte de l'absence de communication avant le 15 mars au conseil de la Collectivité territoriale d'informations indispensables à l'établissement du budget. Dans ce cas, le conseil dispose de quinze jours à compter de cette communication pour arrêter le budget de la Collectivité territoriale. La liste de ces informations est fixée par arrêté conjoint du Ministre chargé des Finances et du Ministre chargé des Collectivités territoriales.

En cas de création d'une nouvelle Collectivité territoriale, son conseil adopte le budget dans un délai de trois mois à compter de l'installation de ses organes. À défaut, le budget est réglé et rendu exécutoire par le représentant de l'État dans les conditions prévues au troisième alinéa du présent article. Ces dispositions ne sont pas applicables quand le défaut d'adoption résulte de l'absence de communication au conseil, dans les deux mois et demi suivant cette création, d'informations indispensables à l'établissement du budget. Dans ce cas, le conseil dispose de quinze jours après cette communication pour arrêter le budget de la collectivité.

Article 255

Le budget d'une Collectivité territoriale est en équilibre réel lorsque la section « fonctionnement » et la section « investissement » sont respectivement votées en équilibre, les recettes et les dépenses ayant été évaluées de façon sincère, et lorsque le prélèvement sur les recettes de la section « fonctionnement » au profit de la section « investissement », ajouté aux recettes propres de cette section, à l'exclusion du produit des emprunts, et éventuellement aux dotations des comptes d'amortissement et de provision, fournit des ressources suffisantes pour couvrir le remboursement en capital des annuités d'emprunt à échoir au cours de l'exercice.

Le prélèvement sur les recettes de la section « fonctionnement » au profit de la section « investissement » doit représenter une part de ces recettes fixées par décret selon le type de Collectivité territoriale.

Article 256

Lorsque le budget n'est pas voté en équilibre réel ou que les dispositions ci-dessus n'ont pas été respectées, le représentant de l'État le constate dans un délai de quinze jours à compter de la date de transmission prévu à l'article 254 du présent Code. Il propose à la Collectivité territoriale, dans un délai de quinze jours suivant sa constatation, les mesures nécessaires au rétablissement de l'équilibre budgétaire et demande au conseil une nouvelle délibération, dans le cadre des dispositions prévues à l'article 243 alinéa 3 du présent code.

La nouvelle délibération du conseil rectifiant le budget initial doit intervenir dans un délai d'un mois à partir de la communication des propositions du représentant de l'État.

Si le conseil n'a pas délibéré dans le délai prescrit, ou si la délibération prise ne comporte pas de mesures de redressement jugées suffisantes par le représentant de l'État qui se prononce sur ce point dans un délai de quinze jours à partir de la transmission de la nouvelle délibération, le budget est réglé et rendu exécutoire par le représentant de l'État.

À compter de la constatation du déséquilibre budgétaire par le représentant de l'État, le conseil ne peut délibérer en matière budgétaire, sauf pour la délibération prévue au deuxième alinéa du présent article et pour l'application de l'article 254 du présent code.

Article 257

Lorsque le budgct d'unc Collectivité territoriale a été réglé et rendu exécutoire par le représentant de l'État, le vote du conseil sur le compte administratif prévu à l'article 259 du présent code intervient avant le vote du budget afférent à l'exercice suivant. Lorsque le compte administratif adopté dans les conditions ci-dessus mentionnées fait apparaître un déficit dans l'exécution du budget, ce déficit est reporté au budget de l'exercice suivant. Lorsque l'une ou l'autre des obligations prévues par le présent alinéa n'est pas respectée, le représentant de l'État intervient dans les conditions prévues aux alinéas 1 et 3 de l'article précédent.

S'il est fait application de la procédure définie à l'alinéa ci-dessus, les dates fixées au deuxième alinéa de l'article 254 du présent code pour l'adoption du budget sont reportées respectivement aux 1er juin et 15 juin. Dans ce cas, le délai limite de transmission du compte de gestion du comptable prévu à l'article 259 du présent code est ramené au 1er mai.

Toutefois, pour l'application de ces dispositions, n'est pas considéré comme étant en déséquilibre, le budget dont la section « fonctionnement » comporte ou reprend un excédent et dont la section « investissement » est en équilibre réel, après reprise, pour chacune des sections, des résultats apparaissant au compte administratif de l'exercice précédent.

Article 258

Sous réserve du respect des dispositions des articles 254 ci-dessus et 259 ci-dessous, des modifications peuvent être apportées au budget de la Collectivité territoriale par son conseil, jusqu'au terme de l'exercice auquel elles s'appliquent.

Dans le délai d'un mois suivant la fin de l'exercice budgétaire, le conseil peut, en outre, apporter au budget les modifications permettant d'ajuster les crédits de la section de fonctionnement pour régler les dépenses engagées avant le 31 décembre et inscrire les crédits nécessaires à la réalisation des opérations d'ordre de chacune des deux sections du budget ou entre les deux sections.

Les délibérations relatives aux modifications budgétaires prévues à l'alinéa précédent doivent être transmises au représentant de l'État au plus tard cinq jours après le délai limite fixé pour leur adoption. Les mandatements découlant des modifications budgétaires ainsi décidées, doivent être achevés au plus tard le 31 janvier suivant l'exercice auquel ils se rapportent.

Jurisp. : Cour suprême, arrêt n° N°52 du 25 août 2016, Alioune NDOYE c/État du Sénégal.

La COUR

Vu la requête reçue le 07 aout 2015 au greffe central par laquelle Alioune Ndoye, élisant domicile en l'étude de Maître Doudou Ndoye, avocat à la Cour, sollicite l'annulation des arrêtés n°165 et 166 du 18 juillet 2014 du Sous-préfet de la Commune d'Arrondissement de Dakar-Plateau, portant respectivement modification du budget de la Commune d'Arrondissement de Dakar-Plateau et rectification de l'arrêté n° 156 valant mandat de paiement ;

Après en avoir délibéré conformément à la loi ;

Considérant que par l'arrêt confirmatif n°394 du 08 novembre 2014 rendu par la Cour d'appel de Dakar, l'ancienne commune de Dakar-

Plateau a été condamnée à payer à la société Lynx Sécurité la somme de 12.052.000F CFA représentant le coût des prestations de gardiennage outre celle de 2.000.000 F CFA à titre de dommages et intérêts ;

Que le sous-préfet de la commune d'arrondissement de Dakar-Plateau, sur le fondement des articles 355 et 356 du code des collectivités locales, a pris les arrêtés n°165 et 166 du 18 juillet 2014 portant respectivement modification du budget de la commune d'Arrondissement de Dakar-Plateau et rectification de l'arrêté n°156 valant mandat de paiement ; qu'Alioune NDOYE s'est pourvu en annulation contre ces arrêtés ;

Considérant que l'Agent judiciaire de l'État soulève l'irrecevabilité de la requête au motif qu'il n'y a pas été mentionné les noms et prénoms des autres parties défenderesses qui ont reçu signification de la requête ;

Considérant qu'en vertu des dispositions de l'article 39 du code de procédure civile, l'État est assigné, en la personne de l'Agent judiciaire de l'État ou en ses bureaux, à charge pour ce dernier de saisir le fonctionnaire compétent pour plaider au fond, s'il y a lieu ;

Considérant que, selon l'article 3 du décret n°70-1216 du 7 novembre 1970 portant création d'une Agence judiciaire de l'État et fixant ses attributions, l'Agent judiciaire de l'État est seul habilité à recevoir en sa personne ou en ses bureaux les citations et assignations dont il doit viser l'original, ainsi que les requêtes introductives d'instance servies ou notifiées à l'État ;

Considérant qu'en l'espèce, la requête d'Alioune NDOYE est un recours pour excès de pouvoir dirigé contre des arrêtés du sous-préfet de la commune d'arrondissement de Dakar-Plateau, un organe de l'État identifié ayant reçu signification en la personne de l'Agent judiciaire de l'État qui a régulièrement déposé un mémoire en défense ;

Qu'ainsi, l'irrecevabilité alléguée n'est pas encourue ;

Sur le premier moyen tiré de la violation de l'article 258 de la loi n°2013-10 du 28 décembre 2013 portant code général des collectivités locales (CGCL) en ce que les textes visés par le sous-préfet pour fonder ses décisions ne sont plus applicables ;

Considérant qu'aux termes de l'article 332 du code général des collectivités locales « *les dispositions du présent code sont applicables à compter de l'installation des conseils départementaux et municipaux issus des élections locales qui suivent sa date d'entrée en vigueur* » ;

Considérant qu'il ressort du procès-verbal d'installation du conseil municipal de la commune d'arrondissement de Dakar plateau du 19 juillet 2014 que la mise en place de ce conseil municipal issu des dernières élections locales est intervenue à cette date ;

Considérant que les arrêtés attaqués ayant été pris le 18 juillet 2014 sous l'empire de l'ancien code des collectivités locales et ce, avant l'installation du nouveau conseil municipal, les articles 355 et 356 du code des collectivités locales sur lesquels les décisions du Sous – Préfet se fondent sont, dès lors applicables ;

Qu'ainsi, le moyen est mal fondé ;

Sur le deuxième moyen tiré de la violation de l'article 356 du code des collectivités locales en ce que le sous-préfet n'a pas satisfait à l'obligation d'une mise en demeure préalable ;

Considérant que selon ce texte, le représentant de l'État procède d'office au mandatement d'une dépense obligatoire dans le mois suivant la mise en demeure adressée au conseil et restée infructueuse ;

Considérant qu'en l'espèce, le sous-préfet de l'arrondissement de Dakar- plateau a visé dans les arrêtés attaqués les mises en demeure du 20 mai 2014, envoyées au maire de la commune, avant d'inscrire d'office la dépense litigieuse au budget de la collectivité locale ;

Considérant cependant **que** par lettre du 12 mai 2016 du Président de la Chambre administrative adressée à l'Agent judiciaire de l'État, la Cour a vainement réclamé copies de ces mises en demeure qui n'ont pas été produites au dossier ;

Que par conséquent, les mises en demeure préalables n'étant pas établies, conformément au texte susvisé, il y'a lieu d'annuler les arrêtés attaqués ;

PAR CES MOTIFS,

Et sans qu'il soit besoin de statuer sur le troisième moyen ;

Annule les arrêtés n°165 et n°166 du 18 juillet 2014 du sous-préfet de la commune d'arrondissement de Dakar plateau portant respectivement modification du budget de la commune d'Arrondissement de Dakar-Plateau et rectification de l'arrêté n°156 valant mandat de paiement.

Article 259

L'arrêté des comptes est constitué par le vote du conseil de la Collectivité territoriale sur le compte administratif présenté par le président du conseil départemental ou le maire après transmission, au plus tard le 1er juillet de l'année suivant l'exercice, du compte de gestion établi par le comptable de la collectivité territoriale. Le vote du conseil arrêtant les comptes doit intervenir avant le 1er octobre de l'année suivant l'exercice.

Le compte administratif est arrêté si une majorité des voix ne s'est pas dégagée contre son adoption.

Article 260

Lorsque l'arrêté des comptes fait apparaître dans l'exécution du budget un déficit égal ou supérieur à 10 % des recettes de la section « fonctionnement », le représentant de l'État, propose à la collectivité territoriale, les mesures nécessaires au rétablissement de l'équilibre budgétaire, dans le délai de deux mois à compter de cette proposition.

Si, lors de l'examen du budget primitif suivant, le représentant de l'État constate que la collectivité territoriale n'a pas pris de mesures suffisantes pour résorber ce déficit, le budget est réglé et rendu exécutoire par le représentant de l'État.

En cas de mise en œuvre des dispositions des alinéas précédents, la procédure prévue à l'article 257 du présent code n'est pas applicable.

Article 261

Le budget de la collectivité territoriale est transmis au représentant de l'État au plus tard quinze jours après le délai limite fixé pour son adoption par le présent code. À défaut, il est fait application des dispositions du deuxième alinéa de l'article 254 du présent code.

Article 262

Le compte administratif est transmis au représentant de l'État au plus tard quinze jours à l'expiration du délai limité fixé pour son adoption par l'article 259 du présent code.

Article 263

La constatation par le représentant de l'État du déséquilibre du budget de la collectivité territoriale ou du non-respect des proportions légales au titre de l'article 260 du présent code, a pour effet de suspendre l'exécution de ce budget jusqu'au terme de la procédure. Toutefois, sont applicables à compter de la transmission du budget, les dispositions du premier alinéa de l'article 254 ci-dessus.

En outre, les dépenses de la section « investissement » de ce budget peuvent être engagées, liquidées et mandatées dans la limite du quart des crédits inscrits à ce titre.

Section 2 : Inscription des dépenses obligatoires

Article 264

Lorsque le représentant de l'État, de sa propre initiative, ou saisi soit par le comptable public concerné soit par toute personne y ayant intérêt, constate qu'une dépense obligatoire n'a pas été inscrite au budget ou l'a été pour une somme insuffisante, il adresse une mise en demeure à la collectivité territoriale concernée.

Si, dans un délai d'un mois, cette mise en demeure n'est pas suivie d'effet, le représentant de l'État inscrit cette dépense au budget de la collectivité territoriale et propose, s'il y a lieu, la création de ressources ou la diminution de dépenses facultatives destinées à couvrir la dépense obligatoire. Le représentant de l'État règle et rend exécutoire le budget rectifié en conséquence.

Article 265

A défaut de mandatement, par la collectivité territoriale concernée d'une dépense obligatoire dans le mois suivant la mise en demeure qui lui en a été faite par le représentant de l'État, celui-ci y procède d'office.

Article 266

Dans le cadre des commandes publiques, lorsque des intérêts moratoires ne sont pas mandatés en même temps que le principal, ce dernier étant d'un montant supérieur à un seuil fixé par décret, le comptable assignataire de la dépense en informe l'ordonnateur et le représentant de l'État dans un délai de dix jours suivant la réception de l'ordre de paiement. Dans un délai de quinze jours, le représentant de l'État adresse à l'ordonnateur une mise en demeure de mandatement de ces intérêts moratoires. À défaut d'exécution dans un délai d'un mois, le représentant de l'État procède d'office, dans un délai de dix jours, au mandatement de la dépense.

Toutefois, si dans le délai d'un mois dont il dispose, l'ordonnateur notifie un refus d'exécution motivé par une insuffisance de crédits disponibles, ou si, dans ce même délai, le représentant de l'État constate cette insuffisance, celui-ci dans un délai de quinze jours à compter de cette notification ou de cette constatation, procède au mandatement d'office dans les quinze jours suivant la réception de la délibération inscrivant les crédits ou sa décision réglant le budget rectifié.

Article 267

Lorsque le représentant de l'État intervient en application des articles 254, 256, 264 et 265 du présent code, le président du conseil départemental, le maire ou leur représentant peuvent, à leur demande, présenter oralement leurs observations. Ils peuvent être assistés par une personne de leur choix.

Section 3 : Le comptable de la Collectivité territoriale

Article 268

Le comptable de la collectivité territoriale est un comptable direct du trésor ayant qualité de comptable principal. Il est nommé par le Ministre chargé des Finances.

Il prête serment devant le tribunal régional.

Il est tenu de produire ses comptes à la Cour des comptes qui statue par voie de jugement.

Article 269

Le comptable ne peut subordonner ses actes de paiement à une appréciation de l'opportunité des décisions prises par l'ordonnateur. Il ne peut soumettre les mêmes actes qu'au contrôle de légalité qu'impose l'exercice de sa responsabilité personnelle et pécuniaire. Il est tenu de motiver la suspension du paiement.

Lorsque le comptable notifie sa décision de suspendre le paiement d'une dépense obligatoire, le président du conseil départemental ou le maire peut lui adresser un ordre de réquisition. Il s'y conforme aussitôt, sauf en cas d'insuffisance de fonds disponibles, de dépense ordonnancée sur des crédits irrégulièrement ouverts ou insuffisants ou sur des crédits autres que ceux sur lesquels elle devrait être imputée, d'absence de justification du service fait et de défaut de caractère libératoire du règlement.

Copie de l'ordre de réquisition est transmise au représentant de l'État et à la Cour des comptes.

En cas de réquisition, l'ordonnateur engage sa responsabilité personnelle et pécuniaire.

TITRE VII
DES REPRESENTANTS DE L'ÉTAT

Article 270

Les représentants de l'État sont les délégués du Président de la République dans leur circonscription.

Ils sont nommés par décret.

Les représentants de l'État veillent à la sauvegarde des intérêts nationaux, au respect des lois, de l'ordre public.

Dans les conditions fixées par le présent code, ils exercent le contrôle de légalité et le contrôle budgétaire. Ils veillent en outre à l'exercice régulier, par les Collectivités territoriales, de leurs compétences.

Ils représentent chacun des ministres et ont autorité sur les services déconcentrés de l'État dans leur circonscription sous réserve des exceptions prévues par d'autres textes. Ils sont seuls habilités à s'exprimer au nom de l'État devant les conseils élus de leurs circonscriptions.

Article 271

Le préfet représente l'État auprès du département, de la ville, de la commune chef-lieu de département et de toutes autres communes qui lui seront rattachées par décret.

Le sous-préfet représente l'État auprès des autres communes de son arrondissement.

Jurisp. : Conseil d'État, arrêt n° 18 du 27 juillet 2006, Ibrahima NDOYE c/Conseil rural de Sangalkam, Bulletin des arrêts du Conseil d'État année 2006.

Considérant que dans le cadre des actions contentieuses concernant les collectivités locales, le Code des Collectivités Locales dispose, en son article 298 : « *les recours au Conseil d'État doivent être notifiés par leurs auteurs au représentant de l'État qui peut présenter des observations* » ;

Qu'en l'occurrence la qualité de représentant de l'État auprès de la Communauté Rurale est dévolue au Sous-Préfet, en vertu des dispositions de l'article 363 (alinéa 3) du Code des Collectivités Locales;

Considérant qu'à cet égard, il ne ressort nullement du dossier que le requérant a signifié son recours au représentant de l'État tel que visé ci-dessus, d'où il suit qu'il ne s'est pas conformé aux prescriptions légales régissant la matière ;

PAR CES MOTIFS :
Déclare le requérant déchu de son recours. »

<u>Jurisp.</u> : Conseil d'État, arrêt n°65 du23 août 2007, Conseil Rural de Sangalkam c/ État du Sénégal et le Préfet de Rufisque, Bulletin des arrêts du Conseil d'État année 2007.

« Considérant que sous ce moyen le requérant qui conclut à l'annulation de la décision attaquée expose qu'aucun texte ne permet au préfet de décider du sursis à l'encaissement de recettes prévues par le budget de la communauté rurale dûment approuvé ;

Que l'article 361 du code des collectivités locales confère au représentant de l'État la mission du contrôle de la légalité, du contrôle budgétaire et celle de veiller en outre à l'exercice régulier, par les collectivités locales, de leurs compétences ;

Considérant que le troisième alinéa de l'article 363 du même code précise que : « *le sous-préfet représente l'État auprès des communautés rurales* » ;

Qu'en conséquence le Préfet de Rufisque qui s'est immiscé dans le contrôle de l'exécution du budget dûment approuvé du Conseil rural de Sangalkam, est intervenu dans une matière qui n'est pas de sa compétence ;

Que sa décision encourt ainsi l'annulation.

PAR CES MOTIFS :
Annule la décision n°00809/DR du 02 mai 2007 du Préfet du Département de Rufisque.

Article 272

Dans le cadre d'une large déconcentration, les mesures qui déterminent la répartition des pouvoirs entre les autorités centrales et les représentants de l'État auprès des Collectivités territoriales, font l'objet d'un rapport annuel à l'Assemblée nationale, après avis du Comité interministériel de l'Administration territoriale prévu au Titre VII du Livre premier du présent code.

Article 273

Sur leur demande, le président du conseil départemental et le maire reçoivent des représentants de l'État les informations nécessaires à l'exercice de leurs attributions.

Sur leur demande, les représentants de l'État reçoivent du président du conseil départemental et du maire, les informations nécessaires à l'exercice de leurs attributions.

Le président du conseil départemental et le maire informent leur conseil de tout courrier que les représentants de l'État souhaitent porter à sa connaissance.

TITRE VIII
DES ORGANISMES DE SUIVI

Article 274

Le conseil national de développement des Collectivités territoriales institué par décret, comprend, outre des représentants de l'État, des départements et des communes, des représentants du secteur privé et de la société civile.

Une fois au moins par an, il est présidé par le Chef de l'État pour établir le bilan de l'évolution des départements et des communes.

Il établit chaque année un état de la coopération décentralisée et formule toutes propositions utiles.

Article 275

Un comité interministériel de l'administration territoriale est institué par décret.

Il est consulté chaque année sur la conduite de la politique de déconcentration de l'État.

Article 276

Le Comité interministériel d'Aménagement du Territoire, institué par décret, est consulté sur toute modification des limites territoriales et du nombre des départements, dans le cadre de la procédure prévue par le présent code.

Article 277

Une commission nationale d'assistance aux Centres d'Appui au Développement local est instituée par décret. Elle est consultée sur l'élaboration et la mise en œuvre de la politique et des programmes de développement à la base, avec l'appui des commissions régionales d'assistance aux centres d'Appui au Développement local.

LIVRE II

TRANSFERTS DE COMPETENCES

TITRE I

DES PRINCIPES FONDAMENTAUX ET DES MODALITES DU TRANSFERT DES COMPETENCES

Article 278

Les Collectivités territoriales règlent, par délibérations, les affaires de leurs compétences.

Elles concourent avec l'État, à l'Administration et à l'aménagement du territoire, au développement économique, éducatif, social, sanitaire, culturel et scientifique ainsi qu'à la protection et à la mise en valeur de l'environnement et à l'amélioration du cadre de vie.

L'État exerce les missions de souveraineté, le contrôle de légalité des actes des Collectivités territoriales dans les conditions fixées par la loi, assure la coordination des actions de développement et garantit la cohésion et la solidarité nationales ainsi que l'intégrité du territoire.

> ***Note*** : L'alinéa premier de cet article montre que les Collectivités territoriales possèdent un pouvoir de décision, limité aux « *affaires* » locales. Quant aux autres alinéas, ils traitent respectivement du partage de compétence avec l'État (économie, éducation, santé, culture…) et de compétences propres à l'État (mission de souveraineté, contrôle de légalité, etc.).

Article 279

Les transferts de compétences prévus par la présente loi ne peuvent autoriser une collectivité territoriale à établir ou à exercer une tutelle sur une autre.

Toutefois, les Collectivités territoriales peuvent librement entretenir entre elles des relations fonctionnelles et de coopération en stricte conformité avec les textes législatifs et réglementaires en vigueur.

Note : La répartition des compétences entre l'État et les deux ordres de Collectivités territoriales, doit interdire toute forme de tutelle, qui porterait atteinte à la libre administration. Il s'agit pour le législateur d'éviter qu'une collectivité territoriale puissante et riche n'exerce un contrôle sur une autre collectivité territoriale pauvre et faible.

Il a été jugé dans la jurisprudence française à propos de la procédure d'attribution des subventions de la région, notamment en faveur des communes, leur faisant obligation de déposer leurs demandes sous couvert du président du conseil général concerné et d'obtenir un avis préalable de l'assemblée départementale que « *le contrôle de la réalisation ou de l'état d'avancement de l'équipement ainsi subventionné étant établi par certificat du président du conseil général* » encoure l'annulation pour illégalité. (*TA Montpellier, 26 juin 1983, Cne de Narbonne c/ Région du Languedoc-Roussillon ; Rec. C.E., p.561 ; AJDA 1983, p.678.)*

Il a été également jugé que ne constitue pas une forme prohibée de tutelle l'octroi par le département aux commune qui en font la demande de subventions, dès lors que le département n'exerce pas de contrôle sur l'utilisation des fonds par les communes bénéficiaires. (*CAA Marseille, 30 mai 2000, Préfet des Alpes-de Haute-Provences : Collectivités-Intercommunalité 2001, n°35.)*

De même fut annulée la décision d'un conseil général majorant ou minorant les subventions aux communes en fonction du mode de gestion du service public choisi par ces derniers. (*TA Pau, 13 mars 1997, Préfet des Landes c/ Dpt des Landes : AJDA 1997, p.542.)*

En revanche, le juge de la Cour d'Appel de Versailles a censuré l'initiative prise par un département de fournir à certaines communes une aide notable à la maitrise d'ouvrage par l'allocation de subventions. *(CAA Versailles, 9 mars 2006, Dpt des Yveslines, n°03VE02793 ; Dpt des Yveslines : Collectivités-Intercommunalité 2006, n°122).*

Il importe de préciser que la prohibition signalée ci-dessus ne vaut que pour la tutelle entre Collectivités territoriales. L'État peut et doit exercer la tutelle quand la loi en décide ainsi. Mieux en France, la responsabilité de l'État pour faute lourde serait engagée s'il ne l'exerce pas *(CE, sect.18 nov. 2005, Sté fermière de Campoloro, Rec. C.E. 2005, p.515 ; JPC A 2005.)*

Article 280

La répartition des compétences entre les Collectivités territoriales s'effectue en distinguant celles qui sont dévolues aux départements et aux communes.

Toutes autres compétences seront progressivement transférées aux Collectivités territoriales par la loi.

> **Note :** L'article 280 CGCT prévoit une répartition des compétences qui entraîne une distinction entre celles dévolues aux départements et celles dévolues aux communes.
>
> Dans l'esprit du législateur, le transfert de compétence ne se fait pas par bloc, autrement dit chaque collectivité territoriale exerce des compétences dans tous les domaines transférés. Il n'y a donc pas de domaine exclusivement réservé à une collectivité territoriale.
>
> Toutes autres compétences seront progressivement transférées aux collectivités territoriales par la loi.

Article 281

Les ressources nécessaires à l'exercice par les Collectivités territoriales de leurs compétences leur sont dévolues soit par transferts de fiscalité, soit par dotations, ou par les deux à la fois.

Article 282

Les transferts de compétences par l'État doivent être accompagnés au moins du transfert concomitant aux départements et aux communes des moyens et des ressources nécessaires à l'exercice normal de ces compétences dans les conditions prévues par le présent code.

Les charges correspondant à l'exercice des compétences transférées font l'objet d'une évaluation préalable au transfert desdites compétences dans les conditions définies au Titre III du présent Livre.

Toute charge nouvelle incombant aux Collectivités territoriales du fait de la modification par l'État, par voie réglementaire, des règles relatives à l'exercice des compétences transférées doit être compensée par versement approprié au fonds de dotation de la décentralisation prévu à l'article 324 du présent code ou par d'autres ressources fiscales suivant des modalités définies par la loi.

L'acte réglementaire ci-dessus cité doit en faire mention.

Dans les cas où l'insuffisance des ressources financières des Collectivités territoriales risque de compromettre la réalisation et l'exécution des missions des services publics, l'État peut intervenir par l'octroi de dotations spéciales aux Collectivités territoriales concernées.

Note : Selon l'article 281 du CGCT les ressources nécessaires à l'exercice par les Collectivités territoriales de leurs compétences leur sont dévolues soit par transfert de fiscalité, soit par dotation, soit les deux à la fois. La loi prévoit un transfert intégral et concomitant des moyens et ressources (Article 282).

Les charges liées à ce transfert font l'objet d'évaluation préalable. Toute charge nouvelle devrait être compensée. L'État doit combler les déficits éventuels. D'une manière générale, il y a un principe d'équivalence entre les charges résultantes des transferts et les ressources attribuées par l'État. Au total, il y a deux principes qui régissent le transfert de ressources : le principe de concomitance et le principe d'équivalence.

La problématique du financement de la décentralisation se pose avec acuité. Pour régler cette question, il s'agit, d'une part, de renforcer les capacités de financement des Collectivités territoriales en leur transférant de nouvelles ressources fiscales, en augmentant les contributions des fonds de dotation de la décentralisation et en promouvant de nouvelles types de financement.

D'autre part, il faudra réfléchir sur l'autonomie financière, plus particulièrement sur l'autonomie fiscale. Celle-ci apparait comme la possibilité pour une collectivité territoriale de déterminer l'assiette, le taux d'imposition et le recouvrement de l'impôt. Les Collectivités territoriales n'ont aucune emprise sur la chaine fiscale dans la mesure où la détermination de l'assiette ainsi que la somme due à titre d'impôt échappent à leurs compétences. C'est la loi fiscale qui fixe le barème d'imposition sur le fondement de l'article 67 de la constitution. Or, les impôts locaux constituent en moyenne 60% des recettes budgétaires.

Aujourd'hui, les ressources des Collectivités territoriales sont composées de recettes de fonctionnement tirées du patrimoine (produit domaniaux, et exploitation des services), impôts locaux, taxes municipales dotation de fonctionnement, produits divers et emprunts.

Ces recettes à défaut d'être recouvrées, sont insuffisantes pour assurer la couverture de l'ensemble des besoins locaux.

La disparition de la région et des communautés rurales suivie d'une communalisation intégrale et de l'érection du département comme collectivité territoriale n'ont pas permis d'atténuer cet état de fait. Le département, comme la région n'a pas de fiscalité propre.

Quant aux ressources des recettes d'investissement, elles représentent 25% du budget local. Ce sont des donations au fond de concours, les dons et legs, l'emprunt, produits de la vente de biens, aliénation ou échange d'immeubles etc.

L'emprunt est absent dans les budgets locaux. Or, les besoins d'investissement locaux étant énormes, il s'agira donc de lever d'abord les contraintes liées aux procédures d'emprunt, d'augmenter, ensuite le plafond d'investissement et enfin promouvoir l'emprunt obligataire.

Article 283

Lorsqu'un groupement de Collectivités territoriales exerce des attributions dans un domaine faisant l'objet d'un transfert de compétences, ce transfert s'opère au profit de cet organisme sur décision des organes délibérants concernés.

Les Collectivités territoriales peuvent s'associer pour l'exercice des compétences d'intérêt commun, conformément à l'article 279 du présent code, en créant des organismes publics de coopération.

Les Collectivités territoriales peuvent établir entre elles des conventions par lesquelles l'une d'elles s'engage à mettre à la disposition d'une autre collectivité ses services et moyens afin de faciliter à cette dernière l'exercice de ses compétences.

Article 284

Les services des départements et des communes sont organisés conformément aux organigrammes types fixés par décret.

Les fonctionnaires et autres agents de l'État dont ont besoin les départements et les communes dans l'accomplissement de leur mission, sont affectés au Ministère chargé des Collectivités territoriales pour servir dans lesdites collectivités.

Voir annexe 3

Article 285

Les conditions d'utilisation de chaque service de l'État par les Collectivités territoriales sont déterminées par des conventions passées entre le représentant de l'État et le président du conseil départemental ou le maire.

Les conventions sont établies suivant des modèles-types fixés par décret.

Le président du conseil départemental et le maire donnent, dans le cadre des conventions précitées, toutes instructions nécessaires pour l'exécution des tâches qu'ils confient auxdits services. Ils contrôlent l'exécution de ces tâches.

Article 286

Les agents des services déconcentrés de l'État qui ont apporté directement et personnellement leur concours à une collectivité territoriale pour la réalisation d'une opération, ne peuvent participer, sous quelque forme que ce soit, à l'exercice du contrôle de la légalité des actes afférents à cette opération.

Article 287

Les personnels en service dans les Collectivités territoriales sont régis, soit par le statut de la fonction publique locale, soit par celui de la fonction publique de l'État, soit par des textes législatifs ou réglementaires spécifiques.

Article 288

Le département ou la commune voit sa responsabilité dégagée lorsqu'une autorité relevant de l'État s'est substituée en droit ou en fait, au président du conseil départemental ou au maire.

Article 289

Le transfert d'une compétence entraîne, de plein droit, la mise à la disposition de la collectivité territoriale bénéficiaire de l'ensemble des biens meubles et immeubles utilisés, à la date de ce transfert, pour l'exercice de cette compétence, lorsque lesdits biens ne font pas partie du domaine public.

Ce transfert est constaté par un décret de dévolution, au vu d'un procès-verbal établi contradictoirement entre les représentants de l'État et les autorités exécutives locales.

Article 290

Les Collectivités territoriales exercent leurs compétences propres dans le respect des sujétions imposées par la défense nationale.

En application de ce principe, les transferts de compétences prévus par la présente loi ne font pas obstacle à ce que les autorités de l'État puissent prendre, à l'égard des Collectivités territoriales, de leurs établissements publics et de leurs groupements, les mesures nécessaires à l'exercice de leurs attributions en matière de défense civile ou militaire, conformément aux lois et règlements en vigueur.

A ce titre, l'État dispose, en tant que de besoin, des services des départements et des communes, de leurs groupements et de leurs établissements publics.

Article 291

L'État et les Collectivités territoriales peuvent, en tant que de besoin, s'associer sous forme contractuelle pour la réalisation d'objectifs et de projets d'utilité publique.

TITRE II

DES COMPETENCES DES COLLECTIVITES LOCALES

Chapitre I : Gestion et utilisation du domaine privé de l'État, du domaine public et du domaine national

Section 1 : Dispositions générales

Article 292

Le territoire sénégalais est le patrimoine commun de la nation.

Article 293

Dans le respect des principes et dispositions de la loi sur le domaine national et du Code du Domaine de l'État, en tout ce qui n'est pas contraire à la présente loi, les compétences transférées aux départements et aux communes en matière domaniale concernent la gestion et l'utilisation du domaine privé de l'État, du domaine public et du domaine national.

Section 2 : Du domaine privé de l'État

Article 294

L'État peut céder aux Collectivités territoriales tout ou partie de ses biens meubles ou immeubles relevant de son domaine privé, ou passer avec ces collectivités des conventions portant sur l'utilisation desdits biens.

La cession par l'État des biens meubles et immeubles cités à l'alinéa premier du présent article notamment des immeubles bâtis ou non bâtis aux Collectivités territoriales pour leur permettre d'exécuter leurs missions et d'abriter des agences décentralisées ou des équipements collectifs, peut être opérée, soit à l'initiative des Collectivités territoriales, soit à l'initiative de l'État.

Article 295

L'État peut, conformément aux dispositions de l'article 294 ci-dessus, soit faciliter aux Collectivités territoriales l'accès à la pleine propriété de tout ou partie des biens meubles et immeubles relevant de son domaine privé, soit affecter simplement le droit d'usage à ces Collectivités territoriales de certains de ses biens meubles et immeubles.

Section 3 : Du domaine public

Article 296

Pour les projets initiés sur le domaine public maritime et le domaine fluvial par les personnes physiques, les Collectivités territoriales ou toute autre personne morale, il est requis l'autorisation du conseil départemental, après avis de l'organe délibérant de la commune où se situe le projet.

Cette délibération est soumise à l'approbation du représentant de l'État.

Article 297

Pour les projets ou opérations initiés par l'État sur le domaine public maritime et sur le domaine fluvial, soit dans le cadre de l'exercice de la souveraineté, soit dans l'optique de la promotion du développement économique et social, l'État prend la décision après avis des conseils départemental et municipal sauf impératif de défense nationale ou d'ordre public.

L'État communique la décision pour information aux conseils départemental et municipal.

Article 298

Dans les zones du domaine public maritime et du domaine public fluvial, dotées de plans spéciaux d'aménagement approuvés par l'État, les compétences de gestion sont déléguées par ce dernier aux départements et communes concernés respectivement pour les périmètres qui leur sont dévolus dans lesdits plans.

Les redevances y afférentes sont versées aux Collectivités territoriales concernées.

Les actes de gestion qu'elles prennent sont soumis à l'approbation du représentant de l'État et communiqués, après cette formalité, aux départemental et municipal pour information.

Article 299

Le domaine public artificiel reste géré par l'État.

Toutefois, l'État peut transférer aux Collectivités territoriales, suivant des modalités de classement qui sont fixées par décret, la gestion des monuments historiques.

Les communes sont chargées de la gestion de la voirie non classée située à l'intérieur du périmètre communal.

Note : Cf. :

- Loi n°76-66 du 2 juillet 1976 portant Code du Domaine de l'État (J. O. du 28 juillet 1976, pp. 1110 à 1117), modifiée par la loi n°85-15 du 25 février 1985 (J. O. du 09 mars 1985, p. 139) ;
- Décret n°81-557 du 21 mai 1981 portant application du Code du Domaine de l'État en ce qui concerne le Domaine Privé modifié (J. O. du 5 septembre 1981, pp. 818 à 831) ;

Voir aussi Biram SENE et Adama TRAORE, *Recueil de textes fonciers et domaniaux*, 1ère éd., Dakar, CREDILA, 2014, 535 p. ; Biram SENE et Adama TRAORE, *Recueil de textes fonciers et domaniaux*, 2ème éd., Dakar, Abis éd., 2019.

Section 4 : Du domaine national

Article 300

Les projets ou opérations initiés sur le domaine national par une personne physique, une collectivité territoriale où toute autre personne morale distincte de l'État, sont établis conformément aux dispositions de la loi sur le domaine national.

Pour les projets et opérations qu'il initie sur le domaine national, l'État prend la décision après avis des conseils locaux concernés, sauf impératif de défense nationale ou d'ordre public.

Cette décision est communiquée, pour information, aux conseils locaux concernés.

Article 301

Les terrains du domaine national sis dans les communes peuvent être immatriculés au nom de l'État et affectés aux communes en tant que de besoin, notamment pour servir d'assiette à des projets d'équipements collectifs.

La propriété des terrains immatriculés reste à l'État dans le cadre des lotissements des terrains du domaine national des zones urbaines.

Toutefois, la commission d'attribution des parcelles issues de ces lotissements est présidée par le maire. La composition des membres de cette commission est fixée par décret.

Les décisions de la commission font l'objet d'un acte portant attribution de parcelles aux affectataires. Cet acte est soumis à l'approbation du représentant de l'État.

<u>Jurisp.</u> : Cour suprême, Chambre administrative, arrêt n°28 du 12 juin 2014, Aminata Cissé c/ Commune de Sendou (Président de la délégation spéciale)

Considérant qu'il résulte des dispositions de l'article 25 de la loi n°96-07 du 22 mars 1996 portant transfert de compétences que les terrains du domaine national, sis dans les zones urbaines, peuvent être immatriculés au nom de l'État et affectés aux communes en tant que de besoin, notamment pour servir d'assiette à des projets d'équipements collectifs ; que la commission d'attribution des parcelles issues de ces lotissements est présidée par le Maire ; que suivant ces dispositions, les décisions de la commission font l'objet d'un acte portant attribution de parcelles dans les zones urbaines ;

Considérant qu'en cours d'instruction, la Chambre de Céans a réclamé sans suite au Président de la délégation spéciale de Sendou le procès-verbal de la commission d'attribution en sa séance du 25 mai 2007, visé dans l'acte attaqué ainsi que les motifs ayant conduit à la désaffectation du premier attributaire ;

Qu'ainsi, l'acte attaqué encourt l'annulation puisque l'autorité administrative n'a pas observé la formalité exigée par la loi, notamment en recueillant la décision préalable de la commission d'attribution, précisant les motifs pour lesquels Aminata CISSE a été désaffectée de la parcelle litigieuse ;

PAR CES MOTIFS :

Déclare recevable le recours d'Aminata CISSE ;

Annule l'acte administratif n°125/CS/DS du 29 septembre 2011 du Président de la délégation spéciale de Sendou portant notification d'attribution de la parcelle n°1520 du plan de lotissement de Sendou à Souleymane BA.

Article 302

Pour tout projet ou opération de la compétence de l'État dans les zones urbaines, à l'exclusion de terrains à usage d'habitation, celui-ci prend la décision après avis du conseil départemental et du conseil municipal concernés.

Cette décision est communiquée au conseil départemental et conseil municipal concernés.

Les terres du domaine national à vocation agricole situées dans les zones urbaines sont gérées conformément aux dispositions de la loi sur le domaine national concernant les zones urbaines, en tout ce qui n'est pas contraire aux dispositions de la présente loi.

Article 303

Lorsque des terres précédemment situées dans des zones pionnières sont reversées dans des zones de terroir, l'État conserve la gestion des parties des zones pionnières ayant fait l'objet d'un aménagement spécial et y exerce les prérogatives nécessaires quant à leur mode de gestion.

L'État peut affecter ou céder tout ou partie de ces zones d'aménagement spécial, suivant des critères fixés par décret, à des personnes physiques, des Collectivités territoriales ou à toute personne morale, pour la réalisation de projets de développement économique et social.

Note : Cf. :

- Loi n°64-46 du 17 juin 1964 relative au Domaine national (J. O. n°3692 du 11 juillet 1964 p. 905 et s.) ;
- Décret n°64-573 du 30 juillet 1964 fixant les conditions d'application de la loi n°64-46 du 11 Juin 1964 relative au Domaine national (J. O. du 29 août 1964, pp. 1123 à 1126) ;
- Décret n°64-574 du 30 juillet 1964 portant application de l'article 3 de la loi n°64-46 du 17 Juin 1964, relative au domaine national autorisant, à titre transitoire, l'immatriculation au nom des occupants ayant réalisé une mise en valeur à caractère permanent (J. O. du 5 septembre 1964, pp. 1167 à 1169) ;
- Décret n°66-858 du 07 novembre 1966 portant application de l'article 5 de la loi n°64-46 du 17 juin 1964 relative au domaine national et fixant les conditions de l'administration des terres du domaine national à vocation agricole dans les zones urbaines (J. O. du 19 novembre 1966, p.1518) ;
- Décret n°72-1288 du 27 octobre 1972 relatif aux conditions

d'affectation et de désaffectation des terres du domaine national comprises dans les communautés rurales modifié (J. O. du 18 novembre 1972, p. 1894 ; J. O. du 11 janvier 1980, p. 1298 ; J. O. du 10 mai 1986, p. 198) ;

Voir aussi Biram SENE et Adama TRAORE, *Recueil de textes fonciers et domaniaux*, 1ère éd., Dakar, CREDILA, 2014, 535 p. ; Biram SENE et Adama TRAORE, *Recueil de textes fonciers et domaniaux*, 2ème éd., Dakar, Abis éd., 2019.

Chapitre II. - De l'environnement et de la gestion des ressources naturelles

Section 1. - Compétences du département

Article 304

Le département reçoit les compétences suivantes :

- la création et la gestion des forêts, zones protégées et sites naturels d'intérêt départemental ;
- la délivrance d'autorisation d'amodiation de chasse, après avis du conseil municipal ;
- la gestion des eaux continentales à l'exclusion des cours d'eau à statut national ou international ;
- l'élaboration et mise en œuvre de plans départementaux d'actions de l'environnement, d'intervention d'urgence et de prévention des risques ;
- la réalisation de pare- feux et la mise à feu précoce, dans le cadre de la lutte contre les feux de brousse ;
- l'élaboration et mise en œuvre des plans d'action locale pour l'environnement ;
- la protection des eaux souterraines et de surface ;
- la répartition des quotas d'exploitation forestière entre les communes ;
- la lutte contre les incendies et protection de la nature ;
- l'autorisation de défricher après avis du conseil municipal concerné ;
- la délivrance de permis de coupe et d'abattage.

Section 2 : Compétence de la commune

Article 305

La commune reçoit les compétences suivantes :

- la gestion des forêts de terroirs ;
- la gestion des sites naturels d'intérêt local ;

- la création et gestion des bois communaux et d'aires protégées ;
- la création de mares artificielles et retenues collinaires notamment à des fins agricoles ;
- les opérations de reboisement ;
- l'élaboration des plans communaux d'action pour l'environnement;
- la gestion des déchets et la lutte contre l'insalubrité ;
- la mise en défens.

Chapitre III : De la santé, de la population et de l'action sociale

Section 1 : Compétences du département

Article 306

Le département reçoit les compétences suivantes :

- la gestion et l'entretien des hôpitaux niveaux 1 et 2 ;
- la participation à la couverture maladie universelle ;
- la participation à l'entretien et à la gestion des centres de promotion et de réinsertion sociale ;
- l'appui au financement des projets productifs pour les populations déshéritées ;

Section 2 : Compétences de la commune

Article 307

La commune reçoit les compétences suivantes :

- la construction, la gestion, l'équipement et l'entretien des postes de santé, maternités et cases de santé ;
- l'organisation et la gestion des secours au profit des nécessiteux ;
- la gestion, l'équipement et l'entretien des centres de santé;
- la mise en œuvre des mesures de prévention et d'hygiène;
- le recrutement et mis à disposition de personnel d'appui ;
- la participation à la couverture maladie universelle.

Chapitre IV : De la jeunesse, des sports et des loisirs

Section 1 : Compétences du département

Article 308

Le département reçoit les compétences suivantes :

- la réalisation, la gestion et l'entretien des infrastructures sportives et socio-éducatives à statut départemental ou régional ;
- l'appui aux ligues, à l'Organisme régional de Coordination des Activités de Vacances et au Conseil régional de la Jeunesse ;
- l'autorisation d'ouverture des collectivités éducatives après avis du conseil municipal concerné ;
- la réalisation, la gestion et l'entretien des infrastructures à statut départemental ;
- le développement d'activités socio-éducatives ;
- la promotion des activités physiques et sportives au niveau départemental ;
- l'appui aux districts, à l'Organisme départemental de Coordination des Activités de Vacances et au Conseil départemental de la Jeunesse ;
- la participation à l'organisation des compétitions sportives.

Section 2 : compétences de la commune

Article 309

La commune reçoit les compétences suivantes :

- la promotion des activités socio-éducatives, sportives et de jeunesse ;
- la réalisation d'infrastructures sportives de proximité ;
- la construction, gestion et entretien des stades municipaux ;
- l'aménagement et gestion d'aire de jeux et parcours sportifs ;
- la participation à l'organisation des compétitions sportives ;
- l'appui aux associatives sportives et culturelles et au Conseil communal de la Jeunesse ;
- le recrutement et la prise en charge des personnels d'appui.

Chapitre V : De la culture

Section 1 : Compétences du département

Article 310

Le département reçoit les compétences suivantes :

- la promotion et la valorisation des sites et monuments historiques ;
- la participation à la recherche et à la découverte des vestiges préhistoriques ou historiques ;
- la création et la gestion d'un orchestre départemental ;
- la gestion d'un musée départemental ;
- la création et la gestion d'établissements socioculturels, de bibliothèques ;
- la création et la gestion d'orchestres, d'ensembles lyriques traditionnels, de corps de ballets et de troupes de théâtre;
- la promotion de la culture nationale et locale ;
- la conservation des sites et monuments historiques.

Section 2 : compétence de la commune

Article 311

La commune reçoit les compétences suivantes :

- l'organisation de journées culturelles, de manifestations culturelles traditionnelles et de concours littéraires et artistiques ;
- la surveillance et suivi de la conservation des sites et monuments historiques ;
- la création et gestion des centres de lecture et d'animation culturelle (CLAC) ;
- la collecte de la tradition orale des contes, mythes, proverbes, symboles et valeurs ;
- le recrutement et la prise en charge des personnels d'appoint.

Chapitre VI : De l'éducation, de l'alphabétisation, de la promotion des langues nationales et de la formation professionnelle

Section 1 : Compétences du département

Article 312

Le département reçoit les compétences suivantes :

- la construction, l'équipement de lycées d'enseignement technique et lycées professionnels ;
- la construction de centres d'enseignement technique et de formation professionnelle ;
- l'élaboration et la mise en œuvre du plan départemental de développement de l'éducation et de la formation ;
- la création d'une bourse des métiers ;
- la participation à l'acquisition de manuels, de fournitures scolaire et de matériels didactiques pour les lycées d'enseignement technique et professionnels, et les centres de formation professionnelle ;
- l'appui au fonctionnement des organes de gestion au niveau régional ;
- la promotion du partenariat école/entreprises ;
- la participation à l'élaboration et à la mise en œuvre de la tranche départementale de la carte scolaire régionale ;
- l'équipement et l'entretien des lycées et collèges d'enseignement général et participation à leur gestion par le biais des structures de dialogues et de concertation ;
- l'élaboration et la mise en œuvre du plan départemental d'élimination de l'analphabétisme ;
- le soutien à la formation professionnelle ;
- la participation à l'acquisition de manuels et de fournitures scolaire des lycées et collèges d'enseignement général ;
- l'allocation de bourses et aides scolaires ;
- l'autorisation d'exercer comme opérateur en alphabétisation ;
- la promotion de l'éducation inclusive ;
- la promotion des valeurs civiques et de la citoyenneté active.

Section 2 : Compétences de la commune

Article 313

La commune reçoit les compétences suivantes :

- la construction et équipement des écoles élémentaires, préscolaires, écoles communautaires de base et écoles franco-arabe ;
- participation à la gestion et à l'administration des écoles élémentaires, préscolaires, daaras, écoles communautaires de base et écoles franco arabes ;
- recrutement de personnels d'éducation et de formation pour les classes préscolaires communautaires et des centres d'éducation de base des jeunes et des adultes analphabètes ;
- l'appui aux Daaras ;
- les soutiens scolaires ;
- l'allocation et la répartition de bourses et d'aides scolaires;
- le recrutement et prise en charge des personnels d'appoint des écoles élémentaires, préscolaires, des écoles franco arabes et écoles communautaires de base;
- la promotion des langues nationales et de la tradition orale;
- le recrutement d'alphabétiseurs ;
- la formation des formateurs et alphabétiseurs ;
- le soutien à la formation professionnelle ;
- la participation à l'acquisition de manuels et de fournitures scolaire pour les écoles élémentaires, préscolaires, écoles communautaires de base et écoles franco-arabe.
- élaboration et mise en œuvre du plan communal de lutte contre l'analphabétisme.

Chapitre VII : De la planification

Section 1 : Compétence du département

Article 314

Le département reçoit les compétences suivantes :

- l'élaboration et l'exécution du plan départemental de développement (PDD) en articulation avec les stratégies et les politiques nationales ;
- la mise en œuvre du contrat plan avec l'État pour la réalisation de projets de développement.

Section 2 : Compétence de la commune

Article 315

La commune reçoit les compétences suivantes :

- l'élaboration et l'exécution du plan de développement communal (PDC), en articulation avec les Plan de développement de la ville;
- la mise en œuvre du contrat plan avec l'État pour la réalisation de projets de développement.

Chapitre VIII : De l'aménagement du territoire

Section 1 : Compétence du département

Article 316

Le département élabore et met en œuvre son schéma d'aménagement du territoire.

Section 2 : Compétences de la commune

Article 317

La commune donne son avis sur le projet du schéma d'aménagement du territoire du département et en assure l'opérationnalisation des options.

Chapitre IX : De l'urbanisme et de l'habitat

Section 1 : Compétences du département

Article 318

Le département reçoit les compétences suivantes :

- l'approbation des schémas directeurs et d'urbanisme (SDAU) ;
- le soutien à l'action des communes en matière d'urbanisme et d'habitat.

Section 2 : Compétences de la commune

Article 319

La commune reçoit les compétences suivantes :

- l'élaboration du plan directeur d'urbanisme (PDU) du schéma directeur d'aménagement et d'urbanisme (SDAU), des plans d'urbanisme de détail des zones d'aménagement concerté, de rénovation urbaine et de remembrement ;
- les lotissements, leur extension ou restructuration ;
- la délivrance des accords préalables de certificats d'urbanisme ;
- la délivrance des autorisations de construire à l'exception de celles délivrées par le ministre chargé de l'urbanisme ;
- la délivrance de permis de démolir et de clôturer ;
- l'autorisation d'installation et de travaux divers.

TITRE III

DE LA COMPENSATION ET DU FONDS DE DOTATION DE LA DECENTRALISATION

Chapitre I : Principes de la compensation

Article 320

Les charges financières résultant pour chaque département ou commune des transferts de compétences définies par le présent code font l'objet d'une attribution par l'État de ressources d'un montant au moins équivalent auxdites charges.

Les ressources attribuées sont au moins équivalentes aux dépenses effectuées par l'État, pendant l'année précédant la date du transfert des compétences.

Article 321

Les autorités déconcentrées de l'État, dont les moyens matériels et humains placés sous l'autorité du représentant de l'État sont mis en tant que besoin à la disposition des Collectivités territoriales pour exercer leurs nouvelles compétences, reçoivent une part des ressources visées à l'article précédent.

Article 322

À chaque étape du transfert des compétences, le montant des dépenses résultant des accroissements et diminutions de charges est constaté pour les Collectivités territoriales et pour l'État par arrêté conjoint du Ministre chargé des Collectivités territoriales et du Ministre chargé des Finances, après avis du Conseil national de Développement des Collectivités territoriales.

Article 323

Les charges visées aux articles précédents sont compensées par le transfert d'une dotation équivalant à un pourcentage de la taxe sur la valeur ajoutée perçue par l'État, sur un fonds de dotation, conformément aux articles 324 à 328 de la présente loi.

Chapitre II : Fonds de dotation de la décentralisation

Article 324

Le fonds de dotation de la décentralisation, créé par la loi des finances, reçoit une dotation équivalant à 3,5% de la Taxe sur la Valeur ajoutée perçue au profit du budget de l'État de la dernière gestion connue.

Ce pourcentage est modifié dans le sens d'une hausse progressive, à chaque fois que de besoin, compte tenu des compétences des Collectivités territoriales.

Le Conseil national de Développement des Collectivités territoriales est consulté chaque année pour avis dans des conditions fixées par décret.

Chapitre III : Critères de répartition du fonds de dotation de la décentralisation

Article 325

Les critères de répartition du fonds de dotation sont fixés et modifiés par décret, chaque fois que de besoin, après avis du Conseil national de Développement des Collectivités territoriales.

En fonction des compétences transférées progressivement par la loi, le Conseil national de Développement des Collectivités territoriales propose, en premier lieu, les critères de répartition du Fonds de dotation entre les parts réservées respectivement aux départements, aux villes et aux communes, ainsi que le prélèvement effectué en faveur des autorités déconcentrées de l'État pour les activités de leurs services mis à la disposition des Collectivités territoriales.

Le conseil propose, en second lieu, les critères de répartition des trois parts réservées aux Collectivités territoriales selon leurs caractéristiques propres.

Chaque critère est affecté par le conseil d'un taux en pourcentage intervenant dans la répartition du fonds.

La dotation effective de chaque collectivité territoriale, à partir des critères établis selon la procédure ci-dessus indiquée, est effectuée par arrêté conjoint du Ministre chargé des Collectivités territoriales et du Ministre chargé des Finances.

Jurisp. : Conseil d'État, arrêt n° 0006, du 27 janvier 2000, le Maire de la Commune de Dagana c/ État du Sénégal, Bulletin des arrêts du Conseil d'État année 2000

Résumé :

Le Conseil municipal n'a pas le pouvoir de modifier la répartition du fonds de dotation, lequel constitue une compensation des charges transférées aux collectivités locales. C'est à bon droit que le Préfet a refusé d'approuver une délibération qui méconnaît ce principe. D'où il suit que le recours doit être rejeté.

CONSIDERANT que le requérant soutient que le refus d'approbation de la décision du Préfet de Dagana encourt annulation, en ce qu'elle viole l'article 61 du Code des Collectivités Locales qui dispose que le fonds de dotation de la décentralisation est réparti globalement… ;

MAIS CONSIDERANT qu'il résulte des dispositions du décret n°99-181 du 04 mars 1991 que le fonds de dotation est une compensation des charges transférées aux collectivités locales ; que l'affectation globale dont - il est fait état à l'article 61 du Code des Collectivités locales doit être comprise comme étant la totalité des compensations et non point comme autorisant lesdites collectivités locales à ne pas tenir compte des coûts des charges compensées ;

CONSIDERANT que la délibération n°001 du 28 août 1999, n'a pas tenu compte de ce principe, que dès lors elle a été prise en violation du texte visé au moyen et qu'il échet de rejeter la requête comme mal fondée ;

PAR CES MOTIFS :
REJETTE le recours présenté par le Maire de Dagana.

Article 326

Les dotations des départements, des villes et des communes leur sont affectées globalement.

Article 327

Le prélèvement effectué pour les services déconcentrés de l'État, mis à la disposition des Collectivités territoriales, figure chaque année dans l'arrêté conjoint du Ministre chargé des Collectivités territoriales et du Ministre chargé des Finances.

Article 328

(*Loi n°2018-16 du 8 juin 2018 abrogeant et remplaçant l'article 328 de la loi 2013-10 du 28 décembre 2013 portant Code général des Collectivités territoriales, modifiée par la loi n°2014-19 du 24 avril 2014, J.O. n°7107 du 6 juillet 2018, p. 980.)*

Il est créé le Fonds d'Équipement des Collectivités territoriales.

Le Fonds d'Équipement des Collectivités territoriales reçoit une dotation équivalent à 2% de la taxe sur la valeur ajoutée perçue au profit du budget de l'État de la dernière gestion connue.

Ce pourcentage est modifié dans le sens d'une hausse progressive, à chaque fois que de besoin, compte tenu des compétences des collectivités territoriales.

Le Fonds d'Équipement des Collectivités territoriales est réparti, chaque année, par arrêté conjoint du Ministre chargé des Finances et du Ministre chargé des Collectivités territoriales, entre les différents ordres de collectivités territoriales, sur la base de modalités et de critères objectifs et équitables fixés par décret.

Les modalités de répartition des dotations sont fixées après avis du Conseil national de Développement des Collectivités territoriales.

Note : La CEL a été créée, en lieu et place de la patente, par la loi n° 2018-10 du 30 mars 2018 modifiant certaines dispositions du Code Général des Impôts (CGI) (JORS, n° 7082 du 30 mars 2018, p.339) comporte deux composantes.

Elle comporte deux composantes :

- D'une part, une contribution assise sur la valeur locative des locaux servant à l'exercice de la profession dénommée CEL-VL
- et, d'autre part, une contribution assise sur la valeur ajoutée dégagée par
- l'entreprise appelée CEL-VA.

La CEL est perçue au profit des CT.

La CEL-VL est réservée à la collectivité qui abrite le site alors que la CEL-VA est collectée au niveau national et répartie entre les différentes communes du pays, suivant des critères objectifs déterminés par la loi.

Elle est due par toute personne qui exerce au Sénégal un commerce, une industrie, une profession et soumise, par ailleurs, à un régime d'imposition du bénéfice réel.

Sont exclus du champ d'application de la CEL les personnes exerçant une activité salariée au sens du code du travail.

Sont exemptés :

- l'État, les CT et les EP. Sont toutefois passibles de la CEL les EPIC ainsi que les organismes de l'État ayant le même caractère ;
- les peintres, sculpteurs, graveurs et dessinateurs considérés comme artistes et ne vendant que le produit de leur art ;
- les cultivateurs pour la vente et la manipulation de leurs récoltes et des animaux qu'ils élèvent ;
- les associés des sociétés imposables elles-mêmes ;
- les établissements publics ou privés ayant pour but de recueillir

des enfants et de leur donner une formation ou une profession à titre gratuit ;

- les caisses d'épargne et de prévoyance administrées gratuitement ;
- les coopératives qui n'achètent et ne vendent qu'à leurs adhérents ;
- les établissements scolaires privés d'enseignement général.

Les taux

Pour la CEL/VL

- 15% pour les locaux occupés à titre gratuit ;
- 20% pour les locaux, terrains et installation inscrits à l'actif du bilan du contribuable

Pour la CEL/VA

Le taux de la contribution sur la VA est fixé à 1% de la VA dégagée au cours de l'exercice précédent.

La contribution sur la VA ne peut être inférieur à 0,15% du chiffre d'affaire de l'exercice précédent celle de l'imposition.

Le fonds d'équipement des collectivités territoriales (FECT)

Crée par la loi 2018-16 du 8 juin 2018, abrogeant et remplaçant les dispositions de l'article 328 du CGCT, le Fonds d'Équipement des Collectivités locales reçoit une dotation équivalant à 2% de la Taxe sur la Valeur ajoutée au profit du budget de l'État de la dernière gestion connue.

Ce fonds est réparti chaque année, par arrêté conjoint du Ministre chargé des Finances et du Ministre chargé des Collectivités locales, entre les différents ordres de collectivités locales, sur la base des critères et modalités fixés par le décret 2018-1250 du 6 juillet 2018.

Cette répartition repose sur le principe de l'équité territoriale. Celle-ci vise à pallier les disparités entre collectivités territoriales.

Ce principe s'applique au travers des indicateurs régulièrement calculés par l'Agence nationale de la Statistique et de la Démographie (ANSD), mesurant ;

- la population de chaque CT, pour déterminer une allocation minimale par habitant ;
- le taux de pauvreté, de façon à favoriser les CT les plus pauvres ;
- la densité de la population, dans le but de favoriser les territoires ruraux en ciblant les communes comptant moins de 250 habitants /km2

La combinaison de ces indicateurs détermine, à travers une formule, pour chaque CT, le Coefficient annuel d'équité territoriale par habitant qui sert de base à la répartition de chacune des enveloppes du FECT.

Le coefficient annuel d'équité territoriale d'un département est calculé sur la base de la moyenne pondérée des coefficients annuels d'équité territoriale des communes qui le composent.

La FECL est répartie en quatre enveloppes que sont :

L'allocation globale d'équipement qui représente 70% de l'enveloppe globale et qui est répartie ainsi qu'il suit :

- 15 % pour les départements ;
- 70 % pour les communes ;
- 15 % pour les villes.

L'allocation globale

L'allocation spéciale qui représente 15 % de l'enveloppe globale.

L'allocation d'inter-territorialité qui représente 5 % de l'enveloppe globale

L'allocation de performance qui représente 10 % de l'enveloppe globale.

Décret n°2018-1215 du 6 juillet 2018 fixant les modalités et les critères de répartition du Fonds d'Équipement des Collectivités territoriales

(JORS, n° 7108 du 07 juillet 2018, p. 985)

Chapitre premier.- Des dispositions générales

Article premier.- Le présent décret a pour objet de fixer les objectifs, les enveloppes et les critères de répartition du Fonds d'Équipement des Collectivités territoriales.

Le Fonds d'Équipement des Collectivités territoriales est réparti suivant des critères objectifs et des modalités fixés et modifiés, chaque fois que de besoin, par décret, après avis du Conseil national de Développement des Collectivités territoriales, conformément à l'article 328 du Code général des Collectivités territoriales.

Article 2.- Fonds d'Équipement des Collectivités territoriales a pour objectif d'accroître les capacités d'investissement et l'autonomie des collectivités territoriales.

La répartition du Fonds d'Équipement des Collectivités territoriales repose sur le principe de l'équité territoriale tel que défini à l'article 3 du présent décret.

Le Fonds d'Équipement des Collectivités territoriales aménage les conditions d'une adaption continue de sa formule de répartition en intégrant des indicateurs, fixés par arrêté du Ministre chargé des Collectivités territoriales, afin de prendre en compte la complexité et l'évolution de la demande des territoires.

Article 3.- L'équité territoriale vise à pallier les disparités entre collectivités territoriales. Ce principe s'applique au travers des indicateurs régulièrement calculés par l'Agence nationale de la Statistique et de la Démographie (ANSD), mesurant :

- la population de chaque collectivité territoriale, pour déterminer une allocation minimale par habitant ;
- le taux de pauvreté, de façon à favoriser les collectivités territoriales les plus démunies ;
- la densité de la population, dans le but de favoriser les territoires ruraux en ciblant les communs comptants moins deux cent cinquante habitants au kilomètre carré (250 habitants/km2) ;

La combinaison de ces indicateurs détermine, à travers une formule, pour chaque collectivité territoriale, le « *Coefficient annuel d'équité territoriale par habitant* » qui sert de base à la répartition de chacune des enveloppes du Fonds d'Équipement des Collectivités territoriales entre les bénéficiaires.

Le Coefficient annuel d'équité territoriale d'un département est calculé sur la base de la moyenne pondérée des coefficients annuels d'équité territoriale des communes qui le composent.

Chapitre II.- Des compositions des Enveloppes du Fonds d'Équipement des Collectivités territoriales

Article 4.- Le Fonds d'Équipement des Collectivités territoriales attribue à ses bénéficiaires des ressources destinées à l'investissement sur la base de quatre (4) enveloppes : « Allocation globale d'Équipement », « Allocation spéciale », « Allocation d'inter-territorialité », et « Allocation de Performance ».

L'Allocation globale d'Équipement représente soixante-dix pour cent (70%) de l'enveloppe globale du Fonds d'Équipement des Collectivités territoriales. Elle est répartie ainsi qu'il suit :

- quinze pour cent (15%) pour les départements ;
- soixante-dix pour cent (70%) pour les communes ;
- quinze pour cent (15%) pour les villes.

L'Allocation spéciale représente quinze pour cent (15%) de l'enveloppe globale du Fonds d'Équipement des Collectivités territoriales.

L'Allocation d'inter-territorialité représente cinq pour cent (5%) de l'enveloppe globale du Fonds d'Équipement des Collectivités territoriales.

L'Allocation de performance représente dix pour cent (10%) de l'enveloppe globale du Fonds d'Équipement des Collectivités territoriales.

Les montants qui n'ont pas fait l'objet d'affectation sont reversés à l'enveloppe destinée à l'Allocation globale d'Équipement.

Article 5.- L'allocation annuelle pour une collectivité territoriale est la somme des dotations calculées au titre de chacune des enveloppes du Fonds d'Équipement des Collectivités territoriales.

Article 6.- L'allocation globale d'équipement d'une collectivité est composée d'une part fixe et d'une part variable.

La part fixe est une dotation minimale représentant un pourcentage de l'Allocation globale du Fonds d'Équipement des Collectivités territoriales affectée à chaque collectivité territoriale. La part fixe est répartie de manière égale entre les collectivités territoriales de même ordre.

Pour les départements, elle représente 80% de l'Allocation globale qui leur est affectée.

Pour les communes et les villes, elle représente 25% de l'Allocation globale qui leur est affectée.

La part variable est calculée sur la base d'une dotation par habitant modulée par un coefficient annuel d'équité.

Le plafond de l'allocation globale d'équipement attribuée à une collectivité territoriale est compris entre un pour cent (1%) et trois pour cent (3%) du total de l'enveloppe du Fonds d'Équipement des Collectivités territoriales.

Article 7.- L'allocation spéciale attribuée à un bénéficiaire est déterminée en fonction de situations particulières ou exceptionnelles.

Cette dotation peut être versée aux bénéficiaires au travers de projets exécutés par des agences ou autres structures.

Article 8.- L'allocation d'inter-territorialité est une dotation pour inciter les collectivités territoriales à mutualiser leurs compétences et leurs ressources.

Article 9.- L'allocation de performance est une dotation supplémentaire accordée aux collectivités territoriales ayant atteint un certain niveau de performance en matière de gouvernance sur la base de critères fixés par arrêté du Ministre chargé des Collectivités territoriales.

L'allocation de performance d'une collectivité territoriale est composée :

- d'une part fixe, constituant une dotation minimale ;
- d'une part variable déterminée à partir du montant annuel global de l'allocation de performance qui lui est affecté.

La part variable est répartie entre les bénéficiaires et calculée sur la base d'une dotation par habitant modulée par son coefficient annuel d'équité.

Le plafond de l'allocation de performance attribuée à une collectivité territoriale est compris entre pour cent (1%) et cinq pour cent (5%) du total de l'enveloppe.

La grille de mesure de la performance des collectivités territoriales, qui sert de base de calcul à l'allocation de performance, est fixée par arrêté du Ministre chargé des Collectivités territoriales.

Chapitre III.- De la répartition et de l'alimentation du Fonds d'Équipement des Collectivités territoriales

Article 10.- La répartition des enveloppes du Fonds d'Équipement des Collectivités territoriales est faite en tenant compte des critères de population, de pauvreté et de densité afin de déterminer une allocation minimale par habitant, de réduire les disparités de développement entre les collectivités territoriales et de favoriser celles comptant moins de deux cent cinquante habitants au kilomètre carré.

Article 11.- Les enveloppes du Fonds d'Équipement des Collectivités territoriales sont alimentées, chaque année, par le budget de l'État et des ressources extérieures.

Chapitre IV.- De l'affectation des Enveloppes du Fonds d'Équipement des Collectivités territoriales

Article 12.- Les enveloppes du Fonds d'Équipement des Collectivités territoriales sont affectées par arrêté conjoint du Ministre chargé des Finances et du Ministre chargé des Collectivités territoriales.

Les allocations sont notifiées aux bénéficiaires dès la signature de l'arrêté.

Article 13.- Le ministre chargé des collectivités territoriales approuve, par arrêté, le « Manuel opérationnel » de référence du Fonds d'Équipement des Collectivités territoriales qui précise les formules de répartition des différentes enveloppes :

- Allocation spéciale notamment, ses conditions d'attribution ;
- Allocation globale d'équipement, notamment ses modalités d'attribution ;
- Allocation performance, notamment ses conditions minimales obligatoires pour y prétendre, ainsi que les indicateurs de performance associés ;
- Allocation inter-territorialité, notamment ses conditions cadres.

Article 14.- Le Ministre chargé des Collectivités territoriales présente chaque année, au Conseil national de Développement des Collectivités territoriales, un rapport sur l'utilisation des enveloppes dévolues au titre du Fonds d'Équipement des Collectivités territoriales et sur les niveaux de décaissement.

Chapitre V.- Des dispositions transitoires et finales

Article 15.- Pour la première année de mise en œuvre du présent décret, le calcul du Coefficient annuel d'équité est effectué avec les pondérations suivantes :

- vingt pour cent (20%) pour la démographie ;
- quarante pour cent (40%) pour la pauvreté ;
- quarante pour cent (40%) pour la ruralité.

Article 16.- Le Ministre chargé des Finances et le Ministre chargé des Collectivités territoriales procèdent, chacun en ce qui le concerne, à l'exécution du présent décret qui sera enregistré et publié au Journal officiel.

Fait à Dakar, le 06 juillet 2018

Par le Président de la République
Macky SALL

Le Premier Ministre
Mahammed Boun Abdallah DIONNE

Dispositions transitoires et finales

Article 329

Pour l'application du présent code, les limites actuelles des départements sont maintenues.

Les communautés rurales et les communes d'arrondissement actuelles sont érigées en communes.

Article 330

Sauf décision contraire prise par décret, le transfert de compétences de l'État aux Collectivités territoriales ne peut entraîner le transfert aux départements et aux communes des services ou parties de services correspondants de l'État.

Article 331

Sont abrogées toutes dispositions contraires au présent code, notamment la loi n°96-06 du 22 mars 1996, modifiée, portant Code des Collectivités locales, la loi n°96-07 du 22 mars 1996, modifiée, portant transfert de compétences aux régions, aux communes et aux communautés rurales et la loi n°96-09 du 22 mars 1996 fixant l'organisation administrative et financière de la commune d'arrondissement et ses rapports avec la ville.

Article 332

Les dispositions du présent code sont applicables à compter de l'installation des conseils départementaux et municipaux issus des élections locales qui suivent sa date d'entrée en vigueur.

La présente loi sera exécutée comme loi de l'État.

ANNEXES

Annexe 1

Décret n ° 2023-2161 du 06 novembre 2023 portant régime financier des collectivités territoriales

LE PRESIDENTDE LA REPUBLIQUE,

VU la Constitution ;

VU la Directive n ° 01/2011/CM/UEMOA du 24 juin 2011 portant régime financier des collectivités territoriales au sein de I'UEMOA ;

VU la loi organique n ° 2012-23 du 27 décembre 2012 abrogeant et remplaçant la loi organique n° 99-70 du 17 février 1999 sur la Cour des Comptes ;

VU la loi organique n⁰ 2020-07 du 26 février 2020 abrogeant et remplaçant la loi organique n ° 2011-15 du 08 juillet 2011 relative aux lois de finances, modifiée par la loi organique n⁰ 2016-34 du 23 décembre 2016 ;

VU la loi n ° 2012-22 du 27 décembre 2012 portant Code de transparence dans la gestion des finances publiques ;

VU la loi n° 2013-10 du 28 décembre 2013 portant Code général des Collectivités territoriales, modifiée ;

VU le décret n ° 62-0195 du 17 mai 1962 portant réglementation concernant les comptables publics ;

VU le décret n° 2011-872 du 23 juin 2011 portant apurement administratif des comptes de gestion de certaines collectivités territoriales ;

VU le décret n ° 2018-842 du 09 mai 2018 portant comptabilité des matières ;

VU le décret n° 2020-978 du 23 avril 2020 portant règlement général sur la comptabilité publique ;

VU le décret n° 2020-1019 du 06 mai 2020 portant plan comptable de l'État ;

VU le décret n ° 2022-1576 du 01 septembre 2022 portant nomenclature budgétaire de l'État ;

VU le décret n ° 2022-1774 du 17 septembre 2022 portant nomination du Premier

Ministre ;

VU le décret n ° 2022-1788 du 26 septembre 2022 relatif aux attributions du Ministre des Finances et du Budget ;

VU le décret n° 2022-2295 du 28 décembre 2022 portant Code des Marchés publics ;

VU le décret n° 2023-2104 du 11 octobre 2023 portant nomination des ministres et fixant la composition du Gouvernement ;

VU le décret n° 2023-2105 du 11 octobre 2023 portant répartition des services de l'État, et du contrôle des établissements publics, des sociétés nationales et des sociétés à participation publique entre la Présidence de la République, la Primature et les ministères ;

SUR le rapport du Ministre des Finances et du Budget,

DECRETE:

TITRE PREMIER. - DES DISPOSITIONS GENERALES ET DES PRINCIPES

Chapitre premier. - Des Dispositions générales

Article premier. - Le présent décret fixe les règles et principes fondamentaux régissant l'élaboration, l'exécution, la comptabilité, le contrôle des opérations financières ainsi que la gestion des deniers, valeurs et biens appartenant ou confiés aux collectivités territoriales et aux groupements de collectivités territoriales.

Il s'applique aux établissements publics locaux et aux régies locales sauf dispositions particulières les régissant.

Article 2.- Le budget est l'acte par lequel l'organe délibérant prévoit et autorise, pour une année, l'ensemble des recettes et des dépenses de la collectivité territoriale.

Les montants des prévisions de recettes sont indicatifs. Les crédits ouverts au budget sont des autorisations maximales de dépense.

Article 3.- Aucune création de postes budgétaires, de services ou d'emplois nouveaux ne peut être opérée sans l'autorisation préalable du conseil et l'ouverture d'un crédit au chapitre correspondant du budget.

Au cours de l'année financière, une décision de création ou de transformation d'emploi dans les services existants ne peut être prise que si des suppressions ou transformations d'emplois permettant d'annuler des crédits pour un montant équivalent ont été opérées au préalable.

Article 4.- Aucune dépense ne peut être engagée, liquidée, ordonnancée et payée à la charge de la collectivité territoriale si elle n'a pas été prévue au budget de celle-ci et couverte par des crédits régulièrement ouverts.

Article 5.- Les budgets et les comptes des collectivités territoriales sont des documents à caractère public.

Ils sont déposés au siège de la collectivité territoriale et sont tenus à la disposition des administrés et usagers du service public.

Chapitre II.- Des principes budgétaires

Article 6.- Le régime financier des collectivités territoriales se fonde sur les principes du droit budgétaire définis dans la loi organique relative aux lois de finances, le Code général des Collectivités territoriales et le Code de Transparence dans la gestion des finances publiques.

Article 7.- Les principes des droits budgétaires applicables aux collectivités territoriales sont : l'annualité, l'unité, l'universalité, l'antériorité, la sincérité, l'équilibre, la légalité de l'impôt et la spécialité des crédits.

Article 8.- Le principe de l'annualité signifie que le budget est voté pour un exercice budgétaire. L'exercice budgétaire coïncide avec l'année civile : il court du 1er janvier au 31 décembre de l'année considérée.

Toutefois, la journée comptable du 31 décembre est prolongée jusqu'au 31 janvier de l'année suivante. Cette journée dite journée complémentaire permet exclusivement de procéder à des régularisations d'opérations comptables.

Les crédits de fonctionnement non engagés au cours de l'exercice budgétaire sont annulés à l'exception des crédits liés aux ressources affectées. Les crédits d'investissement non engagés au cours de l'exercice sont reportés au budget de l'exercice suivant.

Article 9.- Les dotations budgétaires affectées aux dépenses d'investissement peuvent comprendre des autorisations d'engagement et des crédits de paiement.

Les autorisations d'engagement correspondent à des dépenses à caractère pluriannuel, se rapportant à une immobilisation ou à un ensemble d'immobilisations déterminées, acquises ou réalisées par la collectivité territoriale.

Les crédits de paiement correspondent à la limite supérieure des dépenses pouvant être ordonnancées ou mandatées durant l'exercice, pour la couverture des engagements contractés dans le cadre des autorisations d'engagement.

Article 10.- Le principe de l'unité édicte que toutes les recettes et toutes les dépenses doivent être contenues dans un document unique sous la forme d'un tableau d'ensemble permettant d'apprécier l'équilibre de leurs masses.

Cette règle comporte deux exceptions :

- le budget primitif peut être accompagné de budgets annexes ;
- le budget primitif peut être modifié au cours de l'exercice, au moyen de décisions modificatives, sans porter atteinte à l'équilibre du budget.

Les budgets annexes et les décisions modificatives sont votés et approuvés dans les mêmes conditions que le budget primitif.

Article 11.- Le principe de l'universalité signifie que toutes les dépenses et toutes les recettes doivent être prévues au budget sans compensation, sans affectation, sans omission, ni dissimulation. L'ensemble des recettes est destiné à couvrir l'ensemble des dépenses.

Toutefois, les dons, legs, aides spécifiques, dotations, transferts et subventions d'investissement ou de fonctionnement affectés à un équipement ou à une catégorie de dépenses de fonctionnement doivent conserver leur destination.

Article 12.- L'antériorité est le principe selon lequel le budget, doit être voté avant le premier jour de l'exercice auquel il s'applique.

Des exceptions à ce principe sont prévues dans les conditions définies par la loi.

Article 13.- Le principe de la sincérité budgétaire implique que les prévisions de ressources et de charges de la collectivité territoriale soient évaluées de façon sincère.

Elles sont effectuées avec réalisme et prudence compte tenu des informations disponibles au moment où le projet de budget est établi.

Les recettes et les dépenses sont évaluées de manière sincère, les dépenses obligatoires, ainsi que celles liées à la prise en charge des dépenses d'eau et d'électricité, doivent faire l'objet d'ouverture de crédits suffisants avant l'inscription des dépenses facultatives.

Article 14.- Le principe de l'équilibre budgétaire concerne l'équilibre comptable des recettes et des dépenses. L'ensemble des dépenses doit être égal à l'ensemble des recettes.

Ce principe implique le respect de certaines conditions :

- les recettes de la section de fonctionnement sont égales aux dépenses de la section de fonctionnement ; les recettes de la section d'investissement sont égales aux dépenses de la section d'investissement ;
- un autofinancement d'au moins 20^0/0 des recettes propres de fonctionnement, fixé par arrêté du ministre chargé des finances, doit être prévu et exécuté en cours de gestion pour financer la section d'investissement ;
- l'équilibre de la section de fonctionnement ne peut, en aucun cas, être assuré par un prélèvement sur la section d'investissement ;
- L'équilibre budgétaire de la section d'investissement s'apprécie en tenant compte des seuls crédits de paiement ;
- l'autofinancement hors dotations ou subventions affectées et emprunts, majoré des recettes propres d'investissement, doit être supérieur au remboursement en capital des emprunts.

Le remboursement de l'annuité en capital de la dette doit être couvert exclusivement par les ressources propres de la collectivité.

Toutefois, n'est pas considéré comme en déséquilibre, le budget dont la section de fonctionnement comporte ou reprend un excédent et dont la section d'investissement est en équilibre, après reprise par chacune des sections des résultats apparaissant au compte administratif de l'exercice précédent.

Lorsque l'exécution du budget du dernier exercice connu fait apparaître un déficit, l'équilibre du budget n'est réputé assuré que s'il prévoit les mesures nécessaires pour résorber ce déficit.

Le principe de l'équilibre budgétaire est d'application rigoureuse pour les collectivités territoriales.

Les autorisations de dépenses de la section d'investissement ne peuvent être supérieures aux prévisions de recettes de cette section qu'au cas où la section de fonctionnement fait apparaître un excédent de recettes, et dans la limite de cet excédent.

Article 15.- Le principe de la légalité de l'impôt implique que l'institution, l'assiette, les taux et les modalités de recouvrement des impositions de toutes natures sont du domaine de la loi.

Toutefois, le conseil de la collectivité territoriale peut, par délibération, fixer le taux des taxes locales dans la limite du plafond déterminé par la loi.

Article 16.- La spécialité des crédits implique que les crédits sont ventilés par chapitres, articles et paragraphes et affectés à des dépenses données.

Chapitre III.- Des principes de la comptabilité publique

Article 17.- Les principes de la comptabilité publique applicables aux collectivités territoriales sont : la séparation des fonctions d'ordonnateur et de comptable, l'unité de caisse et l'unité de trésorerie.

Article 18.- Le principe de la séparation des fonctions d'ordonnateur et de comptable signifie que l'exécution du budget de la collectivité territoriale est confiée à deux catégories d'agents publics : l'ordonnateur et le comptable public.

Article 19.- Le principe de l'unité de caisse signifie qu'une seule caisse recueille toutes les recettes et paie toutes les dépenses des collectivités territoriales, sauf dérogation expresse donnée par le Ministre chargé des Finances.

Article 20.- Le principe de l'unité de trésorerie oblige les collectivités territoriales et groupements de collectivités territoriales à déposer leurs fonds au Trésor public, sauf dérogation accordée par décret.

TITRE 11.- DU PERSONNEL CHARGE DE L'EXECUTION DU BUDGET LOCAL

Article 21.- Les opérations financières et comptables relatives à l'exécution des budgets des collectivités territoriales incombent aux ordonnateurs et aux comptables publics.

Les fonctions d'ordonnateur sont exercées par l'organe exécutif de la collectivité territoriale.

Les fonctions de comptables publics sont assurées par des comptables directs du Trésor qui exécutent, à titre principal, les opérations des collectivités territoriales. Ils sont appelés receveurs de la collectivité territoriale.

Les opérations exécutées concernent les recettes, les dépenses, la trésorerie et le patrimoine. Elles sont retracées dans des comptabilités établies selon des normes règlementaires et soumises aux contrôles des autorités habilitées à cet effet.

Article 22.- Les fonctions d'ordonnateur et celles de comptable public sont incompatibles.

Les conjoints, ascendants et descendants des ordonnateurs, ne peuvent être comptables des collectivités territoriales auprès desquelles lesdits ordonnateurs exercent leurs fonctions.

Dans les conditions prévues par les textes en vigueur, l'exercice de certaines activités est interdit aux ordonnateurs et aux comptables des collectivités territoriales.

Chapitre I.- Les ordonnateurs

Article 23.- Les ordonnateurs locaux prescrivent l'exécution des recettes et des dépenses des budgets de leurs collectivités territoriales.

Ils constatent, liquident et ordonnent le recouvrement des recettes qui relèvent de leur compétence.

Ils engagent, liquident et ordonnent le paiement de leurs dépenses.

Ils émettent les ordres de mouvements affectant les biens et matières de leurs collectivités territoriales.

Article 24.- Les ordonnateurs exercent leurs fonctions soit par eux-mêmes soit par des délégués choisis parmi les membres du conseil ou les fonctionnaires en services au niveau des structures de la Collectivité territoriale et spécialement habilités, dans les conditions prévues par le Code général des Collectivités territoriales.

Ils peuvent être suppléés dans les conditions prévues par le Code général des Collectivités territoriales.

Article 25.- Les ordonnateurs, leurs délégués et leurs suppléants doivent être accrédités auprès du receveur de la collectivité, assignataire des recettes et des dépenses dont ils prescrivent l'exécution.

Ils lui notifient, à cet effet, les actes leur conférant la position d'ordonnateur et lui transmettent leurs spécimens de signature.

Article 26.- Les ordonnateurs, leurs délégués et leurs suppléants sont personnellement responsables des contrôles qui leur incombent dans l'exercice de leurs fonctions.

Ils encourent une responsabilité qui peut être disciplinaire, pénale ou civile, sans préjudice des sanctions qui peuvent leur être infligées par la Cour des Comptes en raison de fautes de gestion.

Article 27.- En cas de réquisition, l'ordonnateur substitue sa responsabilité à celle du comptable.

Article 28.- Les actes des ordonnateurs sont retracés dans la comptabilité budgétaire qui permet de suivre le déroulement des opérations budgétaires et d'effectuer le rapprochement avec les écritures du receveur de la collectivité territoriale.

Chapitre II.- Les comptables

Article 29.-Le receveur de la collectivité territoriale est un comptable direct du Trésor. Il est nommé par décret ou par arrêté du Ministre chargé des finances, conformément à la réglementation en vigueur.

Les fonctions de receveur d'un groupement de collectivités territoriales sont exercées par le receveur de la collectivité territoriale siège du groupement.

Article 30.- Les comptables publics sont tenus de prêter serment et de constituer les garanties requises.

Avant d'être installés dans leur poste comptable, ils doivent justifier de la prestation de serment ou, à défaut, de l'envoi de la demande de prestation de serment à la juridiction compétente.

Le montant des garanties et les conditions de leur constitution sont fixés par arrêté du Ministre chargé des Finances.

Les comptables publics sont accrédités auprès des ordonnateurs ainsi que, le cas échéant, des autres comptables avec lesquels ils sont en relation.

Les comptables intérimaires sont soumis aux mêmes obligations et bénéficient des mêmes avantages que les comptables titulaires.

Article 31.- Est comptable de fait, toute personne qui, sans avoir la qualité de comptable public ou sans agir sous le contrôle et pour le compte d'un comptable public, s'immisce dans le maniement de deniers publics.

Article 32.- Le receveur de la collectivité territoriale est comptable en deniers, valeurs et titres appartenant ou confiés à la collectivité territoriale. A ce titre, il est seul habilité à assurer :

- la prise en charge et le recouvrement des titres de recettes qui lui sont remis par les ordonnateurs, des créances constatées par un contrat, un titre de propriété ou tout autre titre ou acte dont il assure la conservation ainsi que de l'encaissement des droits au comptant et des recettes de toute nature que la collectivité territoriale est habilitée à recevoir sans préjudice des impôts et taxes recouvrés par la Direction en charge des impôts ;
- la prise en charge, le visa et le paiement des dépenses soit sur ordres émanant de l'ordonnateur accrédité, soit au vu des titres présentés par les créanciers, soit de sa propre initiative, ainsi que la suite à donner aux oppositions et autres significations ;
- la garde et la conservation des fonds, des titres et valeurs appartenant ou confiés à la collectivité territoriale ;
- le maniement des fonds et les mouvements de comptes de disponibilités;
- la conservation des pièces justificatives des opérations et des documents de comptabilité ;
- la centralisation et la présentation, dans ses écritures et dans ses comptes, des opérations exécutées par les comptables qui lui sont rattachés ;
- la tenue de la comptabilité de la collectivité territoriale.

Article 33.- Les seuls contrôles que le receveur de la collectivité territoriale est tenu d'exercer en matière de recettes sont les suivants:

- le contrôle de l'autorisation de percevoir les recettes dans les conditions prévucs par lcs lois et règlements ;
- le contrôle de la mise en recouvrement et de la liquidation des créances, ainsi que celui de la régularité des réductions et des annulations de titres de recettes, dans la limite des éléments dont il dispose.

En matière de dépenses, le receveur de la collectivité territoriale doit vérifier sous sa responsabilité :

- la qualité de l'ordonnateur ou de son délégué ;
- la disponibilité des crédits ;
- la disponibilité des fonds ;
- l'exacte imputation des dépenses ;
- la validité de la créance, notamment :
    - la justification du service fait, résultant de la certification délivrée par l'ordonnateur, et l'exactitude des calculs de liquidation ;

- l'intervention préalable des contrôles réglementaires et la production des justifications ;
- l'application des règles de prescription et de déchéance ;

- le caractère libératoire du règlement incluant le contrôle de l'existence éventuelle d'oppositions, notamment de saisies arrêts ou de cessions.

En matière de patrimoine, le receveur de la collectivité territoriale est tenu d'exercer les contrôles suivants :

- la prise en charge et l'inventaire des actifs financiers et non financiers acquis :
- le contrôle de la conservation des droits, privilèges et hypothèques des immobilisations incorporelles et corporelles.

Article 34.- Les comptables publics sont personnellement et pécuniairement responsables des opérations dont ils sont chargés, ainsi que de l'exercice régulier des contrôles qu'ils doivent effectuer en matière de recettes et de dépenses.

Article 35.- Pour faciliter l'encaissement des recettes au comptant ou le paiement de certaines dépenses urgentes ou de faible montant, des régisseurs peuvent être chargés, pour le compte du receveur de la collectivité territoriale, d'opérations d'encaissement ou de paiement.

Les régies de recettes et les régies d'avances sont instituées par décision de l'ordonnateur après avis conforme du receveur de la collectivité territoriale.

La décision de création de la régie fixe la liste des recettes à encaisser et des dépenses payables par la régie.

Les modalités de création et de fonctionnement des régies sont fixées par arrêté du ministre chargé des finances.

Article 36.- Les régisseurs de recettes et les régisseurs d'avances, sont habilités à exécuter, dans le cadre de leur fonction, des opérations d'encaissement et de décaissement.

Dans l'exercice de cette fonction, ils sont placés sous l'autorité et le contrôle du receveur de la collectivité territoriale.

Ils sont nommés par l'ordonnateur, après avis conforme du receveur de la collectivité territoriale.

Ils sont personnellement et pécuniairement responsables de leurs opérations.

TITRE 111.- DE L'ETABLISSEMENT DU BUDGET LOCAL

Chapitre I.- De la préparation du budget

Article 37.- Le projet de budget préparé et présenté par l'organe exécutif de la collectivité territoriale doit respecter les étapes suivantes :

- l'élaboration de la lettre de cadrage qui contient les indications visant une bonne prévision budgétaire et qui parait, au plus tard, le 30 juin précédant l'exercice budgétaire en préparation ,
- l'élaboration des avant-projets de budget des services de la collectivité territoriale ;
- la centralisation des avant-projets par les services de l'ordonnateur ;
- le débat d'orientation budgétaire qui doit intervenir, au moins, un mois avant l'examen du budget et qui est sanctionné par un procès- verbal;
- l'arbitrage par l'ordonnateur ; l'examen de l'avant-projet de budget par la commission des finances ;
- l'adoption du projet de budget par l'ordonnateur et le bureau du conseil de la collectivité territoriale ;
- la présentation par l'exécutif et le vote par le conseil local.

Article 38.- Le budget de la collectivité territoriale est divisé en deux sections : la section de fonctionnement et la section d'investissement. Chaque section, subdivisée en chapitres et articles, comporte d'une part les recettes et d'autre part les dépenses.

Article 39.- Les recettes de fonctionnement financent les dépenses de fonctionnement et les recettes d'investissement financent les dépenses d'investissement.

L'articulation entre les deux sections est réalisée par le mouvement financier qui permet, à travers un prélèvement effectué sur tout ou partie des excédents de fonctionnement, de réaliser un autofinancement des investissements de la collectivité territoriale.

Article 40.- Les recettes des sections de fonctionnement et d'investissement sont celles prévues par les lois et règlements en vigueur.

Article 41.- Les dépenses du budget de la section de fonctionnement de la collectivité territoriale comprennent :

- les dépenses obligatoires ;

- les dépenses facultatives.

Les dépenses obligatoires sont celles définies par le Code général des Collectivités territoriales tandis que les dépenses facultatives sont toutes celles qui ne sont pas considérées comme obligatoires par les lois et règlements.

Article 42.- Les dépenses d'investissement sont celles qui permettent la réalisation des équipements, des bâtiments et infrastructures, ainsi que l'acquisition de matériels durables ou relatifs à ces travaux.

Les dépenses d'investissement ont une incidence sur le patrimoine de la collectivité territoriale.

Les dépenses de la section d'investissement comprennent :

- les dépenses d'équipements et d'immobilisations ,
- les acquisitions de titres et valeurs.

Article 43.- Le conseil de la collectivité territoriale peut inscrire à son budget, dans ses deux sections, un crédit pour dépenses imprévues.

Pour chacune de ses deux sections, ce crédit ne peut être supérieur à 5% des dépenses, hors mouvement financier, qui y ont été exécutées durant l'année précédente.

Article 44.- Les dépenses imprévues ainsi que celles relatives à la section de fonctionnement ne peuvent être financées par l'emprunt.

Article 45.- Le crédit pour dépenses imprévues est employé par l'ordonnateur de la collectivité territoriale pour faire face à des dépenses urgentes en vue desquelles aucune dotation n'est inscrite au budget.

A la première séance qui suit le mandatement d'une dépense imprévue, l'ordonnateur rend compte au conseil, avec pièces justificatives à l'appui, de l'emploi de ce crédit.

Ces pièces demeurent annexées à la délibération.

Article 46.- Les documents budgétaires sont constitués par.

- le budget primitif, voté par le conseil de la collectivité territoriale ou réglé par le représentant de l'État dans les conditions prévues par le Code général des Collectivités territoriales ;
- le budget supplémentaire, pour ajuster, le cas échéant, le budget primitif en cours d'année et intégrer les résultats de l'exercice précédent ;

- les autorisations spéciales de recettes et de dépenses qui permettent d'intégrer, dans le budget primitif, des recettes nouvelles et éventuellement de prévoir de nouvelles dépenses ;
- les virements de crédits qui permettent de modifier la structure interne des dépenses du budget primitif, s'il apparaît en cours de gestion que certaines d'entre elles ont été sous évaluées ou surévaluées au moment du vote ;
- les budgets annexes pour les services non personnalisés bénéficiant d'une autonomie financière.

Article 47.- Le conseil de la collectivité territoriale débat et fixe les orientations budgétaires de même que les engagements pluriannuels envisagés, au moins un mois avant l'examen du projet de budget, dans les conditions prévues par la réglementation en vigueur.

Chapitre II.- De la présentation du budget

Article 48.- Le projet de budget présenté au vote du conseil de la collectivité territoriale est obligatoirement accompagné des documents ci-après :

- l'inventaire des biens mobiliers de la collectivité territoriale ,
- l'état du personnel en service à la date du vote du budget précisant le montant annuel des charges de personnel par agent ;
- l'état motivé des propositions de créations nouvelles ou de maintien de postes vacants ;
- le procès-verbal du débat d'orientation budgétaire et des engagements pluriannuels de la collectivité territoriale ;
- la liste des organismes et regroupements dont la collectivité est membre ;
- les tableaux récapitulatifs des emprunts et des dettes.

Les charges du personnel prévues sur les états ne peuvent en aucun cas être supérieures à un taux fixé par arrêté du ministre chargé des finances.

Article 49.- Les projets de décisions modificatives, notamment les autorisations spéciales de recettes et de dépenses et les virements de crédits doivent être accompagnés de tous les documents justifiant les modifications.

Article 50.- Un arrêté conjoint du Ministre chargé des collectivités territoriales et du Ministre chargé des Finances fixe la nomenclature budgétaire des collectivités territoriales.

Chapitre III.- Du vote et de l'approbation du Budget

Article 51.- Le budget local est proposé par l'ordonnateur, voté par le conseil de la collectivité territoriale et approuvé par le représentant de l'État dans les conditions fixées par le Code général des Collectivités territoriales.

Article 52.- Le budget primitif transmis, pour approbation, au représentant de l'État par l'ordonnateur local est obligatoirement accompagné des documents suivants :

- le rapport de l'ordonnateur ;
- le procès - verbal de la session budgétaire du conseil de la collectivité ;
- la délibération portant adoption du budget ;
- la liste de présences émargée ;
- les budgets annexes ;
- les tableaux récapitulant l'état des emprunts et dettes ;
- l'état des provisions ;
- la présentation des méthodes utilisées pour les amortissements ;
- l'état des charges transférées en investissement ;
- la présentation de l'emploi des recettes grevées d'une affectation spéciale ,
- les états nominatifs détaillés des dépenses de personnel ;
- les états prévisionnels des recrutements et des profils ciblés ;
- l'état des indemnités servies ;
- la liste des organismes et regroupements dont la collectivité est membre
- la liste des conventions auxquelles la collectivité territoriale est partie prenante ;
- la liste des établissements ou services créés par la collectivité ;
- le tableau retraçant les décisions en matière de taux des contributions.

Article 53.- Le budget supplémentaire soumis à l'approbation du représentant de lÉtat est accompagné des documents ci-après :

- le compte administratif ;
- le compte de gestion ;
- le rapport de l'ordonnateur ;
- le procès-verbal de la session budgétaire du conseil de la collectivité territoriale ;
- la délibération portant adoption du budget primitif ;
- la délibération portant adoption du compte administratif ;

- la liste de présences émargée ;
- les délibérations à caractère financier ;
- l'état des émissions et des recouvrements de recettes ;
- l'état des dépenses engagées non mandatées ;
- l'état des restes à recouvrer et à payer ;
- les budgets annexes, le cas échéant.

Article 54.- Lorsque des informations devant faciliter l'élaboration du budget sont communiquées avec retard, celles-ci sont prises en compte dans les décisions modificatives ou dans le budget supplémentaire.

Article 55.- La section de fonctionnement et la section d'investissement du budget sont votées respectivement en équilibre réel.

Article 56.- Les crédits sont votés :

- au niveau du chapitre pour la section de fonctionnement. Toutefois, le conseil de la collectivité territoriale peut décider de spécialiser le vote de tout ou d'une partie des articles de la section ;
- au niveau de l'article pour la section d'investissement. À ce niveau, le conseil peut décider de voter des "opérations" qui correspondent à des chapitres budgétaires.

L'opération est constituée par un ensemble d'acquisitions d'immobilisations, de travaux sur immobilisations et de frais d'études y afférents aboutissant à la réalisation d'un ouvrage ou de plusieurs ouvrages de même nature.

Article 57.- Lorsqu'au niveau de la section de fonctionnement le vote est effectué par article non spécialisé, l'ordonnateur peut opérer, par arrêté, dans la limite de 20 % des crédits ouverts à l'intérieur du chapitre, des virements de crédits d'article non spécialisé à article non spécialisé.

Cette décision doit être transmise au représentant de l'État pour être exécutoire, puis notifiée au receveur de la collectivité avant tout engagement sur le chapitre concerné.

Article 58.- Lorsque le conseil spécialise le crédit d'un article, celui-ci ne peut faire l'objet de virement par l'ordonnateur. Le montant et la destination de ce crédit spécialisé ne peuvent être modifiés que par le conseil de la collectivité territoriale, à travers une délibération soumise à l'approbation du représentant de l'État.

Lorsque des crédits sont prévus pour l'emploi de ressources ayant une affectation spéciale, le virement de ces crédits à un autre chapitre ou à un autre article du même chapitre est interdit.

Article 59.- Lorsque le vote est effectué au niveau du chapitre, l'ordonnateur ou son délégué peut engager, liquider et mandater les dépenses dans la limite des crédits inscrits à ce chapitre.

Une nouvelle délibération du conseil de la collectivité est nécessaire pour en modifier les montants.

Dans ce cas, la répartition des crédits par article présente un caractère indicatif, des virements de crédits peuvent se faire par arrêté de l'ordonnateur dans les conditions prévues à l'article 57 du présent décret.

Pour l'information du conseil de la collectivité territoriale, les modifications opérées par virement doivent être portées à la connaissance de l'organe délibérant à la plus proche réunion ; elles doivent en outre apparaître au compte administratif.

Article 60.- Après approbation du budget primitif et du budget supplémentaire dans les conditions prévues par le Code général des Collectivités territoriales, l'ordonnateur en transmet une expédition, accompagnée de toutes les pièces visées à l'article 52 et 53 du présent décret, au receveur de la collectivité territoriale.

TITRE IV.- DE L'EXECUTION DU BUDGET LOCAL

Chapitre I.- Des opérations de recettes

Article 61.- Les créances de la collectivité territoriale font l'objet d'un titre qui matérialise ses droits. Le titre est un acte émis et rendu exécutoire par l'ordonnateur ou toute autre autorité habilitée par les lois et règlements au profit de la collectivité territoriale, quelle qu'en soit la dénomination.

Article 62.- En matière de recettes fiscales, les services de l'État chargés de l'assiette assoient toutes les impositions sur rôle dont le recouvrement est autorisé au profit de la collectivité territoriale et transmettent les titres exécutoires constitués notamment des rôles, des avertissements ou des états des montants, au receveur de la collectivité territoriale.

L'ordonnateur de la collectivité territoriale est obligatoirement informé par le receveur, du détail des émissions d'impôts prises en charge par ses soins.

Article 63.- La perception de toutes les autres recettes pour lesquelles les lois et règlements ne prescrivent pas un mode spécial de liquidation, d'ordonnancement et de recouvrement, s'effectue sur émission d'un ordre de recettes ou de reversement, ou dans les conditions prévues par le Code général des Collectivités territoriales, à titre de mesure exceptionnelle.

Article 64.- Lorsque les créances à recouvrer sont déjà constatées par un titre exécutoire, l'exécutif local ne dresse pas d'ordre de recette.

La poursuite de la recette se fait en vertu de l'acte lui-même. Le receveur est alors mis en possession d'une expédition en forme du titre et il est autorisé à demander, au besoin, remise de l'original sur son récépissé.

Article 65.- Les titres émis par l'ordonnateur du budget local ont force exécutoire.

Article 66.-Sans préjudice des attributions et des responsabilités qui sont propres aux comptables publics habilités en matière de recouvrement, l'ordonnateur suit régulièrement les opérations de perception et les poursuites éventuelles entreprises.

Il appuie le receveur pour le recouvrement diligent et intégral de toutes les recettes de la collectivité territoriale.

Article 67.- Les actes, contrats et jugements définitifs revêtus de la formule exécutoire ainsi que les ordres de recette ou de reversement établis par l'ordonnateur sont transmis régulièrement au receveur de la collectivité territoriale, dans l'ordre croissant des imputations budgétaires sur des bordereaux d'émissions établis en trois (03) exemplaires par l'ordonnateur.

Le receveur de la collectivité territoriale en accuse réception, procède au renvoi d'un exemplaire pour les archives de la collectivité où les bordereaux doivent être classés dans l'ordre chronologique et conserve deux exemplaires dont un est joint au compte de gestion.

Chaque bordereau de titres est numéroté suivant une série ininterrompue commencée pour chaque exercice au numéro 1 et porte rappel du montant des émissions antérieures.

Article 68.- Le receveur signale à l'ordonnateur, sur un bordereau en trois exemplaires, du même modèle que celui prévu à l'article 67 du présent décret, les titres qu'il a reçus sans son intermédiaire et les recettes perçues avant émission de titres.

L'ordonnateur complète, arrête et signe ces bordereaux, en conserve un exemplaire pour sa comptabilité et retourne les autres au receveur à l'appui, le cas échéant, des titres de régularisation nécessaires.

Article 69.- Les réductions ou annulations de titres sont constatées au vu de titres rectificatifs établis par l'ordonnateur du budget de la collectivité territoriale et comportent les caractéristiques du titre de recettes rectifié ainsi que les motifs de la rectification.

Le receveur de la collectivité territoriale informe obligatoirement l'ordonnateur des dégrèvements accordés et ou reçus des services chargés de l'assiette des impôts locaux.

Article 70.- Les titres de réduction ou d'annulation sont récapitulés sur des bordereaux d'annulation établis en trois (03) exemplaires par l'ordonnateur et adressés au receveur de la collectivité territoriale à la fin de chaque mois et répartis comme suit :

- un exemplaire pour les archives de la collectivité territoriale où les bordereaux doivent être classés dans l'ordre chronologique ;
- deux exemplaires pour le comptable, dont l'un est joint au compte de gestion.

Chaque bordereau de titres est numéroté suivant une série ininterrompue, commencée, pour chaque exercice, au numéro 1.

Article 71.- Le contrôle global des recettes budgétaires de l'année s'effectue en retranchant du total des bordereaux de titres émis, le total des bordereaux de titres annulés.

Article 72.- Le receveur de la collectivité territoriale prend en charge les titres, sous sa responsabilité personnelle et pécuniaire.

Il justifie de l'apurement de ses prises en charges dans les conditions fixées par le décret portant règlement général sur la comptabilité publique.

L'apurement résulte soit de recouvrements effectifs, soit de la réduction ou annulation de droits préalablement liquidés, soit d'admission en non-valeur.

Article 73.- Le receveur de la collectivité territoriale effectue toutes les diligences pour recouvrer les produits aux échéances déterminées par les lois, règlements ou actes qui les régissent.

Il délivre une quittance pour toutes les sommes qui lui sont versées et émarge les recouvrements sur les titres.

L'ordonnateur est informé par le receveur des recouvrements effectués sur les titres de recettes émis.

Il n'est toutefois pas délivré de quittance lorsque le redevable reçoit pour constater ses règlements, des tickets ou timbres dont la possession justifie, à elle seule, le paiement des droits.

Article 74.- Le receveur de la collectivité territoriale est tenu d'effectuer pour les recettes dont le recouvrement lui incombe, sous sa responsabilité personnelle et pécuniaire, contre les débiteurs en retard, les exploits, significations et poursuites nécessaires.

Article 75.- Les redevables des collectivités territoriales ne peuvent, en aucun cas, leur opposer la compensation dans le cas où ils se trouveraient en même temps créanciers de celles-ci.

Dans la même situation et préalablement à tout paiement, le comptable public doit opérer la compensation légale entre les dettes et les créances assignées sur sa caisse.

Article 76.- Les redevables de la collectivité territoriale s'acquittent de leurs dettes par versement d'espèces, par remises de chèques, effets bancaires ou postaux, versement ou par virement dans le compte de disponibilité ouvert au nom du comptable public.

Dans les cas prévus par la loi, les redevables peuvent s'acquitter par remise de valeurs ou par l'exécution de prestations en nature et par tout autre instrument de paiement prévu par les textes en vigueur.

Article 77.- Les poursuites sont exercées comme en matière de contributions directes pour le recouvrement de créances résultant de contrats ou constatées par ordres de recettes ou de reversement arrêtés et rendus cxécutoires par l'ordonnateur.

Article 78.- Les créances de la collectivité territoriale peuvent faire l'objet soit de remise gracieuse en cas de gêne ou d'indigence des débiteurs soit d'admission en non-valeur en cas d'insolvabilité ou d'absence des débiteurs.

Sauf en ce qui concerne les impôts émis par la Direction en charge des Impôts, la décision accordant la remise gracieuse ou l'admission en non-valeur est prise par l'ordonnateur après délibération du conseil de la collectivité territoriale.

L'admission en non-valeur a pour objectif d'enlever des prises en charge du comptable les créances irrécouvrables. Elle ne fait pas obstacle à un recouvrement ultérieur dans l'hypothèse où le débiteur revient à meilleure fortune.

Les décisions d'admission en non-valeur sont notifiées au receveur de la collectivité territoriale, ou lui sont signalées par l'ordonnateur sous bordereaux de titres annulés établis comme indiqué à l'article 71 du présent décret. Leurs montants viennent en déduction des prises en charge antérieures.

Dans le cas où le conseil refuse une admission en non-valeur, le receveur peut obtenir, après demande motivée, la décharge de sa responsabilité par décision du Ministre chargé des Finances.

Article 79.- A la clôture de chaque année financière, le receveur de la collectivité territoriale établit, par nature de recettes, pour l'année écoulée, l'état détaillé des restes à recouvrer et en transmet copie à l'ordonnateur.

Cet état est joint au compte de gestion.

Article 80.- L'état détaillé des restes à recouvrer, accompagné des justifications de retard et des demandes de remise gracieuse ou d'admission en non-valeur formulées par le receveur de la collectivité territoriale, est soumis à l'assemblée délibérante qui statue :

- sur la partie des restes à recouvrer dont il convient de poursuivre le recouvrement;
- sur la partie objet de remise gracieuse ou d'admission en non-valeur, au vu des justifications produites par le receveur de la collectivité territoriale, en raison, soit de l'insolvabilité des débiteurs, soit de la caducité des créances ou de la disparition des débiteurs.

Article 81.- Les règles de prescription des créances des collectivités territoriales sont celles fixées par la réglementation en vigueur.

Chapitre II.- Des opérations de dépenses

Article 82.- Avant d'être payées, les dépenses sont engagées, liquidées et ordonnancées dans les conditions prévues par le présent décret.

L'ordonnateur du budget de la collectivité territoriale ne peut engager, liquider ou ordonnancer une dépense à la charge de la collectivité territoriale au-delà des crédits régulièrement ouverts au budget.

Article 83.- L'engagement juridique est l'acte par lequel l'ordonnateur du budget de la collectivité territoriale, où une personne dûment habilitée, crée ou constate à l'encontre de la collectivité territoriale, une obligation de laquelle résultera une charge.

L'engagement comptable consiste à affecter des crédits au paiement de la dépense.

Article 84.- En dehors de ceux afférents aux charges de personnel, les engagements de dépenses ordinaires ne peuvent intervenir au-delà du 30 novembre de l'année considérée ; l'exécution du service devant intervenir au plus tard le 31 décembre de la même année.

A titre exceptionnel, des engagements de dépenses peuvent intervenir entre le 30 novembre et le 31 décembre, au plus tard, pour la régularisation des opérations d'ordre conformément aux dispositions du Code général des Collectivités territoriales.

Article 85.- La liquidation est l'opération qui consiste à constater et à arrêter les droits du créancier.

Constater les droits du créancier consiste à vérifier que sa créance existe et qu'elle est exigible, c'est-à-dire qu'elle est arrivée à la date convenue pour son paiement.

Arrêter les droits du créancier consiste à fixer le montant exact de sa créance qui ne peut être faite qu'au vu des titres et pièces établissant la preuve des droits acquis par les créanciers.

En ce qui concerne, notamment, les fournitures, services et travaux, ces titres et pièces sont constitués par les marchés, les mémoires ou factures en original détaillant les livraisons, services ou travaux effectués et les procès-verbaux de réception signés par les ordonnateurs et éventuellement par les responsables des services techniques dans le cadre de la réglementation en vigueur.

La production par les créanciers de leurs titres justificatifs ne s'effectue, valablement, que par leur envoi postal ou leur dépôt au siège de la collectivité territoriale.

Article 86.- Une créance ne peut être liquidé à la charge d'une collectivité territoriale que par l'ordonnateur du budget de la collectivité ou son délégué et, dans tous les cas, après engagement régulier sur des crédits ouverts, et dans la limite des crédits disponibles.

Sauf dans les cas d'avances ou de paiements préalables autorisés par les lois ou règlements, la liquidation ne peut être effectuée, sous la responsabilité exclusive de l'ordonnateur, qu'après constatation du service fait.

Article 87.- Tout projet de dépense fait l'objet d'une fiche d'engagement de dépense établie par l'ordonnateur de la collectivité territoriale qui a pour but de fournir, à tout moment, l'évaluation approchée des dépenses imputables à l'année financière en cours.

Chaque fiche porte obligatoirement les indications suivantes :

- désignation de la collectivité territoriale ;
- année financière ;
- chapitre et article ;
- le cas échéant, autre subdivision budgétaire ;
- nature de la dépense ;
- crédits ouverts (à la subdivision budgétaire intéressée) ;
- montant de l'engagement ;
- montant des engagements antérieurs;
- total des engagements ,
- crédits disponibles.

Article 88.- A la fiche d'engagement sont jointes les pièces justificatives de l'engagement ou destinées à le matérialiser : délibération du conseil de la collectivité territoriale, décision ou arrêté municipal, bon de commande, marché, contrat, baux, ordre de mission, feuilles de déplacement, réquisition, état de solde ou de salaire, police d'abonnement, arrêté de l'ordonnateur de la collectivité territoriale attribuant des bourses, secours, etc.

Article 89.- Les dépenses permanentes et les dépenses nécessaires à la prise en charge des engagements auprès des sociétés concessionnaires doivent obligatoirement, dès le début de l'année financière, faire l'objet d'engagements provisionnels globaux calculés jusqu'à la clôture de l'année financière.

Ces engagements devront être appuyés des pièces justificatives énumérées à l'article 88 du présent décret ou de celles qui sont fixées par instructions du ministre chargé des finances.

Article 90.- Toute nouvelle dépense permanente, à l'exclusion des dépenses de personnel, née en cours de gestion, fait l'objet d'un engagement particulier établi pour le montant des crédits à consommer jusqu'à la clôture de l'année financière.

Article 91.- Le bon de commande visé à l'article 88 du présent décret est établi en trois exemplaires. Il comporte un original, un duplicatum et une souche.

Après engagement, l'original du bon de commande est joint au mandat et le duplicatum est remis au fournisseur.

Article 92.- L'emploi de bons provisoires est formellement interdit.

Article 93.- La fiche d'engagement en double exemplaire, appuyée des justifications visées à l'article 88 du présent décret est adressée par l'ordonnateur de la collectivité territoriale au receveur local qui procède à son examen sans se faire juge de l'opportunité de la dépense. Toutefois, quand les procédées informatiques le permettent, le traitement électronique des engagements peut être autorisée par arrêté du ministre chargé des finances.

Article 94.- Le receveur de la collectivité territoriale s'assure d'abord de l'exactitude de l'imputation, c'est à dire qu'il existe au budget de la collectivité territoriale une rubrique concernant les dépenses de la nature de celles dont l'engagement est envisagé et que l'imputation proposée par l'ordonnateur correspond bien à cette rubrique.

Article 95.- Le receveur de la collectivité territoriale s'assure de l'existence des crédits, c'est-à-dire que le montant de la dépense dont l'engagement est envisagé n'excède pas les crédits disponibles à la rubrique. Par crédits disponibles, il faut entendre ceux qui, régulièrement ouverts, n'ont pas encore donné lieu à engagement de dépense.

Article 96.- Le receveur de la collectivité territoriale vérifie que les règles juridiques de l'engagement ont bien été respectées.

La régularité juridique de l'engagement implique le respect des dispositions législatives ou réglementaires qui définissent les conditions dans lesquelles l'administration locale peut engager une dépense envisagée.

Article 97.- Si l'examen effectué par le receveur de la collectivité territoriale n'appelle pas d'observations de sa part, il revêt un exemplaire de la fiche de la mention « Vu sans observation ». Cet exemplaire renvoyé à l'ordonnateur est accompagné des pièces annexes qui doivent obligatoirement faire référence à la fiche d'engagement et porter le visa du receveur de la collectivité territoriale.

Le receveur de la collectivité territoriale effectue les opérations suivantes :

- inscription sur les documents de suivi budgétaire du montant de l'engagement indiquant la date de renvoi à l'ordonnateur du premier exemplaire de la fiche ;
- porte sur le second exemplaire de la fiche qu'il conserve la mention « fiche renvoyée à l'ordonnateur sans observation ».

Article 98.- Les exemplaires des fiches d'engagement de dépenses conservées par le receveur sont classés dans leur ordre chronologique par chapitre, article et, le cas échéant, autres subdivisions prévues par le budget. Il en est de même pour les exemplaires conservés par l'ordonnateur local.

Article 99.- Si l'examen effectué soulève des observations de sa part, le receveur renvoie à l'ordonnateur un exemplaire de la fiche et les pièces annexes avec une note exposant ses observations et les conséquences éventuelles de l'irrégularité constatée quant à la possibilité du paiement de la dépense.

Article 100.- Chaque fois qu'un engagement de dépense n'a pas donné lieu à mandatement ou que la dépense liquidée est inférieure à la somme engagée, l'ordonnateur local établit et adresse au receveur local, en double exemplaire, une fiche de dégagement.

Article 101.- Les fiches de dégagement sont employées et classées par le receveur comme les fiches d'engagement.

Article 102.- Si un mandat portant sur une dépense qui n'a pas fait l'objet d'engagement est présenté au receveur, celui-ci refuse le paiement, et renvoie le dossier à l'ordonnateur pour émission préalable d'une fiche d'engagement.

Article 103.- Les titres de chaque liquidation doivent établir la preuve des droits acquis au créancier et être rédigés conformément aux règlements en vigueur.

Ils sont déterminés, notamment, sur les bases suivantes :

- dépenses de personnel : états nominatifs datés, arrêtés en toutes lettres et signés énonçant le grade, l'emploi, la situation de famille, la période du service et le décompte détaillé des sommes dues comportant les diverses retenues à la charge des employés et les contributions à la charge des employeurs ;
- dépenses de matériel : factures, mémoires ou décomptes datés, arrêtés en toutes lettres et signés et comportant la certification du service fait, la mention de liquidation et la prise en charge en comptabilité matière ;
- dans les deux cas et suivant les besoins, des arrêtés, décisions, conventions ou marchés, contrats et, en général, toutes pièces justifiant les factures ci-dessus.

Article 104.- Un arrêté du Ministre chargé des Finances fixe la nomenclature des pièces justificatives des recettes et des dépenses des collectivités territoriales.

Article 105.- Les factures et états visés à l'article 103 du présent décret peuvent être arrêtés en chiffres, lorsque cet arrêté est effectué au moyen d'appareils donnant des garanties d'inscription au moins égales à celles de l'inscription en toutes lettres.

Article 106.- L'ordonnancement est l'acte administratif par lequel l'ordonnateur donne au receveur de la collectivité territoriale, l'ordre de payer une créance à la charge de la collectivité territoriale. Il est matérialisé par l'établissement d'un mandat de paiement.

Article 107.- Le mandat est daté et numéroté dans une suite ininterrompue. Il rappelle les références de l'engagement et énonce l'année financière, le chapitre, l'article ou le paragraphe sur lequel il s'impute.

Les mandats afférents aux dépenses de personnel doivent être ordonnancés pour le montant total correspondant aux états nominatifs visés à l'article 103 du présent décret.

Dans tous les cas, le mandat de paiement doit obligatoirement comporter les mentions suivantes :

- l'exercice budgétaire ;
- le numéro du mandat ;
- le numéro d'ordre du bordereau d'émission ;
- le nom du créancier et ses références bancaires ;
- l'imputation budgétaire de la dépense ;
- l'objet de la dépense ;
- le montant de la dépense (montant brut, précomptes et montant net) ;
- la récapitulation des pièces justificatives de la dépense ;
- l'arrêté du montant du mandat en lettres ;
- la mention de l'acquit du bénéficiaire ;
- le mode de règlement avec toutes indications permettant d'effectuer le paiement ;
- la signature de l'ordonnateur.

Article 108.- En cas de mandatement d'office par le représentant de l'État, celui-ci adresse directement au comptable un arrêté valant mandat.

Le comptable informe l'ordonnateur de la prise en charge de l'arrêté valant mandat et lui demande de l'inscrire sur le prochain bordereau.

En cas de refus, le comptable reporte directement le montant du mandatement d'office sur le dernier bordereau de l'exercice ; le total général des mandatements de l'exercice fait alors l'objet d'un arrêté certifié par le représentant de l'État.

Article 109.- L'ordonnateur fait parvenir au receveur de la collectivité territoriale, sous bordereaux, les mandats qu'il a émis pour règlement.

Chaque mandat est accompagné :

- des pièces justificatives ;
- d'un mandat carte postal ou d'un avis de crédit selon les cas.

Le montant de chaque pièce justificative du mandat de paiement doit être énoncé en chiffres et en lettres, exception faite pour les opérations traitées par procédé informatique.

Les ratures, altérations, surcharges et renvois doivent être approuvés et signés par ceux qui ont arrêté les pièces justificatives et mandats de paiement.

L'usage de griffes est interdit pour toute signature à apposer sur les mandats de paiement et pièces justificatives.

Les mandats sont payables à la caisse du comptable sans établissement de bons de caisse.

Article 110.- Le paiement est l'acte par lequel le receveur de la collectivité territoriale éteint la dette de la collectivité territoriale.

Il est effectué, soit par remise d'espèces ou de chèques, soit par virement bancaire ou postal ou par mandat carte postal.

Le règlement d'une dépense est libératoire lorsqu'il intervient selon l'un des modes de paiement prévus par les textes au profit du créancier ou de son représentant qualifié.

Article 111.- Le paiement des dépenses par virement à un compte bancaire ou postal est obligatoire pour tout règlement supérieur à un montant fixé par la réglementation en vigueur.

Il est également obligatoire, quel que soit le montant de la créance, pour tout règlement à effectuer au profit des fournisseurs inscrits au Registre du Commerce et du Crédit Mobilier ou au Registre des Métiers ou au profit de personnes morales de droit public ou privé.

Article 112.- Lorsque le paiement est effectué par mandat postal, sur la demande du créancier, les frais y afférents sont déduits des sommes dues.

Article 113.- Avant de procéder au paiement des mandats, le receveur de la collectivité territoriale doit s'assurer sous sa responsabilité des contrôles prévus à l'article 33 du présent décret.

Article 114.- Toutes oppositions ou autres significations ayant pour objet d'arrêter le paiement d'une dépense doivent être faites, sous peine de nullité, entre les mains du receveur de la collectivité territoriale.

A défaut, pour le saisissant ou l'opposant, de remplir les formalités prescrites en la matière par la réglementation en vigueur, l'opposition sera réputée non avenue.

Article 115.- Lorsqu'à l'occasion des contrôles prévus en matière de dépense, le receveur de la collectivité territoriale constate, soit dans les pièces justificatives soit dans les mandats, des erreurs matérielles, omissions ou irrégularités, il est tenu de refuser le visa de la dépense.

Le receveur adresse à l'ordonnateur une déclaration écrite et motivée de son refus de visa accompagnée des pièces justificatives.

En cas de suspension de paiement d'une dépense obligatoire par le receveur, l'ordonnateur peut lui adresser un ordre de réquisition. Le comptable doit s'y conformer sauf dans les cas suivants :

- insuffisance des fonds disponibles ,
- dépenses ordonnancées sur des crédits irrégulièrement ouverts, insuffisants ou sur des crédits autres que ceux sur lesquels elles devraient être imputées ;
- absence de justifications de service fait, sauf pour les avances et les subventions;
- défaut de caractère libératoire du règlement.

Une copie de la réquisition est transmise au représentant de l'État et une autre jointe à la pièce de dépense pour être produite au juge des comptes avec les autres pièces justificatives des opérations de dépenses.

Article 116.- Le comptable de la collectivité territoriale élabore, en relation avec l'ordonnateur, un plan de trésorerie qu'il met périodiquement à jour en vue de maîtriser la gestion de la trésorerie de la collectivité.

Lorsque le montant des fonds de la collectivité territoriale est inférieur aux sommes à payer, le receveur en informe l'ordonnateur qui lui fixe, par écrit, l'ordre dans lequel il sera procédé au paiement des mandats en suspens.

Toutefois ces indications données par l'ordonnateur ne peuvent conduire le receveur de la collectivité territoriale à retarder le paiement :

- des dépenses de personnel ;

- des arrêtés valant mandats du représentant de l'État ;
- des dépenses effectuées sur recettes grevées d'affectation spéciale ;
- des mandats visés et impayés de la gestion précédente.

Ces catégories de dépenses sont prioritaires et doivent être payées sous la responsabilité personnelle du receveur de la collectivité territoriale.

Article 117.- Le receveur qui refuse ou retarde indûment la mise en paiement d'un mandat, ou qui n'a pas notifié à l'ordonnateur une déclaration motivée de suspension de paiement, est responsable des dommages qui peuvent en résulter.

Article 118.- En cours d'année, le receveur de la collectivité territoriale porte régulièrement à la connaissance de l'ordonnateur, les paiements effectués sur les mandats émis ainsi que sur les restes à payer des gestions précédentes.

Article 119.- A la clôture de la gestion, il établit l'état des restes à payer et le soumet au visa de l'ordonnateur. Cet état est joint à son compte de gestion et au compte administratif de l'ordonnateur.

Article 120.- Les dettes des collectivités territoriales peuvent s'éteindre par l'effet de la prescription.

Article 121.- Les dettes atteintes de prescription sont acquises aux collectivités territoriales qui en étaient débitrices.

Article 122.- Les règles de prescription des dettes des collectivités territoriales sont les mêmes que celles en vigueur pour l'État.

Toute dépense non payée dans un délai de quatre ans à partir du premier jour de l'année suivant celle au cours de laquelle les droits ont été constatés, est prescrite.

La prescription est suspendue dans les cas ci-après :

- la demande de paiement écrite du créancier ;
- le règlement partiel de dépenses durant cette période.

L'interruption et l'exemption peuvent être évoquées dans les conditions prévues par la réglementation en vigueur concernant les dettes de l'État.

Chapitre III.- Des opérations de Trésorerie

Article 123.- Les opérations de trésorerie sont celles relatives à tous les mouvements de numéraire, de valeurs mobilisables, de comptes de dépôts, de comptes courants, de créances et de dettes à court, moyen et long termes.

Les opérations de trésorerie comprennent :

- les opérations d'encaissement et de décaissement;
- l'approvisionnement et le dégagement en fonds des caisses publiques ;
- les tirages sur financements extérieurs, l'émission, la conversion, la gestion et le remboursement des emprunts publics à court, moyen et long termes ;
- les opérations de prêts et avances ;
- l'encaissement des produits des cessions d'actifs.

Article 124.- Les opérations de trésorerie sont exécutées par les comptables publics soit spontanément, soit sur ordre des ordonnateurs ou à la demande de tiers qualifiés.

Elles sont décrites par nature pour leur totalité et sans contraction entre elles.

Article 125.- Sauf dérogation admise par décret, les collectivités territoriales sont tenues de déposer toutes leurs disponibilités au Trésor public. Les comptes ouverts au Trésor au nom des correspondants ne peuvent pas présenter de découvert.

Article 126.- Les fonds qui proviennent notamment des excédents des gestions antérieures, des libéralités, du produit de l'aliénation d'un élément du patrimoine ou d'emprunts momentanément inutilisés peuvent être placés en valeurs d'État ou en valeurs garanties par l'État.

Article 127.- Conformément aux dispositions législatives et réglementaires en vigueur, les collectivités territoriales peuvent être propriétaires de rentes sur l'État résultant de l'achat de titres, d'actions ou d'obligations.

Article 128.- En application des dispositions légales ou réglementaires, les collectivités territoriales peuvent accorder ou recevoir des avances selon des modalités déterminées par les textes en vigueur.

Article 129.- Les opérations d'emprunt des collectivités territoriales, qui sont régies par la réglementation en vigueur sont soumises à l'autorisation préalable de leurs organes délibérants.

Les conditions de montant, de durée, de garanties et de remboursement, notamment, sont indiquées dans la délibération du conseil de la collectivité territoriale et soumise à l'approbation préalable du représentant de l'État avant toute exécution.

Chapitre IV.- Des opérations des régies de recettes et des régies d'avances

Article 130.- Le comptable de la collectivité peut avoir sous son autorité et son contrôle des régisseurs de recettes et des régisseurs d'avances.

Les modalités de création et de fonctionnement des régies de recettes et des régies d'avances, ainsi que les conditions de nomination des régisseurs sont précisées aux articles 35 et 36 du présent décret.

Article 131.- Le comptable de la collectivité a l'obligation de contrôler sur pièces et sur place, les opérations et la comptabilité des régisseurs. Il est personnellement et pécuniairement responsable des opérations des régisseurs dans la limite des contrôles qui lui incombent.

Article 132.- Les produits et les charges des régies locales font l'objet, chaque année, d'un budget voté par le conseil de la collectivité territoriale et annexé à son budget. Ce vote a lieu en même temps que celui du budget de la collectivité territoriale.

Les produits et les charges sont totalisés en deux comptes, l'un pour les recettes et l'autre pour les dépenses.

Il est interdit aux collectivités territoriales de prendre en charge dans leur budget propre, au titre desdits services en régie, ou des services en affermage ou en concession, des dépenses autres que celles résultant de traites ou cahiers de charges en vigueur.

TITRE V.- DE LA COMPTABILITE

Article 133.- La comptabilité de la collectivité territoriale est basée sur le principe de la séparation des fonctions d'ordonnateurs et de comptables publics.

Elle doit, à cet effet, permettre :

- la connaissance et le contrôle des opérations budgétaires et des opérations de trésorerie ;

- la connaissance de la situation du patrimoine ;
- la détermination des résultats annuels.

Chapitre I.- De la comptabilité de l'ordonnateur

Article 134.- L'ordonnateur tient une double comptabilité :

- la comptabilité administrative ;
- la comptabilité des matières.

Article 135.- La comptabilité administrative est tenue par l'ordonnateur du budget local ou sous sa responsabilité.

Elle comprend deux parties : la comptabilité administrative des recettes et la comptabilité administrative des dépenses.

La première est destinée à la description et au suivi des opérations de prévisions et de liquidation des recettes et la seconde à la description et au suivi des opérations d'engagement, de liquidation et d'ordonnancement des dépenses.

Elle fait apparaître à tout moment :

- les prévisions de recettes et les crédits ouverts ;
- les crédits disponibles pour engagement ;
- les crédits disponibles pour mandatement ;
- les dépenses et les recettes réalisées ;
- l'emploi fait des recettes grevées d'affectation spéciale.

Article 136.- Les livres de la comptabilité administrative sont totalisés et arrêtés mensuellement et définitivement clos à la fin de l'année financière.

Les livres de tenue de la comptabilité des dépenses comprennent obligatoirement :

- un journal des engagements ,
- un journal des mandatements, constitué par le recueil des bordereaux de mandats
- un grand livre des dépenses, constitué de fiches de comptes par nature de dépenses, signalant par section, chapitre et article les crédits ouverts, les engagements et mandatements effectués ainsi que les crédits disponibles ;

un grand livre de recettes constitué de fiches de comptes par nature des recettes. Chaque fiche signale par section, chapitre et article les prévisions budgétaires et les émissions, réductions ou annulations de titres.

Article 137.- Dès que la décision est prise de procéder à une dépense ou de formaliser par bon de commande un marché ou tout autre acte de la collectivité, le montant prévisionnel de la dépense est inscrit dans les engagements. Le nouveau crédit disponible s'obtient en faisant la différence entre le crédit disponible précédent et le montant de l'engagement.

Au cas où un engagement est annulé, son montant est déduit des engagements précédents, ce qui rétablit à due concurrence les crédits disponibles.

Article 138.- La comptabilité des recettes permet de connaître à tout moment, au niveau du vote retenu par le conseil de la collectivité et par articles budgétaires, le montant des émissions réalisées.

Article 139.- Les opérations de recettes sont décrites par l'ordonnateur du budget de la collectivité, dans le journal des recettes.

Article 140.- La constatation du service fait dans la comptabilité des engagements permet de suivre l'exécution matérielle de la dépense. Elle permet d'établir en fin d'exercice, l'état des restes à mandater.

Article 141.- Les mandatements sont constatés distinctement des engagements.

Article 142.- La comptabilité des matières a pour objet la description des existants et des mouvements concernant :

- les valeurs immobilières et mobilières, les titres ainsi que les objets remis en dépôt;
- les immobilisations corporelles ;
- les stocks de marchandises, fournitures, emballages commerciaux, produits semi- ouvrés.

Article 143.- Les valeurs immobilières, mobilières et les titres doivent faire l'objet de fiches individuelles inventoriant les différents achats, par nature, à l'intérieur de chaque compte.

Chaque fiche constituée doit s'appuyer sur un dossier comprenant un exemplaire des pièces justificatives résultant de l'ensemble des transactions s'étalant depuis leur achat jusqu'à leur revente, c'est-à-dire à partir de leur première inscription en comptabilité jusqu'à leur sotie.

Article 144.- Les immobilisations corporelles doivent faire également l'objet de suivi par fiche. Chaque fiche mentionne la nature de l'immobilisation, la date de mise en service et le plan d'amortissements de manière à connaître, à tout moment, la valeur nette de l'immobilisation.

Un livre d'inventaire permanent des biens mobiliers et immobiliers inscrits au patrimoine de la collectivité est obligatoirement tenu, mis à jour et conservé.

L'inventaire des immobilisations est arrêté à la fin de chaque exercice comptable. Il doit concorder avec les indications du bilan arrêté à la même date.

Article 145.- Les mouvements des stocks de marchandises, fournitures, emballages commerciaux et produits semi-ouvrés sont suivis par le biais des fiches de stocks.

A la sortie du magasin ou à l'inventaire, les biens interchangeables sont évalués selon les méthodes du premier entré premier sorti ou du coût moyen pondéré.

Article 146.- Dès l'arrêté de ses livres, l'ordonnateur du budget local établit son compte administratif qui présente les résultats de l'exécution du budget.

Chapitre II.- De la comptabilité du receveur

Article 147.- Le comptable de la collectivité territoriale tient à son niveau deux types de comptabilité :

- la comptabilité budgétaire .
- la comptabilité générale.

Article 148.- La comptabilité budgétaire permet au comptable de la collectivité territoriale de suivre, en permanence, la consommation des crédits par rapport au niveau de vote, et de retracer les recettes et les dépenses au niveau le plus fin ouvert dans la nomenclature budgétaire.

Article 149.- Les livres de la comptabilité budgétaire comprennent obligatoirement le journal des recettes et le journal des dépenses.

Article 150.- Cette comptabilité renseignée par le comptable de la collectivité territoriale concerne les encaissements et les paiements relatifs aux opérations de recettes et de dépenses.

Article 151.- La période couverte par la comptabilité budgétaire concerne l'année civile, sans période complémentaire.

Une circulaire du Directeur général chargé de la comptabilité publique et du Trésor précise les délais-limites pour l'arrêt des opérations d'engagement, de liquidation et d'ordonnancement au titre de l'exécution des budgets locaux d'une année donnée.

Article 152.- La comptabilité générale de la collectivité territoriale a pour objet de décrire le patrimoine de la collectivité et son évolution. Elle est tenue en partie double et est fondée sur le principe de la constatation des droits et des obligations.

Les opérations sont prises en compte au titre de l'exercice auquel elles se rattachent indépendamment de leur date de paiement ou d'encaissement.

Article 153.- Les livres de la comptabilité générale comprennent obligatoirement :

- le journal des recettes ;
- le journal des dépenses ;
- le journal des opérations diverses ;
- le journal des disponibilités au Trésor ;
- le grand livre.

Article 154.- A la fin de chaque mois, le comptable transmet à l'ordonnateur et au Directeur chargé du suivi de la comptabilité des collectivités territoriales la balance générale des comptes ainsi que les situations financières et de disponibilités.

Tous les trois mois, il transmet la situation d'exécution budgétaire ainsi qu'une situation synthétique faisant ressortir les douze ratios d'exécution suivants :

- Recettes fiscales/Population ;
- Transfert de l'État / Population ;
- Recettes de fonctionnement / population ;
- Recettes d'investissement / population ;
- Dépenses de fonctionnement / population ;
- Dépenses d'investissement / population ;
- Recettes non fiscales / Recettes de fonctionnement ;
- Dotations, transferts et subventions / Recettes de fonctionnement ;
- Recettes fiscales / Recettes de fonctionnement ;
- Charges de personnel / Dépenses de fonctionnement ;

Article 160.-La collectivité territoriale doit tenir compte des charges ou des risques qui, SIIS advenaient, auraient une incidence directe sur son patrimoine. Les catégories de paiement de provisions à pratiquer par la collectivité territoriale sont :

- les provisions pour dépréciation des éléments d'actif ;

- les provisions pour risques et charges ;
- les provisions réglementées, en application de dispositions légales ou règlementaires.

Article 161.- La constatation de l'amortissement comme celle de la provision se traduit par l'émission simultanée d'un mandat sur la section de fonctionnement et d'un titre de recette sur la section d'investissement.

Article 162.- A la fin de chaque exercice, les provisions sont ajustées par la constitution d'un complément de provision ou par la reprise de tout ou partie de la provision.

Article 163.- En fin de gestion, il est procédé au rattachement des charges et produits liés à l'exercice dans le respect du principe de l'indépendance des exercices.

Article 164.- Les dépenses engagées non mandatées, ayant fait l'objet de service fait au 31 décembre de l'exercice et pour lesquelles aucune facture n'a été reçue à l'issue de la période complémentaire, doivent faire l'objet de rattachement. Il en est de même des produits correspondant à des droits acquis au cours de l'exercice considéré et pour lesquels aucun titre n'est émis.

Article 165.- Les charges à rattacher sont regroupées par article budgétaire et font l'objet d'un mandat émis à l'ordre du comptable de la collectivité territoriale.

Le mandat, daté au 31 décembre est enregistré dans la comptabilité administrative de l'ordonnateur et transmis au comptable suivi d'un état récapitulatif faisant apparaître notamment :

- la nature de la dépense ;
- les bases de liquidation ,
- la date du service fait ;
- la désignation du créancier.

Article 166.- Les produits à rattacher sont également regroupés dans les mêmes conditions que pour les charges. L'état récapitulatif fait apparaître les mentions suivantes :

- la nature de la recette ;
- Charges de personnel / Recettes propres ;
- Autofinancement / Recettes d'investissement.

Les situations synthétiques des ratios feront l'objet de transmission au représentant de l'État dans les mêmes délais et selon les mêmes conditions que celles prévues pour l'ordonnateur local.

Les modalités de calcul et d'opérationnalisation de ces ratios dans l'exécution des budgets des collectivités territoriales seront fixées par arrêté du ministre chargé des finances.

A la fin de l'année, le receveur de la collectivité territoriale produit les états financiers qui accompagnent le compte de gestion.

Les situations produites peuvent faire l'objet de consolidation et d'exploitation par les services de la Direction en charge de la comptabilité publique et mises à la disposition du public pour information.

Article 155.- Les états financiers comprennent le compte de résultat, le bilan, le tableau de flux de trésorerie et les états annexés.

Article 156.- Des états financiers de la collectivité territoriale faisant la synthèse des informations comptables sont arrêtés à chaque fin d'exercice. Toutefois, les écritures comptables sont arrêtées par journée, par décade et par mois.

TITRE VI. - Des opérations de fin de gestion et des modalités de détermination des résultats

Chapitre I.- Les opérations de fin de gestion

Article 157.- Sont obligatoires pour les collectivités territoriales, les dotations aux amortissements des immobilisations, des subventions d'équipement versées et les dotations aux provisions dont les modalités de constitution, d'ajustement et d'emploi sont déterminées par instruction du Ministre chargé des Finances.

Article 158.- Les amortissements sont constatés à compter du 1er janvier de l'année qui suit celle de l'acquisition ou de la mise en service du bien.

Un bien non amorti en totalité et cédé au cours de l'exercice N fait l'objet d'un amortissement complet jusqu'à la fin de cet exercice N.

Article 159.- Les durées et modes d'amortissement de chaque catégorie d'immobilisations sont déterminées par le conseil de la collectivité territoriale, en référence à une instruction du Ministre chargé des Finances.

Les biens de faible valeur, peuvent faire l'objet d'amortissement au taux de 100^{0}/0 sur décision du conseil de la collectivité territoriale.

- les bases de liquidation ;
- la date d'acquisition des droits ;

- la désignation du débiteur.

Chapitre II. De la détermination et de l'affectation des résultats

Article 167.- Le résultat comptable ou résultat de la section de fonctionnement d'un exercice équivaut au solde positif ou négatif de la section de fonctionnement qui apparaît dans le compte administratif de l'ordonnateur. Il traduit l'enrichissement ou l'appauvrissement constaté au cours de l'année.

Article 168.- Le résultat d'investissement traduit, pour une année donnée, le surplus ou le besoin de recettes d'investissement par rapport aux dépenses d'investissement réalisées au cours de l'exercice.

Article 169.- Le résultat d'ensemble de l'exercice est le solde cumulé d'exécution du budget de l'année. Il est égal à la différence entre le montant total de tous les titres de recettes et de tous les mandats de dépenses émis tout au long de l'année, déductions faites des dépenses ayant fait l'objet de service fait mais non mandatées et des produits constatés d'avance.

Article 170.- Le conseil de la collectivité territoriale, après avoir arrêté les comptes de l'exercice, doit affecter les résultats cumulés de la collectivité territoriale. L'arrêté des comptes est constitué par le vote du conseil de la collectivité territoriale sur le compte administratif.

Article 171.- La délibération d'affectation des résultats doit intervenir après le vote du compte administratif et les résultats doivent être intégrés lors de la décision budgétaire qui suit le vote du compte administratif.

Si le conseil de la collectivité territoriale vote le compte administratif après le budget primitif N+1, les résultats sont intégrés au budget supplémentaire N+1.

Article 172.-L'affectation des résultats concerne les résultats cumulés et non pas seulement celui du dernier exercice écoulé.

Si le Conseil de la collectivité territoriale décide, une année donnée, de ne pas affecter en totalité le résultat à la section d'investissement, il reste alors un reliquat qui sera maintenu provisoirement en report à nouveau à la section de fonctionnement.

Article 173.- Si le résultat de la section de fonctionnement est positif, il sert en priorité à couvrir le besoin de financement de la section d'investissement.

Le reliquat est affecté en recettes de fonctionnement ou en investissement pour financer de nouvelles dépenses.

Si le résultat global de la section de fonctionnement est négatif, il est reporté en dépenses de fonctionnement et le besoin de la section d'investissement est reporté en dépense d'investissement.

TITRE VII.-DU CONTROLE DE L'EXECUTION DU BUDGET

Article 174.- L'exécution du budget de la collectivité territoriale est soumise à un double contrôle.

- Un contrôle administratif ;
- Un contrôle du conseil de la collectivité territoriale.

Chapitre I. Le contrôle administratif

Article 175.- Le contrôle administratif est le contrôle exercé par des structures non juridictionnelles sur l'administration locale et sur le receveur de la collectivité territoriale.

Il s'exerce sous la forme :

- du contrôle hiérarchique, résultant de la structure des services locaux ;
- du contrôle fonctionnel, résultant de la répartition des attributions entre l'ordonnateur et les autres membres de l'exécutif local ;
- du contrôle organique, résultant de la spécialisation des agents ou de corps spécialisés dans les tâches de contrôle ou d'inspection.

Article 176.- Le receveur de la collectivité est soumis, en matière de contrôle, aux dispositions législatives et réglementaires portant réglementation sur les comptables publics.

Article 177.- Le receveur de la collectivité territoriale est soumis au contrôle du supérieur hiérarchique désigné par les textes organisant les services de la Direction générale chargée de la comptabilité publique et du Trésor.

Ce contrôle s'exerce :

- par l'examen des situations mensuelles des disponibilités, et de toutes les situations périodiques dont la production est prescrite par les textes en vigueur ;

- par la communication des registres et pièces comptables du receveur ;
- par les vérifications inopinées des caisses et des écritures comptables ;
- par la vérification et le visa des comptes de gestion sur chiffres.

Article 178.- Le contrôle du receveur sur les actes de l'ordonnateur consiste à vérifier la régularité des opérations de recettes et de dépenses et ne peut, aucunement, porter sur leur opportunité.

Article 179.- Le contrôle de légalité et le contrôle budgétaire sont exercés par le représentant de l'État dans les conditions fixées par les dispositions du Code général des Collectivités territoriales.

Article 180.- Un contrôle spécialisé est exercé par les organes chargés exclusivement de tâches de contrôle ou d'inspection.

Les modalités d'intervention de ces structures sont définies dans les textes portant création et organisation de celles-ci.

Article 181.- Un contrôle de régularité et de performance de la gestion des collectivités territoriales et des établissements publics locaux ainsi que des entités privées ayant reçu une subvention, un aval, une garantie ou une caution de la collectivité territoriale, peut être mené par les services spécialisés de l'État, conformément à la règlementation en vigueur.

Chapitre II.- Du contrôle du conseil de la collectivité territoriale

Article 182.- Le contrôle du conseil de la collectivité territoriale permet à celui-ci d'apprécier les conditions dans lesquelles l'autorisation qu'il a donnée a été exécutée.

Il peut intervenir en cours d'exécution du budget et/ou en fin de gestion.

Le contrôle de fin de gestion s'exerce, principalement, par l'adoption du compte administratif de l'ordonnateur accompagné du compte de gestion du receveur.

TITRE VIII. -DE LA REDDITION DES COMPTES

Chapitre I.- Du compte administratif

Article 183.- L'ordonnateur du budget de la collectivité territoriale élabore le compte administratif au plus tard le 31 mars de l'année suivant l'exercice considéré.

Le conseil de la collectivité délibère sur le compte administratif présenté par l'ordonnateur dans les conditions fixées par le Code général des Collectivités territoriales.

Le compte administratif établi par section, chapitre et article présente :

- d'une part, les prévisions ou autorisations se rapportant à chaque chapitre et à chaque article du budget ;
- d'autre part, les réalisations constituées par le total des émissions de titres de recettes et des émissions de mandats correspondant à chaque article budgétaire.

En plus des états annexés aux documents budgétaires, l'ordonnateur doit joindre au compte administratif, l'état de variation des immobilisations.

Article 184.- Le compte administratif de l'ordonnateur est soumis à la délibération du conseil de la collectivité territoriale au plus tard le 30 juin de l'année suivant l'exercice considéré.

Il est accompagné du compte de gestion du comptable et du rapport d'exécution du budget.

Article 185.- Le compte administratif, adopté par le conseil de la collectivité territoriale, accompagné du compte de gestion et du procès-verbal du conseil, est transmis au représentant de l'État dans les huit jours suivant la date de la délibération.

Le compte administratif ainsi adopté et transmis au représentant de l'État, reste déposé au siège de la collectivité territoriale où il est tenu à la disposition du public.

L'ordonnateur du budget local en transmet deux exemplaires au Comptable de la collectivité territoriale.

Chapitre II.- Du compte de gestion

Article 186.- A la clôture de l'année financière, le comptable de la collectivité territoriale en fonction arrête ses écritures dans les délais fixés par instruction du Directeur général chargé de la Comptabilité publique.

Il établit son compte de gestion au plus tard le 31 mai de l'année suivant l'exercice considéré.

En cas de gestion d'un poste par des comptables successifs en cours d'année, le compte est divisé suivant la durée de la gestion des différents comptables dont chacun demeure responsable des opérations qu'il a effectuées.

Le compte de gestion comprend trois parties :

- la première partie relative à l'exécution du budget ;
- la deuxième à la situation de la comptabilité générale ;
- et la troisième à la situation des valeurs inactives.

Article 187.- Le compte de gestion des comptables des collectivités territoriales est accompagné des documents suivants :

- l'inventaire qui fait ressortir le budget primitif, les différents actes modificatifs ainsi que les actes d'approbation ;
- l'acte de nomination du receveur ainsi que, le cas échéant, le procès-verbal de passation de service ;
- la liste des procurations données à ses mandataires ;
- les actes de création des régies de recettes et d'avances ainsi que les actes de nomination des régisseurs ;
- la balance générale des comptes ;
- l'état récapitulatif des restes à recouvrer ;
- l'état des restes à payer ;
- l'état de développement des comptes qui se justifient en solde ;
- les pièces justificatives des recettes et des dépenses.

Les modalités de présentation et de contrôle de qualité des comptes de gestion visées aux articles 188 et 189 sont fixées par instruction du Ministre chargé des Finances.

Article 188.- Un exemplaire du compte de gestion est transmis à l'ordonnateur par le comptable de la collectivité territoriale avant le 30 juin suivant la clôture de l'exercice pour être présenté au conseil de la collectivité territoriale en même temps que le compte administratif.

Article 189.- Le compte de gestion est mis en état d'examen par le comptable supérieur de rattachement qui l'envoie au Directeur général chargé de la Comptabilité publique, accompagné de toutes ses justifications, pour sa transmission au juge des comptes.

Les comptes de gestion des comptables supérieurs sont mis en état d'examen par le service compétent de la Direction général chargé de la Comptabilité publique avant leur transmission au juge des comptes.

Article 190.- Le contrôle juridictionnel des comptes des collectivités territoriales est exercé par la Cour des comptes dans les conditions fixées par la réglementation en vigueur.

Article 191.- L'apurement administratif d'une catégorie de comptes de gestion peut être effectué par les comptables supérieurs, à l'exception de leurs propres comptes, dans les conditions fixées par les textes en vigueur.

TITRE IX.-DES DISPOSITIONS TRANSITOIRES ET FINALES

Article 192.- Les dispositions du présent décret ne sont pas applicables à la gestion en cours.

Article 193.- Hormis les dispositions des articles 153 à 162, dont l'entrée en vigueur est prévue pour le 1er janvier 2026, le présent décret est applicable dès son entrée en vigueur.

Il abroge et remplace toutes les dispositions qui lui sont contraires notamment celles contenues dans le décret n° 66-519 du 04 juillet 1966 portant régime financier des collectivités territoriales.

Article 194.- Le Ministre chargé des Finances et le Ministre chargé des collectivités territoriales sont chargés, chacun en ce qui le concerne, de l'exécution du présent décret qui sera publié au *Journal officiel.*

Fait à Dakar, le 06 novembre 2023

Annexe 2

Décret n° 2023-1040 du 16 mai 2023 fixant les modalités de coopération des collectivités territoriales

(JORS N°7635 DU VENDREDI 16 JUIN 2023, p. 709 et s.)

RAPPORT DE PRESENTATION

La loi n° 2013-10 du 28 décembre 2013 portant Code général des Collectivités territoriales, modifiée qui a consacré l'Acte III de la décentralisation a institué des actions de coopération au sein des collectivités territoriales.

En effet, selon l'article 16 de la loi précitée : « les collectivités territoriales peuvent entreprendre, suivant des modalités fixées par décret, des actions de coopération entre elles, avec l'État ou toute autre structure appropriée, en vue de la promotion et de la coordination des actions de développement dans des domaines spécifiques ». Le présent projet de décret est pris en application de cette disposition.

Il régit les actions de coopération entre collectivités territoriales.

Les actions de coopération, entre l'État ou toute autre structure appropriée et les collectivités territoriales, sont soumises aux dispositions législatives et réglementaires spécifiques ou à des conventions établies et approuvées par le représentant de l'État.

Ces actions de coopération offrent donc aux collectivités territoriales un cadre juridique de coopération pour mutualiser leurs forces et leurs moyens pour une meilleure gestion de leurs compétences.

Cette nécessaire coopération entre collectivités territoriales a surtout l'avantage de promouvoir la solidarité, la mutualisation des ressources et les opportunités d'investissements pour de grands projets, créateurs d'emplois et de richesses.

Le présent projet de texte détermine les types de coopération des collectivités territoriales. À ce titre, trois (03) formes d'entente entre collectivités territoriales sont prévues :

- l'entente intercommunale ;
- l'entente inter départementale ;
- le groupement mixte.

Le présent projet de décret comporte neuf (09) chapitres articulés comme suit :

- le chapitre premier précise les dispositions générales ;

- le chapitre II traite de la création de l'entente entre collectivités territoriales ;

- le chapitre III fixe les compétences de l'entente entre collectivités territoriales ;

- le chapitre IV a trait à l'organisation et au fonctionnement de l'entente entre collectivités territoriales ;

- le chapitre V est consacré aux dispositions financières ;

- le chapitre VI porte sur la comptabilité de l'organe exécutif de l'entente entre collectivités territoriales ;

- le chapitre VII est relatif au contrôle de légalité des actes de l'entente entre collectivités territoriales ;

- le chapitre VIII concerne la dissolution de l'entente entre collectivités territoriales ;

- le chapitre IX aborde les dispositions diverses et finales.

Telle est l'économie du présent projet de décret.

LE PRÉSIDENT DE LA RÉPUBLIQUE,

VU la Constitution ;

VU la loi organique n° 2012-23 du 27 décembre 2012 abrogeant et remplaçant la loi organique n° 99-70 du 17 février 1999 sur la Cour des Comptes ;

VU la loi organique n° 2020-07 du 26 février 2020 abrogeant et remplaçant la loi organique n° 2011-15 du 08 juillet 2011 relative aux lois de finances, modifiée par la loi organique n° 2016-34 du 23 décembre 2016 ;

VU la loi n° 65-61 du 19 juillet 1965 portant Code des Obligations de l'Administration, modifiée ;

VU la loi n° 2013-10 du 28 décembre 2013 portant Code général des Collectivités territoriales, modifiée ;

VU la loi n° 2021-23 du 02 mars 2021 relative aux contrats de partenariat public-privé ;

VU le décret n° 66-510 du 04 juillet 1966 fixant le régime financier des Collectivités territoriales ;

VU le décret n° 91-1230 du 14 novembre 1991 portant réforme des plans comptables de l'État et des Collectivités territoriales ;

VU le décret n° 2014-1223 du 24 septembre 2014 fixant les taux maxima des indemnités et frais alloués aux membres du bureau du conseil départemental, aux conseillers et aux membres de la délégation spéciale du département ;

VU le décret n° 2014-1224 du 24 septembre 2014 fixant le statut du secrétaire général de département ou de ville ;

VU le décret n° 2014-1225 du 24 septembre 2014 fixant les taux maxima des indemnités et frais alloués aux membres du bureau municipal et aux membres de la délégation spéciale de la ville et de la commune ;

VU le décret n° 2018-842 du 09 mai 2018 sur la comptabilité des matières, modifié ;

VU le décret n° 2020-978 du 23 avril 2020 portant règlement général sur la comptabilité publique ;

VU le décret n° 2020-1784 du 23 septembre 2020 portant Charte de la déconcentration ;

VU le décret n° 2021-1443 du 27 octobre 2021 portant application de la loi n° 2021-23 du 02 mars 2021 relative aux contrats de partenariat public-privé ;

VU le décret n° 2022-1774 du 17 septembre 2022 portant nomination du Premier Ministre ;

VU le décret n° 2022-1775 du 17 septembre 2022 portant nomination des ministres et fixant la composition du Gouvernement ;

VU le décret n° 2022-1777 du 17 septembre 2022 portant répartition des services de l'État et du contrôle des établissements publics, des sociétés nationales et des sociétés à participation publique entre la Présidence de la République, la Primature et les ministères ;

VU le décret n° 2022-1809 du 26 septembre 2022 relatif aux attributions du Ministre des Collectivités territoriales, de l'Aménagement et du Développement des Territoires ;

VU le décret n° 2022-2295 du 28 décembre 2022 portant Code des marchés publics ;

SUR le rapport du Ministre des Collectivités territoriales, de l'Aménagement et du Développement des Territoires,

DÉCRETE :

Chapitre premier. - Dispositions générales

Article premier. - Le présent décret fixe les modalités de coopération entre collectivités territoriales et les principes généraux d'organisation et de fonctionnement des structures de coopération initiées par les collectivités territoriales entre elles.

L'entente entre collectivités territoriales est une personne morale de droit public.

Art. 2. - Les structures de coopération entre les collectivités territoriales dites ententes entre collectivités territoriales sont classées en trois (03) catégories :

- l'entente intercommunale ;
- l'entente inter départementale ;
- le groupement mixte.

Art. 3. - Les dispositions du présent décret s'appliquent aux actions de coopération entre collectivités territoriales.

Les actions de coopération entre l'Etat ou toute autre structure appropriée et les collectivités territoriales sont régies par des dispositions législatives et réglementaires spécifiques ou par des conventions établies et approuvées par le représentant de l'Etat.

Les collectivités territoriales peuvent, aussi, dans le cadre de leurs compétences, entreprendre des actions de coopération restreintes à travers des conventions établies et approuvées par le représentant de l'Etat.

Art. 4. - Au sens du présent décret, on entend par :

- entente entre collectivités territoriales : regroupement de collectivités territoriales décidé par délibérations de leurs conseils et transmis aux représentants de l'Etat des ressorts territoriaux respectifs, conformément à la réglementation en vigueur ;
- entente intercommunale : regroupement de communes d'un seul tenant et sans enclave, qui décident de sa création, pour exercer à la place et pour le compte des membres, certaines de leurs compétences prévues par la loi ;
- entente inter départementale : regroupement des départements d'un seul tenant et sans enclave, qui décident de sa création, pour exercer à la place et pour le compte des membres, certaines de leurs compétences prévues par la loi ;
- groupement mixte : regroupement de département (s) et commune(s) décidant de coopérer entre elles, en vue d'exercer à la place et pour le compte des membres, un service présentant une utilité pour chacune des parties.

Les actions de coopération, entre l'Etat ou toute autre structure appropriée et les collectivités territoriales prennent la forme de groupement mixte.

Chapitre II. - Modalités de création de l'entente entre collectivités territoriales

Art. 5. - La décision de création de l'entente entre collectivités territoriales est prise à l'initiative de deux ou plusieurs conseils municipaux et / ou départementaux. Ils prennent des délibérations concordantes sur les compétences dévolues à l'entente, notamment, sa composition, sa durée et son siège, à la majorité des membres des conseils municipaux et / ou départementaux. Ces délibérations sont approuvées par les représentants de l'Etat des ressorts territoriaux compétents.

La décision de création de l'entente entre collectivités territoriales fait l'objet de convention autorisée par les conseils respectifs et signée par les exécutifs locaux concernés.

Des groupements mixtes, aussi, peuvent être constitués par convention entre les collectivités territoriales et l'Etat ou toute autre structure appropriée, en vue d'une œuvre ou d'un service présentant une utilité pour chacune des parties.

Les règles d'organisation et de fonctionnement de ce groupement sont définies par la convention approuvée par le représentant de l'Etat.

Art. 6. - L'entente entre collectivités territoriales est constatée par arrêté du Ministre chargé des Collectivités territoriales sur la base des délibérations et de la convention des collectivités territoriales concernées.

Art. 7. - Les règles d'organisation et de fonctionnement de chaque entente entre collectivités territoriales

sont précisées par l'arrêté du Ministre chargé des Collectivités territoriales.

Art. 8. - A la création de l'entente, les collectivités territoriales membres peuvent lui transférer une partie de leurs biens meubles et immeubles et mettre à sa disposition le personnel nécessaire à son fonctionnement, dans des conditions fixées par leur organe délibérant.

Chapitre III. - Compétences de l'entente entre collectivités territoriales

Art. 9. - L'entente entre collectivités territoriales a pour mission d'élaborer et de mettre en œuvre des projets communs d'aménagement et de développement économique, environnemental, éducatif, sportif, culturel et social afin d'améliorer la cohésion, l'attractivité et la compétitivité d'un espace territorial considéré.

L'entente entre collectivités territoriales ne peut être exercée que dans le strict cadre des compétences dévolues aux collectivités territoriales.

Chapitre IV. - Organisation et fonctionnement de l'entente entre collectivités territoriales

Art. 10.- L'entente entre collectivités territoriales est administrée par :

- un organe délibérant ;
- un organe exécutif.

Art. 11. - L'organe délibérant est composé de conseillers municipaux et / ou départementaux choisis par les conseils municipaux et / ou départementaux des collectivités territoriales membres.

Le mandat des membres est lié à celui du conseil municipal ou départemental qui les a désignés. Ce mandat prend fin, avec celui des conseils municipaux et / ou départementaux.

La désignation de nouveaux membres intervient dans un délai maximum de deux mois après l'installation des nouveaux conseillers municipaux et départementaux.

Art. 12. - Compte tenu de la taille de l'organe délibérant des collectivités territoriales membres, la détermination du nombre de conseillers désignés par les conseils municipaux et / ou départementaux se fait comme suit :

- organe délibérant de 36 à 56 conseillers : 05 conseillers à désigner au maximum ;
- organe délibérant de 57 à 76 conseillers : 08 conseillers à désigner au maximum ;
- organe délibérant de 77 à 100 conseillers : 10 conseillers à désigner au maximum.

Art. 13. - L'organe délibérant élit en son sein un président et deux (02) vice-présidents au maximum.

Pour l'installation de l'organe délibérant, la réunion est convoquée par le représentant de l'État selon les modalités fixées par l'arrêté du Ministre chargé des Collectivités territoriales.

L'organe délibérant règle, par ses délibérations, les affaires relevant de sa compétence.

Dans ce cadre, il :

- vote le budget ;

- décide de toutes les actions impliquant des engagements budgétaires ;

- décide des délégations à conférer au président et au bureau ;

- adopte le règlement intérieur et approuve toute modification y afférente ;

- délibère le compte administratif de l'entente entre collectivités territoriales ;

- procède à la création de structures et dispositifs techniques d'intervention ;

- désigne ses représentants auprès des organismes, commissions, comités, conseils et autres cadres dans lesquels sa participation est requise ;

- prend toute décision importante relative au fonctionnement de l'entente entre collectivités territoriales.

Art. 14. - Le président est l'organe exécutif de l'entente entre collectivités territoriales.

A ce titre et sous l'autorité de l'organe délibérant, il :

- assure les fonctions d'ordonnateur du budget de l'entente entre collectivités territoriales ;

- établit le compte administratif et le soumet à l'adoption de l'organe délibérant ;

- prépare et exécute les délibérations de l'organe délibérant ;

- administre et gère l'entente entre collectivités territoriales ;

- nomme les emplois de l'entente sur autorisation de l'organe délibérant ;

- représente en justice l'entente entre collectivités territoriales ;

- élabore le rapport annuel d'activités et le soumet à l'adoption de l'organe délibérant.

Art. 15. - Le président de l'entente peut percevoir une indemnité mensuelle correspondant à une indemnité accordée aux Maires de communes chef-lieu de département conformément à la règlementation fixant les taux maxima des indemnités et frais alloués aux membres du bureau municipal.

Art. 16. - Le président est assisté dans ses fonctions par les vice-présidents.

Le président et les vice-présidents sont élus au premier tour par les membres, au scrutin secret et à la majorité absolue des membres présents, lors de l'installation de l'organe délibérant.

Si, après deux tours de scrutin, aucun candidat n'a obtenu la majorité absolue, il est procédé à un troisième tour de scrutin et l'élection a alors lieu à la majorité relative.

En cas d'égalité de suffrages, le plus âgé est déclaré élu.

Le président de l'entente entre collectivités territoriales peut nommer un secrétaire général, après avis consultatif du représentant de l'Etat, parmi les agents de la hiérarchie A ou assimilée, conformément à la réglementation fixant le statut du secrétaire général de département ou de ville.

Il met fin à ses fonctions dans les mêmes formes.

Le secrétaire général assiste aux réunions du bureau, avec voix consultative.

Art. 17. - Le président et les vice-présidents constituent le bureau de l'entente entre collectivités territoriales.

Ce bureau se réunit sur convocation du président au moins une fois par trimestre et à chaque fois que de besoin.

Les vice-présidents peuvent percevoir une indemnité mensuelle conformément à la règlementation fixant les taux maxima des indemnités et frais alloués aux membres du bureau municipal.

Art. 18. - En cas de démission, d'incapacité définitive ou de décès du président, il est remplacé provisoirement par le premier vice-président, selon les modalités définies par le règlement intérieur de l'entente entre collectivités territoriales.

Art. 19. - L'organe délibérant se réunit en session ordinaire une fois par trimestre sur convocation de son
président. La réunion a lieu au siège de l'entente entre collectivités territoriales ou dans un lieu choisi par le président, dans l'une des collectivités territoriales membres.

Art. 20. - Toute convocation est faite par le président de l'entente. Elle est adressée par écrit et à domicile, trois jours francs au moins avant celui de la réunion. En cas d'urgence, ce délai est ramené à 24 heures.

Elle comporte les points inscrits à l'ordre du jour de la réunion.

Art. 21. - L'organe délibérant ne peut siéger, que lorsque la majorité de ses membres en exercice assiste à la session.

Quand, après une convocation régulièrement faite, le quorum n'est pas atteint, toute délibération votée après la seconde convocation, à trois jours au moins d'intervalle, est valable si le quart au moins du conseil est présent.

Art. 22. - Les séances de l'organe délibérant sont publiques sauf si le conseil en décide autrement à la majorité absolue des membres présents ou représentés.

Elles sont présidées par le président de l'entente ou celui qui le remplace. Le président de séance a seul la police de l'assemblée.

Le vote a lieu au scrutin public. Les délibérations de l'entente sont prises à la majorité simple. En cas d'égalité de voix, celle du président est prépondérante. Les prénoms et noms des votants, avec l'indication de leur vote, sont insérés au procès-verbal.

Toutefois, le scrutin est secret à la demande du tiers des membres présents, ou lorsqu'il s'agit de procéder à une nomination ou à une représentation.

Dans ces derniers cas, après deux tours de scrutin secret, si aucun des candidats n'a obtenu la majorité
absolue, il est procédé à un troisième tour de scrutin, et l'élection a lieu à la majorité relative. A égalité des voix, l'élection est acquise au plus âgé.

Un conseiller empêché peut donner à un collègue de son choix procuration écrite légalisée pour voter en son

nom. Un même conseiller ne peut être porteur que d'une seule procuration qui est toujours révocable. Sauf cas de maladie dûment constatée, elle ne peut être valable pour plus de trois séances consécutives.

Le secrétariat de séance est assuré par un conseiller désigné par ses pairs.

Art. 23. - L'organe délibérant se réunit, en session extraordinaire, en cas de nécessité, sur convocation du
président, sur son initiative ou à la demande des deux tiers des membres ou du représentant de l'Etat.

La demande des deux tiers des membres ou du représentant de l'Etat est transmise par écrit avec accusé de réception au président.

Pour les réunions extraordinaires, le délai de convocation est de trois (03) jours.

Art. 24. - Sont nulles de droit :

- les délibérations de l'entente portant sur un objet étranger à ses attributions ;

- les délibérations prises en violation d'une loi ou de la réglementation en vigueur.

Art. 25. - Les membres de l'organe délibérant sont tenus de rendre compte de toutes les décisions prises par l'entente à leur conseil municipal ou départemental respectif qui les ont désignés.

Art. 26. - Les membres de l'organe délibérant peuvent percevoir une indemnité de session conformément à la réglementation fixant les taux maxima des indemnités et frais alloués aux membres du bureau du conseil départemental, aux conseillers et aux membres de la délégation spéciale du département.

Art. 27. - Le représentant de l'Etat est informé de la tenue des sessions dans les mêmes conditions que les membres.

La présence du représentant de l'Etat ou de son délégué dûment mandaté et celle du Directeur de l'ARD

sont de droit. Ils sont entendus toutes les fois qu'ils le demandent, mais ne peuvent participer au vote, ni présider l'assemblée. Leurs déclarations sont portées au procès-verbal des délibérations.

Art. 28. - L'organe délibérant peut, par ses délibérations, créer des commissions temporaires ou permanentes, chargées d'étudier et de suivre les questions qui lui sont soumises.

Il peut entendre toute personne dont la compétence est requise.

Chapitre V. - Dispositions financières

Art. 29. - Pour l'accomplissement de ses missions de développement, l'entente entre collectivités territoriales est dotée d'un budget propre.

Art. 30. - Le budget de l'entente entre collectivités territoriales est élaboré et exécuté conformément aux règles de la comptabilité publique.

L'exercice budgétaire coïncide avec l'année civile.

Art. 31. - Les ressources du budget de l'entente entre collectivités territoriales comprennent :

- la contribution des collectivités territoriales membres ;

- les transferts de l'Etat ;

- les dons et legs de personnes physiques et morales ;

- les produits issus des conventions passées avec des institutions nationales ou extérieures ;

- les contributions perçues ;

- toute autre ressource autorisée par les lois et règlements.

Art. 32. - Les dépenses de l'entente entre collectivités territoriales comprennent les dépenses de fonctionnement et les dépenses d'investissement.

Les dépenses de fonctionnement ont un caractère permanent et permettent à l'entente de faire face à ses charges et obligations courantes.

Les dépenses d'investissement permettent la réalisation des équipements et infrastructures ainsi que l'acquisition de matériels.

Art. 33. - La contribution budgétaire de chaque collectivité territoriale membre est annuelle et est affectée sous forme de contribution à l'entente en fonction de leur capacité financière.

La contribution de chaque collectivité territoriale est fixée par la convention de décision de création. Elle varie en fonction de l'évolution du budget de chaque collectivité territoriale membre.

Cette contribution est une dépense inscrite en priorité pendant la durée de l'entente.

Art. 34. - Le Président soumet, par semestre, un rapport d'activités techniques et financières à l'organe délibérant.

Chapitre VI. - Comptabilité de l'organe exécutif de l'entente entre collectivités territoriales

Art. 35. - Le receveur de la collectivité territoriale du siège de l'entente entre collectivités territoriales tient la comptabilité des recettes et des dépenses de la structure dans les conditions définies par le Code général des Collectivités territoriales et les autres lois et règlements en vigueur.

Le compte administratif pour la gestion close doit être présenté au conseil qui en délibère conformément aux dispositions du Code général des Collectivités territoriales.

Art. 36. - Les recettes et dépenses de l'entente entre collectivités territoriales sont exécutées par le comptable public dans les conditions prévues par les lois et règlements en vigueur. Il est chargé seul et sous sa responsabilité :

- de poursuivre la rentrée de toutes les recettes de l'entente et de toutes les sommes qui lui sont dues ;
- d'acquitter les dépenses ordonnancées par le président, jusqu'à concurrence des crédits régulièrement ouverts et des fonds disponibles ;
- d'assurer la garde des fonds, titres et valeurs.

Le receveur est tenu de transmettre à l'entente sa situation comptable mensuelle et son compte de gestion annuel.

Il doit produire son compte de gestion à la Cour des Comptes qui statue par voie de jugement.

Chapitre VII. - Contrôle de légalité des actes de l'entente entre collectivités territoriales

Art. 37. - Le contrôle de légalité des actes de l'entente entre collectivités territoriales est exercé par le représentant de l'Etat du ressort territorial de son siège dans les conditions prévues par le Code général des Collectivités territoriales.

Chapitre VIII. - Démission - Substitution - Dissolution de l'entente entre collectivités territoriales

Art. 38.- La démission volontaire est adressée par lettre recommandée au président de l'entente avec copie à son conseil municipal ou départemental, elle est définitive à partir de l'accusé de réception par le président de l'entente ou un mois après un nouvel envoi de la démission constatée par lettre recommandée.

Tout membre du conseil de l'entente entre collectivités territoriales qui, pour une cause quelconque, se trouve dans un des cas d'inéligibilité ou d'incompatibilité prévus les lois et règlements, doit être remplacé par un autre.

Art. 39. - En cas de dissolution d'un conseil municipal ou départemental, la collectivité territoriale concernée est représentée par trois (03) membres de la délégation spéciale dont le Président.

Art. 40. - L'entente entre collectivités territoriales est, notamment, dissoute :

- de plein droit à l'expiration de la durée précisée par l'arrêté ;

- par délibération de l'organe délibérant à la majorité des deux tiers des membres ;

- lorsque le fonctionnement normal s'avère durablement impossible. Cette situation doit être constatée par le représentant de l'Etat conformément aux dispositions du Code général des Collectivités territoriales.

La dissolution est prononcée par arrêté du Ministre chargé des Collectivités territoriales qui fixe également les modalités de dévolution du patrimoine et de redéploiement du personnel au besoin.

Chapitre IX. - Dispositions finales

Art. 41.- Les autres modalités d'application du présent décret sont fixées par arrêté du Ministre chargé des Collectivités territoriales.

Art. 42. - Le Ministre chargé des Finances, le Ministre chargé de l'Intérieur et le Ministre chargé des Collectivités territoriales, procèdent, chacun en ce qui le concerne, à l'exécution du présent décret qui sera publié au Journal officiel.

Fait à Dakar, le 16 mai 2023.

Par le Président de la République

Macky SALL

Le Premier Ministre

Amadou BA

Annexe 3

Décret n°2020-30 du 08 janvier 2020 fixant les organigrammes-types des collectivités territoriales

CHAPITRE PREMIER.- DISPOSITIONS GENERALES

Article premier.- Le présent décret fixe les organigrammes-types des collectivités territoriales en application des dispositions de l'article 284, alinéa Ier de la loi n° 2013-10 du 28 décembre 2013 portant Code général des Collectivités territoriales, modifiée.

Article 2.- L'organigramme-type détermine les différents services et emplois nécessaires au bon fonctionnement de la collectivité territoriale ainsi que les relations fonctionnelles et hiérarchiques existant entre eux.

L'organigramme-type proposé pour chaque catégorie de collectivité territoriale est fait sans préjudice des missions et compétences dévolues aux collectivités territoriales qui sont, toutefois, obligées, dans le cadre de l'application du présent décret, de tenir compte de leur capacité financière. Ainsi, les organigrammes-types prévus au chapitre II du présent décret sont indicatifs, mais constituent aussi des maxima.

Les représentants de l'Etat sont chargés d'en assurer le suivi dans le cadre du contrôle de légalité.

CHAPITRE 11.- DISPOSITIONS PARTICULIERES

SECTION PREMIERE.- L'ORGANIGRAMME-TYPE DU DEPARTEMENT

Article 3.- L'administration du département comprend le Cabinet du Président du Conseil départemental et les services suivants :

- un secrétariat général et les services rattachés ;
- un service de l'administration générale, des finances et de la comptabilité ;
- un service technique départemental.

Sous l'autorité du Président du Conseil départemental, le Secrétaire général est le chef des services administratifs du département. Il a sous son autorité les coordonnateurs de cellule, les chefs de service et les chefs de division.

Article 4.- Le Cabinet du Président du Conseil départemental comprend :

- un Directeur de Cabinet ;
- une Inspection des services départementaux ;
- un Assistant du président ;
- un Chargé de Communication et des Relations publiques.

Article 5.- Les services rattachés au Secrétariat général sont :

- la Cellule du Partenariat, de la Coopération décentralisée et du Développement économique territorial ;
- la Cellule des Affaires juridiques et du Contentieux ;
- la Cellule informatique ;
- le Bureau du Courrier, des Archives et de ta Documentation ;
- la Cellule de Passation des Marchés publics.

Article 6.- Le Service de l'Administration générale, des Finances et de la Comptabilité comprend :

- la Division des Finances et de la Comptabilité ;
- la Division des Ressources humaines.

Article 7.- Le Service technique départemental comprend :

- la Division de la Planification, des Etudes, du Contrôle et du Suivi des travaux ;
- la Division des Compétences transférées ;

SECTION II.- L'ORGANIGRAMME-TYPE DE L.A VILLE ET DE LA COMMUNE CHEF-LIEU DE RÉGION

Article 8.- Outre le Cabinet du Maire, l'administration de la ville et de la commune chef-lieu de région comprend le Secrétariat général et les directions suivantes :

- la Direction des Finances et de la Comptabilité ;
- la Direction des Ressources humaines
- la Direction des Services techniques ;
- la Direction de la Planification et des Compétences transférées.

Sous l'autorité du Maire, le Secrétaire général est le chef de l'administration. Il a sous son autorité les directeurs, les coordonnateurs de cellule et les chefs de division.

Article 9- Le Cabinet du Maire de la ville ou de la commune chef-lieu de région comprend :

- un Directeur de Cabinet
- une Inspection des services municipaux ;
- un Assistant du maire ;
- un Chargé de Communication et des Relations publiques.

Article 10.- Les services rattachés au Secrétariat général sont :

- la Cellule du Partenariat, de la Coopération décentralisée et du Développement économique territorial ;
- la Cellule des Affaires juridiques et du Contentieux ;
- la Cellule informatique ;
- le Bureau du Courrier, des Archives et de la Documentation ;
- la Cellule de Passation des Marchés publics.

Article 11.- La Direction des Finances et de la Comptabilité comprend :

- la Division des Finances ;
- la Division des Domaines, du Patrimoine et de la Comptabilité;
- la Division des Recettes.

Article 12.- La Direction des Ressources humaines comprend:

- la Division de l'Administration du Personnel et de la Gestion des carrières ;
- la Division de la Formation ;

- la Division des Affaires sociales.

Article 13.- La Direction des Services techniques comprend :

- la Division de la Police municipale, de la Voirie et des Réseaux ;
- la Division de la Logistique, de l'Entretien, de la Maintenance et des Travaux publics;
- la Division des Etudes et du Contrôle.

Article 14.- La Direction de la Planification et des Compétences transférées comprend:

- la Division de la Planification, des Projets, Programmes et du Suivi-évaluation ;
- la Division de l'Aménagement urbain, de la Gestion des Ressources naturelles, du Développement durable et du Cadre de vie ;
- la Division de la Santé, de l'Hygiène et de l'Action sociale ,
- la Division de l'Education, de la Culture, de la Jeunesse et du Sport.

Article 15.- L'organigramme-type de la ville et de la commune chef-lieu de région est applicable aux communes ayant une démographie égale ou supérieure à 500 000 habitants et/ou un budget exécuté supérieur à 2 500 000 000 F CFA.

Dans le cas où la ville et la commune chef-lieu de région ne réunissent pas les conditions *fixées au premier alinéa, il leur est appliqué l'organigramme-type du département.

SECTION III.- L'ORGANIGRAMME-TYPE DE LA COMMUNE CHEF-LIEU DE DEPARTEMENT

Article 16.- L'administration de la commune chef-lieu de comprend:

- le Cabinet du Maire;
- le Secrétariat municipal et les services rattachés;
- la Division de l'Administration générale et des Finances;
- la Division de l'Etat civil;

- la Division de la Planification et des Compétences transférées;
- la Division des Services techniques.

Sous l'autorité du Maire, le Secrétaire municipal est le chef des services administratifs de la commune.

Article 17.- Le Cabinet du Maire comprend :

- un Chef de Cabinet;
- un Assistant du Maire;
- un Chargé de Communication et des Relations publiques.

Article 18.- Les services rattachés au Secrétariat municipal sont :

- le Bureau informatique;
- le Bureau du Courrier, des Archives et de la Documentation.

Article 19.- La Division de l'Administration générale et des Finances comprend:

- un Bureau des Finances, du Budget et de la Comptabilité des matières;
- un Bureau du Personnel;
- un Bureau des Recettes.

Article 20.- La Division de l'État civil comprend :

- un Bureau de l'État civil;
- un Bureau des Archives.

Article 21.- La Division de la planification et des compétences transférées comprend :

- un Bureau de la Planification, des Ressources naturelles et du Développement durable;
- un Bureau de l'Éducation, de la Culture, de la Jeunesse et des Sports;
- un Bureau de la Santé, de l'Hygiène et de l'Action sociale.

Article 22.- La Division des services techniques comprend

- un Bureau de la Voirie, des Travaux, des Réseaux, de l'Entretien et de la Maintenance;

- un Bureau des Domaines, du Patrimoine et des Équipements marchands;
- un Bureau de l'Aménagement du Territoire et de ta Gestion du Cadre de vie;
- un Bureau des Études et du Contrôle.

SECTION IV.- L'ORGANIGRAMME-TYPE DES AUTRES COMMUNES

Article 23.- L'administration des autres communes comprend :

- le Cabinet du Maire;
- le Secrétariat municipal et les services rattachés;
- la Division de l'Administration générale et des Finances;
- la Division des Services techniques;
- la Division de I' État civil.

Sous l'autorité du Maire, le secrétaire municipal est le chef des services administratifs de la commune.

Article 24.- Le Cabinet du Maire comprend :

- un Chef de Cabinet;
- un Assistant du Maire.

Article 25.- Les services rattachés au Secrétariat municipal sont :

- le Bureau du Courrier commun, des Archives et de la Documentation;
- le Bureau informatique.

Article 26.- La Division de l'Administration générale et des finances comprend :

- un Bureau des Finances, du Budget et de la Comptabilité des matières;
- un Bureau du personnel.

Article 27.- La Division des services techniques comprend :

- un Bureau de la Planification, des Études et du Contrôle;

- un Bureau de la Voirie, des Travaux, des Réseaux, de l' Entretien et de la Maintenance;
- un Bureau du Patrimoine, des Domaines, de l'Aménagement urbain et de la Gestion du cadre de vie.

Article 28.- La Division de l'état civil comprend.

- un Bureau de l' État civil;
- un Bureau des Archives.

Article 29.- Il est appliqué aux communes de la présente section ayant une démographie ale ou supérieure à 100 000 habitants et/ou un budget exécuté supérieur à 500 000 000 F CFA, l'organigramme-type de la commune chef-lieu de département tel que prévu à la section III.

CHAPITRE III.- DISPOSITIONS TRANSITOIRES ET FINALES

Article 30.- Les attributions, l'organisation et le fonctionnement des services ci-dessus énumérés sont fixés, selon le cas, par arrêté du Président du Conseil départemental ou du Maire en application de la délibération du conseil y relative.

Article 31.- Dans un délai de deux ans, à compter de la date d'entrée en vigueur du présent décret, en application des dispositions de l'article 284, alinéa 1er dc la loi no 2013-10 du 28 décembre 2013 portant Code général des Collectivités territoriales, l'organisation des services des départements et des communes doit être conforme aux organigrammes-types tels que prévus au chapitre II du présent décret.

Article 32.- Un arrêté du Ministre chargé des Collectivités territoriales fixe les modalités de mise en œuvre des organigrammes-types.

Article 33.- Le Ministre chargé des Finances et le Ministre chargé des Collectivités territoriales procèdent, chacun en ce qui le concerne, à l'exécution du présent décret qui sera publié au Journal officiel.

Fait à Dakar, le 08 janvier 2020

Macky SALL

Annexe 4

167e ANNEE - N° 7493 **NUMERO SPECIAL** MERCREDI 19 JANVIER 2022

JOURNAL OFFICIEL

DE LA REPUBLIQUE DU SENEGAL

PARAISSANT LE SAMEDI DE CHAQUE SEMAINE

ABONNEMENTS ET ANNONCES

Pour les abonnements et les annonces s'adresser au directeur de l'Imprimerie nationale à Rufisque.

Les annonces doivent être remises à l'Imprimerie au plus tard le mardi. Elles sont payables d'avance.

Toute demande de changement d'adresse ainsi que les lettres demandant réponse devront être accompagnées de la somme de 175 francs

TARIF DES ABONNEMENTS

	VOIE NORMALE Six mois	Un an	VOIE AERIENNE Six mois	Un an
Sénégal et autres Etats de la CEDEAO	15.000f	31.000f.	-	-
Etranger : France, RDC R.C.A. Gabon, Maroc. Algérie,Tunisie.	-	-	20.000f.	40.000f
Etranger : Autres Pays			23.000f	46.000f

Prix du numéro .... Année courante 600 f Année ant. 700f.
Par la poste : .... Majoration de 130 f par numéro
Journal légalisé .... 900 f _ Par la poste -

ANNONCES ET AVIS DIVERS

La ligne .... 1.000 francs

Chaque annonce répétée ... ..Moitié prix

(Il n'est jamais compté moins de 10.000 francs pour les annonces).

Compte bancaire B.I.C.I.S. n° 1520 790 630/81

SOMMAIRE

PARTIE OFFICIELLE

DECRET

MINISTERE DES COLLECTIVITÉS TERRITORIALES, DU DÉVELOPPEMENT ET DE L'AMÉNAGEMENT DES TERRITOIRES

PARTIE OFFICIELLE

DECRET

MINISTERE DES COLLECTIVITÉS TERRITORIALES, DU DÉVELOPPEMENT ET DE L'AMÉNAGEMENT DES TERRITOIRES

Décret n° 2022-99 du 18 janvier 2022 fixant le nombre des autres membres de bureau des conseils des collectivités territoriales

RAPPORT DE PRESENTATION

La loi n° 2021-38 du 03 décembre 2021 modifiant la loi n° 2013-10 du 28 décembre 2013 portant Code général des Collectivités territoriales, modifiée a prévu, en ses articles 31 et 93, la détermination, par décret, du nombre des vice-présidents et des secrétaires du conseil départemental ainsi que des adjoints au maire.

En application des dispositions que voilà, le critère démographique a été retenu pour fixer le nombre des membres de bureau à élire, en dehors de l'exécutif local, au sein de chaque conseil d'une collectivité territoriale.

Ainsi la détermination du nombre de vice-présidents et de secrétaires est fixée ainsi qu'il suit :

* départements dont la population est inférieure à 200.000 habitants : 2 vice-présidents et 2 secrétaires ;

* départements dont la population est égale ou supérieure à 200.000 habitants et inférieure à 400.000 habitants : 3 vice-présidents et 2 secrétaires ;

* départements dont la population est égale ou supérieure à 400 000 habitants : 4 vice-présidents et 3 secrétaires.

Pour ce qui concerne la commune et la ville, la détermination du nombre des adjoints au maire se fait comme suit :

* communes dont la population est comprise entre 1.000 et 2500 habitants : 1 ;

* communes dont la population est supérieure à 2500 habitants et inférieure à 10.000 habitants : 2 ;

* communes dont la population est supérieure à 10.000 habitants, 1 adjoint de plus par intervalle de 20.000 habitants sans que le nombre des adjoints ne puisse dépasser 18.

Telle est l'économie du présent projet de décret.

Le Président de la République,

VU la Constitution ;

VU la loi n° 2013-10 du 28 décembre 2013 portant Code général des Collectivités territoriales, modifiée ;

VU le décret n° 2014-830 du 30 juin 2014 portant création des villes de Dakar, Guédiawaye, Pikine, Rufisque et Thiès ;

VU le décret n° 2020-2098 du 1er novembre 2020 portant nomination des ministres et secrétaires d'Etat et fixant la composition du Gouvernement ;

VU le décret n° 2020-2100 du 1er novembre 2020 portant répartition des services de l'Etat et du contrôle des établissements publics, des sociétés nationales et des sociétés à participation publique entre la Présidence de la République, le Secrétariat général du Gouvernement et les ministères ;

VU le décret n° 2020-2206 du 11 novembre 2020 relatif aux attributions du Ministre des Collectivités territoriales, du Développement et de l'Aménagement des Territoires, Porte-Parole du Gouvernement ;

SUR le rapport du Ministre des Collectivités territoriales, du Développement et de l'Aménagement des Territoires,

Décrète :

Article premier.- En application des articles 31 et 93 du Code général des Collectivités territoriales, modifié, le présent décret fixe, hormis l'exécutif local, le nombre des membres du bureau de chaque collectivité territoriale.

Art. 2. - Le nombre de vice-présidents et de secrétaires à élire au sein de chaque conseil départemental est fixé conformément au tableau ci-dessous :

Départements	Nombre de Vice-présidents	Nombre de Secrétaires
REGION DE DAKAR		
Keur Massar	4	3
Rufisque	4	3
REGION DE DIOURBEL		
Diourbel	3	2
Bambey	3	2
Mbacké	4	3
REGION DE FATICK		
Fatick	4	3
Foundiougne	3	2
Gossas	2	2
REGION DE KAFFRINE		
Kaffrine	3	2
Birekelane	2	2
Malem Hoddar	2	2
Koungheul	3	2
REGION DE KAOLACK		
Kaolack	4	3
Guinguinéo	2	2
Nioro du Rip	4	3
REGION DE KEDOUGOU		
Kédougou	2	2
Salémata	2	2
Saraya	2	2
REGION DE KOLDA		
Kolda	3	2
Médina Yoro Foulah	2	2
Vélingara	3	2
REGION DE LOUGA		
Louga	4	3
Kébémer	3	2
Linguère	3	2
REGION DE MATAM		
Matam	3	2
Ranérou Ferlo	2	2
Kanel	3	2
REGION DE SAINT-LOUIS		
Saint-Louis	3	2
Dagana	3	2
Podor	4	3
REGION DE SEDHIOU		
Sédhiou	3	2
Bounkiling	2	2
Goudomp	3	2
REGION DE TAMBACOUNDA		
Tambacounda	4	3
Goudiry	2	2
Bakel	2	2
Koumpentoum	2	2
REGION DE THIES		
Thiès	4	3
Mbour	4	3
Tivaouane	4	3
REGION DE ZIGUINCHOR		
Ziguinchor	3	2
Bignona	3	2
Oussouye	2	2

Art. 3. - Le nombre d'adjoints au maire à élire au sein de chaque conseil municipal ou conseil de ville est déterminé conformément au tableau ci-dessous :

Départements	Arrondissements	Communes	Nombre d'Adjoints au Maire
REGION DE DAKAR			
Dakar	.	Ville de Dakar	18
	Dakar - Plateau	Dakar - Plateau	4
		Gorée	1
		Médina	7
		Gueule Tapée - Fass-Colobane	5
		Fann-Point E-Amitié	3
	Grand Dakar	Hann-Bel Air	6
		Grand Dakar	5
		Biscuiterie	6
		Dieuppeul-Derklé	4
		Sicap Liberté	5
		HLM	5
	Almadies	Mermoz-Sacré Cœur	4
		Ouakam	7
		Ngor	3
		Yoff	8
	Parcelles Assainies	Grand Yoff	14
		Patte d'Oie	5
		Parcelles Assainies	12
		Cambérène	5
		Ville de Guédiawaye	14
Guédiawaye	Sam Notaire	Golf Sud	8
		Sam Notaire	7
	Wakhinane Nimzath	Ndiaréme Limamoulaye	4
		Médina Gounass	4
		Wakhinane Nimzath	8
Keur Massar	Yeumbeul	Yeumbeul Nord	13
		Yeumbeul Sud	8
	Malika	Keur Massar Nord	11
		Malika	4
	Jaxaay	Keur Massar Sud	6
		Jaxaay-Parcelles-Niakoul Rap	4
		Ville de Pikine	14
Pikine	Pikine Dagoudane	Pikine Ouest	5
		Pikine Est	4
		Pikine Nord	5
		Dalifort Foirail	4
		Djidah Thiaroye Kao	8
		Guinaw Rail Nord	4
		Guinaw Rail Sud	5

Départements	Arrondissements	Communes	Nombre d'Adjoints au Maire
	Thiaroye	Thiaroye Gare	4
		Mbao	8
		Thiaroye sur Mer	5
		Tivaouane Diack Sao	5
		Diamaguéne Sicap Mbao	10
Rufisque		Ville de Rufisque	12
		Bargny	5
		Sendou	2
	Diamniadio	Diamniadio	4
		Yenne	4
		Sébikotane	4
	Rufisque Est	Rufisque Est	7
		Rufisque Nord	8
		Rufisque Ouest	6
	Sangalkam	Sangalkam	5
		Bambylor	4
		Tivaouane Peulh-Niaga	5
		REGION DE DIOURBEL	
Diourbel		DIOURBEL	11
	Ndoulo	Ndoulo	3
		Ngohé	4
		Patar	3
		Tocky Gare	3
		Touré Bonde	3
	Ndindy	Dankh Sène	3
		Gade Escale	2
		Keur Ngalgou	2
		Ndindy	3
		Taïba Moutoupha	3
		Touba Lappé	2
Bambey		BAMBEY	4
	Baba Garage	Dinguiraye	3
		Baba Garage	3
		Keur Samba Kane	3
	Ngoye	Ngoye	5
		Thiakhar	3
		Ndondol	4
		Dangalma	4
	Lambaye	Gawane	3
		Lambaye	4
		Ngogom	4
		Réfane	4

Départements	Arrondissements	Communes	Nombre d'Adjoints au Maire
Mbacké		MBACKE	7
	Ndame	Dalla Ngabou	3
		Missirah	2
		Nghaye	2
		Touba Fall	2
		Touba Mosquée	17
	Kael	Darou Nahim	2
		Darou Salam Typ	2
		Dendey Gouyegui	2
		Kael	2
		Madina	2
		Ndioumane	2
		Taïba Thiékène	2
		Touba Mboul	3
	Taïf	Taïf	3
		Sadio	3
REGION DE FATICK			
Fatick		FATICK	4
		Diofior	3
		Diakhao	2
	Ndiop	Diaoulé	3
		Mbélacadiao	3
		Ndiop	3
		Thiaré Ndialgui	3
	Fimela	Djilasse	3
		Fimela	4
		Loul Séssène	3
		Palmarin Facao	3
	Niakhar	Ngayokhème	4
		Niakhar	4
		Patar	4
	Tattaguine	Diarrère	4
		Diouroup	4
		Tattaguine	4
Foundiougne		FOUNDIOUGNE	2
		Sokone	3
	Toubacouta	Keur Saloum Diané	4
		Keur Samba Guèye	4
		Nioro Alassane Tall	4
		Toubacouta	4
		Karang Poste	3

Départements	Arrondissements	Communes	Nombre d'Adjoints au Maire
	Djilor	Passy	3
		Soum	2
		Diagane Barka	3
		Diossong	4
		Djilor	3
		Mbam	3
		Niassène	3
	Niodior	Bassoul	3
		Dionewar	3
		Djirnda	3
Gossas		GOSSAS	3
	Colobane	Colobane	3
		Mbar	4
		Ndiéné Lagane	3
		Ouadiour	3
		Patar Lia	3
REGION DE KAFFRINE			
Kaffrine		KAFFRINE	5
	Katakel	Nganda	3
		Diamagadio	3
		Diokoul Mbelbouck	4
		Kathiotte	4
		Médinatou Salam 2	3
		Boulel	4
		Gniby	3
		Kahi	3
Birekelane		BIRKELANE	2
	Keur Mboucki	Diamal	3
		Keur Mboucki	3
		Touba Mbella	3
	Mabo	Mabo	4
		Mbeuleup	2
		Ndiognik	4
		Ségré-Gata	2
Malem Hoddar		MALEM HODDAR	3
	Darou Minam 2	Darou Minam	3
		Khelcom	1
		Ndiobène Samba Lamo	2
		Ndioum Ngainth	3
	Sagna	Dianké Souf	3
		Sagna	5
Koungheul		KOUNGHEUL	3
	Missira Wadène	Gainthe Pathé	3
		Maka-Yop	3
		Missirah Wadène	3

Départements	Arrondissements	Communes	Nombre d'Adjoints au Maire
	Ida Mouride	Fass Thiékène	3
		Ida Mouride	3
		Saly Escale	4
	Lour Escale	Lour Escale	4
		Ribot Escale	3
REGION DE KAOLACK			
Kaolack		KAOLACK	17
		Kahone	3
	Koumbal	Keur Baka	3
		Latmingué	4
		Thiaré	4
		Ndoffane	3
	Ndiédieng	Keur Socé	4
		Ndiaffatte	4
		Ndiédieng	4
	Ngothie	Dya	3
		Ndiébel	3
		Thiomby	3
		Gandiaye	3
		Sibassor	3
Guinguinéo		GUINGUINEO	3
	Mbadakhoune	Khelcom Birane	3
		Mbadakhoune	3
		Ndiago	3
		Ngathie Naoudé	3
		Fass	2
	Nguélou	Mboss	2
		Dara Mboss	2
		Gagnick	3
		Nguélou	3
		Ourour	3
		Panal Wolof	2
Nioro du Rip		NIORO DU RIP	3
	Médina Sabakh	Kayemor	3
		Médina Sabakh	5
		Ngayène	4
	Paoscoto	Dabaly	3
		Darou Salam	4
		Gainte Kaye	4
		Paos Koto	3
		Porokhane	4
		Taïba Niassène	4

Départements	Arrondissements	Communes	Nombre d'Adjoints au Maire
	Wack Ngouna	Keur Maba Diakhou	4
		Keur Madongo	3
		Ndramé Escale	3
		Wack Ngouna	4
		Keur Madiabel	3
REGION DE KEDOUGOU			
Kédougou		KEDOUGOU	4
	Bandafassi	Bandafassi	3
		Dindifello	2
		Ninéfecha	3
		Tomboroncoto	3
	Fongolembi	Fongolembi	2
		Dimboli	2
Salémata		SALEMATA	2
	Fongolembi	Kévoye	2
		Dakateli	2
	Dar Salam	Dar Salam	2
		Ethiolo	2
		Oubadji	2
Saraya		SARAYA	2
	Bembou	Bembou	3
		Médina Baffé	2
	Sabodala	Sabodala	3
		Khossanto	2
		Missirah Sirimana	3
REGION DE KOLDA			
Kolda		KOLDA	7
	Mampatim	Bagadadji	3
		Coumbacara	3
		Dialambéré	3
		Mampatim	3
		Médina Chériff	3
		Dabo	2
	Saré Bidji	Saré Bidji	3
		Thietty	2
	Dioulacolon	Salikégné	2
		Saré Yoba Diéga	2
		Dioulacolon	3
		Guiro Yéro Bocar	3
		Médina El Hadji	3
		Tankanto Escale	3
Médina Yoro Foulah		MEDINA YORO FOULAH	2
	Fafacourou	Badion	3
		Fafacourou	2
	Ndorna	Bignarabé	2
		Bourouco	4
		Koulinto	2
		Ndorna	3

Départements	Arrondissements	Communes	Nombre d'Adjoints au Maire
	Niaming	Niaming	3
		Pata	2
		Dinguiraye	3
		Kéréwane	4
Vélingara		VELINGARA	4
		Diaobé-Kabendou	4
	Saré Coly Sallé	Kounkané	3
		Kandia	3
		Kandiaye	3
		Némataba	3
		Saré Coly Sallé	3
	Pakour	Pakour	3
		Paroumba	3
		Ouassadou	3
	Bonconto	Bonconto	3
		Linkering	3
		Médina Gounass	5
		Sinthiang Koundara	4
REGION DE LOUGA			
Louga		LOUGA	9
	Coki	Coki	4
		Guet Ardo	3
		Pété Ouarack	2
		Thiamène Cayor	3
		Ndiagne	2
	Keur Momar Sarr	Keur Momar Sarr	4
		Ngande	3
		Nguer Malal	4
		Syer	2
	Mbédiène	Kelle Guèye	3
		Mbédiène	3
		Nguidilé	3
		Niomré	3
	Sakal	Léona	4
		Ngeune Sarr	3
		Sakal	4
Kébémer		KEBEMER	3
	Ndande	Bandègne Ouolof	3
		Diokoul Diawrigne	3
		Kab Gaye	3
		Ndande	4
		Thieppe	3
		Guéoul	3

Départements	Arrondissements	Communes	Nombre d'Adjoints au Maire
	Darou Mousty	Darou Marnane	3
		Darou Mousty	4
		Mbacké Cajor	2
		Mbadiane	3
		Ndoyène	2
		Sam Yabal	2
		Touba Mérina	2
	Sagatta	Kanène Ndiob	3
		Loro	3
		Ngourane Ouolof	3
		Sagatta Gueth	3
		Thiolom Fall	4
Linguère		LINGUERE	3
		Dahra	4
	Barkédji	Barkédji	3
		Gassane	3
		Thiarny	3
		Thiel	3
	Sagatta Dioloff	Affé Djoloff	2
		Boulal	3
		Déali	3
		Sagatta Djoloff	3
		Thiamène Djoloff	3
	Dodji	Dodji	3
		Labgar	2
		Ouarkhokh	3
	Yang Yang	Kamb	3
		Mboula	3
		Téssékéré Forage	3
		Yang Yang	2
		Mbeuleukhé	1
REGION DE MATAM			
Matam		MATAM	3
		Ourossogui	3
	Agnam-Civol	Thilogne	3
		Agnam- Civol	4
		Dabia	4
		Oréfondé	3
	Ogo	Bokidiawé	6
		Nabadji-Civol	6
		Ogo	5
		Nguidjilone	3
Ranérou Ferlo		RANEROU FERLO	2
	Vélingara	Lougré-Thioly	2
		Oudalaye	4
		Vélingara	3

Départements	Arrondissements	Communes	Nombre d'Adjoints au Maire
Kanel		KANEL	3
	Wouro Sidy	Odobéré	2
		Wouro Sidy	5
		Ndendory	4
		Sinthiou Bamambé-Banadji	3
		Hamady Ounaré	3
	Orkadiéré	Waoundé	3
		Aouré	4
		Bokiladji	4
		Orkadiéré	5
		Dembancané	2
		Semmé	2
REGION DE SAINT-LOUIS			
Saint-Louis		SAINT-LOUIS	15
	Rao	Fass Ngom	3
		Gandon	5
		Ndiébène Gandiol	3
		Mpal	3
Dagana		DAGANA	3
		Richard Toll	6
	Ndiaye	Ross Béthio	3
		Rosso Sénégal	3
		Diama	4
		Ngnith	3
		Ronkh	3
	Mbane	Gaé	2
		Ndombo Sandjiry	2
		Bokhol	3
		Mbane	4
Podor		Ndioum	3
		PODOR	3
	Cas-Cas	Méry	3
		Doumga Lao	4
		Madina-Ndiathbé	4
		Golléré	2
		Mboumba	2
		Walaldé	2
		Aéré Lao	3
	Gamadji Saré	Gamadji Saré	3
		Dodel	4
		Guédé Village	5
		Guédé Chantier	2
		Démette	2
		Bodé Lao	2

Départements	Arrondissements	Communes	Nombre d'Adjoints au Maire
	Thillé Boubacar	Fanaye	4
		Ndiayène Pendao	4
		Niandane	2
	Saldé	Mbolo Birane	4
		Boké Dialloubé	4
		Galoya Toucouleur	2
		Pété	2
REGION DE SEDHIOU			
Sédhiou		SEDHIOU	4
		Marsassoum	2
	Djirédji	Bambali	3
		Djirédji	3
	Diendé	Oudoucar	3
		Sama Kanta Peulh	2
		Diannah Ba	2
		Koussy	3
		Sakar	3
		Diendé	3
		Dianah Malary	2
	Djibabouya	Sansamba	3
		Bémet-Bijini	3
		Djibabouya	2
Bounkiling		BOUNKILING	2
	Boghal	Ndiamacouta	2
		Boghal	3
		Djinany	2
		Ndiamalathiel	3
		Tankon	3
	Bona	Diacounda	3
		Inor	3
		Kandion Mangana	1
		Bona	3
	Diaroumé	Diambaty	3
		Diaroumé	3
		Faoune	3
		Madina Wandifa	3
Goudomp		GOUDOMP	3
	Djibanar	Diattacounda	2
		Samine	2
		Yarang Balante	3
		Mangaroungou Santo	3
		Simbandi Balante	3
		Djibanar	3
		Kaour	2

Départements	Arrondissements	Communes	Nombre d'Adjoints au Maire
	Simbandi Brassou	Dioudoubou	2
		Simbandi Brassou	3
		Baghère	3
		Niagha	1
		Tanaff	2
	Karantaba	Karantaba	3
		Kolibantang	3
REGION DE TAMBACOUNDA			
Tambacounda		TAMBACOUNDA	9
	Makacoulibantang	Makacoulibantang	5
		Niani Toucouleur	3
		Ndoga Boubacar	3
	Missirah	Missirah	5
		Netté Boulou	3
		Dialacoto	3
	Koussanar	Sinthiou Malem	3
		Koussanar	4
Goudiry		Kothiary	2
		GOUDIRY	2
	Boynguel Bamba	Boynguel Bamba	3
		Sinthiou Mamadou Boubou	3
		Koussan	3
		Dougué	2
	Dianké Makha	Dianké Makha	2
		Bani Israél	2
		Boutoucoufara	2
	Koulor	Sinthiou Bocar Ali	2
		Koulor	3
		Komoti	3
	Bala	Bala	2
		Goumbayel	2
		Koar	3
Bakel		BAKEL	3
	Bélé	Bélé	3
		Sinthiou Fissa	3
		Kidira	3
	Kéniéba	Gathiary	2
		Madina Foulbé	2
		Sadatou	3
		Toumbara	2
	Moudery	Moudéry	4
		Ballou	3
		Gabou	3
		Diawara	3

Départements	Arrondissements	Communes	Nombre d'Adjoints au Maire
Koumpentoum		KOUMPENTOUM	3
	Bamba Thialène	Ndame	3
		Méréto	3
		Kahène	3
		Bamba Thialène	3
	Kouthiaba Wolof	Payar	3
		Kouthiaba Wolof	3
		Kouthia Gaydi	3
		Pass Koto	3
		Malem Niani	2
REGION DE THIES			
Thiès		Ville de Thiès	13
		Khombole	3
		Pout	4
	Thies Sud	Thiès Est	10
		Thiès Ouest	7
	Thiès Nord	Thiès Nord	9
	Thiénéba	Thiénaba	4
		Ngoundiane	4
		Ndiayène Sirakh	4
		Touba Toul	5
	Keur Moussa	Keur Moussa	5
		Diender Guédji	4
		Fandène	4
		Kayar	4
	Notto	Notto	5
		Tassette	3
Mbour		MBOUR	17
		Joal Fadiouth	5
	Fissel	Fissel	4
		Ndiaganiao	5
	Séssène	Séssène	4
		Sandiara	4
		Ngéniène	4
		Thiadiaye	3
	Sindia	Sindia	4
		Malicounda	6
		Diass	4
		Nguékokh	4
		Saly Portudal	4
		Ngaparou	3
		Somone	2
		Popenguine-Ndayane	3

Départements	Arrondissements	Communes	Nombre d'Adjoints au Maire
Tivaouane		TIVAOUANE	6
		Méckhé	3
	Méouane	Mboro	4
		Méouane	4
		Darou Khoudoss	5
		Taïba Ndiaye	3
	Mérina Dakhar	Mérina Dakhar	4
		Koul	4
		Pékesse	3
	Niakhène	Mbayène	3
		Ngandiouf	4
		Niakhène	3
		Thilmakha	3
	Pambal	Notto Gouye Diama	3
		Mont Rolland	3
		Pire Gourèye	3
		Chérif Lô	3
		Pambal	3
REGION DE ZIGUINCHOR			
Ziguinchor		ZIGUINCHOR	16
	Niaguis	Niaguis	3
		Adéane	3
		Boutoupa Camaracounda	2
	Niassia	Niassia	2
		Enampore	2
Bignona		BIGNONA	4
		Thionck Essyl	3
	Kataba 1	Kataba 1	4
		Djinaki	3
		Kafountine	4
		Diouloulou	2
	Tenghory	Tenghory	4
		Niamone	3
		Ouonck	3
		Coubalan	3
	Tendouck	Ballingore	2
		Diégoune	2
		Karthiack	3
		Mangagoulack	3
		Mlomp	2
	Sindian	Djibidione	3
		Oulampane	3
		Sindian	3
		Suelle	3

Départements	Arrondissements	Communes	Nombre d'Adjoints au Maire
Oussouye		OUSSOUYE	2
	Cabrousse	Djembéring	3
		Santhiaba Manjak	2
	Loudia Ouoloff	Oukout	3
		Mlomp	3

Art. 4. - Le Ministre des Finances et du Budget, le Ministre de l'Intérieur et le Ministre des Collectivités territoriales, du Développement et de l'Aménagement des Territoires sont chargés, chacun en ce qui le concerne, de l'exécution du présent décret qui sera publié au *Journal officiel.*

Fait à Dakar, le 18 janvier 2022.

Macky SALL

RUFISQUE - Imprimerie nationale DL n° 7446

BIBLIOGRAPHIE

I- OUVRAGES ET THÉSES

- **J.-B. AUBY ET B. FAURE** (dir.), *Les collectivités locales et le droit : les mutations actuelles,*Dalloz, 2001 ;
- **C. BACOYANNIS**, *Le principe constitutionnel de libre administration des collectivités locales,* Economica- PUAM, 1993 ;
- **J. BÉNOIT**, *Théorie juridique de la décentralisation administrative en France,* Thèse Paris II, 1990.
- Les collectivités locales, **Mélanges Moreau**, Economica, 2003 ;
- **I.DIALLO**, *Le droit des collectivités locales au Sénégal,* L'Harmattan, 2007 ;
- **M. DOAT**, *Recherche sur la notion de collectivité locale en droit administratif français ;*
- **L. FAVOREU**, *Les bases constitutionnelles du droit des collectivités locales* in Moderne (dir.), La nouvelle décentralisation, Sirey, 1983 ;
- **B. FAURE**, *Le pouvoir réglementaire des collectivités locales,* Préface J.-C. Douence,LGDJ, 1998 ;
- **Y. GAUDEMET** et O. Gohin (dir.), *La République décentralisée,* éd.Panthéon-Assas, 2004 ;
- **M. JOYAU**, *De l'autonomie des collectivités territoriales françaises,* LGDJ, 1998 ;
- **A.-M. LE POURHIET** (dir.), *Droit constitutionnel local, égalité et liberté locale dans la Constitution,* Economica, 1999 ;
- **J. MOREAU ET G. DARCY** (dir.), *La libre administration des collectivités territoriales,* Economica- PUAM, 1984 ;
- **ROUX**, *Droit constitutionnel local,* Economica, 1995 ;
- **F. SAUVAGEOT**, *Les catégories de collectivités territoriales de la République,* Préface M. Verpeaux, PUAM, 2004 ;
- **B.SENE et A. TRAORE**, *Recueil de textes fonciers et domaniaux,* 1ère éd., Dakar, CREDILA, 2014 ;
- **B.SENE et A. TRAORE**, *Recueil de textes fonciers et domaniaux,* 2ème éd., Dakar, Abis éd., 2019, à paraître ;
- **L. TESOKA**, *Les rapports entre les catégories de collectivités territoriales,* Préface J.-Y. Faberon, PUAM, 2004.

II- ARTICLES DE DOCTRINE ET CHRONIQUES

- **J. BÉNOIT**, « La liberté d'administration locale », *RFDA* 2002, p. 1065 ;
- **I.M. FALL**, « contrôle de la légalité des actes des collectivités locales au Sénégal », décembre 2004, *Afrilex n°5 ;*
- **O. GOHIN**, « Quel nouveau droit constitutionnel des collectivités territoriales ? », *RDP* 2002, p. 441 ;
- **HAQUET**, « Quelle est l'étendue du pouvoir réglementaire des collectivités territoriales ? » *BJCL*, 2003, p. 549 ;
- **L. JANICOT**, « Réflexions sur la notion de compétences propres appliquées aux collectivités territoriales en droit français », *AJDA* 2004, p. 1574 ; B. Faure, « Existe-t-il un pouvoir local en droit constitutionnel français ? » *RDP* 1996, p. 1539 ;
- « Libertés locales et libertés universitaires », Chronique, *RDP* 1984, p. 687 ;
- **F. LUCHAIRE**, « Les fondements constitutionnels de la décentralisation », *RDP* 1982, p. 1543 ; « L'émergence d'un droit constitutionnel de la décentralisation », *AJDA* 1992, p. 25 ;
- **H. RIHAL,** « Le statut constitutionnel des collectivités territoriales issu de la loi constitutionnelle du 28 mars 2003 : entre innovation et complexité », *RFAP*, 2003, p. 219 ;
- **ROUX**, « Le principe constitutionnel de libre administration des collectivités territoriales », *RFDA* 1992, p. 435 ;
- **B. SENE**, Discours d'usage de la rentrée des cours et tribunaux sur le thème « Collectivités locales et contrôle de légalité », janvier 2016, *Revue l'Administrateur de l'Amicale des Administrateurs Civils du Sénégal (AACS),* n°3, mai 2016, p 63 à 73 ;
- **G. VEDEL**, « Le « droit au logement » et le principe de libre administration des collectivités locales », Pouvoirs locaux, 1990-85 et 1991-16 ;
- **M. VERPEAUX**, « La constitution et les collectivités territoriale »*s*, *RDP* 1998, p. 1379 ;
- **M. ZAKI**, « Droit d'amendement des députés et principe de la libre administration des collectivités locales : observation sous décision 4/C/2001 du Conseil constitutionnel sénégalais, en date du 11 décembre 2001 », *Revue électronique Afrilex* n°3/2003.

III- LÉGISLATION

- Loi n°2001-03 du 22 janvier 2001 portant Constitution du Sénégal, modifiée, (J.*O. numéro spécial 5963 du 22 janvier 2001, p. 27*) ;
- Loi n° 2013-10 du 28 décembre 2013 portant Code général des Collectivités territoriales, modifiée ;
- Loi n° 2014-19 du 24 avril 2014 modifiant les articles 31, 92 et 95 de la loi n°2013-10 du 28 décembre 2013 portant Code général des Collectivités territoriales ;
- Loi n° 2018-15 du 08 juin 2018 prescrivant le remplacement dans tous les actes législatifs et réglementaires de la dénomination «Collectivité locale» par «Collectivité territoriale» ;
- Loi n° 2018-16 du 08 juin 2018 abrogeant et remplaçant l'article 328 de la loi n° 2013-10 du 28 décembre 2013 portant Code général des Collectivités territoriales, modifiée par la loi n°2014-19 du 24 avril 2014 ;
- Loi n° 2019-12 du 08 juillet 2019 modifiant et complétant la loi n° 2013-10 du 28 décembre 2013 portant Code général des Collectivités territoriales ;
- Loi n° 2021-38 du 03 décembre 2021 modifiant la loi n°2013-10 du 28 décembre 2013 portant Code général des Collectivités territoriales, modifiée ;
- La loi n°2021-35 du 23 juillet 2021 portant Code électoral, modifiée, (J.*O. numéro 7442 du 24 juillet 2021*) ;
- Code de la famille ;
- Code pénal ;
- Code de Procédure pénale ;
- Loi n°64-46 du 17 juin 1964 relative au Domaine national (*J. O. n°3692 du 11 juillet 1964 p. 905 et s.)* ;
- Loi n°76-66 du 2 juillet 1976 portant Code du Domaine de l'État (J. O. du 28 juillet 1976, pp. 1110 à 1117), modifiée par la loi n°85-15 du 25 février 1985 (J. *O. du 09 mars 1985, p. 139*) ;
- Loi n°96-11 du 22 mars 1996 relative à la limitation du cumul des mandats électifs et de certaines fonctions (JO n°5689, p. 243) ;
- Loi n°2014-26 du 3 novembre 2014 abrogeant et remplaçant la loi n°84-19 du 2 février 1984 fixant l'organisation judiciaire, les tribunaux régionaux et les tribunaux départementaux ; (*J.O. n ° 6818 du 10 novembre 2014,p. 1359*)

- Loi n° 2021 -21 du 02 mars 2021 fixant les règles d'applicabilité des lois et des actes administratifs à caractère individuel *(J. O.n°7409 du 20 mars 2021, p.303.)*
- Décret n°64-573 du 30 juillet 1964 fixant les conditions d'application de la loi n°64-46 du 11 Juin 1964 relative au Domaine national *(J. O. du 29 août 1964, pp. 1123 à 1126)* ;
- Décret n°64-574 du 30 juillet 1964 portant application de l'article 3 de la loi n°64-46 du 17 Juin 1964, relative au domaine national autorisant, à titre transitoire, l'immatriculation au nom des occupants ayant réalisé une mise en valeur à caractère permanent *(J. O. du 5 septembre 1964, pp. 1167 à 1169)* ;
- Décret n°66-858 du 07 novembre 1966 portant application de l'article 5 de la loi n°64-46 du 17 juin 1964 relative au domaine national et fixant les conditions de l'administration des terres du domaine national à vocation agricole dans les zones urbaines *(J. O. du 19 novembre 1966, p.1518)* ;
- Décret n°72-1288 du 27 octobre 1972 relatif aux conditions d'affectation et de désaffectation des terres du domaine national comprises dans les communautés rurales *(J. O. du 18 novembre 1972, p. 1894*) modifié par le décret n° 80-1051 du 14 octobre 1980*(J. O. du 11 janvier 1980, p. 1298*), le décret n°86-445 du 10 avril 1986*(J. O. du 10 mai 1986, p. 198*), le décret n°2020-1773 du 16 septembre 2020 et le décret n° 2022-2307 du 30 décembre 2022 ;
- Décret n°81-557 du 21 mai 1981 portant application du Code du Domaine de l'État en ce qui concerne le Domaine Privé modifié (*J. O. du 5 septembre 1981, pp. 818 à 831) ;*
- Décret n°2014-1224 du 24 septembre 2014 fixant le statut du secrétaire général de département ou de ville
- Décret n° 2014 -1223 fixant les taux maxima des indemnités et frais alloués aux membres du bureau du conseil départemental, aux conseillers et aux membres de la délégation spéciale du département ;
- Décret n° 86-761 du 30 juin 1986 relatif à l'organisation des communes en quartiers et fixant le statut des délégués de quartier, modifié *(JO du 18 octobre 1986)* ;
- Décret n° 92-1044 du 7 juillet 1992 attribuant une indemnité aux officiers de l'état civil des centres secondaires ;
- Décret n° 73 -703 du 25 juillet 1973 relatif à la création et à l'organisation des villages ;

- Décret n° 87-314 du 14 mars 1987 réglementant les remises allouées aux chefs de village ;
- Décret n°72- 636 du 29 mai 1972 relatif aux attributions des chefs de circonscription administrative et des chefs de village modifié par le décret 96-228 du 22 mars 1996 (art 34 à 35 bis) ;
- Décret n°2014-1225 du 24 septembre 2014 fixant les taux maxima des indemnités et frais alloués aux membres du bureau municipal, et aux membres de la délégation spéciale de la ville et de la commune ;
- Décret n° 2014 – 1222 fixant le statut du secrétaire municipale
- Décret n°2008-1223 du 29 octobre 2008 portant révocation du Maire de la Commune d'Arrondissement des Parcelles Assainies *(J.O. n°6465 du samedi 18avril 2009)*
- Décret n° 2018-1701 portant révocation du Maire de la Ville de Dakar
- Décret n°2009-03 du 9 janvier 2009 portant dissolution du Conseil municipal de Fatick *(J.O. n° 6447 du vendredi 9 janvier 2009)*
- Décret n°2008-418 du 24 avril 2008 portant dissolution du Conseil municipal de Bambey *(J.O. n° 6403 du jeudi 24 avril 2008)* ;
- Décret n°2008-450 du 2 mai 2008 portant dissolution du Conseil municipal de Thiès. *(J.O. N° 6405 du vendredi 2 mai 2008)* ;
- Décret n° 2008-454 du 2 mai 2008 portant dissolution du Conseil municipal de CAYAR *(J.O. n° 6405 du vendredi 2 mai 2008)* ;
- Décret n°2008-451 du 2 mai 2008 portant dissolution du Conseil municipal de Mbour *(J.O. n° 6405 du vendredi 2 mai 2008)* ;
- Décret n°2008-453 du 2 mai 2008 portant dissolution du Conseil municipal des HLM. *(J.O. n° 6405 du vendredi 2 mai 2008)* ;
- Décret n° 2013-376 du 2 avril 2013 portant prorogation des délégations spéciales dans la commune de Ndombo Sandjiry et la communauté rurale de Mbane, département de Dagana *(J.O. n° 6725 du samedi 27 avril 2013)* ;
- Décret n° 2013-377 du 2 avril 2013 portant prorogation des délégations spéciales dans la commune de Odobéré et la communauté rurale de Wouro Sidy, département de Kanel *(J.O. n° 6725 du samedi 27 avril 2013)* ;
- Décret n°2023-2161 portant régime financier des collectivités territoriales ;
- Arrêté ministériel n° 1729 en date du 11 février 2016 portant création d'un Comité national de Formation des élus locaux et

autres acteurs de développement territorial *(JORS n°6927 du 09 avril 2016)*.

IV- JURISPRUDENCE

A- JURISPRUDENCE SÉNÉGALAISE

Conseil constitutionnel

- Conseil constitutionnel, Décision n°4/C/1995 du 28 septembre 1995 ;
- Conseil constitutionnel décision n° 3/C/2001 et 4/C/2001 du 11 décembre 2001 ;
- Conseil constitutionnel, décision n° 1/C/2019 affaire N° 1/C/19 du 25 avril 2019.

Conseil d'État

- Conseil d'État, arrêt n°19 du 27 novembre 2008, Samba NDIAYE c/ Président du Conseil régional de Matam, Bulletin des arrêts du Conseil d'État année 2008 ;
- Conseil d'État, arrêt n° 0028, du 31 aout 1999, le Préfet de Dagana c/Conseil municipal de Richard –Toll, Bulletin des arrêts du Conseil d'État année 1999 ;
- Conseil d'État, arrêt, n°23 du 17 aout 2006, Mamadou NGOM c/Conseil rural de Sangalkam, Bulletin des arrêts du Conseil d'État année 2006 ;
- Conseil d'État, arrêt n°21 du 3 avril 2008, Dahirou Alpha BA c/ Commune de Matam, Bulletin des arrêts du Conseil d'État année 2008 ;
- Conseil d'État, arrêt n°24 du 22 avril 2008 Samba Ciré DIA c/ Commune d'Ourossogui, Bulletin des arrêts du Conseil d'État année 2008 ;
- Conseil d'État, arrêt n°14 du 5 mai 2009, Aliou DIA c/État du Sénégal et El Hadji Moussa NDIAYE, Bulletin des arrêts du Conseil d'État année 2009 ;
- Conseil d'État, arrêt n° 0028, du 31 aout 1999, le Préfet de Dagana c/ Conseil municipal de Richard-Toll, Bulletin des arrêts du Conseil d'État année 1999 ;

- Conseil d'État, arrêt n° 0006, du 27 janvier 2000, le Maire de la Commune de Dagana c/État du Sénégal, Bulletin des arrêts du Conseil d'État année 2000 ;
- Conseil d'État, arrêt n° 18 du 27 juillet 2006, Ibrahima NDOYE c/Conseil rural de Sangalkam, Bulletin des arrêts du Conseil d'État année 2006 ;
- Conseil d'État, arrêt n°65 du23 août 2007, Conseil Rural de Sangalkam c/ État du Sénégal et le Préfet de Rufisque, Bulletin des arrêts du Conseil d'État année 2007 ;
- Conseil d'État, arrêt n° 0006, du 27 janvier 2000, le Maire de la Commune de Dagana c/ État du Sénégal, Bulletin des arrêts du Conseil d'État année 2000.

Cour suprême

- Cour suprême, Chambre administrative, arrêt n °03 du 12 janvier 2017, Malick FAYE c/ Maire de Bamba Thialène, inédit ;
- Cour suprême, arrêt n° 02 du 08 janvier 2015, MBENDA NDIAYE et SOKHNA SEYNABOU MBACKé c/ Ministre chargé des élections, inédit ;
- Cour suprême, Chambre administrative, arrêt n°10 du 09 février 2017, Aïssatou MBODJI c/ État du Sénégal et le Préfet de Bambèye, inédit ;
- Cour suprême, chambre administrative, arrêt n°30 du 10 mai 2012, Aliou DIACK, Président du Conseil rural de Mbane c/État du Sénégal, inédit ;
- Cour suprême, chambre administrative, arrêt n°3 du 9 février 2012, Mar DIOUF c/État du Sénégal, inédit ;
- Cour suprême, chambre administrative, arrêt n°01du 14 janvier 2010, Ibra SALL et Abdou Latif SALL c/ Conseil rural de Thiolom FALL, inédit ;
- Cour suprême, chambre administrative, arrêt n°31du 11 aout 2011, Oumar GUEYE et autres et Jean Paul DIAS et autres c/ État du Sénégal, inédit ;
- Cour suprême, arrêt n°36du 29 octobre 2010, Sous-Préfet de MBANE c/Aliou DIACK, Président du Conseil rural de Mbane, inédit ;
- Cour suprême, arrêt n°21 du 24 mars 2016, REGI PUB S.A., REGIDAK CAURIS COM c/ Commune de Mermoz – Sacré Cœur, inédit ;

- Cour suprême, Chambre administrative, arrêt n °64 du 12 décembre 14, El Hadji Malick Diop c/ Maire de la Commune de Médina,inédit ;
- Cour suprême, arrêt n°45 du 26 novembre 2009, Ousmane MBACKE NDIAYE c/ Conseil municipal de Diourbel et le Ministre Chargé de L'intérieur,inédit ;
- Cour suprême, Chambre administrative, arrêt n°59 du 13 novembre 2014, Aliou Niang c/ Ville de Pikine, inédit ;
- Cour suprême, Chambre administrative, arrêt n°43 du 10 juillet 2014, Mbaye Jacques Diop c/ Maire de la commune de Rufisque et État du Sénégal, inédit ;
- Cour suprême, Chambre administrative, arrêt n°62 du 12 décembre 2014, Abdou Doro Djim c/ Maire de la commune d'Arrondissement de Grand Yoff, inédit ;
- Cour suprême, Chambre administrative, arrêt n °07 du 14 mars 2019, L'Entente CADAK-CAR, la Communauté des Agglomérations de Dakar (CADAK), la Ville de Dakar, Khalifa Ababacar SALL c/ État du Sénégal, inédit ;
- Cour suprême, Chambre administrative, arrêt n °09 du 09 février 2017, la SONATEL c/ Commune de Mboumba et État du Sénégal, inédit ;
- Cour suprême, arrête n°29 du 11 novembre 2009, Ibra NIASSE c/ El Hadji Matop MBAYE et le Ministre Chargé de l'Intérieur, inédit ;
- Cour suprême, arrête n°28 du 11 novembre 2009, Der CISSE c/ Ibrahima DIOP, Babacar CISSE et le Ministre Chargé de l'Intérieur, inédit ;
- Cour suprême, arrête n°30 du 11 aout 2009, Boubacar BADJI c/ Lamine KOUYATE et le Ministre Chargé de l'Intérieur ;
- Cour suprême, chambre administrative, arrêt n°02du 9 janvier 2014, Ablaye Mbengue c/ Conseil rural de Sagatta Gueth, inédit ;
- Cour suprême, chambre administrative, arrêt n°19 du 8 juillet 2010, Nafi DIOUF c/Conseil rural de Ndiébel, inédit ;
- Cour suprême, chambre administrative, arrêt n°25 du 26 avril 2012, Hamady Dieng c/ Conseil Municipal de Kanel, inédit ;
- Cour suprême, chambre administrative, arrêt n°44 du 26 juillet 2012, Ousmane Ly et autres c/ État du Sénégal, inédit ;
- Cour suprême, chambre administrative, arret°32 du 9 avril 2015, Cheikh Diouf et autres habitants du Village de Ndiobéne Gallo c/

Président du Conseil rural de Keur Socé et Chef de Village de Médina Mbéyéne, inédit ;

- Cour suprême, chambre administrative, arrêt n°02 du 13/01/11, Souris Immobilier SUARL c/ Le Maire de Louga et l'État du SENEGAL, inédit ;
- Cour suprême, arrêt n°29 du 28 juillet 2011, Aliou DIACK, Président du Conseil rural de Mbane c/ État du Sénégal, inédit ;
- Cour suprême, arrêt n°29 du 28 juillet 2011, Oumar GUEYE et 32 autres membres du Conseil rural de Sangalkam c/État du Sénégal, inédit ;
- Cour suprême, arrêt n°53 du 23 aout 2012, Zahira Saleh c/ Maire de la Ville de Dakar, inédit ;
- Cour suprême, chambre administrative, arrêt n°11 du 13 mars 2014, Babacar Kébé c/Mairie de Dakar, inédit ;
- Cour suprême, arrêt n°24, du 12 aout 2010, Aliou DIACK c/ État du Sénégal ;
- Cour suprême, arrêt n° N°52 du 25 août 2016, Alioune NDOYE c/État du Sénégal, inédit ;
- Cour suprême, Chambre administrative, arrêt n°28 du 12 juin 2014, Aminata Cissé c/ Commune de Sendou (Président de la délégation spéciale), inédit ;
- Cour suprême, arrêt n° arrêt n°47 du 27 octobre 2022, Cheikh BITEYE, Alioune SARR et El Hadji DIOUF c/ Matar BA et Conseil municipal de Fatick, inédit ;

Cour des Comptes

- Cour des Comptes, arrêt n° 115 /CAACL/ 2010, affaires n° RC 74, 75, 76, 77, 78/04 du 09 mars 2004, Contrôle juridictionnel de la Commune d'arrondissement de Djida Thiaroye Kao, gestions 1997 à 2001 ;
- Cour des Comptes, arrêt n° 113 /CAACL/ 2010, affaires n° RC 69, 70, 71, 72, 73/04 du 09 mars 2004, Contrôle juridictionnel Commune d'arrondissement de Diamagueune Sicap Mbao, gestions 1997 à 2001 ;
- Cour des Comptes, arrêt n° n° 114 /CAACL/ 2010, affaires RC 64, 65, 66, 67, 68/04 du 09 mars 2004, Contrôle juridictionnel Commune d'arrondissement de Dalifort, gestions 1997 à 2001.

Tribunaux

- Tribunal de grande instance hors classe de Dakar, jugement n° 106 /2018 du 30 mars 2018, l'État du Sénégal et la Ville de Dakar c/ Khalifa Ababacar SALL et autres ;
- Tribunal régional Hors Classe de Dakar, jugement n°716/14 du 04 juin 2014, Société Doyoly Entreprise Suarl c/ Ville de Pikine, inédit ;
- Tribunal régional Hors Classe de Dakar, jugement n°104/14 du 05 février 2014, Entreprise Seysougou Services c/ Mairie de la ville de Pikine, inédit ;
- Tribunal régional Hors Classe de Dakar, jugement n°105/14 du 05 février 2014, Entreprise Touneg International c/ Mairie de la ville de Pikine, inédit ;
- Tribunal régional Hors Classe de Dakar, jugement n°106/14 du 05 février 2014, Société Keur Fatou Carreaux représentée par Pathé Mboup c/ Mairie de la ville de Pikine, inédit.

B- JURISPRUDENCE FRANÇAISE

Conseil constitutionnel

- Cons. const, 23 mai 1979, déc. n°104-DC : RD publ.. 1979, p.1695, .obs. L. Favoreu. ;
- Cons. const, 25 février 1982, déc. n°137-DC : AJDA 1982, p.303, note J. Boulouis ; RD publ.1982.p1259, obs. L. Favoreu.

Conseil d'État

- CE, ass., 13 déc.1968, Féd. nationale des élus républicains : Re.CE.p.644 ; AJDA 1969, p.20. ;
- CE. sect., 18 janvier 2001, Cne Venelles : Rec. CE, p.4 Dr.adm.2001, n°75 et 155, comm. L.T. AJDA 2001, p.378 ;
- C.E. 4 octobre 2000, ministre de l'économie, des finances et de l'industrie c/ Pair, req. 196290, Rec. Leb. p. 385 ;
- C.E. Section, 6 janvier 1995, Oltra, req. 140674, Rec. Leb. p. 11 ;
- C.E. Section, 6 janvier 1995, Nucci, req. 145898, Rec. Leb. p. 7 ;
- C.E. Section, 6 janvier 1995, Gouaze, req. 139728, Rec. Leb. p. 12 ;
- CE, sect.18 nov. 2005, Sté fermière de Campoloro, Rec. C.E. 2005, p.515 ; JPC A 2005.

Cour de cassation

- Cass. crim. 16 mai 2001, Bull. crim. n°124
- Cass. crim. 7 Janv. 1808, Bull. crim. n°3;
- Cass. crim. 14 mai 1986, Bull. crim. n°163 ;
- Cass. crim. 6 Fév. 1968, Bull. crim. n°37;
- Cass. crim. 4 Juill. 1974, Bull. crim. n°249.

Cour des comptes

- Cour des comptes, Ville de Roubaix du 23 août 1834.

Cours d'appel

- CAA Marseille, 30 mai 2000, Préfet des Alpes-de Haute-Provences : Collectivités-Intercommunalité 2001, n° 35.
- CAA Versailles, 9 mars 2006, Dpt des Yveslines, n°03VE02793 ; Dpt des Yveslines : Collectivités-Intercommunalité 2006, n° 122.

Tribunaux

- Trib. Grenoble, 17 nov. 1972, Gaz. Pal. 1973. 1, Somm. 155 ;
- Trib. enfants Sarreguemines, 11 mai 1967, JCP 1968. II. 15359, note SIGALAS ; RSC 1968. 329, obs. VITU ;
- TA Montpellier, 26 juin 1983, Cne de Narbonne c/Région du Languedoc-Roussillon ; Rec. C.E., p.561 ; AJDA 1983, p.678 ;
- TA Pau, 13 mars 1997, Préfet des Landes c/ Dpt des Landes : AJDA 1997, p.542.

INDEX ALPHABÉTIQUE

B

C

D

E

F

M

N

Q

R

S

T

U

V

Z

Table des matières

Structures éditoriales du groupe L'Harmattan

L'Harmattan Italie
Via degli Artisti, 15
10124 Torino
harmattan.italia@gmail.com

L'Harmattan Hongrie
Kossuth l. u. 14-16.
1053 Budapest
harmattan@harmattan.hu

L'Harmattan Sénégal
10 VDN en face Mermoz
BP 45034 Dakar-Fann
senharmattan@gmail.com

L'Harmattan Cameroun
TSINGA/FECAFOOT
BP 11486 Yaoundé
inkoukam@gmail.com

L'Harmattan Burkina Faso
Achille Somé – tengnule@hotmail.fr

L'Harmattan Guinée
Almamya, rue KA 028 OKB Agency
BP 3470 Conakry
harmattanguinee@yahoo.fr

L'Harmattan RDC
185, avenue Nyangwe
Commune de Lingwala – Kinshasa
matangilamusadila@yahoo.fr

L'Harmattan Congo
219, avenue Nelson Mandela
BP 2874 Brazzaville
harmattan.congo@yahoo.fr

L'Harmattan Mali
ACI 2000 - Immeuble Mgr Jean Marie Cisse
Bureau 10
BP 145 Bamako-Mali
mali@harmattan.fr

L'Harmattan Togo
Djidjole – Lomé
Maison Amela
face EPP BATOME
ddamela@aol.com

L'Harmattan Côte d'Ivoire
Résidence Karl – Cité des Arts
Abidjan-Cocody
03 BP 1588 Abidjan
espace_harmattan.ci@hotmail.fr

Nos librairies en France

Librairie internationale
16, rue des Écoles
75005 Paris
librairie.internationale@harmattan.fr
01 40 46 79 11
www.librairieharmattan.com

Librairie des savoirs
21, rue des Écoles
75005 Paris
librairie.sh@harmattan.fr
01 46 34 13 71
www.librairieharmattansh.com

Librairie Le Lucernaire
53, rue Notre-Dame-des-Champs
75006 Paris
librairie@lucernaire.fr
01 42 22 67 13

www.ingramcontent.com/pod-product-compliance
Lightning Source LLC
LaVergne TN
LVHW021137061026
849535LV00002B/276